权威·前沿·原创

皮书系列为
"十二五""十三五""十四五"时期国家重点出版物出版专项规划项目

BLUE BOOK

智 库 成 果 出 版 与 传 播 平 台

中部地区高质量发展蓝皮书
BLUE BOOK OF CENTRAL REGION HIGH-QUALITY DEVELOPMENT

新时代中部地区高质量发展报告
（2024~2025）

REPORT ON HIGH QUALITY DEVELOPMENT OF
CENTRAL CHINA IN THE NEW ERA(2024-2025)

中部加快崛起的使命担当

主　　编／王海杰
副 主 编／王　宁　汤　凯
特邀专家／张大卫　喻新安　陈　耀

社会科学文献出版社
SOCIAL SCIENCES ACADEMIC PRESS (CHINA)

图书在版编目（CIP）数据

新时代中部地区高质量发展报告.2024~2025：中部加快崛起的使命担当/王海杰主编；王宁，汤凯副主编.--北京：社会科学文献出版社，2025.3.--（中部地区高质量发展蓝皮书）.-- ISBN 978-7-5228-5101-3

Ⅰ.F127

中国国家版本馆CIP数据核字第2025S5K114号

中部地区高质量发展蓝皮书
新时代中部地区高质量发展报告（2024~2025）
——中部加快崛起的使命担当

主　　编／王海杰
副 主 编／王　宁　汤　凯
特邀专家／张大卫　喻新安　陈　耀

出 版 人／冀祥德
组稿编辑／任文武
责任编辑／张丽丽
文稿编辑／张　爽
责任印制／岳　阳

出　　版／社会科学文献出版社·生态文明分社（010）59367143
　　　　　地址：北京市北三环中路甲29号院华龙大厦　邮编：100029
　　　　　网址：www.ssap.com.cn
发　　行／社会科学文献出版社（010）59367028
印　　装／三河市东方印刷有限公司

规　　格／开　本：787mm×1092mm　1/16
　　　　　印　张：30.5　字　数：503千字
版　　次／2025年3月第1版　2025年3月第1次印刷
书　　号／ISBN 978-7-5228-5101-3
定　　价／158.00元

读者服务电话：4008918866

▲ 版权所有　翻印必究

本书系国家社会科学基金重点项目（21AZD109）、河南省高等学校哲学社会科学创新团队支持计划（2023-CXTD-01）、郑州大学商学院智库培育计划阶段性研究成果。

《新时代中部地区高质量发展报告（2024~2025）》编委会

主　　　编　王海杰

副　主　编　王　宁　汤　凯

特 邀 专 家　张大卫　喻新安　陈　耀

成　　　员　（按姓氏笔画排序）

马　回　王　宁　王乐颖　王苗苗　王海杰
王摇橹　牛树海　卢小祁　叶　雷　付子昊
冯严超　朱银凤　刘　磊　刘志迎　刘思凡
江求川　汤　凯　孙植华　杜　怡　李　琬
李小玉　李中元　李华旭　李志萌　李丽菲
李柯静　李振山　杨志才　吴若凝　何天祥
汪　婷　汪玉琦　张　宁　张大卫　张文丽
张文霞　张俊华　陈　彪　陈　耀　陈明星
陈慧灵　武文超　林　欢　周欣荣　庞玉萍
郑　玥　赵秋翔　郝　政　秦尊文　莫智斌
贾傅麟　唐红涛　黄　展　曹海霞　麻智辉
喻晓雯　喻新安　温月芬　蔡　飞　蔡起华
魏　征

参与创研单位　（排名不分先后）

郑州大学

中国社会科学院

中国科学技术大学

山西省社会科学院（山西省人民政府发展研究中心）

河南省社会科学院

湖北省社会科学院

江西省社会科学院

南昌理工学院

中共安徽省委党校（安徽行政学院）

安徽师范大学

湖南工商大学

河南中原创新发展研究院

河南高质量发展研究院

河南财政金融学院

主要编撰者简介

王海杰 博士,郑州大学党委常委、副校长,二级教授,博士生导师,河南高质量发展研究院执行院长,郑州大学省级重点学科应用经济学学科负责人,郑州大学经济学国家级一流本科专业建设点负责人,河南省高等学校哲学社会科学创新团队首席专家,创办国际学术期刊 *Innovation and Green Development* 并担任主编。兼任中国数量经济学会副会长、中国宏观经济管理教育学会副会长等。主要研究领域为社会主义市场经济理论与实践、区域经济与产业创新等,主持国家社会科学基金项目3项(其中,重点项目1项)、省部级项目15项;发表学术论文70余篇;出版学术著作9部(含教材1部);咨政报告获省委书记等省级领导肯定性批示4项;研究成果获省部级以上奖励5项;获评"河南省高等学校教学名师""河南省宣传思想文化系统'四个一批'人才"等。

王　宁 博士,郑州大学商学院执行院长,教授,博士生导师。主要研究领域为大数据质量管理、质量强国战略、数据分析素养提升等,在《系统工程理论与实践》《中国管理科学》《系统工程学报》《计算机集成制造系统》以及 *Computers & Industrial Engineering*,*Emerging Markets Finance and Trade* 等国内外权威期刊发表论文30余篇。主持国家自然科学基金项目、国家社会科学基金项目等国家级课题3项,省部级课题5项。被评为河南省本科高校青年骨干教师、河南省教育厅学术技术带头人,入选河南省高校哲学社会科学创新人才支持计划等。

汤　凯 博士,郑州大学商学院副院长,副教授,博士生导师,河南高质量发展研究院研究员。主要研究领域为区域协调发展。主持国家社会科学基金项目、中国博士后科学基金资助项目、河南省哲学社会科学规划项目等10项；出版学术专著2部；获河南省高校人文社会科学研究优秀成果奖二等奖、河南省高校哲学社会科学研究优秀成果奖特等奖等学术奖励4项；在 Energy Economics，Economic Analysis and Policy 以及《经济管理》、《经济学家》、《新华文摘》、人大复印报刊资料《区域与城市经济》等刊物发表学术论文30余篇；入选河南省高校哲学社会科学创新人才支持计划。

张大卫 经济学博士，博士生导师，中国国际经济交流中心原副理事长兼秘书长，河南省人民政府原副省长，长期从事国民经济、区域经济、产业经济研究。参与指导编制河南省"十二五"规划，主持编制河南省"十五""十一五"规划、中原城市群规划、郑州航空港经济综合实验区发展规划等。著有《打造中国经济升级版》《航空经济概论》《国际著名智库机制比较研究》《E国际贸易——下一代贸易方式的理论内涵与基础框架》等，主编《中国跨境电商发展报告》等，发表《新质生产力推动区域经济发展范式变革的内在逻辑、关键问题与战略重点》等论文数十篇。

喻新安 博士，教授、研究员，博士生导师，享受国务院政府特殊津贴专家，获"河南省优秀专家""河南省杰出专业技术人才""第三届（2012）河南经济年度人物"称号。河南省社会科学院原院长、首席研究员，政协第十一届河南省委员会常务委员，国家统计局"中国百名经济学家信心调查"特邀专家，河南省委咨询组研究员，中国区域经济学会副会长，河南省"十五"至"十四五"规划专家委员会委员。主持国家级、省部级课题30余项，在《求是》《人民日报》《光明日报》《改革》《中国工业经济》等发表论文400余篇，出版著作50多部，获省部级特等奖、一等奖10项。代表作有《大省崛起：中原经济区论略》《中原崛起之路》《新型三化协调论》《中原城市群一体化研究》《中国新城区建设研究》等。

陈　耀 博士，中国社会科学院工业经济研究所研究员、教授、博士生导师，中国区域经济学会副会长兼秘书长，中国社会科学院西部发展研究中心副主任，国家社会科学基金重大项目首席专家。享受国务院政府特殊津贴，"院士专家西部行"等活动受邀专家、中国区域经济50人论坛成员。主要研究领域为区域经济、产业空间组织和政府政策。代表作有《国家中西部发展政策研究》《中国区域经济学前沿2010/2011》等，在《经济研究》《中国工业经济》《经济管理》《区域经济评论》等刊物发表论文和研究报告数百篇，获得国家科学技术进步奖、中国发展研究奖、中国社会科学院优秀科研成果奖等10余项奖励。

摘　要

习近平总书记在主持新时代推动中部地区崛起座谈会时强调要在更高起点上扎实推动中部地区崛起。中部地区是我国重要粮食生产基地、能源原材料基地、现代装备制造及高技术产业基地和综合交通运输枢纽。新时代推动中部地区高质量发展是我国区域重大战略的重要组成部分，对促进区域协调发展、实现共同富裕均具有重要意义。

《新时代中部地区高质量发展报告（2024～2025）》以"中部加快崛起的使命担当"为主题，通过实地调查、案例分析等研究方法，总结2023年以来中部六省在经济社会等方面取得的发展成果，分析存在的问题，结合国内外形势变化，研判在更高起点上扎实推动中部地区崛起面临的发展机遇和存在的短板弱项，围绕构建优势互补高质量发展的区域经济布局和国土空间体系，研究提出后续推进中部六省高质量发展的具体思路、重点任务和政策建议。

整体形势方面，中部地区崛起经过谋划酝酿、实质性推进、深入实施阶段，目前已进入高质量发展阶段。该阶段显著特征是"三基地、一枢纽"地位更加巩固，科教实力显著增强，产业迈向中高端，但也面临内外部压力加大、产业发展动能不足和创新能力不足等挑战。新时代中部地区高质量发展的重点任务包括：以科技创新引领产业创新、加强与其他重大发展战略的衔接、统筹推进深层次改革和高水平开放、协同推进生态环境保护和绿色低碳发展、坚持城乡融合发展以及坚持高质量发展和高水平安全相互促进等。

高质量发展维度方面，构建体现创新、协调、绿色、开放、共享五个维度的高质量发展指数，对中部地区6个省份82个设区市/州高质量发展水平进行测算。研究发现：中部设区市/州高质量发展总体态势稳健，省会城市领跑区域高质量发展。创新发展方面，合肥、武汉等城市处于"领头羊"地位；协

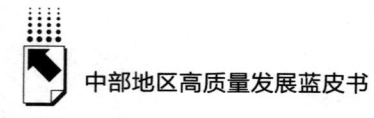

调发展方面，省会城市优势减弱，部分非省会城市表现突出；绿色发展方面，南方城市绿色发展水平更高；开放发展方面，湖北省领跑；共享发展方面，山西省表现较为突出。后续需加强省会城市的创新引领作用，推动城乡一体化发展，促进区域一体化，探索新的开放发展模式，扩大公共服务覆盖面，以更加全面、完整、准确践行新发展理念，谱写新时代中部地区高质量发展新篇章。

省域和市域发展方面，本书分析了中部六省各自在中部地区崛起中的新定位、取得的成效和存在的主要问题，研判面临的机遇和挑战，并分别以中部六个省会城市为重点，分析山西中部城市群、合肥都市圈、南昌都市圈、郑州都市圈、武汉都市圈、长株潭都市圈发展状况，提出要聚焦做强做优做大核心城市、发挥核心城市辐射带动作用、破除体制机制障碍、推动城市群一体化发展。此外，中部地区要重点围绕"三基地一枢纽"定位，加快构建以先进制造业为支撑的现代化产业体系，推动建设高水平内陆开放高地，促进城镇发展与乡村振兴"融合共进"，努力实现生态保护与节能降碳"互促提升"，还要联合建设国家战略腹地核心承载区，因地制宜发展新质生产力。中部六省在探索高质量发展中，已初步形成各具特色的路径，本书选取山西开展能源革命综合改革试点、安徽融入长三角发展、江西打造美丽中国"江西样板"、河南建设全国重要粮食生产基地、湖北打造"世界光谷"、湖南开创中国对非合作的先行试点六个案例进行了分析。

关键词： 中部地区崛起　"三基地一枢纽"　高质量发展　都市圈

Abstract

While presiding over the symposium on promoting the rise of the central region in the new era, General Secretary Xi Jinping emphasized the need to "steadily advance the rise of the central region from a higher starting point." The central region plays a pivotal role as China's major base for grain production, energy and raw materials, modern equipment manufacturing, high-tech industries, and a comprehensive transportation hub. The high-quality development of this region is a key part of China's national strategy, crucial for fostering regional coordination and achieving common prosperity.

Report on High Quality Development of Central China in the New Era (2024-2025) takes the theme "Accelerating the Rise of the Central Region with Mission and Responsibility." Through field surveys and case studies, the report assesses the progress made by the six central provinces in various aspects of economic and social development since 2023, analyzes the difficulties encountered, and evaluates the opportunities and challenges faced as they work to push for the region's rise from a higher starting point. In light of changing domestic and international conditions, it outlines strategies for advancing high-quality development, proposing specific measures, key tasks, and policy recommendations.

In terms of overall progress, the rise of the central region has evolved through careful planning, substantial implementation, and deepened commitment, entering the stage of high-quality development. This phase is characterized by the enhanced position of the "three bases and one hub" as key pillars, significant improvements in scientific and educational strengths, and a shift toward higher-end industries. However, the region also faces challenges, including increasing external pressures, insufficient industrial momentum, and limited innovation capabilities. Moving forward, key priorities for high-quality development must include: leveraging technological innovation to drive industrial progress, aligning with other major development strategies, promoting deep structural reforms, advancing high-level openness, ensuring ecological protection and green, low-carbon growth, as well as fostering coordinated urban and rural development and ensuring mutual progress between high-quality growth and high-level security.

Regarding the dimensions of high-quality development, the report constructs an index system that reflects five core aspects: innovation, coordination, green development, openness, and shared growth. It then measures the high-quality development levels of 82 cities across the six provinces. Findings reveal that the overall development trend is stable, with provincial capitals leading the charge. In terms of innovation, cities such as Hefei and Wuhan are at the forefront; in coordination, the advantage of provincial capitals has diminished, with non-capital cities emerging as strong performers. Southern cities exhibit a higher level of green development, Hubei leads in openness, and Shanxi stands out in shared growth. The next steps should focus on strengthening the innovation leadership of provincial capitals, promoting urban-rural integration, encouraging regional cooperation, exploring new models of open development, and improving public services to ensure a more comprehensive and inclusive application of the new development philosophy.

On the provincial and city level, the report analyzes the new positioning, achievements, and challenges faced by each of the six central provinces in their rise. It highlights opportunities and challenges, with a focus on the provincial capitals and major urban clusters, including the Shanxi Central City Cluster, Hefei Metropolitan Area, Nanchang Metropolitan Area, Zhengzhou Metropolitan Area, Wuhan Metropolitan Area, and Chang-Zhu-Tan Metropolitan Area. The report stresses the importance of strengthening core cities, eliminating systemic obstacles, and promoting urban cluster integration. Additionally, the central region must continue to leverage its "three bases and one hub" positioning to accelerate the development of a modern industrial system supported by advanced manufacturing, create a high-level inland open area, integrate urban and rural development, achieve ecological protection alongside energy conservation and carbon reduction, and develop new productivity suited to regional strengths. The six provinces have already started to carve out distinct paths for high-quality development, with key examples including Shanxi's energy reform pilot, Anhui's integration into the Yangtze River Delta, Jiangxi's creation of a

"Beautiful China" model, Henan's development as a key national grain producer, Hubei's establishment of the "World Optics Valley," and Hunan's pioneering role in China's cooperation with Africa.

Keywords: Rise of the Central Region; "Three Bases and One Hub"; High-Quality Development; Urban Clusters

目　录

Ⅰ　总报告

B.1 中部地区高质量发展的形势、任务与前景
　　……………… 郑州大学商学院、河南高质量发展研究院课题组 / 001

Ⅱ　评价篇

B.2 中部设区市/州高质量发展指数分析及建议
　　……………… 郑州大学商学院、河南高质量发展研究院课题组 / 030

Ⅲ　省域篇

B.3 "奋力争先　更加出彩"在更高起点推动中部地区崛起
　　——2023～2024年河南省高质量发展报告
　　………………………………… 武文超　李丽菲　王摇橹 / 047

B.4 加快建成中部地区崛起的重要战略支点
　　——2023～2024年湖北省高质量发展报告 …… 秦尊文　黄　展 / 064

B.5 锚定"三高四新"美好蓝图　谱写中国式现代化湖南新篇章
　　——2023～2024年湖南省高质量发展报告
　　………………………………… 莫智斌　刘　磊　何天祥 / 085

001

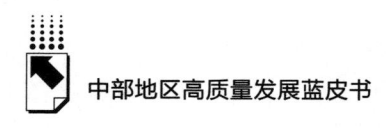

B.6 锚定打造"三地一区"战略定位　现代化美好安徽建设
迈出坚实步伐
——2023~2024年安徽省高质量发展报告……　叶　雷　刘志迎 / 105

B.7 打造"三大高地"、实施"五大战略"　奋力谱写中国式
现代化江西篇章
——2023~2024年江西省高质量发展报告
………………………………………… 江西省社会科学院课题组 / 120

B.8 坚定扛牢国家赋予的重大使命　走出中部崛起山西特色之路
——2023~2024年山西省高质量发展报告
……… 山西省社会科学院（山西省人民政府发展研究中心）课题组 / 142

Ⅳ　都市篇

B.9 山西中部城市群发展研究……………………………… 郑　玥 / 165

B.10 合肥都市圈高质量发展的阶段特征及提升路径研究
……………………………………………… 郝　政　刘志迎 / 178

B.11 做优做强南昌都市圈研究 …………………… 麻智辉　汪　婷 / 193

B.12 郑州都市圈现代化建设：现状与对策 ………… 庞玉萍　王苗苗 / 211

B.13 武汉都市圈协同共促区域发展新格局研究 …………… 黄　展 / 230

B.14 长株潭都市圈区域一体化演变特征及空间联系格局研究
…………………………… 陈慧灵　张　倩　赵唯然　邹柳秀 / 243

Ⅴ　专题篇

B.15 中部地区"三基地一枢纽"定位及建设研究
…………………………………… 喻晓雯　魏　征　喻新安 / 258

B.16 中部地区加快构建以先进制造业为支撑的现代化产业体系研究
……………………………………………… 陈　彪　林　欢 / 268

B.17 推动中部地区建设高水平内陆开放高地研究
……………………………………………… 汤　凯　孙植华 / 290

B.18 推动中部地区城镇发展与乡村振兴"融合共进"
………………………………………… 贾傅麟　刘思凡 / 318

B.19 推动中部地区生态保护与节能降碳"互促提升" ……… 冯严超 / 336

B.20 中部地区联合建设国家战略腹地核心承载区研究
………………………………………… 蔡起华　朱银凤 / 354

B.21 因地制宜发展中部新质生产力的思路与举措
………………………………………… 杨志才　赵秋翔 / 373

Ⅵ 案例篇

B.22 山西深入开展能源革命综合改革试点的实践及展望
………………………………………… 曹海霞　付子昊 / 385

B.23 安徽主动融入长三角发展的思路与实践 ……… 叶　雷　刘志迎 / 397

B.24 打造美丽中国"江西样板"研究 …… 马　回　吴若凝　李志萌 / 410

B.25 河南建设全国重要粮食生产基地的任务与举措
………………………………………… 张俊华　陈明星 / 421

B.26 湖北打造"世界光谷"的创新飞跃 …………… 秦尊文　张　宁 / 434

B.27 湖南开创中国对非合作的先行试点
………………………………………… 唐红涛　丁　阳　熊　悦 / 445

皮书数据库阅读**使用指南**

CONTENTS

I General Report

B.1 Situation, Tasks, and Prospects of High-Quality Development
in Central China

Business School of Zhengzhou University and Research Group of
Henan Institute for High-Quality Development / 001

II Comprehensive Report

B.2 Analysis of High-Quality Development Index for Prefecture-Level
Cities/States in Central China

Business School of Zhengzhou University and Research Group of
Henan Institute for High-Quality Development / 030

CONTENTS

Ⅲ Provincial Reports

B.3 Striving for Excellence to Propel the Central Region Forward
—Henan Province High-Quality Development Report (2023-2024)
Wu Wenchao, Li Lifei and Wang Yaolu / 047

B.4 Accelerating the Construction of Central China's Strategic Hub for Regional Growth
—Hubei Province High-Quality Development Report (2023-2024)
Qin Zunwen, Huang Zhan / 064

B.5 Anchoring Strategic Objectives for "Three Highs" in Hunan: Toward Chinese Central Region Excellence
—Hunan Province High-Quality Development Report (2023-2024)
Mo Zhibin, Liu Lei and He Tianxiang / 085

B.6 Anchoring the Strategic Vision of "Three Lands and One Region" to Propel Regional Development
— Anhui Province High-Quality Development Report (2023–2024)
Ye Lei, Liu Zhiying / 105

B.7 Building "Three Major Highlands" and Implementing "Five Key Strategies": Forging Jiangxi's Path Toward Chinese-Style Modernization
— Jiangxi Province High-Quality Development Report (2023–2024)
Research Group of Jiangxi Academy of Social Sciences / 120

B.8 Resolutely Undertaking the National Strategic Mission and Forging Shanxi's Distinctive Path in the Rise of Central China
—Shanxi Province High-Quality Development Report (2023–2024)
Research Group of Shanxi Academy of Social Sciences (Development Research Center of Shanxi Provincial People's Government) / 142

Ⅳ Urban Development

B.9 Research on the Development of the Central Shanxi Urban Agglomeration *Zheng Yue* / 165

B.10 Developmental Characteristics and Pathways for Improving High-Quality Growth in the Hefei Metropolitan Area *Hao Zheng, Liu Zhiying* / 178

B.11 Enhancing and Strengthening the Nanchang Metropolitan Area *Ma Zhihui, Wang Ting* / 193

B.12 Modernizing the Zhengzhou Metropolitan Area: Current Status and Strategic Responses Pang Yuping *Pang Yuping, Wang Miaomiao* / 211

B.13 Creating a New Pattern of Regional Collaboration in the Wuhan Metropolitan Area *Huang Zhan* / 230

B.14 Evolutionary Features and Spatial Patterns of Regional Integration in the Changsha-Zhuzhou-Xiangtan Metropolitan Area *Chen Huiling, Zhang Qian, Zhao Weiran and Zou Liuxiu* / 243

Ⅴ Special Topics

B.15 Positioning and Development of the Central Region as "Three Bases and One Area" *Yu Xiaowen, Wei Zheng and Yu Xinan* / 258

B.16 Accelerating the Development of a Modern Industrial System Supported by Advanced Manufacturing in Central China *Chen Biao, Lin Huan* / 268

B.17 Promoting the Central Region as a High-Level Inland Hub of Openness *Tang Kai, Sun Zhihua* / 290

B.18 Promoting Integrated Urban Development and Rural Revitalization in Central China *Jia Fulin, Liu Sifan* / 318

CONTENTS

B.19 Advancing Mutual Reinforcement of Ecological Conservation and Carbon Reduction in Central China   *Feng Yanchao* / 336

B.20 Research on the Joint Development of Central China as the Core Supporting Region for National Strategic Hinterland   *Cai Qihua, Zhu Yinfeng* / 354

B.21 Strategies and Measures for Developing New-Quality Productive Forces in Central China Tailored to Local Conditions   *Yang Zhicai, Zhao Qiuxiang* / 373

VI Case Studies

B.22 Shanxi's In-depth Energy Revolution: Experiences and Prospects   *Cao Haixia, Fu Zihao* / 385

B.23 Anhui's Proactive Integration into the Yangtze River Delta: Approaches and Practices   *Ye Lei, Liu Zhiying* / 397

B.24 Developing Jiangxi as a Model of "Beautiful China"   *Ma Hui, Wu Ruoning and Li Zhimeng* / 410

B.25 Henan's Role as a Strategic National Grain Production Base: Key Tasks and Policy Recommendations   *Zhang Junhua, Chen Mingxing* / 421

B.26 Hubei's Innovative Leap in Building a World-Class "Optics Valley"   *Qin Zunwen, Zhang Ning* / 434

B.27 Hunan Pioneers a New Model for China-Africa Cooperation   *Tang Hongtao, Ding Yang and Xiong Yue* / 445

总报告

B.1 中部地区高质量发展的形势、任务与前景

郑州大学商学院、河南高质量发展研究院课题组*

摘　要： 中部地区在全国发展大局中举足轻重。促进中部地区崛起具有深厚的历史背景。中部地区崛起经历了谋划酝酿、实质性推进、深入实施、高质量发展几个阶段。中部地区高质量发展已经站在更高起点上，"三基地一枢纽"地位巩固，科教实力增强，产业迈向中高端，但也面临外部压力加大、产业发展动能不足和创新能力不足等挑战。新时代中部地区高质量发展的任务包括以科技创新引领产业创新、加强与其他重大发展战略的衔接、统筹推进深层次改革和高水平开放、协同推进生态环境保护和绿色低碳发展、坚持城乡融合发展以及坚持高质量发展和高水平安全相互促进等。未来，中部地区"三基地一枢纽"功能将更加突出，新质生产力将实现新跃升，"中枢"支撑作用将更加

---

* 课题组组长：王海杰，教授，郑州大学副校长，主要研究方向为社会主义市场经济理论与实践、区域经济与产业创新等。课题组成员：牛树海，教授，河南高质量发展研究院副院长，主要研究方向为区域可持续发展；王宁，教授，郑州大学商学院执行院长，主要研究方向为大数据质量管理、质量强国战略、数据分析素养提升等；汤凯，副教授，郑州大学商学院副院长，主要研究方向为区域协调发展；江求川，副教授，郑州大学商学院副院长，主要研究方向为公共经济学。

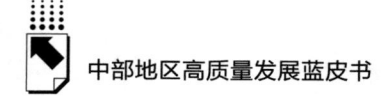

有力，高水平开放将达到新高度，幸福中部将"更有感"。

关键词： 中部地区　高质量发展　科技创新　新质生产力　开放合作

2024年3月20日，习近平总书记在湖南省长沙市主持召开新时代推动中部地区崛起座谈会并发表重要讲话，强调在更高起点上扎实推动中部地区崛起。① 这是党的二十大以来，习近平总书记继主持召开高标准高质量推进雄安新区建设、深入推进京津冀协同发展、新时代推动东北全面振兴等区域发展座谈会之后，亲自主持召开的第七场推动区域发展战略落实的座谈会，对推动中部地区崛起和高质量发展具有重大意义，将产生深远影响。

一　推动中部地区崛起的历史轨迹

推动中部地区崛起，是我国促进区域协调发展的重大战略之一。我国促进中部地区崛起的历程，大体经历了以下四个阶段。

（一）谋划酝酿阶段（2004年1月至2006年3月）

继东部率先发展、西部开发、东北振兴等相继上升为国家重大发展战略之后，如何谋划中部地区的发展，成为社会各界尤其是中部各省探讨和关注的焦点问题。当时流传甚广的"中部塌陷"说、"中部边缘化"说、"不东不西不是东西"说等，充分反映了促进中部地区崛起的紧迫性、必要性和重要性。

2004年3月，国务院总理温家宝在《政府工作报告》中，首次明确提出"促进中部地区崛起"的概念。同年12月，中央经济工作会议再次提到促进中部地区崛起，指出"实施西部大开发，振兴东北等老工业基地，促进中部地区崛起，鼓励东部地区率先发展，实现相互促进、共同发展"。

2005年3月，国务院《政府工作报告》再次提出：抓紧研究制定促进中

---

① 《习近平主持召开新时代推动中部地区崛起座谈会强调：在更高起点上扎实推动中部地区崛起》，中国政府网，2024年3月20日，https://www.gov.cn/yaowen/liebiao/202403/content_6940500.htm。

部地区崛起的规划和措施，充分发挥中部地区的区位优势和综合经济优势，加强现代农业特别是粮食主产区建设；加强综合交通运输体系和能源、重要原材料基地建设；加快发展有竞争力的制造业和高新技术产业；开拓中部地区大市场，发展大流通。2005年8月，温家宝总理亲临安徽、湖南，就中部地区崛起进行专题调研。2005年8月，胡锦涛总书记亲临河南、江西、湖北考察，就促进中部地区崛起发表重要意见。胡锦涛总书记在考察中指出，江西要在促进中部地区崛起中发挥更大作用，湖北要在促进中部地区崛起中起到支点作用，河南要走在中部地区崛起前列。

2006年3月27日，中共中央政治局召开会议，研究促进中部地区崛起工作。

总的来看，这一阶段，中部地区崛起从民间呼吁进入国家视野，这标志着中部地区崛起已进入国家重大战略决策范畴。但中部地区崛起还仅限于概念和政府文件，尚未出台具体的指导意见和支持政策。可以说，这一时期的中部地区崛起尚处在谋划酝酿阶段。

（二）实质性推进阶段（2006年4月至2009年8月）

2006年，《中共中央 国务院关于促进中部地区崛起的若干意见》（以下简称《意见》）出台，这是促进中部地区崛起的纲领性文件。《意见》将中部地区定位为"三基地一枢纽"，提出将中部地区建设为全国重要的粮食生产基地、能源原材料基地、现代装备制造及高技术产业基地和综合交通运输枢纽。

2006年5月，《国务院办公厅关于落实中共中央 国务院关于促进中部地区崛起若干意见有关政策措施的通知》提出56条具体落实意见。9月，标志着中部六省合作成果的第一届中国中部投资贸易博览会（中博会），在湖南长沙成功举办，成为年度性中部盛会。

2007年1月，《国务院办公厅关于中部六省比照实施振兴东北地区等老工业基地和西部大开发有关政策范围的通知》明确中部六省26个城市比照实施振兴东北地区等老工业基地有关政策，以及243个县（市、区）比照实施西部大开发有关政策。4月，国家促进中部地区崛起工作办公室正式挂牌，标志着国家促进中部地区崛起的组织协调机构成立。12月，国家发展改革委正式批准武汉城市圈和长株潭城市群为全国"两型社会"综合配套改革试验区。

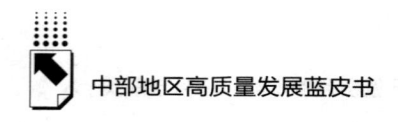

2008年1月，国务院正式批复国家发展改革委牵头的促进中部地区崛起工作部际联席会议制度。

这一时期，《意见》的出台，以及一系列后续的支持扶持政策的发布，标志着中部地区崛起进入更具操作性的实质性推进阶段。

（三）深入实施阶段（2009年9月至2021年2月）

2009年9月23日，国务院出台《促进中部地区崛起规划（2009—2015年）》（以下简称《规划》），为中部地区崛起擘画蓝图。《规划》从粮食生产基地建设、能源原材料基地建设、现代装备制造及高技术产业基地建设、综合交通运输枢纽建设、重点地区发展、资源节约和环境保护、社会事业发展等方面，提出促进中部地区崛起的主要任务和工作重点。12月，国务院批复同意支持武汉东湖新技术产业开发区建设国家自主创新示范区。

2010年1月，国家发展改革委正式批复《皖江城市带承接产业转移示范区规划》。5月，国家发展改革委印发《关于促进中部地区城市群发展的指导意见的通知》，明确了中部地区城市群发展的总体要求、重点任务和政策支持。8月，《国家发展改革委关于印发促进中部地区崛起规划实施意见的通知》，提出了促进中部地区崛起的总体目标、具体量化目标和一系列任务要求。12月，国家发展改革委批准设立山西省国家资源型经济转型综合配套改革试验区。

2011年9月，《国务院关于支持河南省加快建设中原经济区的指导意见》明确了中原经济区的战略定位：国家重要的粮食生产和现代农业基地，全国工业化、城镇化和农业现代化协调发展示范区，全国重要的经济增长板块，全国区域协调发展的战略支点和重要的现代综合交通枢纽，华夏历史文明传承创新区。

2012年8月，《国务院关于大力实施促进中部地区崛起战略的若干意见》提出新形势下促进中部地区崛起要推动重点地区加快发展、大力推进改革创新、全方位扩大开放等。

2013年3月，国务院正式批复《郑州航空港经济综合实验区发展规划（2013—2025年）》。

2016年12月，《促进中部地区崛起"十三五"规划》发布，明确中部地区的定位由过去偏重传统产业"三基地一枢纽",提升为"一中心四区"。"一中心"即全国重要先进制造业中心,"四区"即全国新型城镇化重点区、全国现代农业发展核心区、全国生态文明建设示范区和全方位开放重要支撑区。此外,该文件还明确提出"支持武汉、郑州建设国家中心城市"。

2018年9月,中央全面深化改革委员会第四次会议审议通过《中共中央 国务院关于建立更加有效的区域协调发展新机制的意见》,有力促进中部地区发展。

2019年5月,习近平总书记在南昌主持召开推动中部地区崛起工作座谈会,强调要不断增强中部地区综合实力和竞争力,奋力开创中部地区崛起新局面。① 9月,习近平总书记在河南视察时强调,要在中部地区崛起中奋勇争先,谱写新时代中原更加出彩的绚丽篇章。

这一时期一系列的动作和动向充分表明,中部地区崛起已进入深入实施阶段。根据表1可知,2005~2020年,中部地区占全国GDP的比重得到提高,中部六省除了山西、河南外,其余省份GDP占比均得到提高,这表明中部地区崛起战略的实施促进了中部地区的快速发展,缩小了其与东部地区的差距。

表1 2005~2020年中部地区各省份GDP及其占全国GDP的比重

单位:亿元,%

地区	2005年		2010年		2015年		2020年	
	GDP	占比	GDP	占比	GDP	占比	GDP	占比
山西	4179.52	2.3	9200.86	2.3	12766.49	1.9	17651.93	1.7
安徽	5375.10	3.0	12359.33	3.1	22005.63	3.3	38680.63	3.8
江西	4056.76	2.2	9451.26	2.4	16723.78	2.5	25691.50	2.5
河南	10587.42	5.9	23092.36	5.8	37002.16	5.6	54997.07	5.4
湖北	6520.14	3.6	15967.61	4.0	29550.19	4.4	43443.46	4.3
湖南	6511.34	3.6	16037.96	4.0	28902.21	4.3	41781.49	4.1
中部	37230.28	20.6	86109.38	21.6	146950.46	22.0	222246.08	21.8

资料来源:根据历年《中国统计年鉴》计算得到。

---

① 《新思想引领新征程丨不断增强两个"力"!中部6省加速崛起中》,"光明网"百家号,2024年3月20日,https://baijiahao.baidu.com/s?id=1794003537086132823&wfr=spider&for=pc。

（四）高质量发展阶段（2021年3月至今）

2021年，《中共中央 国务院关于新时代推动中部地区高质量发展的意见》强调要着力构建以先进制造业为支撑的现代化产业体系，着力建设绿色发展的美丽中部，着力推动内陆高水平开放，着力改革完善体制机制，着力增强城乡区域发展协调性，着力提升基本公共服务保障水平，推动中部地区加快崛起，在全面建设社会主义现代化国家新征程中做出更大贡献。

《中共中央 国务院关于新时代推动中部地区高质量发展的意见》要求充分发挥中部地区承东启西、连南接北的区位优势和资源要素丰富、市场潜力巨大、文化底蕴深厚等比较优势，推动中部地区加快崛起，在全面建设社会主义现代化国家新征程中做出更大贡献。

2024年3月20日，习近平总书记在湖南省长沙市主持召开新时代推动中部地区崛起座谈会并发表重要讲话，强调在更高起点上扎实推动中部地区崛起。[1] 习近平指出，中部地区是我国重要粮食生产基地、能源原材料基地、现代装备制造及高技术产业基地和综合交通运输枢纽，在全国具有举足轻重的地位。[2] 要一以贯之抓好党中央推动中部地区崛起一系列政策举措的贯彻落实，形成推动高质量发展的合力，在中国式现代化建设中奋力谱写中部地区崛起新篇章。[3]

新时代推动中部地区高质量发展，内涵丰富，意义重大。新时代中部地区高质量发展有利于进一步优化全国经济布局。党的十九大报告指出，中国特色社会主义进入新时代，我国社会主要矛盾已经转化为人民日益增长的美好生活需要和不平衡不充分的发展之间的矛盾。这是党的十九大根据中国特色社会主义进入新时代这个我国发展新的历史方位做出的重大政治论断。在更高的历史

---

[1] 《习近平主持召开新时代推动中部地区崛起座谈会强调：在更高起点上扎实推动中部地区崛起》，中国政府网，2024年3月20日，https://www.gov.cn/yaowen/liebiao/202403/content_6940500.htm。

[2] 《推动中部地区在全国大局中发挥更大作用》，人民网，2024年4月18日，http://theory.people.com.cn/BIG5/n1/2024/0418/c40531-40218446.html。

[3] 《习近平主持召开新时代推动中部地区崛起座谈会强调：在更高起点上扎实推动中部地区崛起》，中国政府网，2024年3月20日，https://www.gov.cn/yaowen/liebiao/202403/content_6940500.htm。

起点上，中部地区与东部地区发展不平衡的问题依然严峻。中部地区作为国家重要的粮食生产基地、能源原材料基地、现代装备制造及高技术产业基地和综合交通运输枢纽，其高质量发展有助于形成东中西区域协调发展的新格局，推动形成主体功能明确、优势互补的区域经济布局。中部地区高质量发展可以形成多极支撑的经济格局，与东部地区、西部地区和东北地区相呼应，实现资源互补和产业协同，共同促进全国经济的持续健康发展。

新时代中部地区高质量发展有利于构建国内大循环的关键节点。一方面，中部地区交通便利，拥有铁路、公路、水路等多种运输方式，能够快速连接全国各地，为商品流通和要素流动提供了便捷的通道。另一方面，中部地区拥有丰富的自然资源和雄厚的产业基础，具备发展特色产业和优势产业的条件。例如，山西的煤炭资源、河南的粮食生产、湖北的汽车产业等在全国都具有重要地位。中部地区可以通过产业升级和创新发展，提高产业附加值和竞争力，为国内大循环提供高质量的产品和服务。同时，中部地区人口众多，消费潜力巨大。中部地区随着经济的发展和居民收入水平的提高，消费需求不断升级，为国内大循环提供了广阔的市场空间。

新时代中部地区高质量发展有利于形成驱动创新发展新局面。中部地区拥有丰富的科教资源和人力资源。湖北、湖南、安徽等省份拥有众多高校和科研机构，为科技创新提供了坚实的智力支持。中部地区在科技创新方面具有强大的活力。如武汉光谷作为全球最大的光纤光缆研制基地，其电子计算机整机产量、光缆产量和集成电路圆片产量均达到世界级水平，集聚大量科技企业和研发机构，成为推动创新发展的重要引擎。中部地区在产业创新方面势头迅猛。如河南在新能源客车、生物医药和农业技术上不断突破；江西专注于新能源产业，锂电池产业表现亮眼；山西围绕煤炭清洁低碳高效利用、能源互联网、光机电等先进能源技术领域，开展关键核心技术攻关，并取得显著成效。

回望20年来我国促进中部地区崛起的轨迹和路径，可以发现中部地区崛起具有以下几个特点。一是党中央对中部地区发展高度关注、高度重视，特别是党的十八大以来，以习近平同志为核心的党中央运筹帷幄，引航指路，为中部地区崛起提供了根本遵循；二是中部地区崛起的思路、要求和任务，是顺应时势、与时俱进、逐步完善提升的；三是中部地区崛起作为国家战略，得到了中部六省及有关方面的热烈响应和大力支持，取得了重大进展和历史性成就；

四是中部地区崛起已经站在新的历史起点上，高质量发展成为新时代中部地区崛起的主旋律。

二 新时代中部地区高质量发展面临的形势

2024年3月20日，习近平总书记在湖南省长沙市主持召开新时代推动中部地区崛起座谈会并发表重要讲话指出，推动中部地区崛起仍面临不少困难和挑战，要切实研究解决。① 为此，必须充分了解新时代中部地区高质量发展的基础，科学分析新时代中部地区高质量发展面临的机遇与挑战，准确认识和把握新时代中部地区高质量发展的任务。

（一）新时代中部地区高质量发展站在了更高起点上

1. 经济总量占全国的比重明显提高

2004~2023年，中部地区经济显著增长，年均增速超过全国平均水平，经济总量占全国的比重得到明显提高。2023年，中部六省的经济总量是2003年的7.25倍，这一增长速度快于全国同期水平。2023年，中部地区经济总量占全国的比重为21.6%，相较于2003年上升了近1个百分点。

2. "三基地一枢纽"地位更加巩固

中部地区拥有丰富的水系和肥沃的土地，如华北平原、长江流域等，为粮食生产提供了优越的自然条件。同时，中部地区严抓耕地保护，耕地总量和质量都在提升。如表2所示，2022年中部地区耕地灌溉面积为19952.7千公顷，比2010年增加3106.5千公顷。同时，通过高标准农田建设，耕地质量也得到提高。中部地区推出种业振兴计划，如湖南的岳麓山实验室整合种业优势资源，推动种业创新。中部六省以约占全国1/4的耕地，稳定生产了全国近1/3的粮食，近几年粮食总产量稳定在4000亿斤左右②，维持中国"第一大粮仓"地位。河

---

① 《习近平主持召开新时代推动中部地区崛起座谈会强调：在更高起点上扎实推动中部地区崛起》，中国政府网，2024年3月20日，https：//www.gov.cn/yaowen/liebiao/202403/content_6940500.htm。

② 《中部六省，正布下什么新棋局？》，"新华每日电讯"微信公众号，2024年9月24日，https：//mp.weixin.qq.com/s/j_1rGZ_dt9Wt-ppNTX348g。

南在火腿肠、方便面、馒头、汤圆、水饺以及速食酸辣粉等食品的生产中占据较大份额，被誉为"中国的厨房"。

表2 2010年和2022年中部地区耕地灌溉面积

单位：千公顷

地区	2010年	2022年
山西	1274.2	1502.0
安徽	3519.8	4576.2
江西	1852.4	2166.5
河南	5081.0	5623.2
湖北	2379.8	3208.8
湖南	2739.0	2876.0
中部	16846.2	19952.7
全国	60347.7	70358.9

资料来源：根据2011年、2023年《中国统计年鉴》计算得到。

中部地区拥有煤、水等多样的资源赋存。全国14个大型煤炭基地有5个在中部地区。在全国7个煤炭产量超亿吨的省份中，中部地区占据3席。中部地区的水电产业同样发达，湖北、湖南水电装机规模在全国排名靠前。中部地区扼守着北煤南运、西气东输、海油内送以及特高压走廊等关键输送通道，肩负着保障能源资源输运和应急安全的重要使命。在我国已投运的39条特高压输电工程中，途经中部地区的多达25条。中部地区靠近负荷中心，输电网络发达，新能源消纳能力较强。近年来，中部六省新能源装机容量快速增加，总装机规模超过2亿千瓦，占全国的1/5以上。

综合交通运输枢纽地位更加巩固（见表3）。航空运输快速发展，湖北鄂州花湖国际机场和郑州新郑国际机场成为连接国内、国际市场的核心枢纽。如郑州新郑国际机场开通多条全货机航线，跻身全球货运40强。中部地区湖泊众多、河网密布，长江、淮河等水系发达。2022年，中部地区内河航道里程为33225公里，占全国的比例为25.96%。安徽江淮运河全线贯通，河南沙颍河、淮河水运通道功能提升，周口港、淮滨港实现通江达海。中部地区铁路营业里程为35193公里，占全国的比例为22.72%，其中5省高铁通车里程超过

2000公里，山西高铁通车里程超过1000公里，河南"米"字形和湖北超"米"字形高速铁路网加快形成，均实现"市市通高铁"。

表3　2022年中部地区运输线路长度

单位：公里

地区	铁路营业里程	内河航道里程	公路里程
山西	6268	467	145469
安徽	5411	5645	237967
江西	5113	5638	210711
河南	6719	1491	277482
湖北	5603	8488	302178
湖南	6079	11496	242420
中部	35193	33225	1416227
全国	154906.5	127968.5	5354837.0

资料来源：根据《中国统计年鉴2023》计算得到。

中部地区开通的国际班列覆盖东南亚、中亚、欧洲等地，成为连通境内外的物流通道。截至2024年上半年，中欧班列（郑州）已构建起包括"27个境外直达站点、9个出入境口岸"的国际多式联运集疏运网络，业务网络遍布40多个国家140多个城市，中铁联集郑州中心站承运的出口货值达到150亿元。①

3. 科教实力显著增强

近年来中部地区科教实力显著增强，中部地区拥有700多所高校，在校生约占全国的30%，科教资源丰富，创新主体密集，有8.25万家高新技术企业，占全国的21%。中国科学技术发展战略研究院发布的《中国区域科技创新评价报告2023》显示，中部地区除山西外，江西、安徽、河南、湖南、湖北等省份的位次均有所提升，多数省份创新水平在全国处于第二梯队。

4. 产业迈向中高端

中部地区有良好的产业基础，在不断发展壮大的过程中，通过承接转移、转型升级和科技转化等方式，近年来制造业发展迅速，逐步迈向中高

---

① 《中欧班列（郑州）构建国际多式联运集疏运网络》，《河南日报》2024年9月10日。

端，形成了一批在国内外享有盛誉的产业。如湖北的光电子、湖南的工程机械、安徽的新能源汽车、江西的航空产业、河南的超硬材料、山西的能源装备等。从主要工业产品，特别是高科技含量工业产品来看，手机、微型计算机和集成电路等产业发展较为迅速。中部地区汽车产量从2010年的354.38万辆增长到2022年的499.51万辆。中部地区手机产量从2010年的1992.91万台增长到2022年的38895.43万台，占全国的比例从2010年的2.0%增长到2022年的24.9%，增长迅猛。中部地区微型计算机产量从2010年的200.13万台增长到2022年的9542.05万台，占全国的比例从2010年的0.8%增长到2022年的22.0%，增长明显。中部地区集成电路从2010年的0.51亿块增长到2022年的97.05亿块，占全国的比例从2010年的0.1%增长到2022年的3.0%，增长显著（见表4）。

表4 2010年和2022年中部地区主要工业产品产量

地区	2010年					2022年				
	金属切削机床（万台）	汽车（万辆）	手机（万台）	微型计算机（万台）	集成电路（亿块）	金属切削机床（万台）	汽车（万辆）	手机（万台）	微型计算机（万台）	集成电路（亿块）
山西	0.17	0.32	—	—	—	16.50	—	—	2741.74	3.59
安徽	2.63	118.87	—	1.81	0.50	1.54	174.69	92.33	2950.25	25.56
江西	0.31	37.28	1536.53	9.06	—	0.64	41.41	9341.87	4946.60	16.67
河南	0.80	23.52	2.20	—	—	0.39	55.31	15622.60	97.19	0.13
湖北	0.37	157.77	454.18	189.26	0.01	0.98	185.25	6250.82	1336.21	0.01
湖南	0.39	16.62	—	—	—	0.56	26.35	4846.07	208.21	54.68
中部	4.67	354.38	1992.91	200.13	0.51	4.11	499.51	38895.43	9542.05	97.05
全国	69.73	1826.53	99827.36	24584.46	652.5	57.35	2713.63	156079.95	43418.17	3241.85
占比（%）	6.7	19.4	2.0	0.8	0.1	7.2	18.4	24.9	22.0	3.0

资料来源：根据2011年、2023年《中国统计年鉴》计算得到。

（二）新时代中部地区高质量发展面临的机遇

1. 政策叠加机遇

新时代国家对中部地区的重视程度持续提升，一系列重大政策如促进中部地区崛起战略、共建"一带一路"、长江中游城市群发展战略、黄河流域生态保护和高质量发展战略、长三角一体化发展战略等的深入推进为中部地区发展注入强劲动力。《中共中央 国务院关于新时代推动中部地区高质量发展的意见》等一系列支持中部地区高质量发展的政策措施出台，进一步为中部地区的发展指明了方向，提供了政策保障。

2. 区位优势凸显

中部地区承东启西、连南接北，是全国重要的交通枢纽和物流中心。新时代背景下，中部地区区位优势日益凸显，为全国范围内的人员流动、物资运输和信息交流提供了便利条件，有利于促进国内市场的一体化，助力国内大循环畅通。中部地区拥有较为完整的产业链，特别是在装备制造、汽车、电子信息、食品加工等领域具有较强的竞争力。这为中部地区参与全国大市场的竞争奠定了坚实的产业基础。中部地区人口众多，消费市场庞大。随着居民收入水平的提高和消费结构的升级以及城市化进程不断加快，中部地区的市场需求潜力将进一步释放，为国内大循环提供重要推动力。

3. 开放合作机遇

全球科技创新浪潮为中部地区带来了与国内外先进地区开展科技创新合作的机遇，数字经济的发展为中部地区的开放合作提供了新途径。作为不靠边、不临海的省份，中部地区通过引进先进技术和人才，提升自身的科技创新能力，加快数字基础设施建设，推动数字贸易、跨境电商等新业态发展，拓展国际市场。我国对外开放进一步深入，《区域全面经济伙伴关系协定》（RCEP）等国际多边和双边条约的签订及贸易通道的拓展，使中部地区加强了与中亚、欧洲等地的贸易往来。例如，郑州、武汉等城市的中欧班列开行数量不断增加，货物种类日益丰富，为中部地区的企业开拓国际市场提供了便捷的物流通道。京津冀协同发展、长三角一体化、粤港澳大湾区建设等国家重大区域发展战略的实施，为中部地区提供了广阔的合作空间。中部地区可以加强与这些地区的产业对接、科技创新合作、人才交流等，实现互利共赢。

（三）新时代中部地区高质量发展面临的挑战

1. 外部压力加大

从国际来看，随着全球经济一体化的加速和国际贸易保护主义的抬头，中部地区的企业面临越来越激烈的国际竞争。在技术创新、品牌建设、市场营销等方面，中部地区的企业与先进地区先进企业相比还存在较大差距，难以在国际市场上立足。从国内来看，在全国经济发展格局中，各地区都在积极谋求发展，东部地区在科技创新、高端产业等方面具有领先优势，西部地区在资源开发、特色产业等方面不断发力，中部地区则面临前有标兵、后有追兵的竞争压力，区域竞争日益激烈。

2. 产业发展动能不足

传统产业，尤其是资源型产业和重化工业一直是中部地区经济的重要支柱。在新时代背景下，中部地区面临产能过剩、环境污染和资源约束等问题，迫切需要转型升级。例如山西省，虽然正在加快构建清洁、低碳、安全、高效的能源体系，但煤炭产业长期占据主导地位，大量的经济活动围绕煤炭资源展开，从煤炭开采、洗选到火力发电等，形成以煤炭为核心的产业体系。2023年，山西煤炭工业增加值占全省工业增加值的比重超过40%，山西面临产能过剩、环境污染、资源约束等问题，迫切需要转型升级。产业转型需要大量的资金、技术和人才支持，且面临市场风险和不确定性，转型难度较大。新兴产业发展相对滞后。与东部发达地区相比，中部地区在高端制造业、数字经济、生物医药等新兴产业领域的布局和发展相对不足，缺乏龙头企业和核心技术，产业链不完善，难以形成产业集群效应，制约经济的高质量发展。

3. 创新能力不足

科技创新投入相对较少。中部地区在研发投入方面与东部地区存在较大差距，企业的创新意识和创新能力有待提高。2022年，全国研发经费投入强度达到2.54%，中部地区普遍较低。湖北研发经费投入强度为2.32%，河南为1.86%，山西则只有1.07%。2023年，全国研发经费投入强度达到2.64%，河南研发经费投入强度超过2%，不但低于全国平均水平，与北京（超过6%）、上海（4.4%）等发达地区相比差距明显。[1]

总体而言，中部地区高质量发展具有良好的基础和态势，面临诸多机遇，但也存在一些挑战和压力。在未来的发展中，中部地区需要充分发挥

---

[1] 数据来源：全国研发经费投入强度数据来自2022年、2023年全国科技经费投入统计公报，各省份数据来自各省份的2022年、2023年研究与试验发展（R&D）经费投入统计公报。

自身优势，积极应对挑战，抓住机遇，加快推动经济转型升级，实现高质量发展。

三 新时代中部地区高质量发展的主要任务

（一）以科技创新引领产业创新，积极培育和发展新质生产力

要加大科技创新投入力度，培育科技创新主体，打造科技创新平台，优化科技创新环境，培养和引进科技创新人才，推动中部地区经济高质量发展。

1. 加大科技创新投入力度

第一，加大政府财政投入力度。中部地区各级政府应进一步提高科技支出在财政预算中的比重，建立科技投入增长机制，设立专项科技资金，用于支持通用智能、量子科技、空天信息、先进材料、低碳能源、生命健康等领域基础研究、关键技术攻关、科技成果转化等项目，逐年增加科技投入，确保对科技创新的稳定投入，为科技创新提供坚实的资金保障。

第二，引导企业加大研发投入力度。制定激励政策，鼓励国机精工、科大讯飞、华工科技、赣锋锂业等全球领先龙头企业增加研发投入。对研发经费投入强度高的企业给予税收优惠、财政补贴等支持，激发企业开展科技创新的积极性。推动企业与高校、科研机构合作，共同开展技术研发，实现资源共享、优势互补，降低企业研发成本。

第三，吸引社会资本投入。通过政府引导、市场运作的方式，设立科技产业投资基金，吸引社会资本参与科技创新项目，为科技创新企业提供资金支持。鼓励金融机构创新金融产品和服务，为科技创新企业提供知识产权质押贷款、科技保险等金融支持，拓宽科技创新企业融资渠道。

2. 培育科技创新主体

一是强化企业创新主体地位。鼓励企业建立研发机构，提高自主创新能力。支持有条件的企业建设国家级、省级企业技术中心、工程技术研究中心等创新平台。

二是大力培育一批创新型领军企业。通过政策扶持、项目支持等方式，推动如湖南的工程机械、安徽的新能源汽车等领域领军企业加大研发投入力度，

发挥其在技术创新、产业创新中的引领作用，突破关键核心技术，提升产业核心竞争力。

三是发挥高校和科研机构创新作用。加强高校和科研机构基础研究与前沿技术研究，提高原始创新能力。支持高校和科研机构承担国家重大科研项目，培养高层次创新人才。促进高校和科研机构与企业合作，推动科技成果转化。建立产学研合作机制，鼓励高校和科研机构将科技成果优先在中部地区转化，提高科技成果转化率。如支持武汉大学、华中科技大学等高校在光电技术、生物医学工程等领域取得突破性进展。

四是培育科技型中小企业。加大对科技型中小企业的扶持力度，建立科技型中小企业培育库，提供创业辅导、技术支持、融资服务等全方位支持，对入库企业进行重点培育，帮助科技型中小企业快速成长。

3. 打造科技创新平台

一是建设重大科技创新平台。围绕重点产业领域，中部地区布局建设一批重大科技创新平台。如国家实验室、国家重点实验室、国家工程研究中心等，提升中部地区在光电子信息、智能语音及人工智能、工业母机等关键核心技术领域的创新能力。加强武汉信息光电子、株洲先进轨道交通装备、洛阳农机装备等重大科技创新平台的管理和运行机制创新，提高平台的使用效率和创新产出。

二是搭建产业创新服务平台。建设产业技术创新联盟、行业协会等产业创新服务平台，促进产业链上下游企业之间的技术交流与合作。发展科技企业孵化器、众创空间等创新创业服务平台，为科技型企业和创新创业团队提供场地、资金、技术、人才等全方位服务。

三是推进科技资源共享平台建设。建立科技资源共享机制，整合中部地区高校、科研机构、企业的科技资源，建设科技资源共享平台。实现仪器设备、科技文献、科学数据等科技资源的共享共用，提高科技资源利用效率。

4. 优化科技创新环境

完善科技创新政策体系。制定和完善科技创新政策，涵盖科技投入、税收优惠、人才激励、知识产权保护等方面。确保政策的系统性、针对性和可操作性，为科技创新提供良好的政策环境。

加强科技创新政策的宣传和落实，确保政策落地见效。建立政策评估机

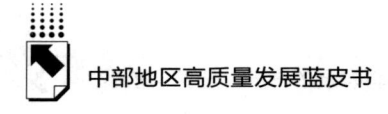

制,及时调整和完善政策,提高政策的实施效果。

加强知识产权保护。完善知识产权法律法规,加大知识产权执法力度,严厉打击侵权行为。保护科技创新主体的合法权益,激发创新活力。加强知识产权服务体系建设,提供知识产权申请、维权、交易等一站式服务。提高科技创新主体的知识产权意识和管理水平。

营造鼓励创新创业的良好氛围。举办各类创新创业大赛、科技展览、学术交流等活动,营造浓厚的创新创业氛围,激发全社会的创新热情和创造力。

5. 培养和引进科技创新人才

加强人才培养。加大对教育的投入力度,优化高校学科专业设置,加强与产业需求的对接,培养适应科技创新和产业发展需要的各类人才。建立产学研联合培养人才机制,鼓励企业与高校、科研机构合作培养研究生等高层次人才。

引进高端人才。制定优惠政策,提供住房补贴、子女教育、医疗保障等方面的支持,吸引国内外高端人才到中部地区创新创业。建立高端人才柔性引进机制,通过项目合作、兼职服务等方式,引进国内外专家学者为中部地区科技创新和产业发展提供智力支持。

(二)加强与其他重大发展战略的衔接,更好融入和支撑新发展格局

1. 对接国家重大区域发展战略

积极融入京津冀协同发展战略。中部地区充分发挥自身在制造业、农业等领域的优势,与京津冀地区的高端制造业、科技创新等产业进行对接。利用京津冀地区产业结构调整的机遇,积极承接符合自身发展定位的产业转移。加强科技创新合作。与京津冀地区的高校、科研机构建立合作关系,引进京津冀地区的先进技术和人才,提升中部地区的科技创新能力,共同开展科技创新项目。

深度对接长三角一体化发展战略。中部地区与长三角地区在电子信息、装备制造、生物医药等领域开展产业合作,共同打造产业链、供应链。加快建设交通基础设施,缩短与长三角地区的时空距离,提高物流效率。加强与长三角地区的人才交流与合作,制定优惠政策,吸引长三角地区的企业和人才到中部

地区投资兴业。

紧密衔接粤港澳大湾区建设。利用粤港澳大湾区的国际贸易平台，加强与粤港澳大湾区港口的合作，提高货物进出口效率，扩大对外贸易规模。学习粤港澳大湾区在科技创新和金融领域的先进经验，推动中部地区的科技创新企业与粤港澳大湾区的投资机构合作，引进粤港澳大湾区的创新资源和金融资源，促进科技成果转化。发挥中部地区丰富的历史文化和旅游资源优势，打造精品旅游线路，吸引粤港澳大湾区的游客到中部地区旅游观光，与粤港澳大湾区开展文化旅游合作。

2. 衔接国家重大发展战略

落实乡村振兴战略。推动农业现代化，加强农业科技创新，提高农业生产效率。推进农业产业化经营，发展农产品加工、流通等产业，延长农业产业链。加强农村基础设施建设，改善农村人居环境。加强农村生态环境保护，发展乡村旅游等绿色产业，实现乡村生态宜居和农民增收致富。

融入"一带一路"建设。加快建设与共建"一带一路"国家和地区的交通、物流通道，提高贸易便利化水平。推进中欧班列常态化运行，拓展国际货运航线，加强与沿海港口的合作。鼓励中部地区企业积极参与共建"一带一路"国家和地区的基础设施建设、能源资源开发等项目。扩大机电产品、高新技术产品等出口规模，提高对外贸易质量和效益。开展与共建"一带一路"国家和地区的文化、教育、旅游等领域的交流与合作，增进相互了解和友谊。推动中医药、中华武术等"走出去"，提升中华文化的影响力。

3. 加强区域协同发展

推动中部地区内部协同发展。加强中部六省之间的沟通协调，建立健全区域合作机制，制定区域协同发展规划，实现优势互补、协同发展。加快建设中部地区的交通、能源、信息等基础设施，提高区域互联互通水平。

推进城市群之间的快速交通网络建设，加强能源供应保障，提升信息通信服务能力。推动中部地区智能制造、新材料、新能源汽车、电子信息等先进制造业及现代农业分工协作，避免同质化竞争。

建立产业转移对接机制，促进产业有序转移和优化布局。共同打造湖南的工程机械、河南的盾构机等装备制造产业集群，安徽的新能源汽车、湖北的汽车制造产业集群，武汉的光电子芯片、江西的电子信息产业集群，河南的超硬材料等新材料产业集群，山西的煤炭、湖北的水电等能源产业集群以及河南的粮食深加工等农产品加工产业集群，加强与周边地区的协同发展。

加强与长江经济带上下游地区的合作。加强与上游成渝地区双城经济圈的电子信息、航空航天等产业合作，积极承接长三角地区的新能源、新材料、生物医药等产业转移，共同打造产业链条，推动产业协同发展。要加强生态保护、水资源利用、产业发展等方面的合作，推进与黄河流域生态保护和高质量发展规划的衔接。发挥自身的产业和交通优势，加强与西部地区在资源开发、产业转移等方面的合作。

（三）统筹推进深层次改革和高水平开放，持续打造更具竞争力的内陆开放高地

中部地区需要在体制机制改革、对外开放水平提升和区域合作等方面下功夫，不断激发市场活力和创新动力，提高经济发展质量和效益。

1. 深化体制机制改革

优化营商环境，简化行政审批流程。进一步减少行政审批事项，推行并联审批、网上审批等方式，提高审批效率。建立健全行政审批标准化体系，明确审批标准和时限，加强对审批行为的监督。加强市场监管。完善市场监管体系，加强对市场主体的监管，维护市场秩序。推进信用体系建设，建立健全企业信用评价机制，对失信企业进行联合惩戒。提高政务服务水平，加强政务服务中心建设，推行一站式服务，提高政务服务的便捷性和满意度。加强政务公开，提高政府工作的透明度。

推进要素市场化配置改革，完善土地要素市场。建立健全土地流转市场，促进土地资源的合理流动和优化配置。健全劳动力要素市场。加强劳动力市场建设，完善劳动力供求信息发布机制，促进劳动力的合理流动。加快资本要素市场建设。推进金融体制改革，创新金融产品和服务，提高金融服务实体经济的能力。发展多层次资本市场，拓宽企业融资渠道。促进技术要素市场发展。加强知识产权保护，完善技术交易市场，促进技术成果的转化和应用。建立健全技术创新激励机制，激发企业和科研人员的创新活力。

推进国有企业改革。健全公司法人治理结构，完善现代企业制度。推进国有企业混合所有制改革，引入非国有资本参与国有企业改革，提高国有企业的

市场竞争力。提高国有资本的配置效率，加强国有资产监管，防止国有资产流失。

2. 提升对外开放水平

加强开放平台建设。完善郑州新郑综合保税区、武汉东湖综合保税区、合肥综合保税区、长沙黄花综合保税区、南昌综合保税区、太原武宿综合保税区的基础设施建设，提高通关效率。拓展综合保税区功能，开展保税加工、保税物流、保税服务等业务，促进外向型经济发展。推动中国（河南）、中国（湖北）、中国（湖南）等自由贸易试验区建设，加强与中国（上海）、中国（广东）等自由贸易试验区的合作，学习借鉴先进经验，探索制度创新，推动贸易投资自由化便利化。加强与共建"一带一路"国家和地区的合作，建设国际合作园区，引进国外先进技术和管理经验，促进产业升级和创新发展。加大对高新技术产品、机电产品等附加值高的产品的出口扶持力度，提高出口产品的质量和效益。扩大服务贸易规模，发展软件外包、文化创意等服务贸易。培育贸易新业态新模式，拓宽对外贸易渠道。加强跨境电商综合试验区建设，完善跨境电商服务体系。组织企业参加国内外各类展会，拓展国际市场，加强贸易摩擦应对，维护企业合法权益。

3. 加大招商引资力度

完善招商引资政策，创新招商引资方式，提高招商引资的针对性和实效性，加强与国内外知名企业的合作，引进一批重大项目。加强对招商引资项目的跟踪服务，及时解决项目建设中遇到的问题。引导外资投向高端制造业、现代服务业、现代农业等领域，提高外资利用质量和水平。推进外资企业本地化发展，促进外资企业与本地企业合作。

（四）协同推进生态环境保护和绿色低碳发展，加快建设美丽中部

加强生态环境保护，推动绿色低碳发展，建立健全协同推进机制，为实现中部地区高质量发展和美丽中国建设做出贡献。

1. 加强生态环境保护

强化生态系统保护与修复。加强对重要湿地的保护和恢复，开展湿地生态修复工程，恢复湿地生态功能，提高湿地生物多样性。加强水土流失监测，制定水土流失治理规划。采取工程措施与生物措施相结合的方式，治理水土流

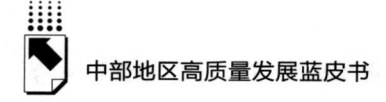

失,改善生态环境。

加强水污染防治。加强对长江、黄河、淮河等重点流域的水污染治理,加大对工业废水、生活污水和农业面源污染的治理力度。推进污水处理设施建设,提高污水处理能力和水平。加强对饮用水水源地的保护和监管,建立健全饮用水水源地保护机制,确保饮用水安全。开展河湖生态修复工程,恢复河湖生态功能。加强水生生物保护,改善水生态环境。

加强大气污染防治。加强对工业企业的大气污染治理,严格控制工业废气排放。推进工业企业清洁生产,推广应用先进的污染治理技术和设备。推广新能源汽车,减少机动车尾气排放。

2. 推动绿色低碳发展

加快产业绿色转型。加强对传统产业的绿色改造,推广应用节能环保技术和设备。发展绿色制造业,培育壮大新能源、新材料、节能环保等战略性新兴产业。推广生态农业、有机农业等绿色农业模式,减少化肥、农药使用量。加强农产品质量安全监管,提高农产品质量和安全水平。推进服务业绿色发展,推广应用节能环保技术和设备。发展生态旅游、绿色物流等绿色服务业,提高服务业绿色发展水平。

推广绿色低碳生活方式。开展绿色低碳宣传教育活动,提高公众的环保意识和绿色低碳意识。引导公众从身边小事做起,践行绿色低碳生活理念。加强对绿色建筑的推广和应用,提高建筑节能水平。推进既有建筑节能改造,降低建筑能耗。发展公共交通,优化公交线路,提高公共交通出行比例。

加强能源资源节约利用。加强对重点用能单位的节能管理,严格执行节能标准。推广应用节能技术和设备,提高能源利用效率,加强节水型社会建设,加强对水资源的管理和保护。推广应用节水技术和设备,提高水资源利用效率。严格执行土地利用总体规划,加强对土地资源的管理和保护。推进土地节约集约利用,提高土地利用效率。

3. 建立健全协同推进机制

加强对生态环境保护和绿色低碳发展工作的领导和协调,制定出台生态环境保护和绿色低碳发展政策措施,加大对生态环境保护和绿色低碳发展的支持力度。建立健全生态补偿机制,促进生态环境保护和绿色低碳发展。加强对生态环境保护和绿色低碳发展工作的监督考核。将生态环境保护和绿色低碳发展纳入各级政府绩效考核体系，确保各项工作落到实处。

（五）坚持城乡融合发展，扎实推进乡村全面振兴

加强城乡基础设施互联互通，推动城乡产业融合发展，促进城乡公共服务均等化，推进城乡生态环境协同治理，深化城乡体制机制改革，实现城市和农村共同繁荣发展。

1. 加强城乡基础设施互联互通

完善交通基础设施。加大对农村公路建设的投入力度，提高农村公路的通达深度和质量。加强农村公路与国省干线的连接，构建便捷高效的农村交通网络。推进城乡公共交通一体化发展，提高农村居民出行的便利性。加大对农村水利设施的建设和改造力度，提高农田灌溉和防洪排涝能力。加强农村饮用水安全工程建设，推进城乡供水一体化。

提升能源和信息基础设施水平。加强农村电网改造升级，提高农村供电的可靠性和稳定性。在农村地区推广应用清洁能源，加快农村信息化建设。

2. 推动城乡产业融合发展

发展现代农业。加大对农业科技创新的投入力度，提高农业生产的机械化、智能化水平。推进农业产业化经营，培育壮大农业龙头企业，发展农产品加工、流通等产业，延长农业产业链。加强农业品牌建设，提高农产品的附加值和市场竞争力。发展生态农业、休闲农业、观光农业等新型农业业态，促进农村一、二、三产业融合发展。促进农村工业发展，发展农产品加工、特色手工业等产业。加强对农村工业企业的扶持和服务，提高企业的技术水平和管理水平。发展农村服务业，加强农村商贸流通体系建设，完善农村市场，发展农村电商、物流配送等服务业。挖掘农村的自然景观、历史文化等资源，开发乡村旅游产品，打造乡村旅游品牌。

3. 促进城乡公共服务均等化

提高农村教育水平。加大对农村教育的投入力度，改善农村学校的办学条件，加强农村教师队伍建设。推进城乡义务教育均衡发展，提高农村学校的教育教学质量。

提升农村医疗卫生服务水平。加强农村医疗卫生基础设施建设，改善农村

医疗卫生条件。推进城乡医疗卫生服务一体化，提高农村医疗卫生服务水平。

完善农村社会保障体系。加大对农村社会保障的投入力度，提高农村居民的社会保障水平。推进城乡社会保障制度衔接，实现城乡居民社会保障待遇均等化。

（六）坚持高质量发展和高水平安全相互促进，努力提升粮食能源资源安全保障能力

加强耕地保护、提高农业科技创新能力、完善粮食储备体系、加强能源供应保障、推进能源结构调整、提高能源利用效率、加强资源勘查开发、推进资源节约集约利用、加强资源储备体系建设、加强安全监管、推进产业升级、加强科技创新等方面的工作，为中部地区高质量发展提供坚实的安全保障。

1. 提升粮食安全保障能力

加大对粮食主产区的扶持力度。压实粮食安全政治责任，加大对粮食主产区的转移支付力度。健全种粮农民收益保障机制，通过价格、补贴、保险等政策，保障种粮农民的收益，提高农民种粮的积极性。建立粮食产销区省际横向利益补偿机制。

加强耕地保护。严格落实耕地保护制度，确保耕地数量不减少、质量不降低。加强对耕地占补平衡的监管，确保补充耕地质量符合要求。推进高标准农田建设，提高耕地质量和农业综合生产能力。加大对农田水利设施的投入力度，改善农田灌溉条件。提高农业科技创新能力，加大对农业科技研发的投入力度，加强农业科技创新平台建设。培育和推广优良品种，提高粮食单产和品质。推进农业机械化和智能化发展，提高农业生产效率。加强农业科技人才培养，为粮食生产提供人才支撑。

加强粮食流通体系建设。推进粮食现代物流体系建设，提高粮食流通效率。加强粮食批发市场建设，完善粮食交易机制。加强粮食质量安全监管，确保粮食质量安全。建立健全粮食应急保障体系，提高突发事件应对能力。

2. 提升能源安全保障能力

加强能源供应保障。推进能源基础设施建设，提高能源输送能力。加强电网、油气管网等能源基础设施的建设和改造，确保能源供应安全。加大对可再生能源的开发利用力度，提高可再生能源在能源消费中的比重。推进能源清洁化发展，加强对煤炭等传统化石能源的清洁利用。

提高能源利用效率。加强对重点用能单位的节能管理，严格执行节能标准。推广应用节能技术和设备，提高能源利用效率。推进能源消费方式转变，引导居民和企业合理用能。

3. 提升资源安全保障能力

加强资源勘查开发。推进资源综合利用，提高资源利用效率。加强对尾矿、废渣等废弃物的综合利用，减少资源浪费。

推进资源节约集约利用。加强对土地、水等资源的管理，严格执行资源节约集约利用标准。加强水资源管理，推进节水型社会建设。

加强资源储备体系建设。建立健全重要资源储备制度，加强对重要资源的储备。优化资源储备布局，确保资源储备安全。

加强资源储备基础设施建设，提高资源储备能力。建立健全资源储备管理制度，加强对资源储备的监管。

4. 加强安全监管

建立健全安全监管体系，加强对粮食、能源、资源等领域的安全监管。加大对安全违法行为的打击力度，确保安全形势稳定。加强安全风险评估和预警，及时发现和消除安全隐患。建立健全应急预案，提高应对突发事件的能力。加大对安全科技创新的投入力度，加强安全科技创新平台建设。研发和推广先进的安全技术和设备，提高安全保障能力。推进安全管理信息化建设，提高安全管理效率。加强安全科技人才培养，为安全保障提供人才支撑。

四 新时代中部地区高质量发展的前景

习近平总书记强调，要一以贯之抓好党中央推动中部地区崛起一系列政策举措的贯彻落实，形成推动高质量发展的合力，在中国式现代化建设中奋力谱写中部地区崛起新篇章。① 沿着这一方向，中部地区必将肩负重要的使命，以磅礴的气势和坚定的步伐，以昂扬的斗志、创新的精神，为实现中华民族伟大复兴的中国梦贡献力量！

---

① 《习近平主持召开新时代推动中部地区崛起座谈会强调：在更高起点上扎实推动中部地区崛起》，中国政府网，2024年3月20日，https://www.gov.cn/yaowen/liebiao/202403/content_6940500.htm。

（一）"三基地一枢纽"功能更加突出

全国重要粮食生产基地的地位更加凸显。智慧农业引领新潮流，中部地区将广泛应用物联网、大数据、人工智能等先进技术。传感器实时监测土壤肥力、气象等数据，智能灌溉系统根据作物需水情况精准供水，无人机可以进行病虫害监测和农药喷洒。精准农业决策系统依据大数据分析，为农民提供个性化的种植方案，实现资源的高效利用和产量的大幅提升。同时，农产品质量追溯体系更加完善，确保粮食从田间到餐桌的安全。农业产业化迈向新高度，将培育出一批具有强大竞争力的农业产业化龙头企业。企业通过与农民合作社、家庭农场等新型经营主体紧密合作，实现规模化、标准化生产。农产品深加工产业蓬勃发展，延长产业链，提高附加值，推动一、二、三产业深度融合。休闲农业和乡村旅游成为中部地区农村经济的新亮点。美丽的田园风光、丰富的农耕文化、特色的乡村美食吸引大量游客。农民通过发展农家乐、民宿等新业态，实现增收致富。

全国重要能源原材料基地影响更加显著。太阳能、风能、生物质能等可再生能源装机容量持续增长，智能电网技术不断完善，实现新能源的高效接入和消纳。利用丰富的工业副产氢资源和良好的产业基础，中部地区加快发展氢燃料电池汽车、氢能分布式能源等产业，打造氢能产业高地。原材料产业实现高端化发展。钢铁、有色金属、化工等原材料产业通过技术创新和装备升级，向高端化、绿色化、智能化方向发展。高强度、耐腐蚀、高性能的新型材料不断涌现，满足国家重大工程和战略性新兴产业需求。循环经济模式在原材料产业中得到广泛应用。能源原材料储备体系更加完善，战略储备库、商业储备库布局合理，储备规模不断扩大。储备管理信息化水平显著提高，实时监测储备物资的数量、质量和状态，确保储备物资安全可靠。

全国重要现代装备制造及高技术产业基地更加充满活力。中部地区在工程机械、轨道交通、航空航天等领域持续发力，形成一批具有国际竞争力的高端装备制造产业集群。智能工厂广泛应用工业机器人、自动化生产线、智能物流系统等先进技术，实现生产过程的智能化、柔性化和高效化。电子信息、生物医药、新材料等高技术产业在中部地区迅速壮大。集成电路、新型显示、人工智能等领域取得重大突破，培育出一批具有核心技术和创新能力的龙头企业。

生物医药产业创新成果不断涌现，新型疫苗、生物制药、高端医疗器械等产品研发取得积极进展。中部地区成为国内重要的生物医药产业创新基地。高性能合金、先进复合材料、电子信息材料等领域的研发和应用处于国内领先水平。

全国重要综合交通运输枢纽地位更加稳固，连接作用更强。中部地区成为全国交通网络的关键节点。铁路干线纵横交错，连接东部沿海经济发达地区、西部资源富集地区和南北各大重要城市。高铁网络更加密集，大大缩短了城市间的时空距离，促进人员、物资高效流动。公路网四通八达，高速公路、国省干道相互配合，形成便捷的陆路运输通道，不仅连接国内主要城市，还深入中小城镇和农村地区，实现城乡交通一体化。内河航运优势充分发挥，中部地区通过整治航道、建设港口，加强与长江、淮河等重要水系的连通，成为连接内陆与沿海的重要纽带。中部地区在"一带一路"建设中发挥重要作用，成为连接中国与中亚、欧洲的重要铁路枢纽，中欧班列频繁往来，带动国际贸易和产业合作。不断拓展国际航线，与世界主要城市实现直航，加强对外经济文化交流，提升中国在全球的影响力。降低企业的运输成本，提高产品的市场竞争力。同时，促进制造业与物流业的深度融合，实现供应链的优化整合，推动制造业向智能化、高端化、绿色化发展。带动商贸、金融、旅游等服务业发展，吸引国内外客商和游客，促进区域经济繁荣。应急保障更有力。灾害应对能力强，保障国家能源、粮食等战略物资的安全供应。具备完善的战略物资储备设施和运输通道，确保在紧急情况下能够迅速调配战略物资。

（二）新质生产力实现新跃升

科技创新引领发展新高度，前沿技术突破推动产业升级。在人工智能领域，中部地区将成为智能应用的重要创新地。智能机器人广泛应用于制造业，实现高精度、高效率的生产作业，大幅提升产品质量和生产效率。智能交通系统全面升级，实现交通流量的精准调控和智能导航，缓解交通拥堵，提高出行安全性。量子计算技术的应用将使得中部地区的科研、金融、物流等领域产生革命性变化。生物技术的创新将推动生物医药产业蓬勃发展。新型药物研发加速，精准医疗技术广泛应用，为人民健康提供更强大的保障。同时，生物农业技术的发展将提高农业产量和质量，促进农业可持续发展。中部地区将形成更加完善的创新生态系统，政府、企业、高校、科研机构之间的合作将更加紧密。政府加大对科技创新的投入力度，出台更具吸引力的创新政策，鼓励企业加大研发投入力度，培育创新型企业。高校和科研机构将成为科技创新的重要源泉，加强基础研究和前沿技术研究，培养高素质的创新人才。企业与高校、科研机构合作，共同开展技术研发和成果转化，实现产学研深度融合。

绿色发展塑造可持续未来，清洁能源成为主导能源。新型电池技术、抽水蓄能、压缩空气储能等储能方式将得到广泛应用，实现能源的高效存储和释放。太阳能、风能、水能等清洁能源在中部地区的能源结构中将占据更大比重。智能电网技术将实现清洁能源的高效接入和分配，优化能源资源配置，提高能源利用效率。同时，分布式能源系统的发展将使能源供应更加灵活、可靠，满足不同用户的需求。建立循环经济产业体系。加强废弃物的回收和再利用，实现工业废渣、废水、废气的"零排放"和农业废弃物的资源化利用。建立完善的垃圾回收体系，推广智能垃圾分类设备，实现垃圾的分类收集、运输和处理，减少对环境的污染。

数字经济与实体经济深度融合。产业数字化转型加速推进，制造业全面实现数字化转型，打造智能工厂和数字化车间。农业数字化水平将大幅提升，打造精准农业。服务业将实现数字化升级，打造智慧服务。数字产业化培育新经济增长点，大数据产业将成为中部地区的重要支柱产业，云计算和人工智能产业将实现快速发展。

人才与教育支撑新质生产力发展。中部地区将构建适应新质生产力发展的人才培养体系，加强创新人才、高技能人才和复合型人才的培养。终身学习将成为社会风尚，人们通过在线学习、培训课程等方式不断更新知识和技能，适应快速变化的市场需求。教育资源更加优质均衡，每个孩子都能享受优质的教育资源。高等教育将更加注重内涵发展，提升学科建设水平和科研创新能力，建设一批高水平大学和一流学科，培养具有国际竞争力的高层次人才。

（三）"中枢"支撑作用更加有力

承东启西、连接南北的中部地区无疑对国家加快构建新发展格局具有重要的"中枢"支撑作用。

产业链供应链韧性进一步提升，筑牢"双循环"根基。中部地区将建立产业链协同创新平台，加强企业之间的技术交流和合作，提高产业链的整体竞争力。加强区域间产业链供应链的协同，加强与周边地区的产业合作，共同打造跨区域的产业链供应链，提高区域经济的整体实力。

鼓励企业开展关键核心技术研发，突破"卡脖子"技术难题，产业链供应链的自主可控能力进一步提高。产业链供应链的韧性增强。优化产业链供应链布局，提高抗风险能力。推动产业链供应链多元化发展，降低对单一市场和供应商的依赖。

市场消费潜力进一步激发，增强"双循环"动力。提升消费供给质量，推动现代服务业加快发展，满足居民多样化的消费需求。消费进一步升级，绿色消费、智能消费、健康消费等新型消费模式成为热点，居民消费向高端化、品质化方向转变。城乡消费均衡发展，农村居民的消费能力大大提高，城市消费向农村延伸，城乡消费一体推进。

高效物流体系进一步完善，畅通"双循环"渠道。加快建设现代化综合交通体系，中部地区的交通枢纽地位进一步提升。铁路、公路、水路、航空等多种交通方式将实现无缝衔接，形成高效便捷的物流通道。发展智能交通，交通管理水平和运输效率大大提高。推进物流信息化建设，物流效率和服务质量进一步提高。加强铁路、公路、水路、航空等多种运输方式的协同配合，物流运输的综合效益提高。

（四）高水平开放达到新高度

贸易往来更加频繁。对外贸易规模持续扩大，培育一批具有国际影响力的自主品牌，高新技术产品、机电产品和特色农产品的出口比重提高，出口产品结构优化。进一步满足国内市场对先进技术、关键设备、优质消费品等的需求，促进进口贸易与国内消费市场的有效对接。贸易渠道得到拓展，实现贸易多元化。市场采购贸易、外贸综合服务等新业态不断涌现。

人文交流更加频繁深入。中部地区丰富的历史文化和自然景观资源得到充分挖掘和利用，打造出一批具有国际影响力的文化旅游目的地。加强与国内外文化旅游产业的交流与合作，举办文化旅游节、艺术展览、体育赛事等活动，中部地区的文化旅游知名度和吸引力大幅提升。

教育科技交流日益密切。中部地区高校与国内外高校加强合作，开展学术交流、联合培养、科研合作等活动。科技领域的国际合作不断深化，吸引国外

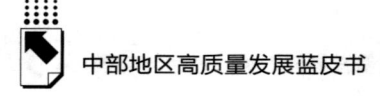

科研机构和企业在中部地区设立研发中心。加强技术引进和消化吸收再创新，提高科技创新能力。

营商环境不断优化。深化"放管服"改革，简化行政审批流程，提高政务服务效率。加强市场监管，营造公平竞争的市场环境。完善知识产权保护体系，保护企业创新成果。加强法治建设，提高依法行政水平。

（五）幸福中部"更有感"

持续强化就业优先导向。做好高校毕业生、退役军人、农民工等重点群体就业工作，强化稳岗扩岗政策支持。支持就业容量大的行业企业稳岗扩岗，出台促进青年就业的政策措施。

积极推广以工代赈，努力开发城乡公益性岗位。健全终身职业技能培训体系。

持续办好人民满意教育。优化教育布局，提高供给质量。推动学前教育普惠扩容，加快推进义务教育优质均衡发展，深入推进普通高中教育教学改革和高考综合改革。深化现代职业教育体系建设。加强青少年人文关怀，确保其身心健康，促进其全面发展。

持续提升全民健康水平。加快建设国家和省级区域医疗中心，深入推进县域医疗中心综合能力提升工程，依托中心乡镇卫生院建设县域医疗卫生次中心。深化紧密型城市医疗集团和县域医共体改革，深入开展爱国卫生运动。

全力织密社会保障网。全面实施个人养老金制度，推动基本医疗保险省级统筹。以新业态、灵活就业人员为重点扩大社会保险覆盖范围。关注物业、环卫、家政从业人员的社会保障问题。落实防止返贫监测帮扶机制，动态调整困难群众救助标准，分层分类做好社会救助和常态化帮扶。

居住环境更加宜人。公园绿地面积不断扩大，空气更加清新。社区规划更加合理，配套设施更加完善，居民生活更加便捷。小区物业管理更加规范，安全保障更加有力。农村人居环境持续改善，乡村道路硬化、亮化、绿化工程深入实施，垃圾污水处理更加高效，农民居住条件大幅提升。

文化生活更加多彩。图书馆、博物馆、文化馆等文化设施免费开放，电影院、剧院等文化场所不断升级，民间文化团体蓬勃发展，传统民俗文化得到传承和弘扬，群众文化活动丰富多彩，居民的文化认同感和归属感不断增强。

参考文献

《习近平主持召开新时代推动中部地区崛起座谈会强调在更高起点上扎实推动中部地区崛起》,《新湘评论》2024年第7期。

程必定等:《新时代站在更高起点推动中部地区崛起》,《区域经济评论》2024年第4期。

金碚:《关于"高质量发展"的经济学研究》,《中国工业经济》2018年第7期。

范恒山等:《新时代推动中部地区高质量发展》,《区域经济评论》2021年第3期。

喻新安等:《"中部地区崛起"20年:更高起点上如何更进一步》,《光明日报》2024年4月18日,第7版。

韩亚栋、李灵娜:《推动中部崛起凝聚发展合力》,《中国纪检监察报》2024年3月25日,第4版。

王彩娜:《同题共答中部地区演绎高质量发展竞合之道》,《中国经济时报》2021年4月16日,第4版。

评价篇

B.2 中部设区市/州高质量发展指数分析及建议

郑州大学商学院、河南高质量发展研究院课题组*

摘　要： 本报告以创新、协调、绿色、开放、共享的新发展理念为引领，构建体现这五个维度的高质量发展指数，并对2022年中部地区6个省份82个设区市/州高质量发展水平进行测算。研究发现，中部设区市/州高质量发展态势稳健，省会城市领跑区域高质量发展。在创新发展维度上，合肥、武汉等城市排名靠前。在协调发展维度上，省会城市优势减弱，部分非省会城市表现突出。在绿色发展维度上，南方城市绿色发展水平领先。在开放发展维度上，湖北省领跑。在共享发展维度上，山西省表现突出。推动中部设区市/州高质量发展，需要充分发挥省会城市的创新引领作用，推动城乡一体化发展，鼓励区域一体化，探索新的开放发展模式，扩大公共服务覆盖面，

---

* 课题组组长：王海杰，教授，郑州大学副校长，主要研究方向为社会主义市场经济理论与实践、区域经济与产业创新等。课题组成员：李琬，郑州大学商学院研究员，主要研究方向为城市空间结构；王宁，教授，郑州大学商学院执行院长，主要研究方向为大数据质量管理、质量强国战略、数据分析素养提升等；汤凯，副教授，郑州大学商学院副院长，主要研究方向为区域协调发展；江求川，副教授，郑州大学商学院副院长，主要研究方向为公共经济学；杜怡，郑州大学商学院硕士研究生，主要研究方向为区域协调发展。

以更加全面、完整、准确践行新发展理念，谱写新时代中部地区高质量发展新篇章。

关键词： 中部地区　设区市/州　新发展理念　高质量发展指数

中部地区在全国具有举足轻重的地位，推动中部地区高质量发展具有全局性意义。2024年3月，习近平总书记在长沙主持召开新时代推动中部地区崛起座谈会指出，中部地区是我国重要粮食生产基地、能源原材料基地、现代装备制造及高技术产业基地和综合交通运输枢纽，在全国具有举足轻重的地位。要一以贯之抓好党中央推动中部地区崛起一系列政策举措的贯彻落实，形成推动高质量发展的合力，在中国式现代化建设中奋力谱写中部地区崛起新篇章。① 中部地区的82个设区市/州，是中部地区的主体和实现高质量发展的基础，研究中部设区市/州高质量发展状况，测算中部设区市/州高质量发展指数，在此基础上加以分析，提出建议，具有重要意义。

一　中部设区市/州高质量发展的理论框架

高质量发展是现代经济社会发展的核心理念，其理论基础深厚且多元，主要包括创新增长理论、比较优势理论、可持续发展理论、输出基地理论及系统论等。

创新增长理论是现代经济学中一个极具影响力的理论，最早由约瑟夫·熊彼特在1912年提出，强调内生的研发和创新是技术进步与经济增长的关键驱动力。创新通过"创造性积累"和"创造性破坏"推动产业结构升级和经济持续增长，企业家通过引入新组合打破市场均衡，推动经济发展。西方经济学界对创新增长理论进行了进一步发展，衍生出技术创新经济学、制度创新经济学、内生增长模型和国家创新系统等理论。技术创新经济学强调

---

① 《奋力谱写中部地区崛起新篇章》，中国政府网，2024年5月30日，https://www.gov.cn/lianbo/difang/202405/content_ 6954457.htm。

创新及其市场推广对经济增长的重要性。制度创新经济学认为创新的社会环境对技术创新至关重要。内生增长模型强调创新和技术进步的核心作用。国家创新系统理论强调创新系统应涵盖多个方面，国家在推动创新中发挥关键作用。在创新增长理论的语境下，高质量发展的实现依赖创新的深度融合和广泛应用。创新技术突破改变生产方式，重塑经济结构，为经济增长提供新动力。企业家精神是经济活力的源泉，通过探索和实践将创意转化为产品和服务。人工智能等技术的应用有助于提高生产效率，降低成本，促进新业态和新模式的出现。创新的环境和制度对高质量发展至关重要。创新是中部地区高质量发展的核心引擎，创新活力持续释放是中部地区高质量发展的坚实支撑。

比较优势理论是经济学中的一个重要概念，最早由英国经济学家大卫·李嘉图在其代表作《政治经济学及赋税原理》中提出。其核心观点：每个地区或国家，无论大小，都拥有其独特的相对优势，即相对于其他地区在特定资源、技术或市场上的更低成本或更高效率。比较优势理论鼓励城市间进行专业化分工和合作，各自专注于其优势领域的发展，同时通过贸易和交流实现共赢。这种合作模式有助于提升整个区域的综合竞争力，推动区域经济的一体化和高质量发展。因此，比较优势理论不仅是国际贸易的指南，也是区域内部城市间合作与发展的重要理论依据。比较优势理论为中部地区高质量发展提供了重要指引。中部地区不能盲目追求"大而全"的发展模式，而应依据比较优势理论，找准自身定位，精准发力。通过深入分析各城市的资源禀赋、产业基础和市场潜力，明确各自的比较优势，并围绕这些优势构建特色产业集群，形成差异化竞争格局。同时，加强区域间的合作与联动，促进资源、技术、信息的自由流动，实现优势互补、互利共赢。在此过程中，中部地区不仅能够提升自身的发展质量和效益，还能为全国经济的高质量发展贡献重要力量。

可持续发展理论不仅根植于现代西方社会的反思，也深植于中国古代的智慧。古人对自然资源的合理利用和保护，如反对"竭泽而渔""焚薮而田"，体现了可持续发展的思想。然而，随着工业文明的到来，科技和生产力的飞速发展带来了环境污染和生态破坏，对人类生存和发展构成威胁。这促使人们反思传统发展模式，探索可持续发展的新路径。1980年，世界自然保护联盟首次提出"可持续发展"概念,强调研究自然、社会、经济及资源利用关系的重要性。1987年,世界环境与发展委员会将可持续发展定义为"既能满足当代人需要,又不对后代人满足其需要的能力构成危害的发展",强调代际公平和经济发展与环境保护的紧密联系。在可持续发展的语境下,高质量发展不仅指经济增长,更强调经济质量提升、结构优化,并建立在可持续基础上。金碚认为,以各种有效和可持续方式满足人民不断增长的多方面需要,是高质量发展的本质特征。此外,高质量发展还关注社会公平和民生福祉,确保发展成果惠及全体人民,通过加强社会保障、提高公共服务水平、促进教育公平等措施,缩小社会差距,增强社会凝聚力,为高质量发展提供稳定的社会环境和动力支持。可持续发展不仅是中部地区高质量发展的内在要求,更是实现长远繁荣的必由之路。

输出基地理论是现代经济学中的一个重要理论,由霍依特、安德路斯和蒂鲍尔等学者在20世纪50年代首次提出。该理论揭示了区域经济增长的内在动力与机制,强调区域外部需求扩大是经济增长的原动力,特别是出口产业的增长对区域经济有重要的推动作用。在输出基地理论的框架下,一个区域的经济结构被划分为输出部门(基础部门)和自给型部门(非基础部门)。输出部门,即基础部门,是区域经济增长的引擎,它们建立在区际比较利益的基础上,拥有较好的生产条件,并主要为区外市场提供产品、技术和服务。这些部门通过向外部市场输出产品和服务,将区外货币交换回区内,从而推动区域经济增长。相比之下,自给型部门,即非基础部门,则主要服务于区内市场,其增长往往依赖基础部门的发展。在区域经济增长过程中,基础部门的发展不仅直接促进经济增长,还通过乘数效应带动非基础部门的发展,形成区域经济的良性循环。中部地区要实现高质量发展,就必须深刻理解和把握输出基地理论,将其作为制定区域发展战略和政策的重要依据。积极参与国际市场竞争,不断拓展外部发展空间,为区域经济的持续健康发展注入新的动力和活力。

系统论是20世纪30年代逐渐发展起来的一门学科,起源于生物学中的机体论。奥地利学者贝塔朗菲提出的一般系统论原理奠定了这门学科的理论基础。当前一般系统论涵盖广泛的研究领域,主要包括三个方面:首先是数学系统论,即使用精确的数学语言来描述和研究适用于所有系统的基本理论;其次是系统技术，运用系统思想和方法研究工程、生命、经济和社会等复杂系统；最后是系统哲学，探讨一般系统论的科学方法论性质，并将其提升至哲学方法论的高度。这三个方面共同构成了一般系统论的丰富内涵。系统论强调系统的整体性和开放性，追求系统利益的最大化和结构优化，认为整体性、相关性、目的性、功能性、环境适应性、动态性、有序性等是系统的基本特征。系统论倡导从整体和全局的视角审视问题，强调各要素之间的相互联系与协同作用，这与高质量发展的内在要求不谋而合。中部设区市/州的高质量发展，不仅意味着经济总量的增长，更关乎经济结构的优化、生态环境的改善、民生福祉的增进等多个方面的内容和要求。

二 中部设区市/州高质量发展指数的构建

（一）中部设区市/州高质量发展评价维度及指标体系

本报告围绕创新、协调、绿色、开放、共享的新发展理念，综合参考一些学者提出的经济高质量发展指标体系，从创新、协调、绿色、开放、共享五大维度，构建多层次的中部设区市/州高质量发展评价指标体系，以期对中部设区市/州高质量发展情况进行评价，如表1所示。

表1 中部设区市/州高质量发展评价指标体系

发展维度	分项指数	具体指标	单位	属性
创新发展	创新投入	每万人专利授权数	项	正
		科技支出占GDP比重	%	正
		每万人在校大学生数	人	正
	经济成果	人均GDP水平	%	正
		每万人人工智能企业数	家	正
		产业结构高级化	%	正
协调发展	城乡协调	常住人口城镇化率	%	正
		城乡居民人均收入比	%	逆
	区域协调	人均GDP相对差	%	正
		省内人均GDP极值比	%	逆

续表

发展维度	分项指数	具体指标	单位	属性
绿色发展	生态水平	PM$_{2.5}$平均浓度	ug/m^3	逆
		建成区绿化覆盖率	%	正
	环境负荷	万元GDP工业二氧化硫排放量	吨	逆
		万元GDP工业氮氧化物排放量	吨	逆
	环境治理	生活垃圾无害化处理率	%	正
		污水处理厂集中处理率	%	正
开放发展	对外开放	对外贸易依存度	%	正
		每万人规模以上外商投资企业数	家	正
		海关特殊监管区数	个	正
共享发展	社会保障	一般预算收入占GDP比重	%	正
		每万人失业参保人数	人	正
		最低月工资水平	元	正
	公共服务	每万人养老机构数	家	正
		每万人医院床位数	张	正
		中小学师生比	%	正

注：产业结构高级化使用第三产业产值与第二产业产值的比值测度；人均GDP相对差具体计算公式为｜(城市人均GDP-中部地区人均GDP)/中部地区人均GDP｜；省内人均GDP极值比为省内人均GDP最高的城市/省内人均GDP最低的城市；对外贸易依存度是净出口与国内生产总值之比；海关特殊监管区包括综合保税区、保税区、出口加工区。

（二）中部设区市/州高质量发展指数的研究方法

1. 研究区域与数据来源

中部地区承东启西、连南接北，包括山西、河南、安徽、湖北、江西、湖南6个省份。本报告以中部六省的82个设区市/州为研究对象（见表2）。

表2 中部设区市/州

省份	设区市/州
山西省(11个)	太原市、大同市、阳泉市、长治市、晋城市、朔州市、晋中市、运城市、忻州市、临汾市、吕梁市
河南省(17个)	郑州市、开封市、洛阳市、平顶山市、安阳市、鹤壁市、新乡市、焦作市、濮阳市、许昌市、漯河市、三门峡市、南阳市、商丘市、信阳市、周口市、驻马店市

续表

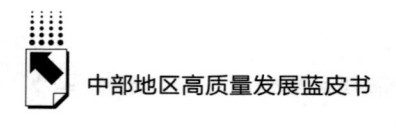

省份	设区市/州
安徽省（16个）	合肥市、芜湖市、蚌埠市、淮南市、马鞍山市、淮北市、铜陵市、安庆市、黄山市、滁州市、阜阳市、宿州市、六安市、亳州市、池州市、宣城市
湖北省（13个）	武汉市、黄石市、十堰市、宜昌市、襄阳市、鄂州市、荆门市、孝感市、荆州市、黄冈市、咸宁市、随州市、恩施土家族苗族自治州
江西省（11个）	南昌市、景德镇市、萍乡市、九江市、新余市、鹰潭市、赣州市、吉安市、宜春市、抚州市、上饶市
湖南省（14个）	长沙市、株洲市、湘潭市、衡阳市、邵阳市、岳阳市、常德市、张家界市、益阳市、郴州市、永州市、怀化市、娄底市、湘西土家族苗族自治州

本报告使用的数据主要来自《中国城市统计年鉴2023》、中部六省人民政府网站以及各市/州的国民经济和社会发展统计公报。需要说明的是，人工智能企业的数据是通过天眼查搜索的经营范围涉及芯片、图像识别、计算机视觉、语音识别、传感器等的企业；各城市的海关特殊监管区数则来自海关总署官网。

2. 中部设区市/州高质量发展评价指标体系构建的方法选择及权重设置

采取常用的综合指数法构建中部设区市/州高质量发展评价指标体系。确定指标权重的方法主要有主观赋权法和客观赋权法。主观赋权法是一类根据评价者主观上对各指标的重视程度来确定权重的方法，客观赋权法所依据的赋权原始信息来自客观环境，它根据各指标提供的信息量来确定指标权重。本报告使用客观的熵值法确定权重，具体公式如下：

$$e_j = -K \sum_{i=1}^{m} \left(\frac{X'_{ij}}{\sum_{i=1}^{m} X'_{ij}} \times \ln Y_{ij} \right) \quad (1)$$

其中 e_j 为信息熵，X_{ij} 表示第 i 个地级市第 j 项评价指标的数值，$K = \frac{1}{\ln m}$，m 为评价年份。当指标为正向指标时 $X'_{ij} = (X_{ij} - \min\{X_j\}) / (\max\{X_j\} - \min\{X_j\})$，当指标为负向指标时 $X'_{ij} = (\max\{X_j\} - X_{ij}) / (\max\{X_j\} - \min\{X_j\})$。$\max\{X_j\}$ 和 $\min\{X_j\}$ 分别为所有地级市中第 j 项评价指标的最

大值和最小值。在信息熵的基础上计算指标权重，公式如下：

$$w_i = \frac{1 - e_j}{\sum_{j=1}^{n} 1 - e_j} \quad (2)$$

在具体数据处理过程中，首先，对部分城市的部分缺失的指标数据采用相近年份插值法进行估计，以保证评价指标体系完整。其次，对原始数据进行预处理，即对指标进行标准化处理，对逆指标进行正向化处理，以确保评价结果准确有效。最后，进行加权计算，得到各分项指数及综合发展指数，具体计算公式如下：

$$S_i = \sum_{j}^{n} w_i \times X'_{ij} \quad (3)$$

各个指标的赋权结果如表3所示。从各个发展维度的权重来看，首先，创新发展和开放发展的权重相对较高，分别为0.348和0.307，这意味着2022年中部82个设区市/州高质量发展水平的差异主要由创新发展和开放发展造成。其次，共享发展的权重（0.159）也相对较高，这意味着各设区市/州高质量发展水平在一定程度上受共享发展水平的影响。最后，绿色发展（0.061）的权重最低，说明中部设区市/州的生态水平、环境负荷和环境治理发展水平相对均衡。

表3 中部设区市/州高质量发展评价指标体系的权重设置

发展维度	分项指数	具体指标	权重
创新发展 （0.348）	创新投入 （0.190）	每万人专利授权数	0.0706
		科技支出占GDP比重	0.0395
		每万人在校大学生数	0.0797
	经济成果 （0.158）	人均GDP水平	0.0375
		每万人人工智能企业数	0.1036
		产业结构高级化	0.0169
协调发展 （0.126）	城乡协调 （0.039）	常住人口城镇化率	0.0302
		城乡居民人均收入比	0.0087
	区域协调 （0.087）	人均GDP相对差	0.0434
		省内人均GDP极值比	0.0435

续表

发展维度	分项指数	具体指标	权重
绿色发展 （0.061）	生态水平 （0.036）	$PM_{2.5}$平均浓度	0.0289
		建成区绿化覆盖率	0.0070
	环境负荷 （0.016）	万元 GDP 工业二氧化硫排放量	0.0081
		万元 GDP 工业氮氧化物排放量	0.0080
	环境治理 （0.009）	生活垃圾无害化处理率	0.0028
		污水处理厂集中处理率	0.0061
开放发展 （0.307）	对外开放 （0.307）	对外贸易依存度	0.0034
		每万人规模以上外商投资企业数	0.0645
		海关特殊监管区数	0.2390
共享发展 （0.159）	社会保障 （0.107）	一般预算收入占 GDP 比重	0.0372
		每万人失业参保人数	0.0339
		最低月工资水平	0.0355
	公共服务 （0.052）	每万人养老机构数	0.0215
		每万人医院床位数	0.0084
		中小学师生比	0.0223

三 中部设区市/州高质量发展指数的分析评价

（一）中部设区市/州高质量发展的综合分析

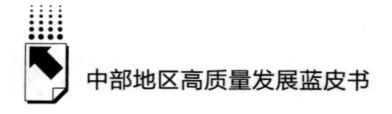

表 4 为中部设区市/州的综合发展指数。从表 4 可以看出，中部省会城市作为各个省份的经济中心、文化中心和科技中心，高质量发展成效显著，均跻身中部设区市/州综合发展指数十强。其中，武汉市综合发展指数为 0.771，彰显出强大的综合实力和竞争力。合肥市与郑州市紧随其后，综合发展指数分别为 0.698 和 0.594，武汉市、合肥市与郑州市共同构成中部地区高质量发展的第一梯队。部分非省会城市如湖南省的邵阳市、娄底市以及安徽省的阜阳市，在高质量发展的道路上尚需加快步伐。

表4 中部设区市/州综合发展指数

城市	综合发展指数	城市	综合发展指数	城市	综合发展指数	城市	综合发展指数
武汉市	0.771	晋城市	0.275	池州市	0.226	临汾市	0.187
合肥市	0.698	南阳市	0.272	漯河市	0.226	荆州市	0.182
郑州市	0.594	新余市	0.270	蚌埠市	0.222	张家界市	0.181
芜湖市	0.533	萍乡市	0.267	新乡市	0.220	孝感市	0.179
长沙市	0.515	滁州市	0.266	鹤壁市	0.219	濮阳市	0.169
南昌市	0.501	景德镇市	0.260	上饶市	0.213	商丘市	0.168
太原市	0.493	宣城市	0.255	十堰市	0.210	周口市	0.167
马鞍山市	0.428	鄂州市	0.252	许昌市	0.207	恩施自治州	0.159
宜昌市	0.387	晋中市	0.251	淮北市	0.205	永州市	0.156
九江市	0.385	朔州市	0.249	荆门市	0.201	黄冈市	0.154
湘潭市	0.337	宜春市	0.248	湘西自治州	0.200	益阳市	0.152
赣州市	0.328	三门峡市	0.247	运城市	0.197	常德市	0.151
洛阳市	0.323	岳阳市	0.246	淮南市	0.197	怀化市	0.148
吉安市	0.322	抚州市	0.245	吕梁市	0.197	随州市	0.148
黄石市	0.307	衡阳市	0.244	忻州市	0.196	宿州市	0.144
鹰潭市	0.302	黄山市	0.242	信阳市	0.195	亳州市	0.135
襄阳市	0.299	大同市	0.240	六安市	0.193	邵阳市	0.134
铜陵市	0.288	长治市	0.236	咸宁市	0.193	阜阳市	0.131
阳泉市	0.288	郴州市	0.236	平顶山市	0.192	娄底市	0.122
安庆市	0.286	焦作市	0.235	安阳市	0.188		
开封市	0.280	株洲市	0.227	驻马店市	0.188		

（二）中部设区市/州高质量发展的不同维度分析

1. 中部设区市/州创新发展指数

从表5可以看出，在中部设区市/州创新发展方面，省会城市扮演"引领者"的角色。合肥市作为安徽省会，在科技创新、产业升级及政策扶持等方面表现优异，创新发展指数达到0.310。部分非省会城市在创新发展方面同样表现不俗，如安徽省的芜湖市与马鞍山市。中部设区市/州存在创新发展水平不均衡的问题，豫皖交界、豫皖鄂交界、晋陕交界以及湖贵湖广交界地区的一些城市，受地理位置、经济基础、教育资源等多重因素影响，创新能力和水平相对滞后，推动创新发展面临较大挑战。

表5 中部设区市/州创新发展指数

城市	创新发展指数	城市	创新发展指数	城市	创新发展指数	城市	创新发展指数
合肥市	0.310	滁州市	0.075	三门峡市	0.053	恩施自治州	0.033
武汉市	0.263	襄阳市	0.073	淮南市	0.051	大同市	0.032
长沙市	0.223	黄石市	0.073	许昌市	0.051	湘西自治州	0.031
芜湖市	0.211	池州市	0.073	岳阳市	0.048	黄冈市	0.031
郑州市	0.208	淮北市	0.070	开封市	0.048	随州市	0.029
南昌市	0.197	宜春市	0.070	长治市	0.048	宿州市	0.029
太原市	0.193	黄山市	0.069	晋城市	0.046	商丘市	0.029
马鞍山市	0.126	十堰市	0.069	六安市	0.044	驻马店市	0.029
九江市	0.106	景德镇市	0.068	衡阳市	0.042	永州市	0.028
宜昌市	0.102	新乡市	0.065	安阳市	0.041	濮阳市	0.028
湘潭市	0.102	鹤壁市	0.063	孝感市	0.041	娄底市	0.028
铜陵市	0.100	赣州市	0.063	朔州市	0.040	怀化市	0.027
株洲市	0.092	宣城市	0.063	上饶市	0.040	忻州市	0.027
萍乡市	0.089	咸宁市	0.061	常德市	0.040	亳州市	0.027
晋中市	0.083	荆门市	0.060	信阳市	0.039	临汾市	0.025
阳泉市	0.081	焦作市	0.059	益阳市	0.037	阜阳市	0.025
鹰潭市	0.079	荆州市	0.059	运城市	0.037	吕梁市	0.023
新余市	0.078	吉安市	0.058	张家界市	0.036	邵阳市	0.023
洛阳市	0.078	安庆市	0.057	郴州市	0.035	周口市	0.018
鄂州市	0.077	抚州市	0.057	平顶山市	0.035		
蚌埠市	0.075	漯河市	0.055	南阳市	0.034		

2. 中部设区市/州协调发展指数

表6显示，在协调发展指数方面，省会城市不再占据领先位置。长沙市作为湖南省会，其协调发展指数与马鞍山市水平相当。同时，一些非省会城市如江西省新余市、鹰潭市，山西省晋城市，湖北省宜昌市和安徽省芜湖市，凭借其在城乡融合、区域均衡等方面的优异表现，协调发展指数相对较高。

表6 中部设区市/州协调发展指数

城市	协调发展指数	城市	协调发展指数	城市	协调发展指数	城市	协调发展指数
太原市	0.099	赣州市	0.068	三门峡市	0.059	湘潭市	0.039
南昌市	0.095	运城市	0.067	平顶山市	0.059	孝感市	0.039
武汉市	0.092	安阳市	0.067	鹤壁市	0.058	黄山市	0.039
新余市	0.089	晋中市	0.066	漯河市	0.054	随州市	0.039
合肥市	0.088	吉安市	0.065	吕梁市	0.053	株洲市	0.038
郑州市	0.086	临汾市	0.065	铜陵市	0.053	安庆市	0.037
鹰潭市	0.085	焦作市	0.064	淮南市	0.051	湘西自治州	0.035
晋城市	0.083	南阳市	0.064	滁州市	0.049	咸宁市	0.033
宜昌市	0.083	新乡市	0.064	六安市	0.047	邵阳市	0.033
芜湖市	0.079	景德镇市	0.063	宿州市	0.046	十堰市	0.032
朔州市	0.076	商丘市	0.063	阜阳市	0.046	张家界市	0.032
长沙市	0.074	周口市	0.063	亳州市	0.045	岳阳市	0.027
马鞍山市	0.074	信阳市	0.061	黄石市	0.044	怀化市	0.027
大同市	0.073	忻州市	0.061	荆门市	0.044	永州市	0.026
萍乡市	0.072	濮阳市	0.061	恩施自治州	0.043	益阳市	0.024
阳泉市	0.071	洛阳市	0.060	池州市	0.043	衡阳市	0.022
抚州市	0.070	襄阳市	0.060	黄冈市	0.043	娄底市	0.022
九江市	0.070	许昌市	0.060	蚌埠市	0.043	常德市	0.022
长治市	0.069	驻马店市	0.060	淮北市	0.042	郴州市	0.022
鄂州市	0.069	开封市	0.060	荆州市	0.042		
上饶市	0.068	宜春市	0.059	宣城市	0.041		

3. 中部设区市/州绿色发展指数

中部设区市/州绿色发展指数如表7所示，其凸显了中部地区在绿色转型方面的积极作为与取得的显著成效。江西省抚州市、赣州市、上饶市，湖南省衡阳市、景德镇市、永州市、张家界市，以及安徽省黄山市、湖北省恩施自治州等市/州，凭借其在生态保护、资源节约、绿色产业培育等方面的积极探索与实践，绿色发展指数相对较高。而山西省临汾市、运城市、晋中市，以及河南省安阳市、鹤壁市、濮阳市等，在绿色发展方面仍有一定的提升空间。

表7　中部设区市/州绿色发展指数

城市	绿色发展指数	城市	绿色发展指数	城市	绿色发展指数	城市	绿色发展指数
抚州市	0.053	宣城市	0.041	萍乡市	0.035	宿州市	0.029
黄山市	0.052	咸宁市	0.040	黄石市	0.035	商丘市	0.029
恩施自治州	0.050	岳阳市	0.040	驻马店市	0.035	荆门市	0.028
赣州市	0.050	黄冈市	0.039	株洲市	0.035	平顶山市	0.028
鹰潭市	0.048	武汉市	0.039	亳州市	0.034	湘潭市	0.028
衡阳市	0.048	宜昌市	0.039	周口市	0.034	娄底市	0.028
上饶市	0.048	宜春市	0.039	吕梁市	0.034	淮南市	0.028
景德镇市	0.046	六安市	0.039	阜阳市	0.033	新乡市	0.028
永州市	0.046	安庆市	0.038	马鞍山市	0.032	襄阳市	0.027
张家界市	0.044	大同市	0.038	郑州市	0.032	焦作市	0.027
吉安市	0.044	朔州市	0.038	新余市	0.032	开封市	0.027
郴州市	0.044	孝感市	0.038	荆州市	0.032	淮北市	0.027
湘西自治州	0.044	信阳市	0.038	南阳市	0.032	漯河市	0.027
南昌市	0.043	芜湖市	0.037	阳泉市	0.032	濮阳市	0.027
怀化市	0.042	长沙市	0.037	池州市	0.031	鹤壁市	0.026
合肥市	0.042	晋城市	0.037	太原市	0.031	晋中市	0.026
九江市	0.041	常德市	0.036	许昌市	0.030	运城市	0.025
随州市	0.041	鄂州市	0.036	忻州市	0.030	临汾市	0.025
邵阳市	0.041	铜陵市	0.036	洛阳市	0.030	安阳市	0.023
滁州市	0.041	益阳市	0.036	长治市	0.030		
十堰市	0.041	蚌埠市	0.035	三门峡市	0.029		

4. 中部设区市/州开放发展指数

从中部设区市/州开放发展指数来看（见表8），省会城市中的武汉市、合肥市与郑州市在对外开放与合作中优势明显，成为引领中部地区开放发展的重要引擎。同时，一批中等城市如安徽省芜湖市、马鞍山市，以及江西省九江市，凭借其独特的地理位置、产业基础或政策扶持，在对外开放中展现出强劲势头。值得注意的是，民族地区如湘西自治州和恩施自治州，以及部分经济发展相对滞后的城市，如亳州市、邵阳市、临汾市等，在对外开放发展方面面临诸多挑战。

表8 中部设区市/州开放发展指数

城市	开放发展指数	城市	开放发展指数	城市	开放发展指数	城市	开放发展指数
武汉市	0.294	衡阳市	0.085	大同市	0.013	随州市	0.007
合肥市	0.195	滁州市	0.055	株洲市	0.013	娄底市	0.007
郑州市	0.171	宣城市	0.044	永州市	0.012	晋中市	0.007
芜湖市	0.147	鹰潭市	0.026	荆州市	0.012	鹤壁市	0.007
马鞍山市	0.134	铜陵市	0.026	新乡市	0.012	信阳市	0.007
九江市	0.114	池州市	0.026	抚州市	0.011	许昌市	0.007
南昌市	0.110	景德镇市	0.025	六安市	0.010	长治市	0.007
黄石市	0.110	漯河市	0.024	焦作市	0.010	忻州市	0.007
安庆市	0.105	淮北市	0.024	常德市	0.010	怀化市	0.006
襄阳市	0.102	孝感市	0.024	朔州市	0.010	商丘市	0.006
吉安市	0.102	宜春市	0.023	宿州市	0.010	张家界市	0.005
长沙市	0.101	黄山市	0.022	益阳市	0.009	安阳市	0.005
湘潭市	0.100	蚌埠市	0.021	淮南市	0.009	濮阳市	0.005
赣州市	0.100	荆门市	0.021	黄冈市	0.008	阜阳市	0.004
宜昌市	0.097	咸宁市	0.020	平顶山市	0.008	临汾市	0.004
开封市	0.093	鄂州市	0.019	新余市	0.008	邵阳市	0.003
郴州市	0.091	十堰市	0.016	吕梁市	0.008	湘西自治州	0.003
洛阳市	0.091	晋城市	0.016	运城市	0.008	亳州市	0.003
太原市	0.090	阳泉市	0.016	周口市	0.008	恩施自治州	0.002
岳阳市	0.090	萍乡市	0.013	上饶市	0.008		
南阳市	0.086	三门峡市	0.013	驻马店市	0.008		

5. 中部设区市/州共享发展指数

从中部设区市/州共享发展指数来看（见表9），郑州市共享发展水平较高。山西省晋城市、阳泉市、大同市、朔州市、长治市共享发展指数相对较高，彰显了其在推动社会公平、增进民生福祉方面做出的努力和取得的成效。湖北省除省会城市武汉外，多个城市共享发展指数相对较低，共享发展水平仍有待提升。

表 9　中部设区市/州共享发展指数

城市	共享发展指数	城市	共享发展指数	城市	共享发展指数	城市	共享发展指数
郑州市	0.096	洛阳市	0.065	池州市	0.054	周口市	0.044
晋城市	0.094	张家界市	0.064	九江市	0.054	郴州市	0.044
三门峡市	0.092	鹤壁市	0.064	安阳市	0.053	常德市	0.044
阳泉市	0.088	鹰潭市	0.063	六安市	0.053	永州市	0.044
湘西自治州	0.087	新余市	0.063	十堰市	0.052	岳阳市	0.041
大同市	0.085	合肥市	0.063	新乡市	0.052	淮北市	0.041
朔州市	0.085	平顶山市	0.061	开封市	0.051	商丘市	0.041
武汉市	0.084	马鞍山市	0.061	信阳市	0.050	孝感市	0.038
长治市	0.083	运城市	0.060	鄂州市	0.050	荆州市	0.038
长沙市	0.080	许昌市	0.060	上饶市	0.049	咸宁市	0.038
太原市	0.080	黄山市	0.059	株洲市	0.049	娄底市	0.037
吕梁市	0.078	芜湖市	0.059	荆门市	0.048	襄阳市	0.036
焦作市	0.073	萍乡市	0.058	安庆市	0.048	邵阳市	0.034
铜陵市	0.073	景德镇市	0.058	蚌埠市	0.048	黄冈市	0.033
忻州市	0.071	淮南市	0.058	濮阳市	0.048	随州市	0.031
临汾市	0.069	驻马店市	0.057	赣州市	0.046	恩施自治州	0.029
晋中市	0.068	宜春市	0.057	衡阳市	0.046	宿州市	0.029
湘潭市	0.067	南昌市	0.056	益阳市	0.046	亳州市	0.026
宣城市	0.067	南阳市	0.056	滁州市	0.046	阜阳市	0.023
宜昌市	0.066	抚州市	0.055	怀化市	0.045		
漯河市	0.066	吉安市	0.054	黄石市	0.045		

四　推动中部设区市/州高质量发展的政策建议

实现高质量发展是新时代我国经济社会发展的必然要求，是开启全面建设社会主义现代化国家新征程、实现第二个百年奋斗目标的根本路径。在这一背景下，党中央提出了推动新时代中部地区高质量发展的战略决策。中部设区市/州的高质量发展，是中部地区实现高质量发展的基础。根据 2022 年中部设区市/州高质量发展指数情况，为推动中部设区市/州高质量发展，建议从以下几个方面着手。

其一，要充分发挥省会城市的创新引领作用。合肥市、武汉市等省会城市应继续发挥其创新优势，通过建立创新联盟、科技园区等平台，吸引和培育更多创新资源与人才，推动创新成果的区域扩散。与此同时，继续实施创新驱动发展战略，特别是在创新表现相对滞后的地方，要加大创新投入，优化创新环境，培育创新主体，提升整体创新能力。此外，要利用新一代信息技术，推动数字化和智能化转型，这是现阶段提高创新效率和产业竞争力的重要手段。

其二，要积极促进城乡一体化发展，加大对农村地区的投入，提高农村基础设施和公共服务水平，推动城乡基本公共服务均等化，缩小城乡发展差距。同时，要鼓励和支持跨区域合作，建立区域合作平台，明确各地区的功能定位和发展方向，推动区域间的产业互补和协同发展，避免同质化竞争。同时，加快交通、能源、信息等基础设施建设，提高区域间的互联互通水平，为区域协调发展提供物质支撑。

其三，加大对北方省份特别是资源型城市的绿色转型支持力度，通过政策激励与资金扶持，促进其产业结构优化升级，减少对煤炭等传统能源的依赖，推动清洁能源和绿色产业发展。鼓励中等城市继续发挥在绿色发展中的积极作用，总结推广成功经验，如生态保护、资源节约、绿色产业培育等方面的创新做法，形成示范效应。鼓励发展低能耗及环境友好型产业，加快淘汰高耗能、高污染的落后产能，从根本上推动工业结构向更加绿色、可持续的方向转型。鼓励绿色消费和低碳生活，进一步加强环境监管，提高污染排放标准。

其四，鼓励各个地区建立更紧密的合作关系，共享开放发展经验，促进区域经济一体化。鼓励中部有条件的地区依托自由贸易试验区、跨境电子商务试验区等开放平台，大胆探索新的开放发展模式，不断提升内陆地区开放水平。通过建立更多国际友好城市、参与国际展会、举办国际论坛等方式，加强中部地区与世界各地的交流和合作。此外，要重视民族地区及经济滞后地区的对外开放工作，通过政策倾斜、人才培养和基础设施建设，拓宽其开放领域，提升其国际竞争力。

其五，鼓励区域间开展交流与合作，确保所有居民都能享受基本的社会福利保障。加强政策引导与财政支持，特别是对共享发展水平相对滞后的地区，应加大在居民社会保障体系与公共服务供给方面的投入，推动资源均衡配置。

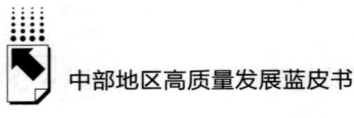

此外，要强化省级统筹，确保政策实施的有效性与针对性，加快补齐非省会城市的共享发展短板，不断提升人民群众的获得感、幸福感和安全感。

参考文献

钞小静、任保平：《城乡收入差距与中国经济增长质量》，《财贸研究》2014年第5期。

程必定等：《新时代站在更高起点推动中部地区崛起》，《区域经济评论》2024年第4期。

金碚：《关于"高质量发展"的经济学研究》，《中国工业经济》2018年第4期。

李金昌，史龙梅，徐蔼婷：《高质量发展评价指标体系探讨》，《统计研究》2019年第1期。

谢地、荣莹、叶子祺：《城市高质量发展与城市群协调发展：马克思级差地租的视角》，《经济研究》2022年第10期。

严成樑、龚六堂：《熊彼特增长理论：一个文献综述》，《经济学》（季刊）2009年第3期。

张震、刘雪梦：《新时代我国15个副省级城市经济高质量发展评价体系构建与测度》，《经济问题探索》2019年第6期。

省域篇

B.3 "奋力争先　更加出彩"在更高起点推动中部地区崛起

——2023~2024年河南省高质量发展报告

武文超　李丽菲　王摇橹*

摘　要： 2023年以来，河南深入贯彻落实党的二十大及二中、三中全会精神，全面推进中国式现代化建设河南实践，经济社会高质量发展稳步前行。当前，世界百年未有之大变局持续演变，构建新发展格局、中部地区崛起、黄河流域生态保护和高质量发展等国家战略交汇叠加，河南正处于加快发展的重要战略机遇期。面对新时代、新征程、新使命，要从营造持续推动高质量发展的浓厚氛围、坚持前瞻布局培育发展新质生产力、突出实数结合加快构建现代化产业体系、强化创新驱动加快构建科技创新大格局、打造市场化法治化国际化的营商环境等方面，进一步推进河南高质量发展，在更高起点推动中部地区崛起。

---

* 武文超，河南省社会科学院经济研究所博士，副研究员，主要研究方向为区域经济；李丽菲，河南省社会科学院经济研究所助理研究员，主要研究方向为产业经济；王摇橹，河南省社会科学院经济研究所助理研究员，主要研究方向为区域经济。

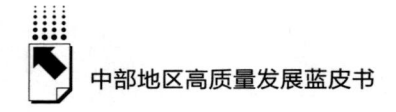

关键词： 河南省　中部地区崛起　高质量发展　创新驱动

2023年以来，河南全省上下深入贯彻党的二十大及二中、三中全会精神，坚持稳中求进工作总基调，完整准确全面贯彻新发展理念，锚定"两个确保"、持续实施"十大战略"、统筹推进"十大建设"，综合实力显著增强、创新能力显著提升、民生福祉显著增进，全面深化改革扎实有序推进，经济社会高质量发展稳步前行。面对复杂多变的内外部环境，发展质效仍需提升、动能转换仍需加强，河南要全力以赴推动高质量发展，为新时代中部地区崛起做出更大贡献。

一　2023~2024年河南省经济社会高质量发展成效评估

（一）战略谋划远近结合，工作举措系统配套

河南省锚定"两个确保"战略目标，全面推进中国式现代化建设河南实践，前瞻谋划基础、长远和根本问题，持续深入实施十大战略，推动河南经济社会高质量发展。针对科技创新短板，把创新驱动、科教兴省、人才强省作为"首要战略"，谋划构建以中原科技城、中原医学科学城、中原农谷为支柱的"三足鼎立"科技创新大格局，布局"7+28+N"重点产业链群、制造业"六新突破"，持续培育新质生产力、增强产业链竞争力。围绕全面建设现代化的内涵和目标，河南布局推动技能河南、平安河南、法治河南、美丽河南等"十大河南"建设。持续实施"万人助万企"活动，以"万人助万企"活动为抓手推动营商环境优化、政务服务升级。坚持"项目为王"，把重大项目作为转方式、调结构、塑动能的根本抓手。2024年4月，全省第12期"三个一批"集中签约项目660个，总投资5127.2亿元，其中，先进制造业、战略性新兴产业项目592个。河南省以高质量发展为引领，长远谋划、系统推进现代化建设，在建设国家创新高地、促进产业升级、激发有效需求、深化制度型开放等方面取得显著成就。

（二）经济总量稳步增加，综合实力显著增强

面对国际国内的困难挑战，河南落实中央部署，在稳定经济发展的同时注重质量和效益提升，持续推动经济发展回升向好。2023年，河南省完成GDP 5.91万亿元，同比增长4.1%，财政一般预算收入4512亿元，同比增长6.2%；社会消费品零售总额2.6万亿元，同比增长6.5%；居民人均可支配收入29933元，同比增长6.1%，总体回升势头不及全国。但与此同时，河南粮食产量1324.9亿斤，连续七年稳定在1300亿斤以上；规模以上制造业增加值增速高于全国1.1个百分点，新能源汽车、电子等产业表现抢眼；全年旅客运输周转量增长138.4%、货物周转量增长4.3%，经济发展总体呈现稳定态势。2023年，济郑高铁全线贯通，以郑州为中心的米字形高铁网正式建成，比亚迪、宁德时代等重大项目落地投产，引江济淮工程、小浪底南岸及北岸灌区、郑许市域铁路等重大基础设施建成或投入运营。2024年上半年，河南省GDP增长4.9%，在中部地区居第3位，规模以上工业增加值、规模以上工业企业利润、全社会用电量、固定资产投资、民间投资、社会消费品零售总额等重点指标增速均快于全国平均水平，尤其是消费、投资增速分别居全国第2位和第6位，内需复苏态势良好，综合实力稳步提升。

（三）产业结构持续优化，转型升级步伐加快

河南省注重以创新驱动产业升级，持续实施优势再造、换道领跑、数字化转型、文旅文创融合等战略，加快工业高端化、绿色化、智能化转型，推进规模以上工业企业研发全覆盖。一方面，加快技术改造、智能化升级等措施，传统产业焕发新生机；另一方面，前瞻布局战略性新兴产业和未来产业，把"六新"突破作为提升战略竞争力的关键举措，加快塑造新动能、新优势。在重点产业链群引领方面，2022年底，全省布局"7+28"产业链群，加快优势产业升级、布局战略性新兴产业发展，推动全省经济格局战略性重塑。在龙头企业带动方面，聚焦新能源汽车、电子信息、高端装备制造等重点领域，发挥比亚迪、超聚变、宇通、郑煤机等一批"头雁"在产业链上的带动作用，推进强链延链补链，新质生产力加快形成。在产业抓手方面，强化项目意识，滚动推进"三个一批"，2023年，河南省高技术制造业投资、工

业技术改造升级分别增长22.6%、17.4%。到2023年末，河南省三次产业结构达到9.1∶37.5∶53.4，电子信息、装备制造等五大主导产业占规上工业比重超过46%，全省国家级专精特新"小巨人"企业、高新技术企业、科技型中小企业分别达到394家、1.2万家、2.6万家。

（四）创新驱动引领发展，科技实力不断提升

河南省坚持把创新作为第一动力，发挥首位战略的引领作用，走好创新驱动高质量发展"华山一条路"。发挥省级科技创新委员会作用，推动构建以中原科技城、中原医学科学城、中原农谷为支柱的"三足鼎立"科技创新格局，加快建设黄河、嵩山、神农、龙门等省实验室，积极争取国家创新平台和资源布局，连续组织七届中国·河南招才引智创新发展大会。2023年，河南省研发经费支出连续7年增速超10%，全社会研发投入强度突破2%，发明专利授权量增长20.3%，技术合同成交额增长33.4%，拥有全国重点实验室13家、国家级创新平台172家，规上工业企业研发活动覆盖率达70.9%，集成电路用超纯化学品、多波长数字光刻照明及曝光系统等突破"卡脖子"点，盾构机、芝麻育种、抗体药物研发、人工皮肤材料等领域取得新突破，科技特派员工作受到中央表扬。郑州大学、河南大学"双一流"建设成就突出，共计5个学科进入ESI全球前1‰，上海交通大学、北京理工大学郑州研究院揭牌运行。2023年，在豫工作的常俊标、康相涛等6位科学家当选两院院士。科技创新已成为引领河南省经济社会高质量发展的主引擎。

（五）区域协调深入推进，城乡面貌焕然一新

河南省积极融入构建新发展格局，在新时代中部地区崛起、黄河流域生态保护和高质量发展等战略中发挥积极作用。河南、山东率先发起并连续3年实施黄河流域生态保护补偿机制，并得到中央财政奖励和机制推广。2023年，两省合作建立鲁豫毗邻地区合作发展机制。以郑州为中心的"米"字形高铁建成，进一步提升河南联通东西、贯穿南北的枢纽作用，周口港不断开辟新航线，助力豫东南地区进一步融入淮河生态经济带。河南省加快实施郑州都市圈发展战略、中原城市群发展战略，进一步提升省内地区间产业协作和基础设施互联互通。2023年，郑州"1+1+3+N+X"都市圈规划体系获国家发展改革

委批复，并成为全国第10个获批都市圈。大力推进县域经济高质量发展，深入实施县域经济"三项改革"，推动建设"一县一省级开发区"。一体推进新型城镇化和乡村振兴，2023年，河南省城镇化率达到58.08%，成功应对罕见的"烂场雨"，最大限度减少了损失，新创建5个国家乡村振兴示范县，6个乡镇和60个村入选全国乡村治理示范村镇。

（六）改革开放持续深化，营商环境不断优化

河南省以"万人助万企"活动为抓手，持续优化营商环境，全面深化"放管服效"改革和重点领域改革。2023年，河南省出台营商环境违法案件调查处理办法，建成惠企政策"免申即享"平台、省营商环境投诉举报中心，新增175个事项免证可办，7195个事项实现"掌上办"。健全企业全生命周期服务机制，经营主体满意度明显提升。开发区"三化三制"改革全面落地，"就医少跑腿"等7项便民"微改革"得到群众广泛好评。在激发经营主体活力方面，出台了促进民营经济发展壮大若干措施，在市场准入、要素获取、公平执法等方面采取标志性举措。成功推进新材料、电子信息、生物医药等重点领域国有资产战略性重组和专业化整合。持续深化制度型开放，2023年，郑州航空港区加快体制机制重塑重构改革，郑州国际陆港铁路集装箱中心、中欧班列郑州集结中心、国际陆港关铁融合大监管区加快建设，新郑综合保税区绩效评估全国前三，开封综合保税区封关运行，成功举办全球豫商大会、中国侨商投资大会等经贸活动。不断拓展开放通道，共建"郑州—柬埔寨—东盟"空中丝绸之路，2023年，郑州机场全货机航线拓展至49条，中欧班列累计突破1万列。

（七）绿色发展深入人心，生态文明成效显著

河南省注重推动经济社会发展与生态环境保护相协调，深入践行"两山"理念，全面实施绿色低碳发展战略。2023年，河南省$PM_{2.5}$浓度下降5%，空气质量优良天数增加5.9天，全省160个国控断面中Ⅲ类及以上水质断面占比顺利达标并高于目标8个百分点。土壤环境质量保持总体稳定。黄河流域生态保护治理深入实施，累计修复历史遗留矿山10.2万亩、湿地2.3万亩，治理水土流失面积70.1万亩。在绿色低碳转型方面，河南省积极推动能源结构优化调整和发展方式转变。2023年，河南省新增风电和光伏发电装机规模居全

国第2位，可再生能源发电装机占比达到48.2%、历史性超过煤电，规模以上工业单位增加值能耗下降4.5%，规模以上节能环保产业增加值同比增长15.6%，新增省级以上绿色工厂和园区198个。注重加强污染防治和生态保护修复工作，截至2024年上半年，秦岭东段洛河流域生态保护修复国家重大工程绩效完成率为73.35%，鹤壁、南阳、郑州、安阳历史遗留矿山修复治理项目入选国家示范工程并启动施工。济源、鹤壁矿山环境生态治理项目入选首批国家山水工程优秀典型案例。经过生态环境保护和修复、绿色转型等一系列举措，河南省生态环境质量显著提升，实现了经济社会发展与生态环境保护的"双赢"。

（八）质量效益有待提高，动能转换存在短板

一是创新短板亟待补齐。2018年以来，河南R&D投入强度由1.34%提高到2%以上，但与全国2.64%的水平仍有明显差距；创新型企业主体整体上数量较多，但多而不强，缺乏创新领军企业、独角兽企业，全国研发投入前100的企业中河南仅有两家，全省高新技术企业数量仅占全国总量的2.8%；高能级创新平台明显不足，在全国已布局的38个大科学装置和国家实验室中，河南尚属空白；两院院士、杰出青年等高层次人才严重不足。

二是新动能仍然有待挖掘。尽管近年来河南在战略性新兴产业发展方面成效显著，但新动能乏力现象依然明显。2023年，河南GDP增速仅为4.1%，低于全国平均水平1.1个百分点，近五年河南省GDP、工业增加值在中部地区占比呈逐年递减趋势，采矿、冶金、建材等传统产业占比依然偏高，房地产市场持续低迷的前提下，亟待挖掘新的增长动能。

三是绿色发展基础仍较薄弱。高耗能高污染行业和能源原材料行业占比仍然偏高，煤炭占一次能源消费总量比重仍比全国平均水平高6.5个百分点，能源资源利用效率偏低、碳排放总量大的状况尚未根本转变，碳达峰碳中和任务艰巨。

四是城镇化水平总体偏低。2023年，河南常住人口城镇化率达到58.08%，低于全国约8个百分点，在中部六省中相对靠后，郑州的经济首位度和人口首位度与其他国家中心城市有明显差距，在中部六省省会城市中也仅居第4位和第5位。

二 河南省深入推进经济社会高质量发展的机遇与挑战

（一）机遇

1. 构建双循环新发展格局的机遇

面对实现中华民族伟大复兴的战略全局和世界百年未有之大变局，党中央提出加快构建双循环新发展格局。双循环新发展格局的出发点是挖掘需求潜力，河南作为人口大省，消费体量和消费能力巨大，2023年社会消费品零售总额约2.6万亿元，规模居全国前列，双循环新发展格局为河南带来了广阔的市场空间。在新发展格局下，需要更好地提升供给体系对国内需求的适配性，形成需求牵引供给、供给创造需求的更高水平动态平衡。河南传统产业在实现提档升级的过程中会获得新的拓展机遇，以"六新"为重点的创新发展也将在逐步形成新发展动能基础上激发更大的市场效应，为河南开辟更大的就业空间、聚集更多的人才，培育经济高质量发展的新动力。目前河南已从内陆腹地变身为开放前沿，多条国际物流大通道在中原腹地联结，推进高水平开放，通过稳定可靠的国际物流大通道构建东联西进、陆海相通的外循环通道，可以进一步释放利用国内国际两个市场、两种资源的增长动力，加快河南对外开放进程，提升对外开放质效。

2. 构建全国统一大市场的机遇

全国统一大市场是构建新发展格局的基础支撑和内在要求，党的二十届三中全会明确提出"构建全国统一大市场"。河南有近1亿人口，经营主体总量达1100万户，稳居全国第四、中部第一。河南地处九州腹地，是全国重要的交通枢纽，以郑州为中心、两小时高铁圈可覆盖国内4亿人的生活和消费，2小时航空圈可覆盖全国90%的人口和市场，有着庞大的市场规模和消费潜力。河南还是国家粮食核心生产区，工业门类齐全、体系完备，在构建新发展格局中的地位举足轻重。构建功能强大的全国统一大市场，促进商品和要素在全国范围内顺畅流动和优化配置，能够更好利用发挥、巩固增强河南交通区位优势、产业基础优势、市场规模优势和开放优势，驱动河南向更成熟的市场化制度过渡，有利于新形势下河南全面融入国家物流枢纽网络，主动对接国家、区域重大发展战略，深度融入国内国际产业链供应链，为河南努力成为国内大循环和国内国际双循环的中高端、关键环带来了重大契机。

3. 加快新时代中部崛起的机遇

党的十八大以来，习近平总书记5次亲临河南考察，寄予河南"在中部地区崛起中奋勇争先，谱写新时代中原更加出彩的绚丽篇章"的殷切期望。[①] 2024年，习近平总书记在新时代推动中部地区崛起座谈会上强调，在更高起点上扎实推动中部地区崛起。[②] 河南在中部地区的中部，河南GDP、一般公共预算收入、粮食产量、人口数量、国家科技型中小企业数量、双创市场主体数量等多项指标稳居中部六省第1位，在中部地区崛起战略中扮演着重要角色。新时代推动中部地区高质量发展战略，为河南发展带来了更多政策优惠和溢出效应。河南紧抓加快新时代中部崛起的机遇，有利于发挥比较优势，把制造业优势、粮食生产优势以及区位交通优势转化为发展优势，推动区域内部加强合作、整体联动，形成共同高质量发展的良好局面。

4. 建设国家战略腹地和关键产业备份的机遇

2023年中央经济工作会议提出加强国家战略腹地建设，这是我国抵御外部冲击、实现高水平安全的重大举措。河南地处京津冀、粤港澳大湾区、长三角、成渝城市群的地理中心位置，具有天然的地理位置优势，凭借广阔的农业基地、丰富的人力资源和完善的工业基础，在承接东部产业转移、优化产业布局、推动地区间经济协调发展等方面发挥着至关重要的作用，是我国优化生产力布局的关键支撑点。国家战略腹地建设伴随的是更强的政策支持、更充足的资源供给和更优先的转移分配。河南围绕抢抓国家战略腹地建设和关键产业备份机遇，能够充分发挥劳动力成本、产业完备、基础设施和能源资源等优势，提高对产业转移的承接能力，提升存量资本的利用率和回报率，强化在国内国际双循环对外连接、对内辐射中的战略地位和作用，加快经济高质量发展。

---

① 《央媒看河南｜中原焕新》，《经济日报》2024年9月25日。
② 《习近平主持召开新时代推动中部地区崛起座谈会强调：在更高起点上扎实推动中部地区崛起》，中国政府网，2024年3月20日，https://www.gov.cn/yaowen/liebiao/202403/content_6940500.htm。

5. 提升产业链供应链韧性和安全水平的机遇

当前世界百年未有之大变局加速演进，地缘冲突与逆全球化持续发酵，全球产业链加速重构，我国产业链安全稳定面临发达国家"高端回流"和发展中国家"中低端分流"的双重挤压，以及高精尖技术领域的技术封锁等风险。党的二十大报告明确提出着力提升产业链供应链韧性和安全水平，党的二十届三中全会强调健全提升产业链供应链韧性和安全水平制度。河南工业门类齐全、体系完备，拥有41个工业行业大类中的40个、207个中类中的197个，制造业总量居全国第5位、中西部地区第1位，也是我国重要的农业生产基地和工业制造中心，在保障国家粮食安全和工业产品供应方面发挥着关键作用，在全球化背景下，河南的稳定性和产业链的完整性对于应对外部风险和维护国家经济安全具有至关重要的意义。在亟待提升产业链供应链韧性和安全水平的新发展阶段，河南省抓住机遇，补齐短板、拉长长板、锻造新板，构建自主可控、安全高效的产业链供应链体系，不仅是统筹发展和安全的关键举措，也是推动河南省经济高质量发展的重要内容。

6. 健全推进新型城镇化体制机制的机遇

"十四五"以来，我国城镇化进入快速发展的后期，城镇化率增速有所放缓。近年来，河南省城镇化率增速较快，与全国平均水平之间的差值呈现逐年递减的趋势，但仍旧低于全国平均水平，河南省城镇化率仍有较大提升空间。党的二十届三中全会提出要健全推进新型城镇化体制机制，构建产业升级、人口集聚、城镇发展良性互动机制。未来一段时间河南城镇化发展的潜力巨大，在破除城乡二元结构、加速推进新型城镇化的关键期，河南牢牢把握健全推进新型城镇化体制机制的机遇，以体制机制改革为动力，破解城镇化推进过程中的痛点堵点难点，稳步提高城镇化质量和水平，不仅有助于改善民生，还能在扩大消费、稳定市场、加大城镇基础公共服务设施投资等方面，释放新型城镇化蕴藏的巨大内需潜力，为经济社会发展持续释放更多动能，为现代化河南建设提供强劲动力和坚实支撑。

（二）挑战

1. 外部形势依然严峻复杂多变

当前，世界政治格局阵营化、对立化倾向加剧，欧美国家"逆全球化"

风气盛行，部分国家推行单边主义、贸易保护主义，甚至大搞"小院高墙""脱钩断链"，全球通胀上行风险加大，国际贸易环境不确定性增加。2024年10月国际货币基金组织发布《世界经济展望报告》，预计2024年和2025年全球经济增速均为3.2%，全球经济增长乏力，进而导致外需不振，对河南外贸增长形成明显制约。河南是粮食主产省，地缘冲突对全球粮食市场、原油市场供给造成冲击，国际粮价持续走高，对河南省"扛稳粮食安全责任"提出了更高要求，河南也是能源原材料大省，原油等大宗商品价格的大幅波动，将制约企业生产效益稳定增长。

2. 微观主体信心存在明显不足

预期转弱是当前宏观经济面临的突出问题。2023年，河南经济进入修复调整阶段，经济面临下行压力，微观主体信心仍然偏弱，存在居民不敢消费、企业不敢投资的现象。一方面，河南省居民收入水平整体仍偏低，2023年河南居民人均可支配收入仅相当于全国平均水平的76.3%，叠加对收入预期的下降和对未来的信心不足，居民消费信心不振，预防性储蓄高增，甚至出现"超额储蓄"现象。另一方面，部分企业经营存在困难，面对全球产业链重构、现金流不足、两头挤压导致利润率下降等多重困难叠加，企业家盈利预期悲观、信心不足，多持观望态度，选择不投资或少投资，民间投资下降明显。

3. 产业转型升级压力不断加大

河南产业虽门类齐全、体系完备，但大而不强、全而不精的问题仍然存在，以科技创新为引领的现代化产业体系尚未建成，产业转型升级压力不断增大。一方面，传统产业占比高但转型升级步伐较慢。长期以来，河南经济发展较多依赖传统资源禀赋条件，传统产业占比较高且转型缓慢，产业附加值偏低，部分企业面临产能过剩问题。2023年，河南省传统支柱产业仍占据全省规模以上工业的"半壁江山"，但增速仅为1.5%，低于规模以上工业增加值3.5个百分点。高耗能行业占比依然较高，能源原材料工业占规模以上工业的48.4%。另一方面，新兴产业增速快但带动有限。河南新兴产业基础薄弱，在产业规模和发展水平上与发达地区差距大，2023年河南省高技术制造业、战略性新兴产业分别增长11.7%和10.3%，但仅占全省规模以上工业的14.7%和25.5%，规模占比相对较小、带动有限，特别是技术含量高、产业带动能力强的高端装备制造业仅占规模以上工业的2.1%。

4. 区域创新发展能力有待提升

当前，创新能力不足仍是河南经济社会高质量发展的突出短板。《中国区域科技创新评价报告2024》显示，河南综合科技创新指数排名全国第17位、中部地区第5位，低于全国平均水平，科技创新实力与经济大省地位不匹配。一是研发投入水平有待进一步提升。2018~2022年，河南R&D投入强度由1.34%增长到1.96%，但仍低于全国平均水平0.58个百分点。二是成果转化仍需接力追赶，近年来河南技术合同成交额增长迅猛，2023年在中部地区排名第5位，规模不足湖北的30%，与全国平均值仍有较大差距。三是创新领军企业有待增加。河南创新型企业主体整体上数量较多，但多而不强，缺乏创新领军企业、独角兽企业，全国研发投入前100的企业中河南仅占两家，全省高新技术企业数量仅占全国总量的2.8%。四是高能级创新平台建设有待取得突破。河南省高能级创新平台明显不足，在全国已布局的38个大科学装置和国家实验室中，河南尚属空白。五是高水平创新人才引育短板有待补齐。河南人力资源优势突出，但高层次人才匮乏，高学历人才流失严重，人才培养难、引进难、留住难的困境长期存在。

5. 城乡区域发展不平衡不协调

河南是农业大省，农业人口规模大、基数大，传统农区面积大，城乡区域发展不平衡不协调仍是制约河南省经济社会高质量发展的结构性难题。在城镇化建设方面，2023年河南常住人口城镇化率为58.08%，低于全国平均水平8.08个百分点，居中部地区末位，城镇化水平总体偏低。在中心城市带动引领方面，2023年，郑州市经济总量占河南的23%，郑州经济首位度和人口首位度分别居中部各省会城市第4位和第5位，省会城市首位度不高。在县域经济发展方面，县域特色优势产业竞争力不足、基础设施落后等成为制约县域经济高质量发展的短板，县域经济存在综合实力偏弱、发展动能不足等问题，2023年、2024年，河南分别有4个、3个县（市）入围全国县域经济百强县，县域经济发展降速。

6. 重点领域风险仍需重点关注

当前，河南省经济运行中风险隐患并未完全消除，特别是部分地区的房地产、地方债务、中小金融机构等风险隐患还较为突出。一是房地产风险。受居民收入预期弱、房价偏高、市场总需求下降、房企资金压力大等因素影响，全省房地产市场延续低迷态势，2023年全省房地产开发投资下降9.3%，2024年1~7月下降9.4%，商品房销售面积降幅持续扩大，房地产市场仍将处于调整周期，仍需高度重视房地产领域的风险隐患。二是地方债务风险。近年来，地方政府债务增长速度较快，当前河南经济仍面临一定的短期下行压力，政府仍需保持必要的财政支出强度，债务压力有可能进一步加重，同时地方隐性债务风险不容忽视，地方政府融资平台债务风险还有待进一步规范管理。三是中小金融机构风险。当前河南省中小金融机构在内部管理、风险控制、信息系统建设等方面存在短板和不足，诸多隐患不容忽视，金融领域道德风险、腐败治理和违法违规行为治理等依然任重道远。

三 河南省深入推进高质量发展的对策建议

（一）坚持思想引领，营造持续推动高质量发展的浓厚氛围

要进一步强化思想引领，以新一轮思想大解放推动新一轮大发展，对标对表、精准发力，为高质量发展凝聚澎湃力量。

一是坚定不移解放思想。稳定经济大盘，思想必须先行。省委向全省党员干部发出"以思想破冰引领发展"的动员令，各级党委要自觉将解放思想作为干事创业的逻辑起点，把省委关于解放思想的决心和压力传递到谋发展抓落实的"关键少数"、关键岗位，传递到每一名干部，以更高站位、更强担当、更大魄力，全力推动高质量发展。

二是对标对表找差距。聚焦高质量发展，以更高的要求对标对表，查找与上海、浙江等先进地区的差距，在对标对表中找到思想障碍、观念束缚和工作实践中的堵点难点痛点，形成"千帆竞发、百舸争流、你追我赶、勇争第一"的良好氛围。

三是以行动践行思想。要以高质量落实推动高质量发展，敢于打破利益固化的藩篱，勇于突破习惯路径的依赖，从惯例中走出来、从条条框框中跳出来，进行深刻的"头脑风暴"，放开手脚、放胆发展，敢于善于"无中生有""有中生优""优中生强"，持续有效激发和凝聚社会创新性和创造力，保持狠抓落实的干劲，努力把习近平总书记为河南擘画的美好蓝图变为现实。

（二）突出因地制宜，坚持前瞻布局培育发展新质生产力

要以科技创新引领产业创新，立足河南发展实际、把准河南发展蔷篱，积极探索发挥河南优势、展现河南特长的发展路径，加快发展新质生产力，为高质量发展注入新动能。

一是谋划建设国家未来产业先导区。依托现有14家省级未来产业先导区，重点聚焦商业航天、低空经济、氢能储能、量子科技、生命科学等领域，加强未来产业应用场景建设，加快谋划争创一批国家未来产业先导区。探索建立未来产业先导区与重大创新平台对接机制，全面推动科技创新与产业创新融合发展，切实将科研创新力转化为新质生产力。

二是争创国家先进制造业集群。围绕把先进制造业集群打造成发展新质生产力的核心载体，加快建立"省级—国家级—世界级"先进制造业集群梯度培育体系。推动金刚石、国产算力、现代农机装备、特高压输变电装备等产业特色鲜明、先发优势明显、创新动能强劲产业集群晋位国家级，培育新能源汽车、新型显示和智能终端、尼龙新材料、铝基镁基新材料、智能传感器等后备优势集群。

三是打造专精特新产业地标。支持市县依托专精特新产业链发展新质生产力，围绕郑州冷链食品、洛阳农机、许昌电力装备、巩义铝加工、民权制冷、长垣起重等老牌产业地标，柘城金刚石、新乡振动机械、通许酸辣粉、睢县制鞋、平舆户外装备等细分赛道地域品牌发展，提升河南制造的产业辨识度。

（三）优化产业结构，突出实数结合加快构建现代产业体系

要准确把握产业智能化、绿色化、融合化发展趋势，推进新型基础设施建设，加快重点产业数字化转型，抢占前沿赛道，构建具有河南特色和比较优势的现代化产业体系，为高质量发展夯实重要基础。

一是大力推动数字河南建设。以国家大数据综合试验区建设为牵引，加快5G、算力网络、智慧中台等新型信息基础设施建设，推动传统基础设施智慧化升级。聚焦新型工业化、农业现代化、治理现代化等重点领域共性应用场景，打造一批端到端的应用解决方案。

二是赋能传统产业再造新优势。以智能制造为主攻方向，推动数字技术和

数据生产要素广泛渗透传统产业，全面深化管理、生产、经营、研发等环节数字化应用与改造，打造数字车间、智能工厂、企业上云等示范标杆。持续拓展实体经济和数字经济融合的深度和广度，充分发挥数字经济高创新性、强渗透性、广覆盖性特点，提高传统产业全要素生产率，提升产品附加值和竞争力，释放数字技术对经济发展的放大、叠加、倍增作用。

三是大力发展新产业、新业态、新模式。要立足河南创新和产业基础，抓住新一轮科技革命和产业变革风口，积极发展人工智能、生物制造、氢能储能、新材料、新能源汽车等产业，打造经济发展的"新增量"。积极打造新业态新模式，如工业互联网平台、智能制造系统等，奋力在新赛道上跑出加速度、抢占制高点、打造新高地。

（四）强化创新驱动，加快构建"三足鼎立"科技创新大格局

要继续做大做强"两城一谷"三足鼎立科技创新大格局，推动创新平台持续向高能级挺进，融入国家战略科技力量体系，面向河南产业发展需求开展科技攻关，为高质量发展提供强大的科技支撑。

一是加快机制创新。要贯彻落实中央关于科技自立自强和新一轮科技体制改革部署，在科研组织模式、科技管理方式、人才引育模式、科研评价制度、开放合作机制等领域"迈大步""探新路"，激发各类主体创新激情和活力，让创新要素充分涌流。

二是主动布局承接国家战略科技力量。依托国家区域科创中心创建，聚焦科技前沿和河南发展需要，重点围绕现代农业、高端装备、新材料、电子信息等优势领域，超常规大力度谋划争取国家大科学装置、国家重点实验室、国家工程研究中心、产业创新中心等重大高端创新平台落地河南，推动嵩山、神农种业、龙子湖新能源等省实验室进入国家实验室基地或重点实验室行列，尽快在生物育种、高端装备、大数据等领域形成一批颠覆性技术和重大创新成果，促进就地产业化。

三是瞄准"卡脖子"技术合力攻关。聚焦"7+28+N"产业链群培育中的核心技术、共性技术和"卡脖子"难题，加强重大科技攻关，推动科技和产业良性互动、有效对接。加快编制重点产业链图谱，绘制产业技术路线图，提升自主创新能力，持续推进产业创新补短板、锻长板。对当前事关国家安全的

重点领域，要坚持应用牵引，奔着最紧急、最紧迫的问题去，集中力量联合攻关，牢牢守住经济社会发展的生命线。

（五）促进区域协调，加快形成优势互补的区域发展新格局

要充分发挥各地区比较优势，促进各类要素合理流动和高效集聚，推动河南省区域协调发展向更高水平迈进，为高质量发展拓宽发展空间。

一是加强与国家重大战略的衔接。要把自身放在国家版图中定位思考，充分发挥经济大省、人口大省、粮食大省、文化大省优势，努力融入国家发展大局。创新与京津冀、粤港澳大湾区、长三角三大城市群的产业合作机制，聚焦本地产业优势与科研条件，探索共建科创带、产业带以及承接产业转移示范区等，积极承接东部战略性新兴产业、企业研发中心向河南转移。

二是加快推进黄河流域生态保护和高质量发展。联动建设郑洛西（晋陕豫）高质量发展合作带，推动晋陕豫黄河金三角开发，推动郑州都市圈、西安都市圈、洛阳副中心城市联动发展，培育黄河流域高质量发展极。推动豫鲁毗邻地区共建黄河流域高质量发展示范区，全方位开展生态环保、基础设施、产业发展、城乡融合、文化保护、公共服务等领域多层次合作，探索中东部合作发展有效路径。

三是对外联动，拓宽发展空间。要充分发挥比较优势，推动与山东、安徽、湖北、山西、陕西等毗邻省份开展重点领域合作，打造更加广阔的对外开放平台，共探联动合作发展路径。

（六）深化改革开放，打造市场化法治化国际化的营商环境

要以市场主体需求为导向，加大改革力度、优化政策举措，持续打造市场化法治化国际化营商环境，吸引更多企业投资，提升为企业服务能力，为高质量发展注入活力。

一是持续深化"放管服效"改革行动。全面实行政府权责清单制度，大力发展"互联网+政务"，推行"一枚印章管审批"。深化"证照分离""照后减证"改革，推进审批制度改革和物流降本增效综合改革，实施"双随机、一公开"监管。继续开展"万人助万企""千家外企大走访"活动，用好政府直通车、企业服务日、服务官等服务机制。

二是实施国企改革提效增能行动。以市场化方式推进新一轮市属国企重组

整合，加快存量资产盘活利用，大力培育国有领军企业、"链主"企业、专精特新企业，建立企业上市助推机制，深化经营性国有资产集中统一监管，促进国有资本向主业集中、向优势企业集中、向重要行业和关键领域集中，提高国企核心竞争力。

三是全面推进数据要素市场化配置。进一步开展数据要素市场培育试点，持续拓展数据要素应用场景，不断提升数据要素生产力、集聚力、竞争力。深化人才发展体制机制改革，破解制约人才创新创造活力的深层次障碍，搭建覆盖供需两端的高端人才大数据平台，做到人才"引得进、留得住、用得好"，持续营造良好的人才一体化生态圈。

（七）坚持绿色发展，推动生态文明与经济社会发展相协调

要坚持以生态优先、绿色发展为导向，统筹产业结构调整、污染治理、生态保护，加快形成绿色低碳、环境优美、城乡宜居、生态安全、保障有力的美丽河南建设新格局，为高质量发展厚植绿色底色。

一是深化生态文明体制改革。完善落实"绿水青山就是金山银山"理念的体制机制，不断完善生态文明基础体制，以"生态+"理念谋划发展，挖掘生态产品价值，协同推进降碳、减污、扩绿、增长，推进生态环境治理体系和治理能力现代化。

二是全面深入打好污染防治攻坚战。继续实施推动生态环境质量稳定向好三年行动，以城市空气质量提升进位行动、交通运输清洁行动、能源绿色低碳发展行动、工业行业升级改造行动等为重点，持续改善全省生态环境。

三是推进制造业绿色低碳转型。优化调整产业结构和能源结构，推动能源、交通、建筑等重点领域加快绿色低碳发展，逐步实现碳排放增长与经济增长脱钩。加大政策支持力度，完善支持绿色发展的财税、金融、投资、价格政策，通过税费优惠、政府补贴等激励措施提高转型的积极性。扩大绿色低碳科技供给，建设省级绿色低碳产业研发平台或工程中心，开展工业节能减排、新兴绿色低碳技术、清洁能源技术等共性技术的研发，强化制造业转型发展的科技支撑。

（八）统筹发展和安全，防范和应对各类重大经济社会风险

要坚持稳中求进工作总基调，将防范化解重大风险作为首要任务，守住不

发生系统性风险底线，保持经济持续健康发展和社会大局稳定，为高质量发展筑牢安全防线。

一是推动房地产业向新发展模式平稳过渡。要适应房地产市场供求关系发生重大变化的新形势，统筹好消化存量房产和优化增量住房的相关政策，有效激发潜在需求。构建房地产发展新模式，因城施策，形成从租到购、从保障到市场、从刚需到改善的梯级化、多样化供应体系。

二是逐步化解地方政府债务风险。要健全省、市、县三级地方政府债务风险化解方案体系，压实"一债一策"化债计划，建立融资平台公司债务风险定期排查机制，指导地方逐步建立全口径、常态化隐性债务监测体系，全面筑牢债务风险底线。要统筹好地方债务风险化解和稳定发展，管好新增项目融资的"正门"，严堵违法违规举债融资的"后门"，阻断新增隐性债务路径，绝不允许新增隐性债务上新项目、铺新摊子。

三是扎实推进中小金融机构改革化险。持续深化城商行改革、全省农信社系统性重塑，稳步推动村镇银行改革重组和风险化解，通过重组、合并以及专项债注资等手段，推动高危机构稳妥退出市场。稳妥有序推进中小银行风险处置，坚持"因地制宜"原则，按照"一省一策""一行一策""一司一策"，在审慎、合规的前提下，探索差异化监管要求，针对风险暴露机构"定点拆弹"。

参考文献

国家统计局：《中华人民共和国 2023 年国民经济和社会发展统计公报》，国家统计局网站，2024 年 2 月 29 日，https：//www.stats.gov.cn/sj/zxfb/202402/t20240228_1947915.html。

河南省统计局、国家统计局河南调查总队：《2023 年河南省国民经济和社会发展统计公报》，《河南日报》2024 年 3 月 30 日。

喻新安等：《"中部地区崛起" 20 年：更高起点上如何更进一步》，《光明日报》2024 年 4 月 18 日。

B.4 加快建成中部地区崛起的重要战略支点

——2023~2024年湖北省高质量发展报告

秦尊文 黄 展[*]

摘 要： 高质量发展是全面建设社会主义现代化国家的首要任务。中部地区崛起是我国区域协调发展战略的重要组成部分。战略支点建设作为区域发展的重要支撑，对于促进地方经济高质量发展举足轻重。湖北省经济动能发展强劲、高新技术产业基础雄厚、创新格局全面起势、枢纽能级巩固跃升、双循环高效畅通、生态底色厚重鲜明、民生福祉持续改善，具备建设中部地区崛起重要战略支点的现实基础，需进一步发挥综合优势，构建以现代产业、科技创新、交通枢纽、国际交流、绿色示范为内核的高质量发展体系。

关键词： 湖北省 中部地区崛起 战略支点 高质量发展

高质量发展是全面建设社会主义现代化国家的首要任务。中部地区崛起是我国区域协调发展战略的重要组成部分。加快建成中部地区崛起重要战略支点，是中央对湖北的明确要求。党的十八大以来，习近平总书记多次深入中部六省考察，其中先后5次考察湖北，为新时代湖北推动中部地区崛起指路领航。2023年以来，湖北省聚焦提升城市能级、促进科技创新自立自强、深化开放合作、推动绿色发展转型及加强区域协调发展，不断增强战略支点的支撑能力、要素吸引凝聚力、生态系统承载力和辐射引领作用，奋力推进中国式现代化湖北实践。

---

[*] 秦尊文，中国区域经济学会副会长，湖北省社会科学院研究员，主要研究方向为区域经济、城市经济；黄展，湖北省区域经济学会规划研究部主任、助理研究员，主要研究方向为区域经济、城市经济。

一 湖北建设中部地区崛起重要战略支点的现实基础

国家从区域发展战略层面，要求湖北担当中部地区崛起重要战略支点，塑造更多引领型发展，推动湖北在产业转型升级上走在全国前列。这对湖北的经济和社会发展提出了更高要求，既要追求质的提升，也要实现速度的飞跃。在建设中部地区崛起重要战略支点过程中，湖北已显现出其经济规模、区域创新、资源要素及枢纽功能的显著优势，为支点建设奠定了坚实的现实基础。

（一）经济发展动能强劲

近年来，在重大项目建设的推动下，湖北省经济实力显著增强。2023年，全省GDP达55803.6亿元，增幅为6.0%，占中部地区和全国的比重分别为20.7%和4.4%，GDP全国排名提升至第7位，增长速度在中部六省中居于首位（见表1）。省会武汉的GDP更是突破了两万亿元大关，成为中部地区首个GDP超过两万亿元的城市。2024年上半年，湖北省GDP达到了27346.5亿元，同比增长率为5.8%。此外，湖北省域副中心城市襄阳和宜昌GDP在中部地区非省会城市中分别排名第一和第二，八个全国百强县的GDP排名普遍有所提升，城市发展的层次结构进一步优化。从人均GDP的视角分析，湖北省在2023年以95538元的人均GDP位居全国第九，这一数据表明湖北省中等收入群体的规模不断扩大，这对于推动消费升级和促进内需驱动型经济增长极为有利。

表1 2023年和2024年上半年中部地区省份经济数据

省份	GDP（万亿元）		GDP实际增速（%）		GDP全国排名		2023年人均GDP（元）
	2023年	2024年上半年	2023年	2024年上半年	2023年	2024年上半年	
湖北	55803.6	27346.5	6.0	5.8	7	7	95538
湖南	50012.9	24545.2	4.6	4.5	9	9	75938
江西	32200.1	15638.0	5.8	4.5	15	15	71216
河南	59132.4	31231.4	4.1	4.9	6	5	60073

续表

省份	GDP（万亿元）		GDP 实际增速（%）		GDP 全国排名		2023年人均GDP（元）
	2023年	2024年上半年	2023年	2024年上半年	2023年	2024年上半年	
安徽	47050.6	23967.0	5.8	5.3	11	10	76830
山西	25698.2	11186.9	5.0	1.9	20	21	73984
全国	1260582	616836	5.2	5.0	—		89358

资料来源：根据历年各省份国民经济和社会发展统计公报整理。

（二）高新技术产业基础雄厚

近年来，湖北加快构建以 5 个万亿级支柱产业、10 个五千亿级优势产业、20 个千亿级特色产业为骨干的"51020"现代产业集群，创新动能和产业支撑不断增强。2023 年全省高技术制造业增加值比上年增长 5.7%（见图 1），占规模以上工业增加值的比重达 12.8%。辖区内以光电子信息、新能源及智能网联汽车、生命健康、高端装备制造、北斗导航为主导的五大产业高新技术企业数量已超过 2.5 万家，年增幅达 24%，实现营业收入合计 33693.63 亿元，同比增长 18.22%。这些高新技术企业仅占全省企业总数的 1.5%，却贡献了全省近 35%的企业利润及 70%的高新技术产业增加值。2024 年上半年，全省高技术制造业增加值同比增长 24.6%，对规模以上工业增长的贡献率高达 36.1%。光芯屏端网、汽车制造与服务、大健康三大产业即将迈入万亿级规模，18 个产业规模已超千亿，国家战略性新兴产业集群增至 4 个，国家创新型产业集群达到 16 个。湖北省成为全国最大的光电子芯片研发与生产基地，中小尺寸显示面板的主要制造中心，以及商业航天、新能源与智能网联汽车领域的重要基地，高新技术产业发展水平已迈入国内先进行列。

（三）创新格局全面起势

湖北省作为国内主要的知识密集区域之一，汇聚了 80 多位院士、逾百所高等院校以及 200 万名在校大学生，拥有 3600 家科研机构和 35 万名研发人员。同时高新技术企业众多，总数达到 2.5 万家，拥有 8 个大型科学装置

图 1　2016～2023 年湖北省高技术制造业增加值

资料来源：根据历年《湖北统计年鉴》和《湖北省国民经济和社会发展统计公报》整理所得。

和 477 家新型研发机构。近年来，湖北将增强自主创新能力作为核心战略，强调创新驱动跨越式发展和体制机制创新，科技创新在推动全省经济社会发展和塑造新质生产力方面发挥了至关重要的作用。2023 年，湖北成功获批 6 个国家级创新型产业集群，新增数量全国居首，总量排名第三。在存储芯片、商业航天、网络安全等领域，其产业综合实力保持全国领先地位。关键核心技术实现重大突破，成功研发全球首颗高分辨率雷达卫星和全球存储密度领先的三维闪存芯片。

作为省会城市，武汉是国内重要的科研教育中心和国家自主创新示范区，拥有丰富的智力资源、众多创新平台、强大的研发能力以及规模化产业创新集群。世界知识产权组织发布的《2024 年全球创新指数报告》显示，武汉在全球科技创新集群百强中排名第 13 位，在国内城市科技创新集群中排名第 5 位，充分展示了其科教资源的坚实基础和独特优势。

湖北省在促进创新成果转化方面成绩斐然，技术合同成交额超过 4800 亿元（见图 2），位居全国第三，科技成果在本地转化率从 37% 提升至 65%，国家级科技企业孵化器数量达到 84 家。得益于创新机制和科研人才的强力支撑，湖北省在全国率先构建应用型科技创新供应链平台，每年新建概念验证中心和中试平台超过 20 家，推动了 500 多项重大科技成果在省内落地转化。科技创新平台的建设也在稳步推进，湖北省已建立 1 家国家实验室、18 家全国重点实验室、8 个国家重大科技基础设施和 10 家湖北实验室，吸引了近 3000 名各类人才，重点实验室的首批 53 项创新成果实现了重大突破，为高水平基础研究构建了强大的矩阵，并催生了一批重要的科技成果。

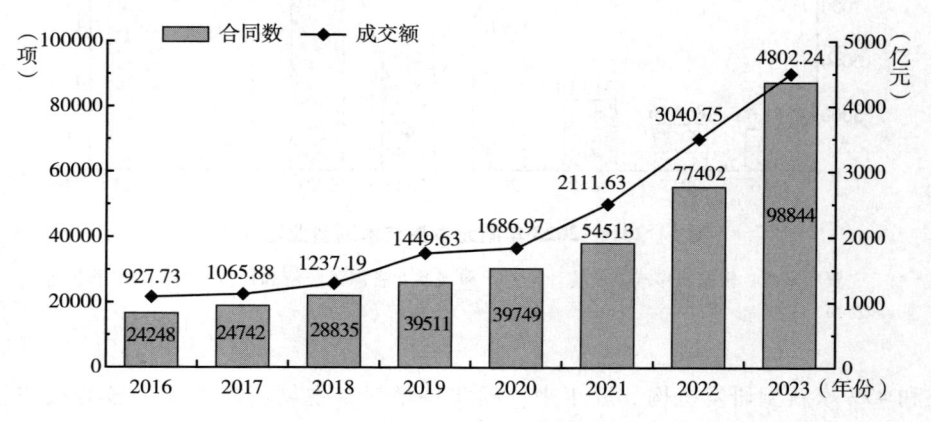

图 2　2016~2023 年湖北省签订技术合同数、技术合同成交额

资料来源：根据历年《湖北统计年鉴》和《湖北省国民经济和社会发展统计公报》整理。

（四）枢纽能级巩固跃升

湖北位于我国经济地理中心，是长江黄金水道和南北大通道的中心枢纽，也是链接全国"铁水公空"交通大动脉的中心节点，在构建新发展格局中具备有利条件。近年来，湖北加快构建现代综合交通运输体系，加快建设新时代"九州通衢"（见表 2）。

表 2　2016~2023 年湖北交通运输发展情况

年份	运输线路长度		客货运周转量	
	铁路总里程（公里）	公路总里程（公里）	旅客周转量（亿人公里）	货物周转量（亿吨公里）
2016	4140	260179	1521.05	6159.90
2017	4216	269484	1365.87	6276.67
2018	4341	275039	1348.98	6605.49

续表

年份	运输线路长度		客货运周转量	
	铁路总里程（公里）	公路总里程（公里）	旅客周转量（亿人公里）	货物周转量（亿吨公里）
2019	5165	289029	1386.79	6133.74
2020	5185	289960	612.42	5295.68
2021	5227	296922	744.75	6743.77
2022	5603	302178	538.46	7544.74
2023	—	307263	1027.84	8594.24

资料来源：根据历年《湖北统计年鉴》和《湖北省国民经济和社会发展统计公报》整理。

航空方面。客货双枢纽基本形成，亚洲最大的专业货运机场花湖机场全面运行，打开内陆开放"空中出海口"，开通了61条国内及23条国际货运航线。目前已有8家外籍货运航空公司在湖北设立基地。2024年上半年，鄂州花湖国际机场的货邮吞吐量已攀升至全国第五，总计超过69万吨，其货运航班量达13259架次，位居全国第四，成为双循环新发展格局中的关键节点。武汉天河国际机场开通国内外航线201条，其中国际及地区直飞航线达15条。

公路方面。截至2023年，全省公路总里程增至307263公里，同比增长1.7%；高速公路里程延长至7849公里，增长3.3%，形成"九纵五横四环"的高速路网格局。全省公路总里程及农村公路里程等关键指标已名列全国前茅，道路承载能力和通达程度持续提升。特别是武汉城市圈"一小时通勤圈"逐步形成，极大地提升了区域内的交通便捷性。

铁路方面。以武汉为中心的"米"字形交通枢纽网络不断完善，以襄阳和宜昌为次级中心的放射状高速铁路枢纽及其他各市州构成的关键十字形节点正快速推进。目前，湖北省已建和在建的高速铁路总里程超过3000公里，高速铁路网逐步成形，预计在4小时内可抵达全国80%的主要城市，同时规划中及在建的高铁里程与投资额均领跑全国。武汉城市圈的城际铁路网络日渐成熟，武汉成为全国首个实现东南西北高铁及高速客运专线全面通达的城市。

水运方面。湖北省不断升级水路通道，逐步构建辐射至周边省份、连通江河与海洋的主通道网络。作为重要的黄金水道，长江可让万吨级船舶直航至武汉，而武汉港的集装箱吞吐能力在长江中上游地区居首。截至2023年，湖北三级及以上航道里程达 2090 公里，多式联运体系持续优化。同年，湖北省铁水联运量占长江主干线的 1/3，国家多式联运示范工程项目数量在全国居首，武汉新港正迈向亿吨级港口。2024 年上半年，湖北已开通多式联运通道 69 条，通过长江、汉江的 204 个码头泊位，初步形成了一个辐射全国，对接日韩、欧洲及东盟国家的联运网络。

货运方面。湖北多种运输模式日益融合，形成一个以空港、陆港、公路港、水港和口岸为核心的多式联运网络，社会物流成本低于全国平均水平，连接东西、贯穿南北的地理优势逐渐转化为经济发展和综合竞争优势。2023 年，货物周转量达到 8594.24 亿吨公里，同比增长 13.9%；旅客周转量为 1027.84 亿人公里，较 2023 年大幅增长，增长幅度为 90.9%。港口方面，货物吞吐量上升至 6.9 亿吨、增幅为 22.8%，集装箱吞吐量达到 329.8 万标准箱、增长 5.5%，其中武汉港吞吐量继续保持长江中上游首位。中欧班列（武汉）作为沿丝绸之路的重要纽带，直通欧洲及中亚，为湖北对外开放开辟了重要通道。截至 2023 年，中欧班列的开行数量已突破 1000 列，同比增长 64.7%。

（五）双循环高效畅通

花湖国际机场、长江中游航运中心、中欧班列等对外开放通道，以及湖北自由贸易区，中德、中法、中日等国际合作产业园区的建设与落地，将助力湖北形成更具竞争力的内陆开放新格局。在长江经济带发展轴上，湖北承前启后的战略地位日益凸显，成为先进制造业从长三角向内陆转移的关键节点。

作为"一带一路"中部核心区域，湖北不断加强内外联动、双向拓展的战略布局，在新发展格局中的引领作用显著增强，战略支点地位显著提升。2023 年，全省进出口总额达 6449.7 亿元，较上年增长 5.8%，在全国各省份中居第 15 位。其中，出口额为 4333.3 亿元，增长 4.7%；进口额为 2116.4 亿元（见图 3），增长 7.9%，均超过全国平均增速。在出口产品中，机电产品尤为突出，出口额达 2215.9 亿元，占据全省出口总额半壁江山。全省汽车出口额突破 200 亿元，连续三年保持增长势头，特别是新能源汽车出口增长速度在全国排名第五。在开放平台方面，湖北综合保税区、国家级高新技术产业开发区和经济技术开发区数量均居中部地区的领先地位。

消费市场活力充沛。2023 年，湖北省社会消费品零售总额达 24041.89 亿

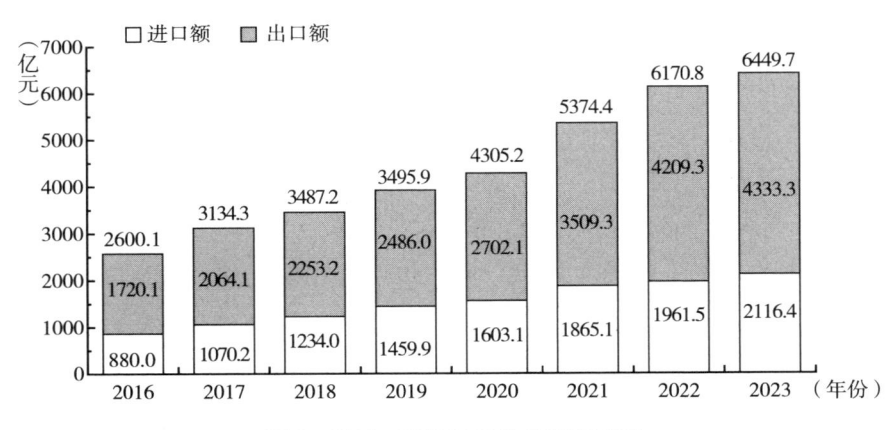

图3 2016~2023年湖北省进出口额

资料来源：根据历年《湖北省国民经济和社会发展统计公报》整理。

元，较上年增长8.5%（见图4），超过全国平均水平1.3个百分点，增长速度在中部六省中居首。2024年上半年，全省社会消费品零售总额为11346.12亿元，同比增长5.5%，领先全国1.8个百分点，增速在全国排名第三。居民人均生活消费支出达到13667元，同比增长7.5%，较全国平均水平高0.7个百分点，人均消费支出增速超过人均可支配收入增速2.6个百分点，平均消费率维持在76.0%。此外，商贸零售企业正积极进行转型升级，改善消费环境，丰

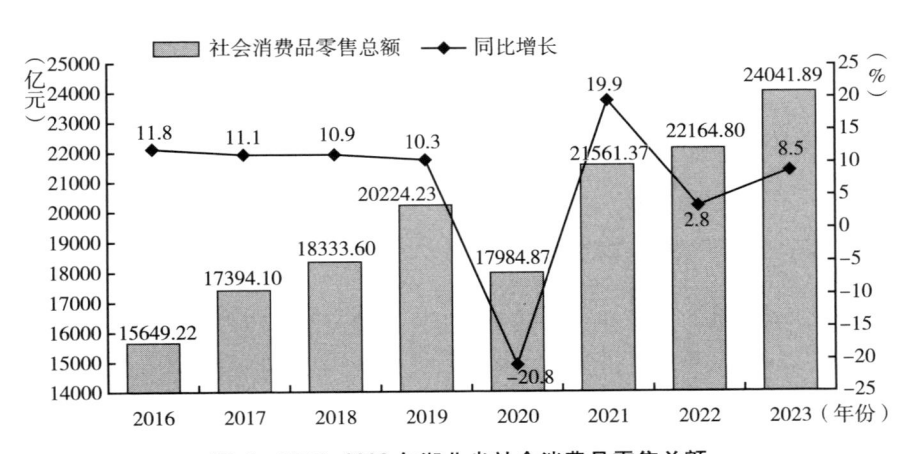

图4 2016~2023年湖北省社会消费品零售总额

资料来源：根据历年《湖北省国民经济和社会发展统计公报》整理。

富消费体验。限额以上零售业实体店商品零售额同比增长7.7%，批发零售行业新增法人入库推动了限上零售额增长5.2个百分点，贡献率达到68.9%，全省社会消费品零售结构进一步优化，零售企业发展潜力巨大。线下消费"动力车"同步推进，2023年湖北省实物商品网上零售额同比增长6.7%，在社会消费品零售总额中占比达15.2%，较上年提高0.7个百分点。

招商引资空间持续拓展。2023年，湖北省固定资产投资总额达47884.22亿元（见图5），较上年增长5.0%。全年规划超10亿元级重点项目数量增至1207个，年增长率为0.8%，投资完成额同比增长15.5%。在高质量吸引和利用外资方面成绩显著，全年新批外商投资项目达到648个，年增长率为35.6%，全球500强企业中已有325家落户湖北。2023年，湖北省外商直接投资27.28亿美元（见图6），增长11.4%，投资额在中部地区居首。

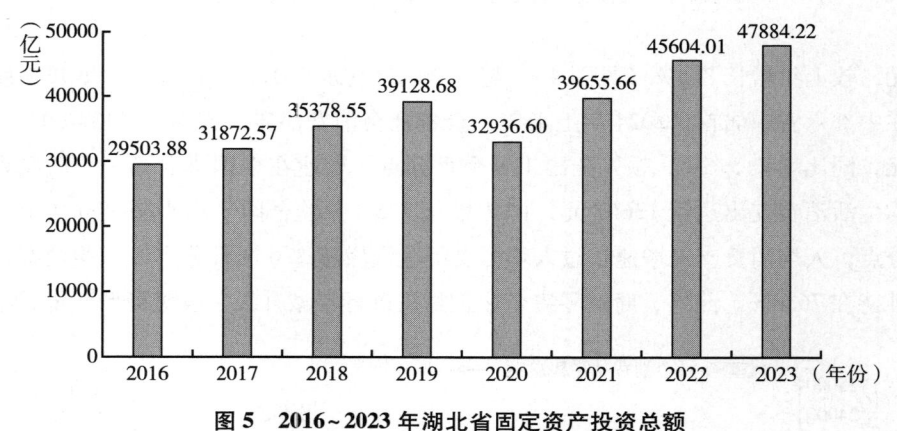

图5 2016~2023年湖北省固定资产投资总额

资料来源：根据历年《湖北省国民经济和社会发展统计公报》整理。

（六）生态底色厚重鲜明

近年来，湖北省不断加强流域综合治理，全力推进污染防治攻坚，将长江生态恢复置于核心位置，持续开展长江大保护十大标志性行动及十大质量提升工程，全省流域生态环境质量稳步提升。2023年末，湖北境内长江、汉江及清江干流水质持续为优，清江部分河段水质达到Ⅰ类，长江水质连续五年整体保持在Ⅱ类水平，总磷浓度持续下降。在全省16个次要流域中，除四湖区域

图 6　2016~2023 年湖北省外商直接投资

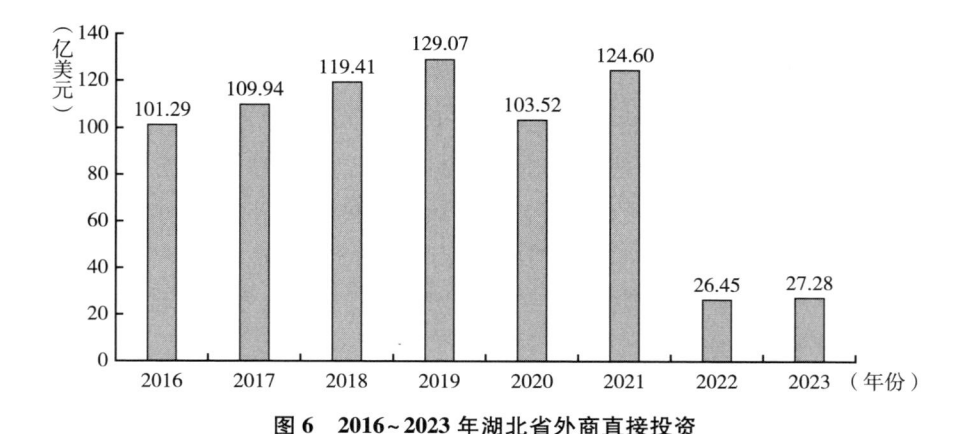

资料来源：根据历年《湖北省国民经济和社会发展统计公报》整理。

外，其余 15 个区域水质均达到良好及以上，其中 12 个区域水质为优。鄂东南、唐白河、黄柏河区域水质均呈现改善势头。2023 年，湖北省（包括国控）监测断面优良水质比例上升至 91.1%，同比提高 0.6 个百分点，同时省控水库水质首次实现全面优良。湖北 17 个城市的平均空气质量优良天数占比为 83.3%，较上年增长 0.4 个百分点。全省已有 20.1% 的土地划入生态保护红线范围，京山等 32 个地区获评国家生态文明建设示范区，十堰等 9 个地区入选"绿水青山就是金山银山"实践创新基地，生态文明建设示范工作稳居全国前列。根据国家生态质量评估结果，湖北省生态质量指数（EQI）为 70.41，保持在一类等级。

（七）民生福祉持续增进

湖北省在增进民生福祉方面成效显著，与区域经济发展保持同步，主要体现在居民收入逐年上升和城乡收入差距逐步缩小两个方面。2023 年，全省居民人均可支配收入达 35146 元，同比增长 6.8%，增速领先全国平均水平 0.5 个百分点。其中，城镇居民人均可支配收入为 44990 元，同比增长 5.5%；农村居民人均可支配收入为 21293 元（见图 7），同比增长 8.0%；城乡收入比为 2.11，较上年降低 0.05。就业市场保持总体稳定，2023 年城镇新增就业人口 92.88 万人，超额完成目标任务，达到原定任务的 132.69%，吸引了 44.1 万名高校毕业生在湖北就业创业，位于全国前列。同时，城镇调查失业率为5.4%，较上年下降0.2个百分点。全省共有202个劳务品牌，实现了"一县一品、多品并存"的发展格局。新增返乡创业者6.6万人，同比增长9.3%，推动了20.4万人实现本地就业，创业对就业的带动作用显著增强。湖北省着力补齐民生短板，强化基本民生保障，连续十年将超过75%的财政支出投向基层和民生领域。2023年，全省拥有医疗机构3.85万家，其中三甲医院79家，在中部地区居首，全国排名第五。新增国家临床重点专科项目15个，在中部地区处于领先地位。

图7 2016~2023年湖北省农村和城镇居民人均可支配收入

资料来源：根据历年《湖北统计年鉴》和《湖北省国民经济和社会发展统计公报》整理。

二 湖北建成中部地区崛起重要战略支点的进展分析

新时代背景下，湖北省积极应对国内外经济形势变化，依托本地优势，持续深化对中国式现代化道路的探索与实践，并就"奋力推进中国式现代化湖北实践，加快建成中部地区崛起重要战略支点"做出系统部署，取得了一定成效、积累了宝贵经验。

（一）加快打造新质生产力发展高地，产业核心竞争力不断增强

湖北省坚定以新型工业化为导向，统筹传统产业升级、新兴产业壮大、未来产业培育"三线并进"，重点发展"51020"现代产业集群，前瞻布局一批未来产业，推动科技创新和产业升级深度融合，新质生产力快速成长壮大。2024年4月，湖北省发布《省人民政府办公厅关于加快培育新质生产力推动高质量发展的实施意见》，全力创建国家高水平科技自立自强先导区、世界先进制造业集聚区、美丽中国先行区、国家战略腹地建设核心区、高水平社会主义市场经济体制改革示范区，加快打造全国新质生产力发展高地，出台激活科技创新核心要素、构建以先进制造业为骨干的现代化产业体系、加快发展方式绿色转型、深化体制机制改革创新、畅通教育科技人才良性循环等五个方面18条具体举措。2024年6月，湖北省发布《湖北省加快未来产业发展实施方案（2024—2026年）》，提出以颠覆性技术和前沿技术催生未来产业，培育发展新质生产力，增强发展新动能，打造引领带动经济社会发展的未来引擎。湖北省规划国家智能设计及数控技术、信息光电子、数字化设计制造、先进存储器等国家级创新中心，加快区块链、6G、机器人、量子科技等前沿科技领域的发展，抢先布局未来产业。此外，湖北省积极推进以供应链体系为核心的现代产业集群布局，借鉴沿海地区成熟经验，成立了多家供应链企业平台，推动高水平供需平衡，优化新质生产力配置，助力构建现代化产业体系。

（二）高水平建设创新中心，自主创新示范功能不断放大

湖北省致力于打造科技创新强省，推进科技领域高质量发展，加强科研平台建设和产学研协同发展。近年来，湖北省加快建设以国家实验室、国家技术创新中心、重大科技基础设施、全国重点实验室、湖北实验室等为核心的高能级创新平台，吸引众多科研机构和企业入驻，形成了产学研一体化的创新生态，线上线下相结合推动科技创新供需对接。同时，湖北省着力打造科技成果转化与技术转移的公共服务平台，提供科技成果评价、转化和交易等一站式服务，目前平台已储备科技成果逾17万项，注册技术专家1.6万名，培养技术经纪人4000多人，为8000多家企业提供了服务。

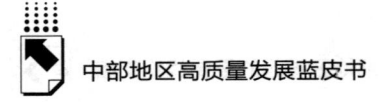

湖北聚焦国家所需、瞄准基础研究，原始创新策源能力加快提升，制定实施《湖北省基础研究规划（2022—2030年）》，开展原创性引领性科研攻关，系统布局建设硬核科技创新平台，在优势领域成立10家湖北实验室，一批战略性新兴产业无中生有、有中生新、聚链成群。加大基础研究投入，深化科技体制改革，构建了"湖北—国家区域创新发展联合基金"、省自然科学基金、省联合基金等基础研究资助体系，力争每年开展15项跨学科颠覆性技术研究，突破30项关键技术。2024年上半年，湖北29项"尖刀"攻关项目全部完成阶段性目标；武汉科创中心国家支持事项完成84%，科创大走廊100项重点任务开工91%。积极促进开放融合与创新发展，加速构建高效协同的创新网络，升级打造"世界光谷"，布局人工智能产业新赛道，打造技术主导的新型产业集群，"创新策源在科学城—孵化转化在大走廊—产业联动在都市圈"的协同创新格局加快形成。持续加强县域创新体系建设，咸宁国家级农业科技园区已顺利通过科技部验收。枝江、赤壁、谷城及潜江被认定为国家创新型县（市），江夏区、宜城市、秭归县等12个地区着手开展省级创新型县（市）的建设工作，全面推进构建全域创新格局。

不断完善人才培养体系，积极主动开展探索工作。借助国家级和省级创新平台，搭建了一座连接顶尖高等教育机构、重点学科、杰出人才与领先企业的桥梁。致力于实施包括战略科技人才培养、青年杰出人才培育、卓越工程师汇聚及工匠技能提升在内的四大重点项目，推行高层次人才推荐机制，进行工程硕士及博士培养体系改革试点。

（三）逐步凝聚区域发展合力，协同融通水平不断提升

湖北省持续深化高质量发展空间布局，积极推进以武汉、襄阳、宜昌为核心的三大都市圈建设。目前，三大都市圈建设工作全面展开，重点工程项目加速推进，协调发展不断深化，对全省高质量发展的引领和辐射作用日益增强。2023年，襄阳和宜昌GDP在中部地区非省会城市中分别位列第一和第二，湖北省各县域在全国百强县的排名普遍提升，城市发展层次更加明晰。

2023年，武汉GDP突破2万亿元大关，跃升至新的发展水平。以武鄂黄黄为中心的武汉都市圈成为助推湖北发展、支撑中部地区崛起、影响全国、接轨国际的关键增长点。自2023年2月7日《武汉新城规划》公布以来，武汉

创新要素快速汇聚，新兴产业布局加快，新质生产力加速形成。武汉都市圈围绕光电子信息、高端装备制造、生命科学等核心优势产业，加速推进产业协同合作。葛店高新技术开发区与光谷携手打造光电子信息产业集群，黄石市与武汉市联合成立产业合作联盟，实现了121家规模以上工业企业与武汉产业链的有效对接。

襄阳都市圈范围涵盖全市，并延伸至十堰、随州及神农架地区，逐步成为汉江流域的发展引擎和南襄盆地的经济增长核心。襄阳聚焦新能源与智能网联汽车产业，积极发展商用车和乘用车，致力于实现产业智能化、网络化、电动化及共享化。东津新城区的标杆项目加速推进，襄阳环城高速已顺利通车，汉孝随襄十汽车产业带正朝着万亿级规模迈进。重点项目如襄阳东风乘用车制造总部工厂、十堰鹏飞氢能重卡项目、随州国家级专用汽车和应急装备检测研发基地建设步伐加快。在旅游业发展方面，襄阳都市圈充分发挥生态优势，深度整合养老、旅游、康养等资源，推出符合消费升级趋势的健康旅游服务产品。

湖北省积极推动宜荆荆都市圈发展，致力于将宜昌打造成连接长江中上游与江汉平原的节点性城市，重点推动综合交通枢纽建设。荆州大力推动建设江汉平原高质量发展示范区，荆门聚焦产业转型升级示范区，恩施则打造"两山"实践创新示范区。宜荆荆都市圈致力于打造先进产业集群。其中宜昌聚焦绿色化工领域；荆州着力打造产值达百亿级的美的家电产业园区；荆门依托亿纬锂能等领军企业，成为全国动力储能电池产业新兴高地；恩施加快推进世界级旅游目的地建设，同时拓展康养度假产业，逐步形成都市圈内的康养休闲胜地。当阳、枝江、松滋、宜都、东宝五地联合，打造了湖北省首个百强县聚集区，促进产业协同合作。

（四）推进国际门户枢纽建设，开放集聚功能逐步提升

近年来，湖北省不断强化其对外开放的核心枢纽作用，打造国内外经济大循环的关键节点，有效地把地理优势转化为经济优势，建设现代化综合交通体系，融入国家新发展格局。湖北省着力优化交通网络，以实现区域经济的无缝对接与协同进步。在铁路建设方面，高速铁路、城际轨道发展大幅缩短了城市间的时空距离，为区域一体化提供了坚实保障。汉欧班列业务范围不断扩大，水路与铁路、公路的联运合作不断加强，湖北作为中部地区多式联运枢纽的功

能不断提升。2023年，货物疏散效率同比提高35%，提升物流效率方面成绩显著。在水路运输领域，借助黄金水道，建成以武汉为核心的长江中游航运枢纽。湖北整合航运资源，优化港口布局，航道物流成本显著降低，为沿岸城市注入了新的发展活力。高水平编制《湖北省港口与航道布局规划》，持续优化港口及航道结构。目前，长江干线武汉至安庆段6米水深航道实现贯通，荆江航道整治首期工程圆满完成，确保万吨级船舶能够更加顺畅地驶入武汉。同时，武汉至宜昌段的航道水深已增加至3.8米。在空港方面，2023年武汉鄂州空港枢纽列入国家重点物流枢纽建设项目。天河国际机场凭借客运及货运航线优势，逐步构筑对外开放航空通道，与花湖国际机场联手打造以全货运航班为核心的国际化航空物流网络，打通服务全球贸易的航空货运主通道。天河国际机场和花湖国际机场服务功能不断完善、服务能级不断提升，湖北国际航空客货运"双枢纽"加快形成，成为湖北重要的"空中出海口"。

加快国际产业链深度融合。2023年，湖北省在大宗商品、汽车、纺织等重要行业搭建了七个供应链平台，以促进产业链上下游、产销对接及国内外一体化发展。例如，武汉经开区吸引了湖北国控、湖北楚象、长江汽车供应链三大供应链平台入驻，充分利用武汉的交通地理优势，打造国内国际双循环的枢纽节点。同时，湖北持续优化铁路、水路、公路和航空多式联运体系，2023年全省铁水联运量已占据长江干线的1/3。湖北建立国际贸易数字化平台，支持企业集体拓展国际市场，全省"新三样"出口同比增长91%，新能源汽车出口量在全国排名靠前。积极参与共建"一带一路"，湖北在全球30多个国家设计和参与建造的桥梁项目达200余个，目前已有325家世界500强企业在鄂投资兴业。

持续拓展国际经贸合作新领域，致力于推动高水平制度型开放。打造开放型经济新体系，高标准推进自贸试验区建设，实施"先出区、后报关"等创新改革措施，28项创新成果已在全国推广。发布湖北自贸试验区联动创新发展区建设实施方案，十堰、黄石和鄂州被确定为联动创新发展区。2023年，全省进出口整体通关时间已缩短至36.94小时和0.46小时。聚焦五大领先产业及九大新兴产业，强化外资引进和供应链招商工作，构建有利于外企发展的良性生态。制定促进外资增长15项措施，充分利用外贸外资协调机制，营造市场化、法治化、国际化一流营商环境。高规格举办世界500强对话湖北、中国—北欧经贸合作论坛等活动,发挥武汉中德国际产业园、中法武汉生态示范城等园区集聚效应,拓展中德友好协会、中德产业促进中心等机构合作。

(五)扎实推进流域综合治理,统筹高水平保护和高质量发展

出台《湖北省流域综合治理和统筹发展规划纲要》,将全省划分为3个一级流域和16个二级流域片区,各地再因地制宜划分三、四级流域片区,制定安全管控负面清单和经济发展正面清单。三峡(坝区)统筹发展与安全综合试验区规划、丹江口库区绿色可持续发展先行区规划密集推进,加快推动沮漳河流域、富水流域综合治理试点和5个湖泊综合治理试点保护治理工作,加快省市县水网建设步伐,谋划储备一批补短板、管长远的重点水利项目。制定《湖北长江高水平保护十大提质增效行动方案》,确立80项关键任务。重点在小流域层面推动综合性治理,并在荆州、荆门、咸宁、十堰、恩施等地开展试点,总结可借鉴和推广的经验与模式,积极推动118个小流域的综合治理工作。高标准推动乡村生态保护,通过强县工程全面推进乡村振兴,促进城乡协调发展。2023年,全省农村卫生厕所普及率达89.3%,超过全国平均水平16个百分点;农村生活污水治理率达47%,农村生活垃圾处理已基本实现全面覆盖。

湖北积极探索产业生态化和生态产业化的实践路径。对传统农业生产和产业结构进行生态化升级改造,成功打造16个国家级水产养殖及生态养殖示范区、41个国家级畜禽标准化养殖示范场及50个国家级生态农场,走在全国前列。着力推动绿色低碳转型发展,加速构建碳市场"三个中心",增强碳市场的活跃度。不断探索污染减排与碳减排的协同创新模式,打造全国性碳交易和碳金融中心,已在阳新、石首、京山、嘉鱼、黄梅、仙桃等县市推广并开展试点工作。2023年湖北省碳市场成交量和成交额分别达1118.39万吨和4.72亿元,较上年分别增长19.1%和13.9%,成交量在全国碳市场试点中位居第一。

(六)积极践行共同缔造,不断增强群众获得感幸福感安全感

近年来,湖北省以提升民众生活品质、优化公共服务体系为重点方向,在加强普惠性、基础性和保障性民生工程建设方面取得了显著成效,积极推动美好环境与幸福生活共同缔造。在社会保障领域,落实城乡居民基础养老保险待

遇和基础养老金的定期调整。不断提升救助标准，城乡低保的月人均标准分别提高至 740 元和 575 元，年增长率分别为 5.7% 和 10.2%。此外，湖北省完成特殊困难老年家庭的居家适老化改造超过 2.6 万户，乡村互助照护中心升级改造 200 个，在 77 个县（市、区）推广针对失能特困群体的集中照料服务。在医疗方面，构建数字化健康记录与远程医疗支持系统等数字医疗项目。深化医药卫生体系改革，推进医疗服务均衡发展，向"健康湖北"目标稳步迈进。实施分级诊疗体系，优化医疗资源分配，有效提高了基层医疗服务水平。目前，全省 64 个县（市、区）的 46 个达到设立三级医院标准。此外，湖北已建立 128 个县域医疗服务联合体，131 家县级医疗机构和 1062 家基层医疗单位被纳入其中。在就业方面，2023 年，全省推出就业优化调整政策 17 项、加速构建高质量人力资源市场体系措施 16 项，以及高校毕业生等青年就业创业相关政策 18 项，这些举措为全省就业形势的稳定提供了有力保障。在城镇化进程方面，湖北省以城镇和产业"双集中"为突破口，大力推进以县城为重要载体的城镇化和以县域为基础的城乡一体化发展，提升县城建设品质和公共服务能力，新型城镇化进程不断加快。深入推进强县战略，有效激发了农村劳动力回乡就业创业的热情，2023 年，省内就业的外出农民工比例达 54.8%，较上年增长了 6.7 个百分点。

三 湖北加快建成中部地区崛起重要战略支点的对策建议

湖北省目前已具备建设中部地区崛起重要战略支点的现实基础，对助力构建新发展格局意义重大。当前，需进一步发挥综合优势，构建以现代产业、科技创新、交通枢纽、国际交流、绿色示范为内核的高质量发展体系。

（一）建设世界级战略性新兴产业集聚区

以智能制造为首要抓手，加速推进制造业向创新型、品质型、效能型、智能型及服务型制造转型。打造具备国际竞争优势的新兴产业集群，促进武汉东湖国家自主创新示范区和光谷科技创新大走廊建设，充分发挥武汉东湖等国家级高新区、经开区以及新型工业化示范基地的引领作用，加强区域产业合作，构建特色显著、稳固可靠的区域产业链与供应链体系，逐步打造多个先进制造业集聚区。以航空航天、生物医药、新材料等战略性新兴产业集群为目标，打造全球产业集聚高地。壮大战略性新兴产业集群，精心规划并推进数个五千亿至万亿规模的重点产业集群。依托国家存储器、商业航天、新能源及智能网联汽车、网络安全人才与创新等四大产业基地，加快"光芯屏端网"、汽车产业及其服务体系、大健康及生物技术三大集群的国际化发展。加快量子信息、航空航天、空间信息技术、人工智能、数字创意和氢能源等新兴产业发展，前瞻布局电磁能源、量子信息、超级计算、脑科学与类脑研究、深地深海深空探索等前沿领域，提升产业链的科技含量和现代化水平。建设多个区域性数据中心集群和智能计算中心，发展数字化转型的通用支持平台和行业级"数据大脑"，促进前沿信息技术的集成创新与应用融合。支持企业与研究机构共建联合实验室，发挥国家战略科技力量的引领作用，提升区域创新能力。以武汉、襄阳、宜昌等地建设综合性国家产业创新高地为目标，瞄准电子信息技术、高端装备制造、精细化工、生物医药、航空航天、新能源新材料、现代物流等产业的发展，致力于打造以绿色经济和创新驱动为核心的高质量发展经济带。

（二）打造具有核心竞争力的科技创新高地

充分利用中部地区科教资源和产业基础优势，打造具有全球影响力的原始创新核心区。积极推进科技创新园区的建设工作，加快国家级科技创新中心建设步伐。聚焦基础科学和前沿技术、共性关键技术、现代工程技术以及颠覆性技术等多个领域，集中整合国内外创新要素，着力部署一系列高端研究机构。构建高层次科技创新平台，快速推进东湖科学城向世界一流水平迈进，优化国家实验室、国家级科研机构、重要科技基础设施集群以及科技领军企业的战略布局。加快关键核心技术研究和突破，解决光电子产业的核心技术难题；鼓励行业领军企业主导成立研发机构，携手产业链上下游企业和科研机构，共同突破基础技术、通用技术、关键技术和前沿技术难关。加快培育创新主体，助力初创企业提高技术创新能力，推动更多初创企业进阶为高新技术企业。支持一批创新能力突出、专业领域前沿、发展迅速的专精特新及"单项冠军"企业加强技术引领作用，提升核心竞争力，成为行业细分市场的领导者。加快科技成果的转化，深化产学研协同合作，引导科技领军企业成立产业技术创新战略联盟及中部地区技术交易市场联盟，对产业共性关键技术进行集中科研攻关，推进区域间科技成果的转化与产业化，培育一批掌握关键核心技术的科技龙头企业。联动产业链各方、不同规模企业、产学研等资源，构建跨区域市场化的创新联合体。持续改善科技创新环境，吸引天使投资等资金支持，提升科技企业的融资效率。积极推动职务科技成果权益化和科技人才评价体系改革。

（三）打造全国统一大市场重要空间枢纽

完善综合交通与物流枢纽网络。借助黄金水道及沿江铁路线，提升对外开放通道效率。加快长江沿线高速铁路、三峡新水运通道、荆州至武汉运河等关键项目的建设进度，加强与粤港澳大湾区、京津冀地区、长三角经济区以及成渝地区双城经济圈等区域的互联互通。加强以空港为特色的国家级物流枢纽建设，促进武汉、鄂州、黄冈、黄石等地与湖北自由贸易试验区的联动发展，充分利用花湖国际机场的辐射效应，加快数字贸易、跨境电子商务等新兴业态发展，共同构建全球领先的临空产业集聚区。促进供应链高效整合，培育一批市场竞争力强的现代流通企业，全面提升流通效能；积极推广江海联运、铁水联运等现代化物流模式，打造国家级物流示范园区，构建集通道、枢纽、网络于一体的现代物流体系。加快要素资源自由流动，构建高标准市场体系，实施统一的市场准入规则，推动市场主体注册登记的一体化进程。完善跨区域资源流动协作机制，建立市场主体协同互动新机制。

（四）打造新时代内陆开放新高地

充分发挥湖北空间枢纽功能的强大潜力，坚定不移深化改革，推进全方位开放。致力于提升改革措施的连贯性、系统性和协同性，以改革推动开放和创新。依托湖北自贸试验区，不断拓展对外开放的广度和深度，强化区域合作，优化对外开放布局。与共建"一带一路"国家和地区特别是东盟的合作关系日渐紧密，为我国构建双循环新发展格局提供了坚实支撑。着力优化水、陆、空国际运输通道，把握战略机遇，利用长江中游的地理优势，推动内陆与海外联动、东西方互动开放，打造长江经济带与"一带一路"融合发展的关键节点，推动湖北从内陆腹地转型为开放新前沿，奋力开创开放发展新格局。发挥综合交通枢纽的地理优势，构建以大型航空、水运、铁路和公路为主体的无缝衔接、多式联运网络。优化多式联运布局，提高进出口通关效率。整合中欧班列资源，建设多式联运一流综合物流平台。优化口岸服务，完善口岸联络和协调机制，推进口岸管理部门间的信息共享、监管互认和执法合作。依托航空与铁路货运枢纽，积极发展空铁与陆空联运，畅通国际快速货运通道。充分利用自贸试验区，推动贸易与投资自由化、便利化，总结并推广制度创新成果。支持符合条件的地区加快建设"单一窗口"国际贸易服务平台。推动创新性和特色化改革，开展制度创新成果合作与交流。允许达标城市申请设立综合保税区，着力打造内陆开放新高地。加快跨境电子商务综合试验区建设，打造全国性电子商务和数字贸易集聚区。支持成立外向型投资合作发展联盟，共同打造全球化综合服务与境外安全保障网络平台。

（五）全面推动绿色发展

深化流域综合治理，紧密衔接国土安全韧性、重大生产力布局及水资源合理配置等战略要素，着重推进关键区域绿色低碳转型。严格实施生态保护红线管理机制，加强重点生态功能区建设，探索与区域生态功能定位相匹配的发展模式。重点推进汉江生态走廊建设，开展生物多样性保护专项行动。加大生态环境污染防治力度，共治长江岸线环境、渔业污染，全面落实长江流域重点水域"十年禁渔"措施。强化沿江城市船舶污染联防联控机制，深化区域内水体生态环境综合治理。深入开展生态文明示范建设，创建"两山"实践创新基地。加强山川、森林、湖泊、田地、草原综合性治理及空间保护协作，完善生态文明标准化合作机制，全面提升生态系统整体功能。在污染防治方面，强化对$PM_{2.5}$和臭氧等主要大气污染物的综合管控，加强区域间大气污染联合防治，力争基本消除严重污染天气。建立危险废物联防联控机制，加强新污染物治理。提升城市绿化水平，促进生态园林城市建设，完善城市绿色基础设施，精准实施江河湖岸和主要交通干线绿化质量提升项目，加强生态防护体系建设。进一步完善城区生态景观走廊、绿色通道网络和公园系统。稳步推进碳达峰碳中和，加快低碳城市试点项目建设，推进实施近零碳排放区示范工程。

参考文献

程必定等：《新时代站在更高起点推动中部地区崛起》，《区域经济评论》2024年第4期。

刘娇：《湖北勇担战略支点》，《中国外资》2024年第11期。

《加快建成中部地区崛起重要战略支点》，《人民日报》2024年5月8日。

谢玮：《湖北：构建现代产业集群，打造科创"四梁八柱"》，《中国经济周刊》2024第13期。

《在更高起点上加快建成中部崛起重要战略支点》，《支点》2024第7期。

《中共湖北省委十二届六次全体会议通过〈意见〉 奋力推进中国式现代化湖北实践加快建成中部地区崛起重要战略支点》，《支点》2024第7期。

段芳媛：《追"光"向"新" 湖北撑起中部崛起战略支点》，《中国证券报》2024年7月13日。

彭仁星、郭斯炜、鲁瑞芸：《打造湖北内陆开放新高地的探究》，《特区经济》2022第1期。

B.5
锚定"三高四新"美好蓝图 谱写中国式现代化湖南新篇章*

——2023~2024年湖南省高质量发展报告

莫智斌 刘磊 何天祥**

摘　要： 2023年，湖南锚定"三高四新"美好蓝图，在高质量发展的道路上迈出了坚实步伐，从创新、协调、绿色、开放、共享五个维度来看，均取得了显著成效，但也存在一些挑战与不足。湖南要按照高质量发展要求，全面深化改革开放，加快创新驱动发展，统筹扩大内需和深化供给侧结构性改革，统筹新型城镇化和乡村全面振兴，统筹高质量发展和高水平安全，切实增强经济活力、防范化解风险、改善社会预期，持续推动经济实现质的有效提升和量的合理增长，增进民生福祉，保持社会稳定，推动现代化新湖南建设取得新的更大进展。

关键词： 湖南省　三高四新　高质量发展

2023年，全省上下在习近平新时代中国特色社会主义思想的指导下，深入贯彻党的二十大和二十届二中全会精神，锚定"三高四新"美好蓝图，聚焦高质量发展这一首要任务，全力推进经济社会全面进步。近年来，湖南省在高质量发展的道路上坚定前行，以创新驱动为核心引擎，推动经济转型升级；以协调发展为基石，促进城乡区域均衡发展；以绿色生态为底色，加强生态文明建设；以开放合作为桥梁，拓展国际市场空间；以共享发展为目标，不断增

---

* 基金项目：国家社会科学基金项目（22BJY121）。
** 莫智斌，博士，湖南工商大学公共管理与人文地理学院讲师，主要研究方向为城乡规划；刘磊，湖南工商大学公共管理与人文地理学院硕士研究生，主要研究方向为区域经济；何天祥，博士，湖南工商大学公共管理与人文地理学院教授，主要研究方向为区域经济。

进民生福祉。在全省上下的共同努力下,湖南省经济总量迈上新台阶,高质量发展取得显著成效。

本报告从高质量发展的五个维度出发,全面梳理2023年湖南省在创新、协调、绿色、开放、共享等方面的实践探索和成果亮点,以期客观展现湖南省高质量发展成就,为其他省份提供有益借鉴和启示。

一 2005~2022年湖南省高质量发展回顾:测度与评价

(一)指标和数据来源

本报告基于创新、协调、绿色、开放、共享的新发展理念,不仅关注经济增长的数量,更注重经济增长的质量和可持续性,构建了一个涵盖5个一级指标、11个二级指标、17个三级指标的湖南省高质量发展水平评价指标体系(见表1)。

数据来源于相关年份《湖南统计年鉴》、国家统计局、湖南省生态环境部门的监测报告以及权威期刊和学术研究成果等。

表1 湖南省高质量发展水平评价指标体系

一级指标	二级指标	三级指标	指标单位(属性)
创新	要素投入	研发投入强度	%(+)
		教育投入强度	%(+)
	要素产出	GDP增速	%(+)
		技术合同成交额占GDP比重	%(+)
协调	城乡协调	城乡收入比	%(-)
		城乡消费比	%(-)
	区域协调	城镇化率	%(+)
	产业协调	规模以上工业增加值占GDP比重	%(+)
绿色	资源消耗	单位GDP耗气	吨标准煤/万元(-)
		单位GDP耗水	立方米/万元(-)
	绿色环保	建成区绿化覆盖率	%(+)
		生活垃圾无害化处理率	%(+)

续表

一级指标	二级指标	三级指标	指标单位(属性)
开放	贸易开放	外贸依存度	%(+)
	资本开放	外资依存度	%(+)
共享	民生改善	农村居民恩格尔系数	%(-)
		城乡消费差距	%(-)
	保障措施	民生性财政支出比重	%(+)

资料来源：王业宁等：《河南省高质量发展水平动态评价研究》，《地域研究与开发》2023年第6期；杨永芳、王秦：《新时代中国区域经济高质量发展评价指标体系构建研究》，《中国软科学》2024年第S1期。

（二）研究方法

本报告采用熵值法，通过量化各指标的信息熵，客观反映不同指标的重要性和贡献度。这种方法能够有效地消除主观因素的影响，确保评价结果的公正性与准确性。具体公式可以参考杨永芳等人的研究。① 熵值法计算权重结果见表2。

表2 熵值法计算权重结果

变量	信息熵值 e	信息效用值 d	权重系数 $w(\%)$	二级指标(%)	一级指标(%)
研发投入强度	0.9364	0.0636	4.26	8.61	25.34
教育投入强度	0.9351	0.0649	4.35		
GDP增速	0.9641	0.0359	2.40	16.73	
技术合同成交额占GDP比重	0.7862	0.2138	14.33		
城乡收入比	0.9228	0.0772	5.17	11.67	20.71
城乡消费比	0.903	0.097	6.50		
城镇化率	0.903	0.097	6.50	6.50	
规模以上工业增加值占GDP比重	0.962	0.038	2.54	2.54	

---

① 杨永芳、王秦：《新时代中国区域经济高质量发展评价指标体系构建研究》，《中国软科学》2024年第S1期。

续表

变量	信息熵值 e	信息效用值 d	权重系数 w(%)	二级指标(%)	一级指标(%)
单位GDP耗气	0.9575	0.0425	2.85	10.49	19.25
单位GDP耗水	0.8861	0.1139	7.64		
建成区绿化覆盖率	0.9223	0.0777	5.21	8.76	
生活垃圾无害化处理率	0.9471	0.0529	3.55		
外贸依存度	0.8628	0.1372	9.19	9.19	17.67
外资依存度	0.8735	0.1265	8.48	8.48	
农村居民恩格尔系数	0.9435	0.0565	3.78	12.61	17.01
城乡消费差距	0.8682	0.1318	8.83%		
民生性财政支出比重	0.9343	0.0657	4.40	4.40	

（三）分析与评价

湖南省高质量发展指标呈现快速增长的势头，2010~2014年高质量发展水平综合指数快速增长。2015年，湖南省传统产业转型和结构调整面临挑战，经济增长动力不足，综合指数增长速度放缓。从2016年起，湖南深入贯彻新发展理念，不断加大创新投入，尤其是在高新技术和绿色产业方面，综合指数的增长再次加快，创新指数也迅猛攀升，2022年为0.23，在5个一级指标中位居第一。绿色指数从2005年的0.00增至2022年的0.19，厚积薄发。特别是2021年，湖南省聚焦经济高质量发展，全面落实"十四五"规划，加快数字经济和可持续发展步伐，创新、协调、绿色发展相互促进，助力综合指数全面提升，综合指数增长率达12.5%（见表3和图1）。

表3 湖南省高质量发展水平指数

年份	创新	协调	绿色	开放	共享	综合
2005	0.05	0.01	0.00	0.07	0.00	0.13
2006	0.05	0.01	0.01	0.08	0.01	0.17
2007	0.05	0.02	0.03	0.10	0.02	0.22
2008	0.06	0.04	0.04	0.11	0.03	0.27

续表

年份	创新	协调	绿色	开放	共享	综合
2009	0.06	0.04	0.06	0.07	0.03	0.26
2010	0.06	0.05	0.07	0.07	0.03	0.28
2011	0.06	0.07	0.08	0.06	0.05	0.32
2012	0.06	0.09	0.09	0.05	0.07	0.36
2013	0.07	0.10	0.10	0.04	0.09	0.41
2014	0.08	0.12	0.12	0.04	0.11	0.47
2015	0.07	0.13	0.13	0.03	0.11	0.48
2016	0.08	0.13	0.15	0.02	0.11	0.49
2017	0.10	0.14	0.16	0.03	0.11	0.54
2018	0.11	0.15	0.16	0.04	0.11	0.58
2019	0.14	0.16	0.17	0.06	0.12	0.64
2020	0.17	0.18	0.18	0.06	0.13	0.72
2021	0.20	0.20	0.19	0.08	0.15	0.81
2022	0.23	0.21	0.19	0.09	0.17	0.89

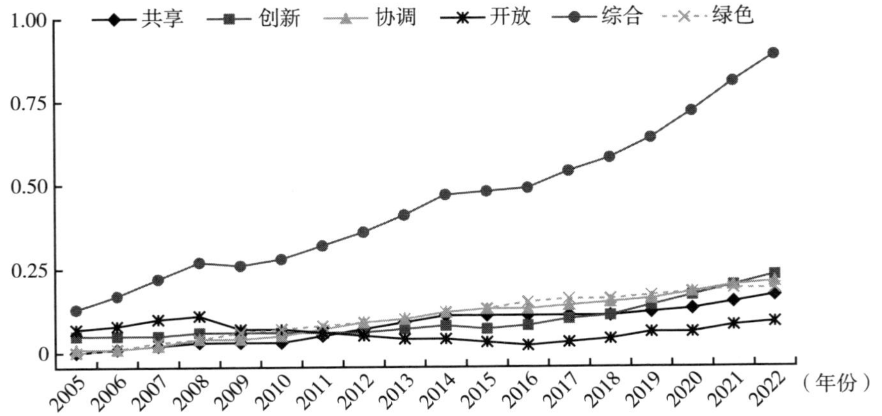

图 1 湖南省高质量发展水平指数变化趋势

从地级市维度看，2005~2022 年湖南省各地级市的高质量发展水平指数表现出显著的差异性。长沙市高质量发展水平综合指数始终位于前列，2020 年为 0.65，2022 年为 0.74。这种稳定表现得益于政府部门在创新驱动和产业结构优化方面的政策支持，促进了高新技术产业的发展。2020~2022 年，株洲市高质量发展水平综合指数有小幅下降，反映出其产业升级和环境治理面临挑战，尽管有一定的政策推动，但转型过程中的阵痛使其增长乏力。湘潭市在2005年综合指数以0.67位列第一，但2022年降至0.39，这与其过度依赖传统产业、缺乏有效的政策引导有关。2020年衡阳市高质量发展水平综合指数为0.43，2022年达0.64，显示出其在推动高质量发展方面的持续努力。衡阳和长沙的稳定增长与其产业结构优化、创新能力提升密切相关，株洲和湘潭的波动则反映出经济转型过程中面临的挑战。综合排名显示，长沙、湘潭和衡阳在高质量发展方面依然具备较强的竞争力。

表4 湖南省各地级市高质量发展水平综合指数

城市	2005年		2010年		2015年		2020年		2022年		排名
	指数	排名	指数	排名	指数	排名	指数	排名	指数	排名	
长沙	0.65	2	0.67	1	0.77	1	0.65	1	0.74	1	1
株洲	0.38	8	0.50	3	0.45	4	0.50	2	0.48	10	4
湘潭	0.67	1	0.58	2	0.54	2	0.40	6	0.39	12	2
衡阳	0.41	5	0.35	6	0.41	5	0.43	5	0.64	2	3
邵阳	0.22	12	0.26	12	0.32	10	0.32	10	0.51	8	10
岳阳	0.43	4	0.37	5	0.36	9	0.34	9	0.58	4	6
常德	0.32	11	0.32	8	0.31	11	0.32	11	0.62	3	9
张家界	0.44	3	0.34	7	0.38	6	0.47	3	0.50	9	5
益阳	0.40	6	0.30	10	0.37	8	0.37	8	0.51	7	8
郴州	0.36	9	0.41	4	0.46	3	0.39	7	0.57	5	5
永州	0.39	7	0.31	9	0.37	7	0.43	4	0.56	6	7
怀化	0.18	13	0.16	13	0.22	13	0.28	13	0.34	13	12
娄底	0.35	10	0.28	11	0.26	12	0.29	12	0.43	11	11

二 2023年湖南省高质量发展成效

（一）创新发展

2023年，湖南省在高质量发展道路上迈出了坚实步伐，创新成为推动经济社会发展的核心动力。在省委、省政府的坚强领导下，全省上下深入贯彻党的二十大精神，锚定"三高四新"美好蓝图，聚焦高质量发展首要任务，创新环境不断优化，创新成果显著涌现，为经济社会发展注入了强劲动能。

1. 科技创新实力增强

湖南省工信厅数据显示，2023年湖南省企业在创新综合指标评估中位居全国第8，超半数省内高校认定的技术合同实现了本地转化。2023年，湖南"十大技术攻关项目"累计突破关键核心技术147项，取得"首""最"字号成果17项，有效补链强链，提升了产业链价值链的整体水平。[①] 例如，世界首台可变径斜井岩石隧道掘进机、8英寸碳化硅外延设备、深远海风电输变电装备等国际领先技术成果从湖南走向全球，展示了湖南在高端装备制造领域的创新实力。[②] 此外，长沙银行滨江数据中心获评国家绿色数据中心，"湘钢宽厚板厂5G+MEC边缘数据中心"获评国家新型数据中心典型案例，[③] 标志着湖南在算力基础设施建设方面取得重要进展。

2. 数字经济蓬勃发展

2023年，湖南省数字经济总量突破1.7万亿元，同比增长15%，数字经济已成为驱动经济增长的重要引擎。人工智能核心产业产值已攀升至189亿元，实现了24%的年度增长。大数据产业取得了显著成就，产值达1250亿元，较上年增长13%。算力支撑能力持续提升，全省总算力超5200PFlops，超算算力居全国第三位。[④]

在数字经济基础设施方面，湖南连续第四年组织实施"数字新基建"100个标志性项目，全省建成和在建规模以上数据中心51个，标准机架达17.2万架。[⑤] 国家超级计算长沙中心获批建设国家新一代人工智能公共算力开放创新

---

① 《乘势而上扎实推进新型工业化——聚焦全省新型工业化推进大会交流发言》，《湖南日报》2023年11月24日。

② 《我国自主研制的全球首台可变径斜井岩石隧道掘进机"天岳号"始发》，湖南省科学技术厅网站，2023年8月22日，https：//kjt.hunan.gov.cn/kjt/xxgk/gzdt/szdt/yuey/202310/t20231007_31507928.html。

③ 《2023年湖南省人工智能和大数据产业发展年度报告》，湖南省人民政府网站，2024年1月26日，https：//www.hunan.gov.cn/zqt/zcsd/202401/t20240127_32636535.html。

④ 《2023年湖南省人工智能和大数据产业发展年度报告》，湖南省工业和信息化厅网站，2024年1月26日，https：//gxt.hunan.gov.cn/gxt/xxgk_71033/tzgg/202401/t20240126_32635744.html。

⑤ 《湖南铺排100个"数字新基建"标志性项目总投资超133亿元》，湖南省人民政府网站，2023年4月14日，www.hunan.gov.cn/hnszf/hnyw/sy/hnyw1/202304/t20230414_29313344.html。

平台（筹），为制造业数字化转型提供了坚实支撑。

3. 产业集聚与创新生态优化

湖南省发布一系列专项政策，扶持先进计算与音视频产业发展，促进本土数字产业集群壮大。长沙超过1400家先进计算领域的领军企业汇聚成链，形成了涵盖硬件、软件、系统及整机的全方位产业生态系统，本地化配套率达90%。马栏山视频文创产业园汇聚上下游企业3500多家，音视频技术全产业链生态加速构建。[1] 同时，湖南积极推进DCMM贯标工作，提升数据管理能力成熟度，截至2023年，通过数据管理能力成熟度认证的企业达到12家。[2]

4. 教育与科学技术投入增加

2023年，湖南省研究生教育阶段毕业生3.2万人，普通高等教育阶段毕业生46.3万人。中等职业教育阶段毕业生22.7万人，普通高中毕业生44.0万人。此外，初中阶段毕业生82.7万人，普通小学阶段毕业生89.5万人（见表5）。在教育普及方面，小学适龄儿童入学率达100%，高中教育阶段毛入学率达94.77%。

表5 2023年湖南省各级学校招生、在校（学）、毕业人数及同比增长

单位：万人，%

指标	招生人数		在校(学)人数		毕业人数	
	绝对数	同比增长	绝对数	同比增长	绝对数	同比增长
研究生教育	4.0	4.1	12.4	5.4	3.2	11.7
普通高等教育	57.1	3.4	177.8	5.5	46.3	3.0
成人高等教育	33.3	2.1	71.7	6.6	27.3	3.9
中等职业教育	23.0	-11.6	70.4	-5.7	22.7	0.0
普通高中	50.3	-0.4	147.3	3.6	44.0	3.5
初中	89.9	-1.3	270.8	2.7	82.7	-2.3
普通小学	84.5	2.9	518.5	-0.9	89.5	-0.9
特殊教育	0.8	7.8	5.2	-3.5	0.8	8.5

资料来源：《湖南省2023年国民经济和社会发展统计公报》。

---

[1] 谢卓芳：《竞跑数字化转型，湖南有何新"打法"》，《湖南日报》2024年8月14日。
[2] 《2023年湖南省人工智能和大数据产业发展年度报告》，湖南人民政府网站，2024年1月26日，https://www.hunan.gov.cn/zqt/zcsd/202401/t20240127_32636535.html。

截至2023年，湖南省国家和省级工程研究中心（工程实验室）分别有12个和399个，国家地方联合工程研究中心（工程实验室）达到42个。在技术创新体系方面，国家认定企业技术中心有75个，国家工程技术研究中心为14个，省级工程技术研究中心达811个。在科研平台建设上，全国（国家）重点实验室有28个，省重点实验室有387个。①

在技术创新活动方面，2023年湖南省共签订技术合同55295项，技术合同成交额达3995.3亿元。专利授权量74940件，同比下降19.4%（见图2）。具体来看，发明专利授权量为20133件，微降1.4%。按机构类型划分，工矿企业、大专院校及科研单位专利授权量分别为51332件、9153件和673件。②

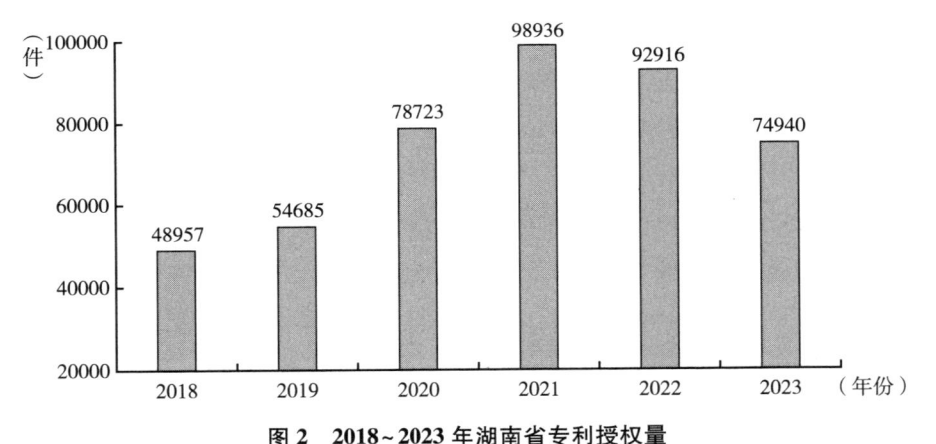

图2　2018~2023年湖南省专利授权量

资料来源：《湖南省2023年国民经济和社会发展统计公报》。

（二）协调发展

2023年，湖南省在推动经济社会高质量发展的道路上迈出坚实步伐，协调发展作为其中重要一环，取得了显著成效。全年经济运行呈现"前低、中稳、后升"的发展态势，地区生产总值首次突破5万亿元大关，同比增长

---

① 《湖南省2023年国民经济和社会发展统计公报》，湖南省人民政府网站，2024年3月22日，https：//www.hunan.gov.cn/zfsj/tjgb/202403/t20240322_ 33262931.html。
② 《湖南省2023年国民经济和社会发展统计公报》，湖南省人民政府网站，2024年3月22日，https：//www.hunan.gov.cn/zfsj/tjgb/202403/t20240322_ 33262931.html。

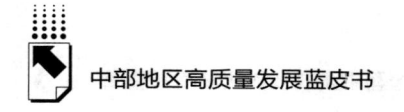

4.6%，两年平均增速高于全国 0.3 个百分点。①

1. 区域协调发展取得新进展

长株潭一体化发展取得积极进展，出台实施三年行动计划，三市在交通、产业、生态等多个领域实现深度融合。长株潭都市圈辐射能力显著增强，成为推动全省经济增长的重要引擎。

湘南湘西承接产业转移示范区建设取得新成效，实际到位内资增长 18.9%，有效促进了区域经济的均衡发展。②《新时代洞庭湖生态经济区规划》成功获批，为区域绿色发展提供了有力支撑。

2. 城乡协调发展取得新突破

乡村振兴全面推进，实施新一轮粮食产能提升行动，全年粮食播种面积 7145 万亩，总产量达 613.6 亿斤，超额完成目标任务。美丽乡村示范村占比达 43%，乡村振兴战略取得阶段性成果。③

新型城镇化稳步推进，全省常住人口城镇化率达 61.16%，新型城镇化建设步伐加快，城乡差距逐步缩小。

2023 年，湖南省居民人均可支配收入达 35895 元，同比增长 5.5%。居民人均可支配收入中位数为 28606 元，同比增长 4.4%。城镇居民人均可支配收入为 49243 元，较上年增长了 4.1%，农村居民人均可支配收入为 20921 元，同比增长 7.0%（见图 3）。值得一提的是，城乡居民收入比从 2022 年的 2.42 降至 2.35，其中，脱贫县农村居民人均可支配收入 16036 元，增长 9.0%。④

3. 产业发展协调并进

先进制造业加速发展。规模以上先进制造业增加值增长 6.8%，占制造业比重首次突破 50%，达到 51.3%；新能源汽车、智能制造等新兴产业快速发展，成为经济增长的新动力。⑤

服务业贡献率提升。全年批发和零售业增加值 5126.6 亿元，比上年增长

---

① 王亮、彭雅惠、李健：《2023 年，湖南 GDP 破 5 万亿元》，《长沙晚报》2024 年 1 月 19 日。
② 昌小英、王韬：《湘南湘西承接产业转移示范区建设成效显著》，《湖南日报》2023 年 11 月 7 日。
③ 胡盼盼：《国家统计局公布 2023 年粮食产量数据》，《湖南日报》2023 年 12 月 12 日。
④ 《湖南省 2023 年国民经济和社会发展统计公报》，湖南省统计局网站，2024 年 3 月 22 日，https://tjj.hunan.gov.cn/hntj/tjfx/tjgb/jjfzgb/202403/t20240322_33260459.html。
⑤ 《湖南省 2023 年国民经济和社会发展统计公报》，湖南省人民政府网站，2024 年 3 月 22 日，https://www.hunan.gov.cn/hnszf/zfsj/tjgb/202403/t20240322_33262931.html。

图 3　2018~2023 年湖南省农村居民人均可支配收入及同比增长

资料来源：《湖南省 2023 年国民经济和社会发展统计公报》。

6.1%；交通运输、仓储和邮政业增加值 1984.3 亿元，增长 8.7%；住宿和餐饮业增加值 1098.0 亿元，增长 11.5%；金融业增加值 2598.2 亿元，增长 4.8%；房地产业增加值 2876.9 亿元，下降 1.9%；信息传输、软件和信息技术服务业增加值 1318.6 亿元，增长 10.8%；租赁和商务服务业增加值 1705.0 亿元，增长 6.5%。全年规模以上服务业企业营业收入增长 9.4%，利润总额增长 41.3%，科学研究和技术服务业增长 7.8%，现代服务业快速发展。①

4. 基础设施建设协同推进

重大产业和基础设施项目建设加快，如岳阳石化百万吨乙烯项目、吉利新能源汽车基地等，为经济发展提供了有力支撑。②

新增电力装机 1245 万千瓦，电力供应平稳，有效保障了经济社会发展需求。交通网络不断完善，高铁、公路、水运等多种交通方式协同发展步伐加快。③

---

① 《湖南省 2023 年国民经济和社会发展统计公报》，湖南省统计局网站，2024 年 3 月 22 日，https://tjj.hunan.gov.cn/hntj/tjgb/jjfzgb/202403/t20240322_33260459.html。

② 刘永涛、马如兰、彭展：《中国石化岳阳 100 万吨乙烯炼化一体化项目获批》，《湖南日报》2023 年 9 月 19 日。

③ 《湖南电源装机突破 7000 万千瓦　结构持续优化》，国家能源局湖南监管办公室网站，2024 年 7 月 25 日，https://hunb.nea.gov.cn/dtyw/jgdt/202407/t20240725_267004.html。

（三）绿色发展

湖南省坚持走绿色发展之路，生态文明建设取得了显著成效。水质优良率。据湖南省生态环境厅发布的《2023湖南省生态环境状况公报》，全省国考断面水质优良率达到98.6%，位居中部六省第一，体现了湖南省在水环境治理方面的卓越成效。空气质量。全省空气质量优良率达90.5%，相比上年有所提升，全国排名较上年前进5位。土壤污染治理。全省受污染耕地安全利用率达91%，重金属污染治理取得重要进展，"锰三角"矿业污染综合整治落实资金超2亿元，30个治理项目顺利开工。① 绿色产业发展。2023年，环保产业总产值突破3000亿元大关，不安全、技术落后及环保标准未达标的产能已基本得到清理，显示了湖南省在绿色转型和产业升级方面的坚定决心和显著成效。生态文明建设。湖南省出台《生态环境管控单元划定技术规范》《湖南省重污染天气防治若干规定》等，加强生态文明建设的制度保障和标准建设。环境治理体系。通过污染源自动监控、电力监控等信息平台，全省生态环境监测体系网络不断完善，已有1803家重点排污单位纳入实时监控，监管能力有效提升。② 生态产品价值实现。湖南省积极探索生态经济转化模式，多渠道发展生态旅游、绿色农业等，实现了生态价值的最大化。2024年元旦假期，全省累计接待生态旅游游客314.72万人次，实现综合旅游收入16.44亿元。③

（四）开放发展

2023年，湖南省在推进高水平开放方面取得了显著成效，开放型经济迈上了新台阶。2023年湖南省GDP达50012.85亿元，同比增长4.6%。细分来看，第一产业增加值达4621.28亿元，增长3.5%；第二产业增加值为18822.81亿元，增长4.6%；第三产业增加值达26568.76亿元，增长4.8%。

---

① 《【重实干 强信心——2023高质量发展回眸】2023年我省污染防治攻坚战成效考核优秀，水质优良率中部第一——厚植高质量发展"绿"底色》，华经新闻，2024年1月16日，https://hunan.voc.com.cn/article/202401/202401160645043937.html。
② 彭雅惠：《上半年全省生态环境排名出炉》，《湖南日报》2024年7月24日。
③ 刘志雄等：《湖南生态产品价值实现取得阶段性成果》，《红网》2024年8月15日。

湖南省经济在稳中有进、进中提质的发展轨道上持续前行。①

在对外贸易方面，湖南省实现进出口总额3367.51亿元，同比增长7.6%，高于全国5.5个百分点。其中，出口2328.69亿元，同比增长1.7%；进口1038.82亿元，同比增长23.8%。民营企业继续保持第一大经营主体地位，完成进出口额2742.79亿元，同比增长8.3%，占全省进出口总额的81.4%。湖南省外贸增长势头强劲，民营企业在对外贸易中的作用凸显。②

在招商引资方面，湖南省实际使用外资同比下降63.5%，但实际到位内资7446.67亿元，同比增长5.96%。合同签约"三类500强"企业投资项目164个，同比下降7.3%，投资总额达到2082.86亿元，同比增长2.9%。湖南省通过优化投资环境、提升服务质量，吸引了大量内资和高质量外资项目落地。③

此外，湖南省在对外经济合作方面也取得了积极进展。对外直接投资新增境外企业57家，新增中方合同投资额16.8亿美元，同比增长34.5%；实际投资额13.9亿美元，同比增长16.2%。④

（五）共享发展

2023年，湖南省全面贯彻党的二十大精神，坚持以人民为中心的发展思想，将共享作为高质量发展的根本目的，积极推动经济社会发展成果惠及全体人民。

1. 公共财政收支与支出

2023年湖南省地方一般公共预算收入3360.5亿元，比上年增长8.3%。其中，税收收入2208.5亿元，增长10.2%；非税收入1152.0亿元，增长

---

① 《湖南省2023年国民经济和社会发展统计公报》，湖南省人民政府网站，2024年3月22日，https：//www.hunan.gov.cn/zfsj/tjgb/202403/t20240322_33262931.html。

② 《2023年上半年湖南商务和开放型经济运行情况》，湖南省商务厅网站，2023年9月14日，http：//swt.hunan.gov.cn/swt/hnswt/85753/fdzdgknr/tjxxh/swyxqktbb/202309/t20230914_506697342492280128.html。

③ 《2023年上半年湖南商务和开放型经济运行情况》，湖南省商务厅网站，2023年9月14日，http：//swt.hunan.gov.cn/swt/hnswt/85753/fdzdgknr/tjxxh/swyxqktbb/202309/t20230914_506697342492280128.html。

④ 《2023年上半年湖南商务和开放型经济运行情况》，湖南省商务厅网站，2023年9月14日，http：//swt.hunan.gov.cn/swt/hnswt/85753/fdzdgknr/tjxxh/swyxqktbb/202309/t20230914_506697342492280128.html。

5.0%。税收收入中，国内增值税824.2亿元，增长52.2%；企业所得税225.9亿元，下降3.6%。一般公共预算支出9584.5亿元，增长6.6%。其中，教育支出1578.9亿元，增长5.2%；社会保障和就业支出1559.3亿元，增长8.2%；卫生健康支出869.7亿元，增长6.0%；科学技术支出314.0亿元，增长12.3%；住房保障支出266.7亿元，增长20.1%（见表6）。

表6　2023年湖南省地方一般公共预算收支及同比增长

单位：亿元，%

指标	绝对数	同比增长
一般公共预算收入	3360.5	8.3
其中:税收收入	2208.5	10.2
国内增值税	824.2	52.2
企业所得税	225.9	-3.6
非税收入	1152.0	5.0
一般公共预算支出	9584.5	6.6
其中:一般公共服务	804.9	-4.4
教育	1578.9	5.2
科学技术	314.0	12.3
文化体育与传媒	144.2	5.3
社会保障和就业	1559.3	8.2
卫生健康	869.7	6.0
节能环保	169.4	1.7
城乡社区	1227.0	22.0
农林水	1066.4	7.1
住房保障	266.7	20.1

资料来源：《湖南省2023年国民经济和社会发展统计公报》。

2.教育与医疗资源分布

在教育领域，湖南省持续加大教育投入，提升教育质量。全年教育支出占财政支出的比重稳步提升，确保教育资源的公平分配。通过实施县域普通高中"徐特立项目"，全省本科录取人数增加7600人，教育普及率和质量进一步提高。

在医疗卫生领域，截至2023年，湖南省有医疗卫生机构57518家。其中，医院1784家，妇幼保健院（所、站）139家，专科疾病防治院67家，乡镇卫生院 2070 家，社区卫生服务中心（站）1051 家，诊所、卫生所及医务室 14036 家，村卫生室 36130 家。卫生技术人员 56.9 万人，同比增长 9.7%。其中，执业医师和执业助理医师 21.9 万人，注册护士 27.0 万人。医院床位数 39.0 万张，同比下降 1.9%；乡镇卫生院床位数 10.5 万张，同比下降 3.5%。国家医学中心与区域医疗中心建设顺利推进，医疗服务覆盖面和可及性显著提升，有效解决了看病难、看病贵的问题。①

3. 社会保障体系不断完善

2023 年，湖南省城镇最低生活保障经费 17.1 亿元，惠及城镇居民 32.3 万人；农村最低生活保障金 47.6 亿元，惠及农村居民 147.1 万人。截至 2023 年，民政机构提供的住宿床位总数达到 24.4 万张，收养人数为 11.4 万人。其中，养老机构 23.0 万张，为 10.8 万人提供了服务。此外，全省还拥有 3.2 万家社区服务机构。在彩票销售方面，全年社会福利彩票销售额达 80.3 亿元，共筹集福彩公益金 24.5 亿元。

社会保障体系不断完善，覆盖范围持续扩大。全年民生支出占财政支出比重达 71.9%，养老保险、医疗保险、失业保险等社会保障制度逐步完善，为城乡居民提供了更加坚实的安全网。同时，脱贫人口持续增收三年行动深入推进，消除返贫风险 9 万户、23 万人，脱贫攻坚成果不断巩固。②

三 2023年湖南省高质量发展存在的问题

（一）创新发展面临的问题

首先，算力资源利用效率有待提升。全省智能算力占比较低，算力资源利用率不高，规模以上数据中心机架利用率低于全国平均水平。这制约了算力资源的最大化利用，影响了数字经济的高效发展。其次，头部企业支撑引领作用有待加强。湖南的人工智能、大数据企业普遍存在体量小、技术力量薄弱、产品单一等问题，缺少具有全国代表性的龙头企业。这在一定程度上影响了产

---

① 李楠：《本科录取再增 7600 人！湖南亮 2023 年教育成绩单》，《潇湘晨报》2024 年 1 月 29 日。
② 《湖南省 2023 年国民经济和社会发展统计公报》，湖南省人民政府网站，2024 年 3 月 22 日，https://www.hunan.gov.cn/zfsj/tjgb/202403/t20240322_33262931.html。

链的带动性和影响力，难以形成强大的产业集聚效应。第三，行业融合应用水平有待拓展。湖南的人工智能、大数据应用场景总体不够深入，主要应用场景集中在智能制造、智能交通、电子政务等领域，在农业、轻工业等领域的应用程度相对较低，限制了新技术在更广泛领域的推广应用。

（二）协同发展面临的问题

首先，区域发展不平衡。长株潭与湘南湘西地区的发展差距仍然较大，区域间资源配置和要素流动不够顺畅。其次，城乡发展差距仍然较大。乡村振兴战略取得了一定成效，但城乡基础设施、公共服务、收入水平等仍存在较大差距。最后，产业结构不够优化。传统产业比重依然较高，新兴产业虽然增长迅速，但尚未形成足够大的规模和竞争力。

（三）绿色发展面临的问题

首先，区域绿色发展不平衡。长株潭与湘南湘西地区在绿色发展方面存在明显差距，区域绿色发展水平不均衡。其次，绿色发展动力不足。部分企业和地区在绿色转型过程中缺乏内生动力，对绿色发展的认识不足，缺乏有效的激励机制和政策支持。再次，绿色技术创新不足。湖南省在绿色技术研发和应用方面仍存在短板，部分关键核心技术尚未取得突破。最后，生态环境治理压力较大。随着经济社会的发展，生态环境保护面临的压力不断增大，特别是在水污染治理、大气污染防治和土壤修复等方面仍需加大力度。

（四）开放发展面临的问题

首先，外贸增长动能结构性改变带来的"阵痛期"依然存在，部分行业和产品出口受到国际市场波动的影响。其次，外资引入虽然总量保持稳定，但增速有所下降，需要进一步优化投资环境、提升外资吸引力。最后，对外经济合作虽然取得积极进展，但投资领域和地域分布仍需进一步拓展和优化。

此外，湖南省在开放型经济中还存在一些结构性问题。例如，民营企业虽然在外贸中占据主导地位，但其在国际市场上的竞争力仍有待提升；服务贸易和高端制造业等领域的发展相对滞后，需要加大扶持力度。同时，湖南省在开放型经济人才队伍建设方面也存在不足,需要进一步加强人才培养和引进工作。

(五)共享发展面临的问题

首先,收入差距依然存在。尽管城乡居民收入差距有所缩小,但整体上收入差距依然较大。特别是农村地区和偏远地区居民收入水平相对较低,制约了共享发展的全面实现。其次,教育与医疗资源分配相对不均。虽然教育和医疗资源投入不断增加,但分配不均的问题依然不同程度存在。优质教育资源主要集中在城市,农村地区和贫困地区的教育资源相对匮乏。医疗资源也面临类似问题,大城市医院人满为患,而基层医疗机构服务能力有限。最后,社会保障体系仍需完善。面对老龄化社会的到来和人民群众日益增长的健康需求,社会保障体系仍需进一步完善。

四 未来湖南省高质量发展的对策与建议

(一)大力推进创新发展

第一,提升算力资源利用效率。加大对算力资源的优化配置力度,推动算力资源的高效利用。通过建设统一的算力调度平台、完善算力资源交易机制等措施,为数字经济发展提供坚实支撑。第二,培育壮大头部企业。加大对人工智能、大数据等新一代信息技术企业的扶持力度,通过政策引导、资金扶持等措施,推动头部企业加速崛起。同时,加强产业链上下游企业的协同发展,形成强大的产业集聚效应。第三,拓展行业融合应用。积极推动人工智能、大数据等新技术在更多领域的应用,特别是加强在农业、轻工业等领域的智能化改造。通过建设示范项目、推广成功案例等措施,推动新技术在更广泛领域的应用。第四,优化创新生态。持续优化创新环境,吸引和集聚更多高端人才和创新资源。加强产学研深度融合,推动科技成果转化和产业化。同时,加强知识产权保护,完善创新激励机制,激发全社会的创新活力。

（二）努力促进区域协调发展

第一，加强区域合作与联动。推动长株潭、洞庭湖、湘南湘西等区域合作与联动，实现优势互补、资源共享。第二，优化区域发展布局。根据区域资源禀赋和比较优势，科学规划区域发展布局，促进区域协调发展。第三，推进城乡融合发展。完善城乡基础设施，加大城乡基础设施建设投入力度，提高城乡基础设施互联互通水平。第四，加快产业结构优化升级。培育壮大新兴产业，加大对新兴产业的支持力度，推动数字经济、智能制造等新兴产业快速发展。通过技术改造、兼并重组等方式推动传统产业转型升级，提高产业竞争力。

（三）全力加快绿色发展

第一，加强区域协同绿色发展。推动长株潭与湘南湘西地区绿色发展协同合作，实现资源共享、优势互补和互利共赢。加强跨区域生态环境治理合作，共同应对环境污染和生态破坏问题。第二，加强绿色转型政策支持。制定更加完善的绿色转型政策体系，包括财政、税收、金融等方面的优惠政策，激励企业和地区积极投身绿色转型。加强绿色技术研发和应用推广，支持企业开展绿色技术创新和成果转化。第三，提升生态环境治理能力。进一步完善生态环境监测体系，提高监测数据的准确性和时效性。加强生态环境执法和监管能力建设，严厉打击环境违法行为。第四，推动绿色生活方式普及。加强绿色生活方式的宣传和教育，提高公众对绿色发展的认识和参与度。推广绿色消费和低碳生活方式，鼓励居民减少浪费、节约资源、保护环境。[①]

（四）着力扩大开放

第一，优化外贸结构。加大对高新技术产品、高附加值产品和服务贸易的支持力度，推动外贸结构不断优化升级。同时，加强与国际市场的对接和合作，拓展多元化出口市场。[②] 第二，提升外资吸引力。进一步优化投资环境、提升服务质量，降低外资进入门槛和运营成本。同时，加强与国际知名企业和

---

① 胡鞍钢，周绍杰：《绿色发展：功能界定、机制分析与发展战略》，《中国人口·资源与环境》2014年第1期。
② 孙久文、蒋治：《中国沿海地区高质量发展的路径》，《地理学报》2021年第2期。

机构的合作与交流，吸引更多高质量外资项目落地。第三，拓展对外经济合作。加强与共建"一带一路"国家和地区的经贸合作与交流，推动境外园区和产能合作项目建设。同时，积极培育本土跨国企业并推动其国际化发展。第四，加强人才培养和引进。加大对开放型经济人才的培养和引进力度，打造一支高素质、专业化的开放型经济人才队伍。同时，加强与国内外知名高校和科研机构的合作与交流，提升人才培养质量和水平。

（五）全面加强共享发展

第一，加大收入分配调节力度。通过税收、转移支付等手段加大对低收入群体的支持力度，缩小收入差距。鼓励高收入群体积极履行社会责任，参与公益事业和社会救助活动。第二，优化教育与医疗资源配置。加大对农村地区和贫困地区的教育和医疗投入力度，提升基层教育和医疗机构的服务能力和水平。采取教师轮岗交流、医生多点执业等措施，促进优质资源下沉至基层。第三，完善社会保障体系。加快构建覆盖全体城乡居民的社会保障体系，提高保障水平和覆盖面。特别是在养老保险、医疗保险、长期护理保险等方面加强制度建设和管理创新，确保社会保障制度可持续发展。第四，促进就业创业。通过实施积极的就业政策、加强职业技能培训等措施促进就业创业。加大对高校毕业生、农民工等重点群体的就业支持力度，确保他们实现稳定就业和高质量就业。

参考文献

王业宁等：《河南省高质量发展水平动态评价研究》，《地域研究与开发》2023年第6期。

杨永芳、王秦：《新时代中国区域经济高质量发展评价指标体系构建研究》，《中国软科学》2024年第S1期。

《乘势而上扎实推进新型工业化——聚焦全省新型工业化推进大会交流发言》，《湖南日报》2023年11月24日。

《竞跑数字化转型，湖南有何新"打法"》，《红网》2024年8月14日。

王亮、彭雅惠、李健：《2023年，湖南GDP破5万亿元》，《长沙晚报》2024年1月

19 日。

昌小英、王韬：《湘南湘西承接产业转移示范区建设成效显著》，《湖南日报》2023年11月7日。

胡鞍钢、周绍杰：《绿色发展：功能界定、机制分析与发展战略》，《中国人口·资源与环境》2014年第1期。

孙久文、蒋治：《中国沿海地区高质量发展的路径》，《地理学报》2021年第2期。

B.6 锚定打造"三地一区"战略定位 现代化美好安徽建设迈出坚实步伐

——2023~2024年安徽省高质量发展报告

叶雷 刘志迎*

摘 要： 2023年以来，安徽省坚持以习近平新时代中国特色社会主义思想为指导，锚定打造"三地一区"战略定位，高质量发展扎实推进，现代化美好安徽建设迈出坚实步伐。安徽高质量发展仍面临企业整合创新资源能力不强、省内城乡和市际发展不协调、制造业绿色转型升级压力大等困境，今后推行高质量发展时应重点关注。推动安徽经济社会高质量发展，要进一步打造具有重要影响力的科创策源地，进一步构建区域内外协调发展的新空间格局，进一步推动制造业数字化和绿色转型升级。

关键词： 高质量发展 "三地一区" 科创策源地 安徽省

高质量发展是提升资源配置效率、满足美好生活需要和增强区域竞争力的根本途径。党的十八大以来，习近平总书记两次莅临安徽进行考察，深入洞察安徽发展问题，为安徽高质量发展明确了正确方向，提供了前进的根本遵循。2023年以来，安徽省坚持以习近平新时代中国特色社会主义思想为指导，锚定打造"三地一区"战略定位，地区生产总值由2013年的1.9万亿元增加到2023年的4.7万亿元，实现从总量居中到人均居中、从农业大省到新兴工业大省的历史性转变，现代化美好安徽建设迈出坚实步伐。

---

* 叶雷，博士，安徽师范大学经济管理学院副教授，硕士生导师，主要研究方向为产学研、创新网络与区域高质量发展；刘志迎，中国科学技术大学管理学院/国际金融研究院教授，博士生导师，安徽省发展战略研究会会长，主要研究方向为创新管理与区域经济。

一 2023~2024年安徽高质量发展的核心指标评价

（一）创新发展

技术创新是实现区域增长动力转换和区域可持续发展的关键。专利是体现技术创新产出的核心指标之一。专利包括发明、实用新型和外观设计三种，其中发明专利比实用新型和外观设计专利的技术含量高、保护范围大，因而最具创新性。从专利总量来看，2020年1~6月至2024年1~6月安徽专利授权量整体呈现先升后降态势。根据安徽省知识产权事业发展中心数据，2023年1~6月、2023年7~12月和2024年1~6月的专利授权量分别为74155件、68483件和74572件，2023年1~6月和2023年7~12月与上年同期相比分别减少6055件和7891件，2024年1~6月仅比上年同期增长0.6%。从专利类型来看，实用新型和外观设计专利授权量整体呈现先升后降态势，而发明专利授权量整体呈现稳步上升态势。2023年1~6月、2023年7~12月和2024年1~6月的发明专利授权量分别为13801件、16725件和18150件，与上年同期相比分别增长6.9%、26.1%和31.5%，表明发明专利授权量增长强劲。从专利申请人结构来看，企业在发明专利授权中的地位愈加凸显。2023年1~6月、2023年7~12月和2024年1~6月企业申请人的比例分别为84.5%、85.4%和86.6%，与上年同期相比分别增长4.2个百分点、1.8个百分点和2.0个百分点，表明企业在区域创新体系中的主导地位得到进一步强化（见表1）。

表1 2020年1~6月至2024年1~6月安徽专利授权量与申请人结构

单位：件，%

时间段	专利授权量			申请人结构			
	发明	实月新型	外观设计	个人	学研机构	企业	机关团体
2020年1~6月	7306	37846	6630	11.969	9.480	77.282	1.269
2020年7~12月	14126	46763	7025	15.708	9.630	73.508	1.154
2021年1~6月	11469	48423	7514	13.800	8.335	76.834	1.031

续表

时间段	专利授权量			申请人结构			
	发明	实用新型	外观设计	个人	学研机构	企业	机关团体
2021年7~12月	12155	65992	7922	11.364	8.827	78.350	1.459
2022年1~6月	12912	59715	7583	9.916	8.617	80.352	1.115
2022年7~12月	13268	56042	7064	6.929	8.468	83.619	0.985
2023年1~6月	13801	53299	7055	6.759	7.112	84.545	1.585
2023年7~12月	16725	45787	5971	5.542	7.387	85.421	1.650
2024年1~6月	18150	50753	5669	4.117	7.908	86.590	1.385

资料来源：安徽省知识产权事业发展中心。

（二）协调发展

协调发展是实现共同富裕的关键路径，也是居民享受高质量发展成果的必由之路。城乡、市际和区际协调是安徽实现协调发展的关键。城乡居民人均可支配收入是居民可以用来自由支配的收入，体现了居民的购买力和生活水平，是反映居民收入水平的关键指标。城乡居民人均可支配收入差距则在一定程度上体现了城乡发展差距。根据安徽省统计局发布的数据，2023年安徽城镇和农村常住居民人均可支配收入分别为47446元和21144元，与上年同期相比分别增长5.1%和8.0%，在全国分别居第13位和第9位。一方面，2023年中国城镇和农村常住居民人均可支配收入分别为51821元和21691元，安徽与全国平均水平仍有较大差距。另一方面，2020~2023年安徽城镇和农村常住居民人均可支配收入的差距分别为22822元、24641元、25558元和26302元，呈持续扩大态势，这表明城乡协调发展尚未取得明显效果。此外，2024年1~6月安徽城镇和农村常住居民人均可支配收入的同比增速在全国位次均有下滑。2024年1~6月安徽城镇和农村常住居民人均可支配收入分别为25076元和12174元，与上年同期相比分别增长3.9%和6.7%，在全国分别居第30位和第16位（见表2）。

表2　2020年至2024年1~6月安徽城镇和农村常住居民人均可支配收入情况

单位：元，%

时间段	城镇常住居民人均可支配收入			农村常住居民人均可支配收入			城乡差距
	收入	同比增长	全国位次	收入	同比增长	全国位次	
2020年	39442	5.1	—	16620	7.8	—	22822
2021年	43009	9.0	6	18368	10.5	14	24641
2022年	45133	4.9	6	19575	6.5	14	25558
2023年	47446	5.1	13	21144	8.0	9	26302
2024年1~6月	25076	3.9	30	12174	6.7	16	12902

资料来源：安徽省统计局。

在市际协调方面，城市首位度指数能够有效反映省内城市经济发展水平及经济产出的集中程度。城市首位度指数是指一个指定区域内的最大城市与第二大城市的人口规模、经济规模等方面的比值，可以较好反映区域城镇体系中的城市向最大规模城市的集聚程度。2020年至2024年1~6月安徽排名前四的城市分别为合肥、芜湖、滁州和阜阳，位次未发生变化。2020~2023年安徽的两城市经济首位度指数分别为2.705、2.653、2.668和2.673，整体呈下降态势，而四城市经济首位度指数分别为1.052、1.063、1.059和1.070，变化趋势不明显。2024年1~6月，两城市和四城市经济首位度指数分别为2.519和1.005，较2023年均有小幅度下降（见表3）。通过对皖北、皖中和皖南地区生产总值占比的比较发现，2024年1~6月城市经济首位度指数下降的主要原因在于皖北地区生产总值占比的上升。然而，2020年以来皖北、皖中和皖南地区生产总值占比并没有明显变化，皖中地区生产总值占比在2020~2023年有小幅度上升，而2024年1~6月皖北和皖南地区生产总值占比有小幅度上升（见表4），这也验证了2020年至2024年1~6月城市经济首位度指数的变化趋势，即安徽城市间的协调度在前期未明显提升，2024年1~6月市际协调发展的差距有所缩小。

表3　2020年至2024年1~6月安徽城市地区生产总值及经济首位度指数

单位：亿元

时间段	城市地区生产总值				经济首位度指数	
	首位城市	第二位城市	第三位城市	第四位城市	两城市指数	四城市指数
2020年	10045.7	3714.1	3032.1	2805.2	2.705	1.052
2021年	11412.8	4302.6	3362.1	3071.5	2.653	1.063
2022年	12013.1	4502.1	3610.0	3233.3	2.668	1.059
2023年	12673.8	4741.1	3782.0	3323.7	2.673	1.070
2024年1~6月	6135.4	2435.9	1972.0	1698.7	2.519	1.005

资料来源：安徽省统计局。

表4　2020年至2024年1~6月安徽皖北、皖中和皖南地区生产总值占比

单位：%

地区	2020年	2021年	2022年	2023年	2024年1~6月
皖北	28.8	27.6	27.6	27.5	28.1
皖中	44.8	45.2	45.3	45.6	44.7
皖南	26.4	27.2	27.2	26.9	27.2

资料来源：安徽省统计局。

与地区生产总值的区域差异相比，安徽在科技创新方面的市际差异更为显著。一个城市的发明专利授权量体现了该城市的技术知识基础和创新驱动发展实力，利用安徽各市发明专利授权量表征科技创新产出水平，并计算城市创新首位度指数。2020年1~6月至2024年1~6月安徽发明专利授权量排名前四的城市分别为合肥、芜湖、马鞍山和滁州，位次未发生变动。2023年1~6月、2023年7~12月和2024年1~6月安徽的两城市创新首位度指数分别为4.868、5.081和5.143，与上年同期相比分别增长1.055、-0.065和0.275；四城市创新首位度指数分别为2.239、2.309和2.435，与上年同期相比分别增长0.467、-0.163和0.196（见表5）。实际上，2020年以来，安徽城市创新首位度指数整体处于稳步快速上升阶段。可见，科技创新产出的空间集聚程度和提升幅度均要远高于经济产出。城市创新首位度指数整体上升的主要原因在于近年来省会对创新要素的集聚。合肥发明专利授权量占全省总量的比例由2020

年1~6月的40.3%上升至2024年1~6月的52.8%。这一上升趋势与皖中发明专利授权量占全省总量的比例的上升趋势一致。反观皖南和皖北的发明专利授权量占全省总量的比例自2020年以来均有不同程度的下降，其中皖南的下降趋势在近两年有所遏制，而皖北的下降速度虽有所放缓，但下降趋势没有逆转迹象（见表6）。

表5　2020年1~6月至2024年1~6月安徽城市发明专利授权量及创新首位度指数

单位：件

时间段	发明专利授权量				创新首位度指数	
	首位城市	第二位城市	第三位城市	第四位城市	两城市指数	四城市指数
2020年1~6月	2944	1212	610	351	2.429	1.355
2020年7~12月	4649	1810	1037	940	2.569	1.228
2021年1~6月	4626	1598	948	744	2.895	1.406
2021年7~12月	5115	1698	863	633	3.012	1.601
2022年1~6月	5952	1561	1020	778	3.813	1.772
2022年7~12月	6782	1318	777	649	5.146	2.472
2023年1~6月	6991	1436	933	753	4.868	2.239
2023年7~12月	8440	1661	1111	884	5.081	2.309
2024年1~6月	9587	1864	1233	840	5.143	2.435

资料来源：安徽省知识产权事业发展中心。

表6　2020年1~6月至2024年1~6月安徽皖北、皖中和皖南发明专利授权量占比

单位：%

时间段	皖北	皖中	皖南
2020年1~6月	18.0	50.4	31.6
2020年7~12月	25.1	47.9	27.0
2021年1~6月	18.0	53.2	28.7
2021年7~12月	18.6	53.9	27.5
2022年1~6月	16.9	57.6	25.6
2022年7~12月	14.9	62.4	22.7
2023年1~6月	13.7	62.7	23.6
2023年7~12月	13.8	62.3	23.9
2024年1~6月	13.1	62.8	24.1

资料来源：安徽省知识产权事业发展中心。

在区际协调方面，中共中央、国务院于 2019 年发布《长江三角洲区域一体化发展规划纲要》，将安徽整体纳入长三角范畴，与苏浙沪之间的协调发展成为安徽实现区际协调发展的重要抓手。安徽出台《安徽省实施长江三角洲区域一体化发展规划纲要行动计划》等一系列政策，并在政策规划、科技创新、基础设施建设、公共服务、环境保护等众多领域与苏浙沪施行联合调节，取得显著效果。2024 年 1~6 月安徽地区生产总值超越上海。然而，2020 年至 2024 年 1~6 月安徽与浙江地区生产总值的差距分别为 2.6 万亿元、3.1 万亿元、3.3 万亿元、3.6 万亿元和 1.7 万亿元，呈扩大态势；与江苏地区生产总值的差距分别为 6.4 万亿元、7.4 万亿元、7.7 万亿元、8.1 万亿元和 3.9 万亿元，也呈扩大态势（见表 7）。

表 7　2020 年至 2024 年 1~6 月长三角各省份地区生产总值

单位：万亿元

时间段	安徽	浙江	江苏	上海
2020 年	3.9	6.5	10.3	3.9
2021 年	4.3	7.4	11.7	4.4
2022 年	4.5	7.8	12.2	4.5
2023 年	4.7	8.3	12.8	4.7
2024 年 1~6 月	2.4	4.1	6.3	2.2

资料来源：各省份统计局。

（三）绿色发展

绿色发展强调在经济社会发展过程中提高劳动生产率和自然资源利用率，同时推动资本投资向资源节约和环境友好领域倾斜。单位地区生产总值电耗能够有效反映能源消耗与经济产出之间的关系，是测度区域经济结构和能源利用效率的核心指标之一。根据安徽省统计局发布的数据，2020 年至 2024 年 1~6 月安徽全社会用电量分别为 2427.5 亿千瓦时、2715.5 亿千瓦时、2993.2 亿千瓦时、3214.1 亿千瓦时和 1673.7 亿千瓦时，呈稳步上升态势。其中，2023 年和 2024 年 1~6 月全社会用电量与上年同期相比分别上升 7.4% 和 13.3%，表明近两年安徽电耗上升显著。2020 年至 2024 年 1~6 月单位地区生产总值电耗分别为627.6亿千瓦时/万亿元、632.1亿千瓦时/万亿元、664.5亿千瓦时/万亿元、683.1亿千瓦时/万亿元和698.3亿千瓦时/万亿元，呈持续上升态势，这表明单位用电量所产生的地区生产总值持续下降。用电量上升主要在于第二产业和第三产业。与上年同期相比，2023年和2024年1~6月第二产业用电量分别上升10.2%和12.1%，第三产业用电量上升9.9%和15.1%，而第一产业用电量仅分别上升2.3%和4.9%；2023年居民生活用电量下降4.5%（见表8）。因此，安徽未来需要进一步推进产业结构绿色化，大力发展绿色新兴产业。

表8 2020年至2024年1~6月安徽用电量与单位地区生产总值电耗

单位：亿千瓦时，亿千瓦时/万亿元

时间段	用电量					单位地区生产总值电耗
	全社会	一产	二产	三产	居民生活	
2020年	2427.5	—	—	—	—	627.6
2021年	2715.5	37.7	1768.1	482.7	426.9	632.1
2022年	2993.2	47.1	1876.7	528.4	541.0	664.5
2023年	3214.1	48.2	2068.2	580.9	516.9	683.1
2024年1~6月	1673.7	22.6	1076.5	302.7	271.9	698.3

资料来源：安徽省统计局。

空气质量和水体质量能够衡量一个区域生态环境保护水平和经济社会发展质量，是区域高质量发展水平的重要衡量指标。根据安徽省自然资源厅发布的数据，2024年1~6月安徽空气质量综合指数为4.16，与上年同期相比下降0.03，$PM_{2.5}$平均浓度和降尘量（下限）与上年同期相比均有所上升，而NO_2平均浓度与上年同期相比有所下降，SO_2平均浓度与上年同期持平。相较于空气质量，水体质量提升明显，降水pH值继续维持在可控范围内，Ⅰ~Ⅲ类水质断面比例明显提升，这表明安徽在水体污染治理方面的成效明显。导致这种差异的原因可能是安徽产业结构升级压力较大，因而近两年空气质量提升不明显。而长江流域Ⅰ~Ⅲ类水质断面比例提升幅度表明，2021年开始实施的《中华人民共和国长江保护法》为安徽推进水体污染治理提供了法律基础（见表9）。

表9　2023年1~6月和2024年1~6月安徽空气和水体质量

维度	指标	2023年1~6月	2024年1~6月
空气质量	空气质量综合指数	4.19	4.16
	$PM_{2.5}$平均浓度（$\mu g/m^3$）	40	41
	SO_2平均浓度（$\mu g/m^3$）	7	7
	NO_2平均浓度（$\mu g/m^3$）	24	22
	降尘量（$t/km^2 \cdot$月）	0.8~6.2	1.3~5.2
水体质量	降水pH值	5.85	5.65
	Ⅰ~Ⅲ类水质断面比例（%）	85.8	88.5
	长江流域Ⅰ~Ⅲ类水质断面比例（%）	89.2	90.1
	淮河流域Ⅰ~Ⅲ类水质断面比例（%）	79.5	85.1
	新安江流域Ⅰ~Ⅲ类水质断面比例（%）	88.2	88.2

资料来源：安徽省自然资源厅。

（四）开放发展

区域扩大高水平对外开放对推动高质量发展、发展新质生产力和构建新发展格局具有重要意义。进出口总额是衡量一个区域在国际贸易中开放度、活跃度和竞争力的重要指标。根据安徽省统计局发布的数据，2021~2023年安徽进出口总额分别为6920.2亿元、7530.6亿元和8052.2亿元，与上年同期相比分别增长26.9%、8.8%和6.9%，随着进出口总额的快速上升，增长率有所下降。对外贸易依存度，即进出口总额占安徽地区生产总值的比重，分别为16.1%、16.7%和17.1%，呈显著上升态势，这表明安徽嵌入国际贸易网络的程度有显著提升。2024年1~6月进出口总额为3967.8亿元，与上年同期相比增长7.4%，对外贸易依存度为16.5%，较2023年有所下降。2023年和2024年1~6月安徽进口总额与上年同期相比仅分别增长2.0%和2.8%；而出口总额与上年同期相比分别增长9.8%和9.7%，远高于同期全国平均增长率0.6%和6.9%，这表明安徽出口产品在国际市场上具有较强的竞争力（见表10）。

表10　2021年至2024年1~6月安徽进出口总额情况

单位：亿元，%

时间段	进出口总额	同比增长	出口总额	同比增长	进口总额	同比增长
2021年	6920.2	26.9	4094.8	29.5	2825.4	23.4
2022年	7530.6	8.8	4763.7	16.3	2766.9	-2.1
2023年	8052.2	6.9	5231.2	9.8	2821.0	2.0
2024年1~6月	3967.8	7.4	2685.8	9.7	1282.0	2.8

资料来源：安徽省统计局。

（五）共享发展

共享发展的成果对改善居民生活、促进社会公平、推动社会和谐具有深远影响。在居民收入共享方面，居民人均可支配收入作为衡量区域经济福祉和生活质量的重要指标，其与地区生产总值比值的大小直接体现了区域经济发展的普惠水平和共享程度。本报告用人均可支配收入与地区生产总值比值来反映区域经济发展的共享程度。根据安徽省统计局发布的数据，2020~2023年安徽人均可支配收入分别为2.8万元、3.1万元、3.3万元和3.5万元，呈稳步上升趋势。2020~2023年安徽人均可支配收入与地区生产总值比值分别为0.738、0.725、0.733和0.741，2021年以来比值呈快速攀升态势，其中2024年1~6月提升幅度最大，这表明近几年安徽区域经济发展的共享程度得到显著提升（见表11）。

表11　2020年至2024年1~6月安徽人均可支配收入及其与地区生产总值比值

单位：万元

指标	2020年	2021年	2022年	2023年	2024年1~6月
人均可支配收入	2.8	3.1	3.3	3.5	1.9
人均可支配收入与地区生产总值比值	0.738	0.725	0.733	0.741	0.788

资料来源：安徽省统计局。

二 2023~2024年安徽高质量发展的困境及成因

（一）企业整合创新资源能力不强

近几年，安徽科技创新能力提升明显，产业创新能力与科技研发能力总体匹配，科技创新指数排名高于地区生产总值排名。企业已成为区域创新体系中的关键主体，但目前企业整合创新资源能力不强，尚未建成以企业为主体的产学研协同创新体系。安徽以企业为主体整合创新资源能力不强，不是因为政府整合创新资源能力过强而使企业整合创新资源能力受限（政府只能够配置公共研发资源，只能在支持企业整合创新资源方面发挥有限的引导和激励作用），也不是因为大学和科研院所成为整合创新资源的主体且具有很强的整合创新资源能力，从而弱化了企业整合创新资源的能力（大学和科研院所只具有整合科技研发资源的能力，不具有整合创新资源的能力），而是因为没有足够多的优秀企业来整合创新资源，或者企业自身整合创新资源的能力还不够强。

在技术市场开放的背景下，本省产业类别无须与本省范围内的学院机构匹配，产业创新与科技研发是在全国乃至全球市场去整合匹配资源，而不是局限于省域范围内。因此，安徽企业整合创新资源能力不强的根本原因在于安徽经济总量不足，市场主体不够多，百强企业、独角兽企业和高新技术企业等优质企业的数量较少。与苏浙沪相比，安徽本地培育技术型创业不活跃，中小微企业研发基础差，企业创新投入意愿不强，研发能力亟待加强。尽管近两年安徽高度重视招商引资，也的确吸引了大量的企业进驻园区，但是，一个致命的问题是多数企业将制造基地放在安徽，研发基地仍然在本部。虽然，有不少引来企业的产值在安徽，但研发基地和主要税收不在安徽。而缺少创新型企业导致创新型人才外流加剧。因此，未来安徽需要进一步提升企业的创新资源整合能力。

（二）省内城乡和市际发展不协调

近年来，安徽省的城乡发展差距有所扩大，在一定程度上阻碍了城乡协调发展。自2015年脱贫攻坚和2019年乡村振兴战略实施以来，安徽农村常住人口人均可支配收入增长较快，但与城镇常住人口人均可支配收入的差距持续扩大，且安徽人均可支配收入一直低于全国平均水平。从城乡差距的区域差异来看，皖江和皖南农村居民收入相对较高，而皖西和皖北农村居民收入相对较低，整体呈现东强西弱和南高北低的格局。由于安徽领先地区的经济发展水平和城镇居民收入水平远低于苏浙沪，其他城市的经济发展水平和城镇居民收入水平均偏低，农村人口大量流失，乡村振兴逐渐丧失人口基础。2023年中国常住人口城镇化率为66.2%，而安徽常住人口城镇化率仅为61.5%，比全国平均水平低4.7个百分点，常住人口6121万人，与上年相比减少了6万人。造成这种差距的根本原因在于城乡二元结构仍未得到破解。此外，由于安徽在空间上靠近苏浙沪，省内农村人口异地城镇化进一步导致安徽城乡发展失衡。

2011年安徽开始实施强省会战略，此后合肥经济总量和增速均居全省前列，成为全省经济发展的重要引擎。然而，省会由于仍处于资源集聚过程中，且受自身发展不充分以及省内城市间发展差距过大等制约，在资源辐射、扩散和带动省内其他城市发展方面的效果有限。2005年安徽开始实施"东向战略"，2010年国务院批复《皖江城市带承接产业转移示范区规划》，此后皖江地区经济发展迅速，为安徽2019年整体融入长三角一体化发展奠定了坚实基础。相较于省会和沿江5市，皖北长期以传统农业和重工业为主，产业基础薄弱，产业结构单一，且缺少外部投资，经济发展滞后；尽管黄山和池州等地的生态环境优于其他城市，被定位为皖南国际文旅示范区的核心区，但长期受工业发展基础薄弱、主体功能规划和交通对外连通不足等的限制，经济体量整体偏小。

（三）制造业绿色转型升级压力大

安徽继提出"工业强省"目标、"生态强省"战略后，又开始实施"制造强省"战略。在欧美高端制造业回流和东南亚低端制造业崛起双重压力以及"双碳"和高质量发展双重目标的驱动下，安徽制造业绿色转型升级势在必行。然而，当前安徽制造业绿色转型升级面临较大压力。一方面，高污染、高能耗行业和煤炭消费占比仍较高，清洁能源和可再生能源占比较低，导致制造业在发展过程中效率低、能耗高、排放大的局面未能得到显著扭转。另一方面，近年来安徽大力发展十大战略性新兴产业，致力于打造具有国际较强竞争力的先进制造业产业集群，但仅合肥等少数先发地区取得显著成绩，其他城市的制造业绿色转型升级步伐较慢，产业结构并未得到显著优化。此外，安徽制造业聚焦于新能源汽车和智能网联汽车、智能家电和高端装备制造等产业，在绿色低碳领域的未来产业方面布局较少。

绿色转型升级往往涉及环境科学、能源科学、材料科学等多学科的交叉融合，且需要依靠最前沿技术的突破来推动，对一个区域的研发投入、高端人才培养、系统集成的要求均较高。长期以来，安徽本地制造业主要集中于煤炭、有色金属和农副产品等初加工行业。自2005年实施"东向战略"以来，安徽一直致力于建设成为苏浙沪产业转移的承接地，并逐渐发展成为苏浙沪企业研发中心的生产基地。安徽尽管在长三角地区制造业产业链中处于不利位置，但依靠土地和人口红利实现了制造业的快速发展。2019年安徽整体融入长三角一体化发展后，制造业绿色转型升级步伐也并未明显加快，其原因在于皖江等先发地区制造业企业绿色创新能力弱且研发投入不足，绿色技术研发和创新能力有限，绿色制造体系尚未完全建立；而皖北等后发地区受经济发展水平制约，制造业绿色转型升级意愿不强，研发投入和研发人员等资源也无力支撑其绿色转型升级。

三 2023~2024年安徽推行高质量发展的关键举措

（一）进一步打造具有重要影响力的科创策源地

一是构建以企业为主体的科技创新体系。2024年4月，安徽发布《安徽省深化科技体制机制改革构建以企业为主体的科技创新体系实施方案》，明确提出要充分发挥各类创新主体的比较优势，推动形成以企业为主体，学院机构、中介机构、政府组织等高效协同，深度嵌入全球创新网络的区域创新体系，壮大科技企业队伍，并在提升企业科技创新能力、构建开放创新生态等方面提出15项具体任务。

二是精准招引重点领域产业高水平人才。2023年7月，安徽发布人才"30条"政策4.0版。在产业紧缺人才方面，基于产业链编制十大战略性新兴产业人才图谱，构建紧缺人才定向招引机制。在人才自主培养方面，深化高校学科结构调整，撤销落后和弱势学科，增设十大战略性新兴产业相关学科。在特色人才培养方面，支持省内龙头企业与学研机构开展产教融合和协同创新，支持建设产业学院，开展关键核心技术协同攻关。

三是进一步打造战略性新兴产业聚集地。近两年，安徽集中出台了《安徽省先进光伏和新型储能产业创新能力提升行动方案（2024—2027年）》《加快推进数字经济高质量发展行动方案（2024—2026年）》《安徽省先进光伏和新型储能"千百亿"企业培育行动方案（2024—2027年）》《安徽省未来产业发展行动方案》等一系列产业政策，旨在促进安徽传统产业转型升级，提升安徽新兴产业的集聚能力，并积极抢占未来产业发展的先机。

（二）进一步构建区域内外协调发展的新空间格局

一是坚持高水平打造皖北承接产业转移集聚区。2020年以来，中央和安徽发布《促进皖北承接产业转移集聚区建设的若干政策措施》《皖北承接产业转移集聚区建设实施方案》《沪苏浙城市结对合作帮扶皖北城市实施方案》等一系列政策措施，旨在增强皖北承接苏浙沪产业转移的能力，缩小皖北与长三角核心区的发展差距。皖北各市也出台了对应落实措施。近两年，皖北承接产业转移集聚区的建设有序推进。

二是进一步增强皖江的高质量发展驱动力。支持芜湖建设省域副中心城市，2023年3月，安徽省人民政府办公厅发布《关于支持芜湖市加快建设省域副中心城市的若干意见》，旨在通过产业、创新、人才等维度的全面升级，提升城市内生创新活力。2024年3月，马鞍山出台《关于全面融入南京的若干举措》，在人才培养、产业协同、科技创新、成果转化等方面深化与南京的对接和合作，以提升经济发展水平和区域协同发展能力。

三是深入推进长三角一体化发展。2023年8月，安徽印发《关于深度融入长三角一体化发展国家战略推动高质量发展的指导意见》，围绕合作创新体系、现代化产业体系、基础设施网络、生态联保联治、公共服务共享、体制机制创新等8个领域提出了70项具体措施。2024年7月，《长三角地区一体化发展三年行动计划（2024—2026年）》发布，苏浙沪皖围绕未来3年的发展目标提出了9个领域的165项重点任务。

（三）进一步推动制造业数字化和绿色转型升级

一是明确主攻方向和重点任务。2023年，安徽出台《以数字化转型推动制造业高端化智能化绿色化发展实施方案（2023—2025年）》，重点开展中小企业数字化普及、工业互联网平台建设、绿色制造协同升级以及数字化基础设施建设。2024年7月，安徽发布《贯彻落实加快推动制造业绿色化发展指导意见的实施意见》，明确提出4个领域的14项重点任务。《加快推进数字经济高质量发展行动方案（2024—2026年）》明确提出对船舶、化工、机械、纺织等重点行业企业进行数字化改造升级。

二是促进"数实融合"，发展"数智云网链"等新兴数字产业。要加强国家级"数字领航"企业创建，持续扩大数字经济核心产业规模。推进工业互联网高地建设，完善提升羚羊等国家级"双跨"平台功能，培育省级以上重点工业互联网平台。建成全省一体化数据基础平台，加快建设全国一体化算力网络芜湖数据中心集群，系统优化算力基础设施布局。

三是完善绿色制造和服务体系。进一步打好污染防治攻坚战，加强生态环境整改，提升空气质量主要指标。推进国家生态文明建设示范区和"绿水青山就是金山银山"实践创新基地建设。加强绿色工厂、绿色工业园区创建，培育一批绿色供应链管理企业。加快建筑业转型升级，建设中国建造（安徽）工业互联网平台，推广智能建造和绿色建筑，培育发展特级资质企业。

参考文献

《安徽省人民政府关于印发安徽省深化科技体制机制改革构建以企业为主体的科技创新体系实施方案的通知》，安徽省人民政府网站，2024年4月26日，https：//www.ah.gov.cn/zwyw/ztzl/tdgzlfzdysdgjz/zcjd/zc/565321771.html。

《安徽省工业和信息化厅等七部门关于印发贯彻落实加快推动制造业绿色化发展指导意见的实施意见》，安徽省工业和信息化厅网站，2024年8月13日，https：//jx.ah.gov.cn/sy/wjgg/149561371.html。

B.7 打造"三大高地"、实施"五大战略" 奋力谱写中国式现代化江西篇章

——2023~2024年江西省高质量发展报告

江西省社会科学院课题组*

摘　要： 2023年以来，江西坚持以习近平新时代中国特色社会主义思想为指导，深入贯彻落实习近平总书记考察江西重要讲话精神，努力打造"三大高地"、实施"五大战略"，有效应对各种风险和挑战，有力推动经济发展量质双升、改革开放走深走实、生态优势巩固提升、人民生活全面改善。江西要实现高质量发展，应千方百计加快培育新质生产力，完善现代化产业体系，加固经济发展基本盘，打造内陆地区改革开放高地，打造国家生态文明建设高地，促进区域协调发展，全力打造一流营商环境，筑牢高质量发展安全屏障。

关键词： 高质量发展　"三大高地"　"五大战略"　江西省

2023年以来，面对异常复杂的国际形势、艰巨繁重的改革发展稳定任务，江西全省上下坚持以习近平新时代中国特色社会主义思想为指导，全面贯彻党的二十大、二十届二中和三中全会以及中央经济工作会议精神，深入贯彻落实习近平总书记考察江西重要讲话精神，努力打造"三大高地"、实施"五大战略"，有力推动经济发展量质双升、改革开放走深走实、生态优势巩固提升、人民生活全面改善，全面建设社会主义现代化江西迈出了坚实步伐。

---

* 课题组组长：李小玉，江西省社会科学院经济研究所所长，研究员，主要研究方向为区域经济。课题组成员：卢小祁，江西省社会科学院经济研究所副研究员，主要研究方向为城市经济发展；李华旭，江西省社会科学院经济研究所副研究员，主要研究方向为产业经济、农业农村经济和生态经济。

一 2023年以来江西高质量发展取得的主要成效

（一）经济实力持续增强

一是经济总量持续扩大。2023年，江西全年地区生产总值达32200.1亿元，增长4.1%，地区生产总值居全国第15位；人均地区生产总值达71216元，增长4.1%。与此同时，2023年江西全省经济增长呈逐季回升态势。第一季度增长率仅为1.2%；上半年增长率为2.4%，比第一季度提升1.2个百分点；前三季度增长率为3.4%，比上半年提升1.0个百分点；全年增长率为4.1%，比前三季度提升0.7个百分点（见表1）。

表1 2023年江西省地区生产总值增长率变化情况

单位：%

	第一季度	上半年	前三季度	全年
增长率	1.2	2.4	3.4	4.1

资料来源：江西省统计局。

二是工业经济加快复苏。2023年，江西工业增加值为11180.7亿元，增长5.3%。规模以上工业增加值增长5.4%，高出全国平均增速0.8个百分点。全省规模以上工业企业总数突破1.8万家，较上年末净增1753家，居全国第9位。全年规模以上工业企业实现营业收入40922.2亿元，增长2.6%。电子信息产业营业收入达1.1万亿元，居全国第4位；有色金属、装备制造产业营业收入分别接近8000亿元和7000亿元。

三是服务业发展提质增效。2023年，全年服务业实现增加值16043.2亿元，增长3.6%。全年规模以上服务业企业营业收入为4373.5亿元，增长6.6%；利润总额为269.7亿元，增长26.5%。现代服务业加快发展，信息传输、软件和信息技术服务业，租赁和商务服务业，金融业增加值分别增长12.9%、6.1%、4.7%，合计拉动经济增长0.7个百分点。

（二）创新驱动能力不断增强

一是创新平台数量持续增多。截至2023年，江西共有国家级重点实验室7个，省级重点实验室239个；国家工程（技术）研究中心8个，省工程（技术）研究中心335个。

二是研发投入强度逐步加大。2023年，江西全年研究与试验发展（R&D）经费支出占地区生产总值的比重为1.9%，比2022年提高0.1个百分点；全省一般公共预算支出中科学技术支出达244.3亿元，增长7.0%。

三是高新技术企业数量不断增多。2023年，全省新增入选国家库科技型中小企业14528家，增长34.0%；认定高新技术企业2926家，有效期内高新技术企业稳定在6100家以上；新增国家专精特新"小巨人"企业56家，总数达255家；新增省级专业化"小巨人"企业82家、制造业单项冠军企业27家。

四是创新成果产出与转化能力加快提升。2023年，江西全年授权专利量6.0万件，每万人有效发明专利拥有量9.1件。2023年，全省技术合同交易17081项，增长66.6%；成交额为1595.7亿元，增长110.5%，在全国排位再进2位，上升至第14位。在总技术交易合同中，涉及专利交易的有2107项，成交额为194.5亿元，分别占全省总量的12.3%和12.2%。

（三）产业结构逐步优化

一是产业结构持续优化。2023年，第一产业增加值为2450.4亿元，对经济增长的贡献率为8.1%；第二产业增加值为13706.5亿元，对经济增长的贡献率为48.7%，其中，制造业增加值占地区生产总值的比重保持在33%左右，居全国前列；第三产业增加值为16043.2亿元，对经济增长的贡献率为43.1%。三次产业结构由2022年的7.9∶43.2∶48.9调整为2023年的7.6∶42.6∶49.8。

二是新经济新动能加快发展。2023年，全省战略性新兴产业、高新技术产业、装备制造业增加值分别增长9.1%、9.1%、10.0%，占规模以上工业增加值的比重分别为28.1%、39.5%、31.6%。2023年，全省高技术制造业增加值增长6.1%，高于全省平均增速0.7个百分点，占比为19.9%。在新能源产业中，锂电产业增加值增长12.0%，光伏产业增加值增长26.6%，新能源汽车产业增加值增长39.6%。

三是产业数字化赋能提效升级。《2023年江西省数字经济发展白皮书》显示，2022年全省产业数字化规模接近万亿元，占数字经济规模的近82.0%。通过实施智能制造升级工程，截至2023年底，江西省已建成国家"数字航"企业2家、国家5G工厂14家、全国工业互联网"双跨平台"1个。

（四）开放型经济加快发展

一是外贸进出口结构持续优化。2023年，江西省货物进出口总额为5697.7亿元。其中，全年有进出口实绩的生产型企业新增365家，总数达3877家；生产型企业进出口3937.7亿元，增长12.7%，占江西省货物进出口总额的比重为69.1%，比上年提升14.0个百分点；太阳能电池、电动载人汽车、锂离子蓄电池"新三样"出口455.2亿元，增长73.5%，总量居全国第6位。

二是对外投资合作加快发展。2023年，江西对外承包工程营业额为37.8亿美元，对外直接投资为11.7亿美元。境外在建工程项目695个，设立境外企业和机构881家，7家企业入选"全球最大250家国际承包商"，居中西部地区第1位。

三是口岸经济发展壮大。2023年，全省口岸经济呈现多点蓬勃发展的态势，口岸进出口货重为894.7万吨，增长8.4%。九江港完成货物吞吐量2.0亿吨，增长11.2%，九江港货物吞吐量跃居全球港口40强；完成集装箱吞吐量87.4万标准箱，增长13.6%。南昌港完成货物吞吐量4550.9万吨，增长61.2%；完成集装箱吞吐量12.3万标准箱，增长5.5%。

四是开放平台加快发展。2023年，上饶综保区成功获批，江西综保区总数达到5家；赣州综保区迁址置换通过国家验收，全省综保区进出口总额达339.8亿元；全省有6个开发区营业收入超千亿元。

五是开放环境逐步优化。2023年，江西国际贸易"单一窗口"全面推广应用，出口通关效率居全国第5位、中部地区第1位；全面推行"首违不罚""轻微免罚"等制度，全面推广"容缺审批+承诺制"、电子开标评标等模式，企业营商成本持续下降；"赣服通"6.0版上线，"惠企通"和"一件事一次办"改革在全国推广。江西招投标全流程电子化率、不见面开标率均达99.0%，诚信企业无事不扰率达98.8%。

（五）绿色转型取得新突破

一是绿色生态环境治理和保护成效突出。2023年，全省空气优良天数比例达96.5%，比上年提升了4.4个百分点；$PM_{2.5}$平均浓度为29.0 $\mu g/m^3$，11个设区市空气质量连续2年全部达到国家二级标准。全省地表水国考断面水质优良比例为97.0%；长江干流10个断面连续6年、赣江干流33个断面连续3年保持Ⅱ类水质；鄱阳湖总磷浓度为0.059mg/L，比上年下降6.3%；县级及以上城市集中式饮用水水源水质达标率为100.0%。2023年，江西完成营造林379.7万亩，湿地恢复和综合治理7.7万亩，湿地生态效益补偿12.0万亩。

二是绿色产业体系加快形成。2023年，江西太阳能电池产量增长1倍左右，数字经济增加值突破1.2万亿元，战略性新兴产业增加值占工业增加值的比重达28.1%；江西制造业高耗能行业用能占比优于国家5个百分点以上；新增国家级绿色工厂70家、绿色园区8家、"能效领跑者"2家。

三是绿色能源发展体系加快形成。截至2023年底，江西省全口径风电、光伏装机2566.4万千瓦（风电573.3万千瓦，光伏1993.1万千瓦），占总装机规模的41.9%；绿色发展基础设施建设不断加强，截至2023年底，全省累计投运公共充电站3941座（含换电站）、公共充电桩56256个，充电基础设施互联互通平台聚合充电桩27662个。

四是绿色发展政策体系逐步完善。2023年，江西在全省试行生态产品价值核算评估制度，签订了新一轮东江、渌水跨省流域生态补偿协议，省内流域生态补偿已经实现县级全覆盖。通过搭建全国性生态资源环境要素交易平台，加快推进排污权、用能权、用水权、碳排放权市场化交易，基本形成了以"碳汇+活动""碳汇+司法""碳汇+景区"为代表的多元化自愿减排交易体系。

（六）城乡区域协调发展加速推进

一是城乡融合发展加快。2023年，江西城镇常住人口2850.3万人，常住人口城镇化率为63.1%，比上年末提高1.1个百分点。农村人居环境持续优化，农村卫生厕所普及率达80.0%。新创建70个中国传统村落，增量居全国第1位。按常住地分，2023年，江西城镇居民人均可支配收入为45554元，增长4.2%；农村居民人均可支配收入为21358元，增长7.1%；城乡居民人均可支配收入比值下降至2.1。

二是区域合作步伐加快。南昌与赣江新区、九江、抚州及周边地区深度融合发展。赣州与深圳、吉安与东莞、抚州与泉州的对口合作持续深化，萍乡被列为长株潭都市圈观察员城市，浙赣边际合作（衢饶）示范区加快建设，赣湘、赣浙、赣粤、赣闽等区域合作加快推进。

二　江西高质量发展存在的主要问题

（一）企业生产成本偏高，产出效益有待提升

一是企业生产成本偏高。2023年，江西全年规模以上工业企业每百元营业收入中的成本为88.54元，比上年增加1.18元。

二是物流成本依然较高。2023年，江西社会物流总费用占地区生产总值的比重为15.30%；江西全年货物运输总量为209408.10万吨，其中，公路货物运输量占比为89.78%，占比过高，而铁路货物运输量占比仅为2.45%，水路货物运输量占比仅为7.77%，民航货物运输量占比不足0.01%。昌北机场旅客吞吐量在全国41个千万级机场中排第38位，仅稳定运营新加坡、曼谷两条国际客运航线，与武汉18条、长沙17条、合肥6条相比有较大差距。此外，港口经济规模偏小，江西港口货物、外贸货物、集装箱吞吐量远小于周边的湖北、安徽（见表2）。

表2　2023年江西与部分地区港口货物、外贸货物、集装箱吞吐量情况对比分析

单位：万吨，%

港口所在地区	货物		外贸货物		集装箱	
	吞吐量	同比增速	吞吐量	同比增速	吞吐量	同比增速
江西	26889	19.0	524	11.6	100	13.4
湖南	15335	8.3	402	-1.5	147	19.4
湖北	69347	22.8	1908	-0.4	330	5.5
安徽	67170	10.5	1811	16.6	247	15.4
河南	2586	14.2	—	—	5	68.3

资料来源：交通运输部。

三是数字化营商环境有待优化。商务、发改、工信、金融、海关等部门之间的数字化协同性有待提升，在信息共享、电商信用、智能物流、金融服务、风险防控、统计监测等方面的协同合作不畅。数字化政府服务水平仍有待提升，在减时间、减环节、减材料、优服务等服务市场主体方面与长三角等发达地区相比，仍有较大优化和提升空间。

（二）产业实力不强，产业现代化水平有待提升

一是龙头企业数量较少。截至2023年底，江西境内证券市场共有上市公司88家，而湖南有146家，安徽有175家，湖北有143家，河南有162家。在中国民营企业500强中，江西仅6家企业入围，而湖北有16家企业入围，河南有14家企业入围（见表3）。

表3 截至2023年底江西与部分地区龙头企业情况

单位：家

主要指标	江西	湖南	湖北	安徽	河南
上市公司数量	88	146	143	175	162
中国民营企业500强数量	6	7	16	7	14

注：湖北与安徽上市公司数量为A股上市公司数量。
资料来源：上市公司数量根据各省《2023年国民经济和社会发展统计公报》整理而得；中国民营企业500强数量来源于《2023中国民营企业500强调研分析报告》。

二是企业数字化转型慢。传统企业在运用云计算、人工智能、虚拟现实等技术对产品研发、生产制造、物流通关、客户管理、供应采购等生产销售全流程进行数字化改造方面进展较慢，积极性不高。

三是传统产业占比过高。江西省作为传统产业大省，传统产业占工业近七成，成为江西工业最厚实的家底。推进传统产业转型升级是推动江西工业高质量发展的现实需要，而引导传统产业加快设备更新和绿色转型任重道远。

（三）科技创新后劲不足，成果转化机制不畅

一是科技创新投入不足。2023年，江西全年R&D经费支出占地区生产总值的比重为1.9%，比全国平均水平2.7%低0.8个百分点。

二是高端创新要素缺乏。截至2023年底,江西国家级重点实验室仅有7个,远低于湖南(28个)、湖北(18个)、安徽(15个)以及河南(13个)。

三是成果转化机制不畅。2023年,江西全年技术合同成交额仅为湖南的39.9%、湖北的33.2%、安徽的47.8%(见表4)。

表4　2023年江西与部分地区创新能力情况

主要指标	江西	湖南	湖北	安徽	河南
国家级重点实验室数量(个)	7	28	18	15	13
全年授权专利量(万件)	6.0	7.5	13.5	14.3	11.0
全年技术合同成交额(亿元)	1595.7	3995.3	4802.2	3339.5	1367.4

注:安徽国家级重点实验室数量包含了国家研究中心的数量,全年技术合同成交额数据为全年输出技术合同成交额数据。

资料来源:根据各省《2023年国民经济和社会发展统计公报》整理而得,其中,湖北国家级重点实验室数量来源于湖北省科学技术厅,为全国重点实验室累计获批数,江西省全年技术合同成交额来源于江西省科学技术厅。

(四)投资、消费、进出口拉动力不足

一是投资增长乏力。2023年,江西全社会固定资产投资增速下降5.9%,其中,第一产业投资下降9.9%,第二产业投资下降18.0%;江西民间投资意愿不强,2023年,江西民间固定资产投资下降18.0%;实际使用外商直接投资下降41.1%;全年新设外商直接投资企业401家,比上年减少268家。此外,与全国及周边省份相比,江西全社会固定资产投资增速有待提升。

二是居民消费意愿不强。2023年,江西全年社会消费品零售总额增速低于全国平均水平0.9个百分点,在中部六省中排第4名,在全国排第22名。尤其是汽车、家居、成品油等大宗消费持续低迷,娱乐型、享受型、中高端消费动力不足。2023年,全年限额以上单位商品零售额中,化妆品类下降37.4%,金银珠宝类下降5.7%,文化办公用品类下降8.5%,汽车类下降6.6%。叠加居民收入增速放缓,全年限额以上单位商品零售额增速较上年放缓0.3个百分点。江西人均消费支出仅为2.3万元,低于全国平均水平1.4个百分点。

三是进出口拉动力不足。2023年，江西货物进出口总额下降10.2%。其中，出口下降17.3%；一般贸易进出口下降14.2%；民营企业进出口下降14.7%。2023年，江西货物进出口无论是总额还是增幅均远低于周边的湖北和安徽（见表5）。

表5　2023年江西与部分地区投资、消费、进出口发展情况

单位：亿元，%

地区	固定资产投资	全年社会消费品零售总额		货物进出口	
	同比增长	总额	同比增长	总额	同比增长
江西	-5.9	13659.8	6.3	5697.7	-10.2
湖南	-3.1	20203.3	6.1	6175.0	-12.1
湖北	5.0	24041.9	8.5	6449.7	5.8
安徽	4.0	23008.3	6.9	8052.2	7.8
河南	2.1	26004.5	6.5	8107.9	-3.8

资料来源：根据各省《2023年国民经济和社会发展统计公报》整理而得。

（五）金融、房地产等重点领域风险频发，经济安全平稳运行面临较大挑战

一是房地产市场持续低迷。房地产市场未见明显触底信号，下行压力依然较大。2023年，江西全年房地产开发投资下降7.1%；商品房销售面积为3432.9万平方米，下降20.9%；商品房销售额为2482.4亿元，下降20.6%。

二是地方财政收支压力加大。地方财政收入增速持续放缓，2023年，江西一般公共预算收入为3059.6亿元，增长3.8%，比上年下降1.0个百分点；一般公共预算收入规模小于湖南（3360.5亿元）、湖北（3692.3亿元）、安徽（3939.0亿元）以及河南（4512.1亿元）；2023年，江西省政府性基金预算收入2114.6亿元，下降6.1%；且江西一般公共预算收入占一般公共预算支出的比例仅为40.8%，比全国平均水平低8.8个百分点（见表6）。

表6　2023年江西与部分地区财政收支情况

单位：亿元，%

地区	一般公共预算收入		一般公共预算支出		一般公共预算收入占一般公共预算支出的比例
	总额	同比增长	总额	同比增长	
江西	3059.6	3.8	7500.6	2.9	40.8
湖南	3360.5	8.3	9584.5	6.6	35.1
湖北	3692.3	12.5	9295.8	7.8	39.7
安徽	3939.0	9.7	8638.1	3.1	45.6
河南	4512.1	6.2	11062.6	3.9	40.8

资料来源：根据各省《2023年国民经济和社会发展统计公报》及2023年预算执行情况报告整理而得。

三是金融领域风险较高。随着利率市场化改革深入推进，贷款利率不断下降，银行盈利能力持续下降。2023年，江西省银行业金融机构净利润有所下降，部分法人银行不良贷款率偏高，存在流动性风险。此外，民营房企风险形势严峻。2023年末，江西省商品房待售面积为750.6万平方米，比上年末增长5.2%。由于房地产市场销售回款不畅，叠加贷款环境恶化，房企资金紧张的局面加剧，房地产开发企业资金周转的困难增加，民营房企到期债务违约风险增加。

三　江西高质量发展面临的机遇和挑战

（一）面临的机遇

一是技术变革加速演进，为高质量发展开辟了新领域。以5G、区块链、物联网、量子技术为代表的新一轮科技革命正处于重大突破的历史关口，数字经济蓬勃发展推动了前所未有的产业变革、业态更新和模式创新，并深刻改变了技术路径、产品形态、产业模式，为江西高质量发展开辟了新领域。新技术的广泛应用，催生了以数字经济为代表的新经济形态，为江西高质量发展提供了强劲动能。数字经济成为区域经济发展的"新名片"，江西5G、人工智能和流量经济等产业加速发展，新技术推进传统产业的数智化转型，人工智能推动战略性新兴产业和未来产业不断发展壮大，为江西后发地区抢占新兴产业高地、实现"换道超车""换车超车"提供重大机遇。

二是国家战略和倡议叠加，成为高质量发展的重要支撑。从全球来看，"一带一路"倡议受到世界各方的普遍认同，已经成为全球规模最大、最受关注的公共产品。江西具有同时联通"丝绸之路经济带"和"21世纪海上丝绸之路"的独特区位优势，为参与共建"一带一路"国家和地区的经贸合作交流提供了重大机遇。从国内来看，长江经济带、粤港澳大湾区、长三角、长江中游城市群等相关重大国家战略稳步推进，江西"连南接北、承东启西、通江达海"的区位优势愈加凸显，江西是全国唯一同时毗邻长三角、珠三角、海西经济区的省份，是长江经济带建设的重要区域，具有抢抓长江经济带和粤港澳大湾区建设溢出机遇的天然优势，有利于江西加快对接发达地区资源，承接产业转移，提升经济发展的质量和水平。从省内来看，江西国家生态文明试验区、赣南等原中央苏区、景德镇国家陶瓷文化传承创新试验区和江西内陆开放型经济试验区等一大批相关国家战略在这里叠加汇集，为江西高质量发展搭建了重要的平台，创造了广阔的空间。

三是习近平总书记始终心系江西发展，为高质量发展指明方向。党的十八大以来，习近平总书记先后3次亲临江西考察指导，为江西发展把脉定向、指路引航。2023年10月，习近平总书记时隔四年再次亲临江西考察，赋予江西新的定位、新的使命，提出了"努力在加快革命老区高质量发展上走在前、在推动中部地区崛起上勇争先、在推进长江经济带发展上善作为"[①]的目标要求，极大地鼓舞了全省上下的信心和斗志，为江西未来发展指明了方向，江西全面建设社会主义现代化迎来了良好机遇。

（二）面临的挑战

一是全球经济增速持续放缓，地缘政治风险呈上升趋势。当前，全球经济增速放缓，世界经济仍处于极度不确定和极度脆弱的状态，世界银行曾在

---

① 《「央视快评」走在前、勇争先、善作为》，"央视网"百家号，2023年10月14日，https：//baijiahao.baidu.com/s? id=1779688792815107104&wfr=spider&for=pc。

《全球经济展望》中指出，2024年全球经济增长将继2022年、2023年后持续减速，国际货币基金组织（IMF）曾预测2024年全球经济增长预期仍低于全球历史年均增速。同时，俄乌冲突、巴以冲突等地缘政治风险的上升，对全球能源市场稳定、粮食安全和全球贸易均造成负面冲击，中国发展面临的外部环境更加严峻。总的来说，世界经济形势依然低迷，在一定程度上给江西高质量发展带来挑战。

二是大国竞争博弈加剧，全球产业链供应链脱钩断链风险犹存。以美国为代表的传统大国和以中国为代表的新兴大国间的竞争博弈日益突出且呈现常态化态势。美西方试图通过"脱钩断链"、构筑"小院高墙"来重塑全球产业链供应链，国际政治经济格局正在调整，越来越多的中国企业和组织被纳入美国的"实体清单"，技术"卡脖子"事件不断增多，美国对中国科技、产业、人才、金融和经贸等领域的全方位遏制，对江西贸易、投资等高质量发展造成不确定性影响。

三是区域竞争更加激烈，欠发达地区的后发优势面临挑战。当前，国内发展环境已经发生显著变化，过去拼资源、拼成本、拼政策的增长模式已经难以持续，原有经济调控方式难以有效应对急剧变化的国内外经济形势，区域竞争已经转变为质量和效率的竞争。长三角、粤港澳大湾区等地区对作为中部欠发达地区的江西的"虹吸效应"不断凸显，与湖南、湖北、安徽等省份在产业、布局方面都有较高的相似度，面临更加激烈的同质化竞争，后发优势日益消减。特别是2024年以来，扩大投资、刺激消费、拉动内需、扩大出口等积极财政政策手段的边际效应在递减，经济的增长速度跌出潜在的增长区间。《公平竞争审查条例》的出台，也对江西转变招商引资方式提出了迫切要求。此外，当前受有效需求不足影响，市场预期转弱、企业投资信心不足尚未根本缓解，给江西高质量发展带来挑战。

总的来说，尽管面临复杂严峻的国际环境，但在我国经济稳中向好、长期向好的发展态势下，江西具有"四面逢源"的区位优势、门类齐全的产业优势、山清水秀的生态优势、国家战略和倡议的叠加优势，蕴含着巨大发展潜力，经济持续向好，高质量发展有基础、有条件，江西高质量发展面临的机遇大于挑战。

四　加快推进江西高质量发展的对策建议

（一）创新引领，加快培育新质生产力

习近平总书记在二十届中央政治局第十一次集体学习时强调，科技创新是发展新质生产力的核心要素①，因此，推进江西高质量发展必须继续做好科技创新这篇大文章，推动新质生产力加快培育。

一是加快布局高能级创新平台。在有色金属、稀土、航空、新材料和生物医药等江西优势产业领域，争取与大院大所、名校名企在江西共建高端研发机构，持续推进国家级重大创新平台和省级重点实验室建设，推进完成省级重点实验室和技术创新中心的优化重组重构。加快培育一批贴近产业发展需求的新型研发机构。聚焦江西优势产业和重点产业的"卡脖子"关键技术短板，积极对接长三角、粤港澳大湾区科技资源搭建"科创飞地"，加强基础研究和核心技术攻关，加快构建自主可控的江西现代产业技术创新体系。

二是构建以企业为主体的科技创新体系。进一步完善以政府财政资金投入为引导、企业投入为核心、金融和社会资本为重要补充的多元化研发投入体系。加快推进研发费用加计扣除、科技企业奖补等优惠政策落地，支持企业成为创新决策、研发投入、技术攻关和成果转化等全链条创新的主导力量，鼓励规模以上企业自建或联合组建省级及以上重点实验室和技术创新中心。加快构建以科技领军企业为龙头，成长性科技型企业、高新技术企业和科技型中小企业为骨干的科技型企业梯次培育体系。

三是创新科技成果转移转化机制。加快打造省市联动的科技成果转移转化中心体系，支持高校根据企业需求开展"订单式"的科技成果转移转化，建设科技成果转移转化项目库，实现"研发—中试—转化—产业化"闭环管理。推动重大研发任务更多由产业界和企业界出题，以龙头企业和高校院所为主体，探索新型关键核心技术攻关模式，强化重大科技任务的省地和部门协同，

---

① 《科技创新是发展新质生产力的核心要素》，"求是网"百家号，2024年6月3日，https://baijiahao.baidu.com/s?id=1800806005665099031&wfr=spider&for=pc。

推动形成共同出资、协同管理、联合实施的新机制。加大开发性、政策性金融支持科技创新力度，加速科技成果在企业落地转化。

四是加快设立人才"特区"。探索建立国家人才体制机制改革试验区，推动人才制度政策从"与国际惯例接轨"向"推动规则演变"转变；建立国际执业资格互认服务贸易制度，放开引进国外投资设立人才中介服务机构的限制，建立互通互认、共建共享的人才引进、评价、服务体系，打造全国"国际人才自由港"。健全完善人才服务体系，打造国际人才资源产业园区，实行人员自由流动政策；面向国内外高科技领军人才、紧缺人才适时推出"赣鄱人才金卡"，设立江西"科技创新杰出成就奖""赣鄱领军科技人才奖""功勋发明家奖"等奖项，为人才提供医疗、子女就学、落户、购房等一体化服务，建设人才会集高地。

（二）产业升级，完善现代化产业体系

围绕江西制造业重点产业链现代化建设"1269"行动计划，以新型工业化为关键着力点，以产业安全和韧性为基础，以数字化转型为重要突破口，构建具有江西特色和优势的现代化产业体系。

一是以更大力度推进制造业数字化转型升级。大力实施各产业领域重大科技专项，以实施制造业重大技术改造升级和大规模设备更新工程为契机，以智能制造为主攻方向，提升江西有色金属、钢铁、装备制造等传统产业发展能级，推进智能装备、工业机器人、模具等新兴产业扶持工程，实施中小企业数字化赋能专项行动，围绕企业数字化改造全生命周期，培育一批数字化转型服务商，推动"设备换芯""生产换线""机器换人"，提升工业企业"上云用数赋智"水平，将江西打造成为全国传统产业转型升级高地。

二是提升产业链供应链韧性和安全水平。加强对重点产业链供应链风险研判和预警，持续跟踪监测全省重点产业链供应链动态，构建重点产业全产业链供应链的监测预警平台和风险评估体系，形成可展示、可监测、可分析、可预警的重点产业图谱，健全应对产业链供应链短期冲击与中长期风险的预防机制。深入实施产业链链长制，"一链一策"推动优势产业延链补链强链，打造有影响力的先进制造业集群。动态培育"链主"企业、产业链上下游企业共同体，加强产业链供应链协同配套，形成自主可控、安全高效的产业链闭环。

三是加快培育部署未来产业。深耕人工智能、物联网、生命健康、新材料、新能源和生产制造等未来产业发展赛道，建立完善未来产业投入增长机制，根据前沿型未来产业、引领型未来产业和优势型未来产业发展重点，推动梯次发展，在南昌、赣州等具备一定产业基础的地区探索设立一批未来产业先导区，培育未来产业应用场景体系，积极打造未来产业创新和孵化高地。

四是完善产业配套服务。产业配套服务是推进新型工业化的重要支撑。大力发展研发设计、检测认证、法务咨询、知识产权、金融物流等生产性服务业，培育壮大一批服务型制造龙头企业，催生一批新业态、新模式，促进生产性服务业和先进制造业深度融合发展。

（三）畅通循环，加固经济发展基本盘

投资和消费是畅通经济循环的关键环节，当前，面对复杂的内外部环境，做强投资、消费"双引擎"能够有效促进经济循环畅通，提振经济发展信心。

一是深入实施项目带动"十百千万"工程。瞄准江西高质量发展的投资方向，聚焦延链补链强链、先进制造业发展、新型基础设施建设、数字经济发展、民生改善和乡村振兴等重点领域，积极谋划一批大项目和好项目，提高项目储备质量；聚焦招商引资，创新招商引资方式方法，引进一批基础扎实、功能强大、利好长远的重大项目，提高项目引进质量；实施动态管理，提高项目落实质量；进一步梳理全省项目大盘子，坚持项目全周期动态管理，加速形成谋划一批、签约一批、建设一批、投产一批的动态发展格局。紧盯项目建设的难点、痛点、堵点，开展精准服务、精准调度、精准施策，为项目建设提供全方位、全周期、全过程的优质服务。

二是进一步激发民间投资活力。发挥政府投资牵引和撬动作用，创新政府和社会资本合作新模式、新机制，支持民营企业参与重大项目建设，鼓励民间资本参与新型基础设施、能源通信、产业升级和重大科技平台等领域投资建设和运营，建立全省重点民间投资项目库。优化民间投资项目管理流程，尽快明确民间投资的"红绿灯"，全面排查民营企业在经营运行、招投标、军民融合等领域市场准入和审批许可等"壁垒"。支持民营企业采取市场化转让、混改合作等方式参与盘活国有企业存量资产，全面激发民间投资活力。

三是多措并举刺激居民消费需求。充分挖掘消费潜力，结合消费需求变化

补齐服务业短板，发展补偿性消费、可替代性消费、可引导性消费，培育智能家居、文娱旅游体育、国货"潮品"、银发经济等新消费增长点。进一步释放夜间消费红利和农村消费潜力，加速电子商务消费向农村地区渗透。推动新型消费场景创新，更加注重把文化、社交属性、情感、娱乐和生活等多维元素融入消费过程中，促进美食、住宿、演艺、体验娱乐、体育健康、文化旅游等多元化消费业态重组、融合和创新，开发有独特IP价值、有回味体验的消费项目。加快对文旅、会展、商业等传统消费场景的数字化重构。大力推进"医、药、养、游"融合的大文旅产业发展，进一步推进江西消费市场提质扩容。

（四）解放思想，打造内陆地区改革开放高地

牢记习近平总书记对江西的殷切嘱托，进一步解放思想，拓宽视野，牢牢把握江西在构建新发展格局中的定位，加快打造内陆地区改革开放高地。

一是全面深化经济体制改革。江西要加快构建高水平社会主义市场经济体制，坚持和落实"两个毫不动摇"，深化新一轮国资国企改革，支持江铜集团、新钢集团、江铃集团等企业打造国际国内一流企业，全面增强江西国有经济竞争力、创新力、控制力、影响力和抗风险能力；优化民营企业发展环境，打破市场准入的不公平壁垒，建立民营企业参与国家级和省级重大科技项目的长效机制。深化要素市场化改革，支持各地开展数据交易试点，探索建立不同行业、不同领域数据交易模式，完善产权保护、市场准入、公平竞争、社会信用等市场经济基础制度。

二是加快完善高效能运输通道体系。借鉴国家西部陆海新通道，江西要积极申报国家战略通道，加快把江西"四面逢源"的区位优势转化为国家战略通道地位。提高南昌、赣州、九江、上饶四大开放门户开放水平，推进全省高能级口岸经济集聚区、综合保税区、跨境电商综试区的高质量建设和联动发展。以九江港口型、鹰潭陆港型国家物流枢纽为载体，进一步拓展江西国际物流大通道，做好"通道带物流、物流带经贸、经贸带产业、产业带城市"联通文章，推动临空经济、临港经济、通道经济和口岸经济的协同联动发展。

三是加快构建高质量开放互动格局。高质量推进江西内陆开放型经济试验区建设，对内全面融入全国统一大市场，重点推进江西与长江中游城市群、长江经济带、长三角、粤港澳大湾区以及海西经济区的产业、科技、生态和文旅

等全方位的对接、融入和服务，以更高层次和更宽领域延展江西开放腹地，积极争取国家产业备份基地在江西布局建设；对外进一步开拓共建"一带一路"国家和 RCEP 成员国等新兴市场，进一步优化江西出口结构，不断提高江西电子信息、有色金属、生物医药、新材料、新能源等优势产能和高附加值产品服务"走出去"的全球竞争力，围绕江西产业布局，引进先进技术装备设备、关键零部件等行业龙头企业，鼓励国际产能深度合作，支持有能力的企业加强海外仓布局和建设，鼓励跨境电商、离岸贸易、数字贸易和服务贸易等新业态、新模式发展，支持并扩大江西陶瓷、中医药服务出口，提升江西在全球产业链供应链中的战略影响力。

四是稳步推进制度型开放。发挥内陆开放型经济试验区先行先试优势，复制学习海南自由贸易港的政策，积极探索"零关税""低税率""简税制"等措施在内陆开放型经济试验区的运用。积极争取现代金融服务、电子通信服务以及高端中介服务企业和机构在江西落户或设立办事处。以扩大制度型开放为重点，推进江西在优势领域与国际高标准规则的对接，形成江西与共建"一带一路"国家产业投资、经贸合作、人才培养、技术研发、文化旅游等全方位合作的制度体系。以数字贸易为突破口，完善江西跨境电商信息系统建设、通关监管物流、财税金融外汇等各类制度，完善江西跨境电商的质量安全监控和质量追溯体系建设。

（五）绿色优先，打造国家生态文明建设高地

绿色生态是江西最大的财富、最大的优势、最大的品牌，江西必须牢牢把握好、利用好这一优势，积极践行"绿水青山就是金山银山"理念，做好生态富民文章，打造美丽中国"江西样板"，探索形成将生态优势转化为经济优势的江西方案。

一是全面推进绿色低碳转型发展。积极稳妥推进碳达峰碳中和，推动江西产业结构、能源结构、交通运输结构和消费结构等全面绿色转型升级，制定光伏、风电、生物质能等可再生能源替代行动方案，研究构建可再生能源的综合应用场景。加快江西工业领域节能降碳、绿色制造等关键技术攻关。加强减碳、零碳和负碳技术综合性示范，继续推进全省工业园区向绿色化、低碳化和清洁化发展，搭建省级工业碳平台，制定个性化的测碳、评碳和减碳的智慧化

方案。

二是发展壮大生态康养旅游。充分利用江西生态优势发展大健康及康养旅游产业，实现产业去标准化、去同质化，大力落实产业地域差异化、个性定制化，打造地域特色鲜明的康养旅游产业，利用数字经济，促进康养旅游智慧化；依托江西的油茶、毛竹、药材、苗木和花卉等丰富的生态资源，以绿色农业带动康养旅游产业，将健康膳食融入康养旅游，发展林下经济，开发森林食品、森林旅游等康养旅游新业态；充分发挥江西中医药产业优势，以樟树药都品牌为龙头，结合江西各地丰富的温泉资源，建设一批集保健、养生、康复、疗养于一体的康养旅游基地，将江西打造成国内知名的康养旅游目的地。

三是健全生态产品价值实现机制。以国家生态文明试验区建设为重要契机，系统推进山水林田湖草沙一体化治理，建立健全具有江西特色的生态产品标准体系、质量追溯和认证体系，积极培育生态资源环境要素交易市场，探索并推广碳排放权、湿地资源、排污权、用能权、用水权等市场化的环境权益交易模式和试点示范，打造区域性生态产品综合交易平台，丰富"两山银行""森林银行"等生态金融产品直接或间接融资渠道，健全生态资源储蓄运营机制。

（六）城乡融合，促进区域协调发展

推进江西高质量发展，必须下好江西区域协调发展"一盘棋"，牢固树立整体意识、协同意识，形成各具优势、竞相发展的区域发展新格局，凝心聚力推动江西区域协调发展不断取得新成效。

一是深入实施省会引领战略。做大做强做优南昌都市圈，全面提升省会南昌的引领力、辐射力和带动力。积极实施"东进、南延、西拓、北融、中兴"城市发展战略，全面提升城市人口集聚能力，培育壮大"四首"经济，推进区域消费中心城市能级提升；以电子信息、航空、汽车及装备、新材料等优势产业为突破口，打造一批国家级先进制造业集群，提升南昌在全国区域经济中心中的影响力，加快进入全国"万亿俱乐部"名单。以未来科学城、瑶湖科学岛、南昌实验室、江西创新馆等重大创新平台为关键抓手，全面提高省会南昌的科技创新引领力。

二是推进区域各板块协调发展。支持赣州打造省域副中心城市，进一步推进赣州对接融入粤港澳大湾区，打造革命老区与大湾区合作典范示范区；全面提升京九高铁经济带集聚能力，以长江经济带重要节点城市为引领推进九江沿江开放开发发展；提升吉泰走廊赣中核心影响力，推进吉安与赣州、抚州、长株潭等周边地区联动发展、错位承接粤港澳大湾区的产业转移；进一步推进赣东北扩大开放，全方位支持上饶深度对接融入长三角一体化发展，助力景德镇国家陶瓷文化传承创新试验区建设迈上新台阶，唱响鹰潭世界铜都品牌。加快推动赣西城市群转型升级，支持萍乡、宜春分别建成国家级产业转型升级示范区、国家级新能源产业重要集聚区。

三是加快县域经济发展。完善江西县域经济分类评价体系，因地制宜推动县域特色优势产业发展壮大，加快形成强县进位、弱县赶超、特县示范的县域活力迸发的多元发展格局，充分发挥南昌县、丰城市、贵溪市的县域基础好、发展潜力足县（市）的龙头引领带动作用，加快打造一批县域经济"千亿俱乐部"和全国百强县。加快推进江西以县城为重要载体的城镇化建设，加快建立完善以县城为枢纽、以小城镇为节点的县域经济体系，充分发挥县城对城乡融合的支撑作用，积极推动城市的优质教育科技、文化体育、医疗养老等资源向农村地区延伸和拓展，建立健全江西特色的城乡融合发展体制机制。

四是全面推进乡村振兴。以农业强省建设为引领，牢牢守住粮食安全和不发生规模性返贫的底线要求，以数字化提升农业农村现代化水平。推进"粮头食尾""农头工尾"农业全产业链条升级，探索农业大产业发展路径，推动庭院经济、乡村文旅、创意农业、认养农业等乡村经济新业态发展，擦亮"赣字号"农产品品牌。

（七）对标国际，全力打造一流营商环境

坚持市场化、法治化、国际化原则，以市场主体需求为导向，着重转变政府职能，全面对标国际先进水平，无缝对接企业和群众需求，全力打造国际一流的营商环境。

一是营造高效便捷的政务环境。实施涉企政策的"落地工程"，完善政策制定主体与政策覆盖对象的协商沟通机制，让企业家、利益相关主体和行业协会商会全程参与政策的决策、制定、论证与完善等各个环节，出台制定符合企业需要的政策。加快江西政务数智化改革，建设数字服务、数字监管、数字营商等一体化联动"数字政府"，推进全省政务数据互联互通，完善全省统一的

涉企政策"一站式"数字化综合服务平台，运用大数据将企业信息和政策信息进行核对匹配，实现各类政策精准化推送；探索建立政策观测点，强化重要政策落实效果的调研跟踪，建立健全政策实施评估机制。

二是营造规范有序的经营环境。破除政府行政垄断，打破各部门利益化垄断格局，鼓励引导民间资本进入法律法规未明确禁止准入的行业和领域，降低投资准入门槛，取消不合理的准入限制，不得单独对民间资本设置附加条件，创造公平竞争、平等准入的市场环境。鼓励引导民间资本参与全省重大项目和央企在赣公司对外合作项目的投资、建设和运营。

三是营造开放包容的投融资环境。探索推广知识产权混合质押新模式，积极推广"商标+专利"混合质押融资。探索创新以产业链、产业集群为核心的点线面结合的融资模式，持续推进民营企业征信体系建设，完善中小企业信用"画像"。引导金融机构强化"敢贷愿贷能贷会贷"长效机制，积极对接小微企业新增融资需求。金融机构对民营企业融资不得盲目惜贷、抽贷、断贷、压贷，应创新灵活采取无还本续贷、随借随还等贷款模式，做好延期还本付息政策到期的接续转换。

（八）防范风险，筑牢高质量发展安全屏障

当前，地方债务风险、金融风险和房地产风险相互交织，要深入贯彻总体国家安全观，坚决防范化解各类重大风险，确保不发生系统性区域性风险，为江西高质量发展筑牢安全屏障。

一是防范化解地方债务风险。在全省构建融资平台债务数据库系统，全面摸清各级各类融资平台隐性债务、经营性债务，对全省融资平台债务规模、结构、成本、区域分布、用途等做全方位细致分析，探索构建融资平台债务安全风险监测预警体系，制定"一企一策"风险应急处置预案，推动弱资质融资平台债务风险防范关口前移，探索设立市场化债务风险化解基金或周转金。提升融资平台治理规范化水平，建立健全融资平台资产负债约束指标，按不同行业、不同类型、不同评级对各融资平台实行融资限额和负债比率管理，以稳步压降非标类融资产品规模。加快融资平台市场化转型，根据全省各级各类融资平台的类型类别、资源禀赋和现实问题等，明确差异化转型路径，鼓励融资平台采取引进战略投资者、兼并重组、股权收购等方式，拓展延伸融资平台产业

链条。

二是防范化解金融风险。牢固树立经济和金融"一盘棋"的思想,深入推进江西金融改革创新,加快健全金融法治,优化融资结构,不断明晰各类金融机构定位,深入推进金融数字化转型,加强省级层面金融风险监测预警平台建设,多措并举推进中小金融机构风险处置,差异化制定"一行一策"风险处置方案,加大力度推进江西中小金融机构改革化险,全面强化各领域信用、声誉和流动性风险防控。

三是防范化解房地产风险。以江西房地产市场平稳健康发展20条措施落实为重要抓手,深入分析研判各地房地产发展形势,支持各地出台精准化政策措施,全力保障保交楼、保交房工作,全力去存量、优增量,防范化解优质头部房地产企业风险,积极采取措施提振住房消费市场,稳定市场消费预期,严格防范房地产风险外溢,促进江西房地产市场平稳健康发展。

参考文献

《江西省2023年国民经济和社会发展统计公报》,江西省统计局网站,2024年3月30日,http://tjj.jiangxi.gov.cn/jxstjj/col/col38773/content/content_1869741096279662592.html。

叶建春:《政府工作报告——2024年1月23日在江西省第十四届人民代表大会第二次会议上》,《江西日报》2024年1月31日。

《2023年全省经济回升向好》,江西省统计局网站,2024年1月22日,http://tjj.jiangxi.gov.cn/jxstjj/col/col77916/content/content_1869719555198345216.html。

犹瑾:《大抓落实 奋勇争先 为谱写中国式现代化江西篇章贡献商务力量——在2024年全省商务工作会议上的报告》,《江西商务》2024年第1期。

《关于江西省2023年全省和省级预算执行情况与2024年全省和省级预算草案的报告——2024年1月23日在江西省第十四届人民代表大会第二次会议上》,江西省人民政府网站,2024年2月5日,http://www.jiangxi.gov.cn/art/2024/2/5/art_396_4781347.html。

徐延彬、蒋金法、肖洪波主编《江西经济社会发展报告(2024)》,社会科学文献出版社,2024。

《解读:2023年全省消费数据》,江西省人民政府网站,2024年1月24日,https://www.jiangxi.gov.cn/art/2024/1/24/art_423_4767730.html。

《解读：2023年全省地区生产总值数据》，江西省人民政府网站，2024年1月24日，https：//www.jiangxi.gov.cn/art/2024/1/24/art_423_4767737.html。

《〈江西省专利转化运用专项行动实施方案〉新闻发布会在南昌举行》，国家知识产权局网站，2024年6月27日，https：//www.cnipa.gov.cn/art/2024/6/27/art_57_193410.html。

B.8
坚定扛牢国家赋予的重大使命 走出中部崛起山西特色之路
——2023~2024年山西省高质量发展报告

山西省社会科学院（山西省人民政府发展研究中心）课题组*

摘　要： 山西正处于推动高质量发展的关键期、深化全方位转型的窗口期。近年来，山西立足自身优势和发展实际，坚定扛牢国家赋予的重大使命，加快推动资源型经济转型发展，纵深推进能源革命综合改革试点，大力推进现代化产业体系建设，全省经济综合实力显著增强，全方位转型不断深化，民生福祉稳步提升，高质量发展迈出坚实步伐。顺应国内外新的环境条件变化和新特征，山西要主动融入和服务构建新发展格局，持续深化重点领域和关键环节改革，着力解决推动高质量发展、深化全方位转型的体制机制问题，多措并举、多管齐下、多方发力，为山西高质量发展注入动力，坚定地走实走深走好高质量发展之路，奋力谱写中国式现代化山西篇章。

关键词： 中部崛起　高质量发展　山西省

2023年以来，山西立足自身优势和发展实际，坚定扛牢国家赋予的重大使命，加速推动全省高质量发展、深化全方位转型，全省经济综合实力显著增

---

* 课题组组长：蔡飞，山西省社会科学院（山西省人民政府发展研究中心）信息内刊部部长，研究员，主要研究方向为宏观经济、产业经济。课题组成员：温月芬，山西省社会科学院（山西省人民政府发展研究中心）副研究员，主要研究方向为农业经济；张文霞，山西省社会科学院（山西省人民政府发展研究中心）副研究员，主要研究方向为区域经济；李柯静，山西省社会科学院（山西省人民政府发展研究中心）助理研究员，主要研究方向为国际经济；周欣荣，山西省社会科学院（山西省人民政府发展研究中心）助理研究员，主要研究方向为产业经济；王乐颖，山西省社会科学院（山西省人民政府发展研究中心）助理研究员，主要研究方向为农业经济。

强，各方面发展均取得较大成就。面对新时代新要求，山西将不断增强使命意识，把握新形势、抢抓新机遇、应对新挑战，顺应国内外新的环境条件变化和新特征，坚定地走实走深走好高质量发展之路，奋力谱写中国式现代化山西篇章。

一 2023~2024年山西推动高质量发展成效显著

2023年以来，山西立足自身优势和发展实际，加快推动资源型经济转型发展，纵深推进能源革命综合改革试点，大力推进现代化产业体系建设，全省经济综合实力显著增强，全方位转型不断深化，民生福祉稳步提升，高质量发展迈出坚实步伐。

（一）经济发展稳步前进，综合实力显著增强

山西在全国经济版图中的地位逐渐凸显，经济总量连续跨越重要关口，全国位次前移，人均地区生产总值逐年提高，财政收入稳定增长，消费市场保持良好回升态势。全省地区生产总值在2020年的1.8万亿元基础上接连突破2.0万亿元、2.5万亿元大关，2023年地区生产总值为2.6万亿元（见图1），全国排名上升至第20位。人均地区生产总值迈上7.0万元的新台阶，2023年达到7.4万元，比上年增长5.2%。

全省经济转型态势向好，整体保持平稳增长势头，2024年上半年，地区生产总值为11186.9亿元，同比增长1.9%（见表1）。三次产业稳中有升，2023年一产、二产、三产增加值分别增长4.0%、5.1%、5.0%，产业结构由2022年的5.2∶54.0∶40.8调整为2023年的5.4∶51.9∶42.7，产业结构持续优化，第三产业支撑作用进一步增强。固定资产投资平稳增长，工业投资拉动作用明显，2023年工业投资占固定资产投资比重比上年提高1.1个百分点；2024年1~7月工业投资同比增长10.3%，增速快于全部投资8.4个百分点。市场销售稳定增长，2023年全省社会消费品零售总额7981.8亿元，同比增长5.5%；2024年1~7月社会消费品零售总额4539.0亿元，同比增长2.0%。一般公共预算收入由2021年的2834.5亿元提升至2023年的3479.1亿元，在全国的排名由第14位上升至第13位，其中2022年提升至第11位。

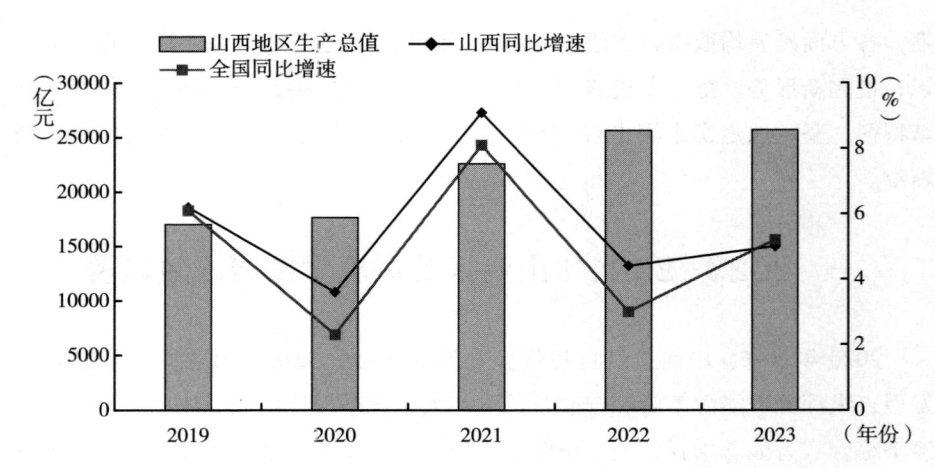

图 1　2019~2023 年山西地区生产总值及山西、全国同比增速变化

资料来源：山西省统计局、国家统计局。

表 1　2024 年第一季度和上半年山西主要指标增速对比情况

单位：%

主要指标	第一季度	上半年
地区生产总值	1.2	1.9
第一产业增加值	5.4	4.8
第二产业增加值	-0.3	1.5
第三产业增加值	2.1	2.0
固定资产投资	6.2	2.8
社会消费品零售总额	3.0	2.2
进出口总额	29.7	18.7
一般公共预算收入	-16.0	-10.9
一般公共预算支出	3.8	-2.8
城镇居民人均可支配收入	5.1	4.4
农村居民人均可支配收入	8.3	6.5
居民消费价格指数(上年=100)	-0.1	-0.3
工业生产者出厂价格指数(上年=100)	-12.4	-9.2

资料来源：山西省统计局。

（二）能源革命加速实施，能源保障安全有力

山西深入贯彻"四个革命、一个合作"能源安全新战略，发挥山西省在

推进全国能源革命中的示范引领作用，全力打造能源革命综合改革试点先行区。2023年，全省建成10座国家智能化示范煤矿，累计建设118座智能化示范煤矿、1491处智能化采掘工作面。优化电力结构，完成煤电机组"三改联动"2503万千瓦。加快发展新能源和清洁能源，风光发电装机达到4989万千瓦，19个新型储能项目实现并网。"十四五"以来，抽水蓄能建设形成了"1+2+10+N"的格局，即1个已建成项目、2个在建项目（浑源、垣曲）、10个重点实施项目、N个储备项目。不断扩大能源领域开放合作，成功举办太原能源低碳发展论坛，积极与亚开行、欧投行等国际组织合作。

山西始终践行"国之大者"，全力保障能源安全。2021年、2022年规模以上原煤连续两年年均增产1亿多吨；2023年又实现增产5743.0万吨，达到13.8亿吨（见图2），占全国总产量的30.0%，增量、总量均位居全国第一，并以长协价向24个省份保供电煤6.2亿吨。2023年发电量4461.0亿千瓦时，全年外送电力再创新高，为23个省份输送电力1576.0亿千瓦时。2023年底规上非常规天然气产量为145.9亿立方米，年度产量创历史新高，除自用外还有效地保障了京津冀地区用能需求。

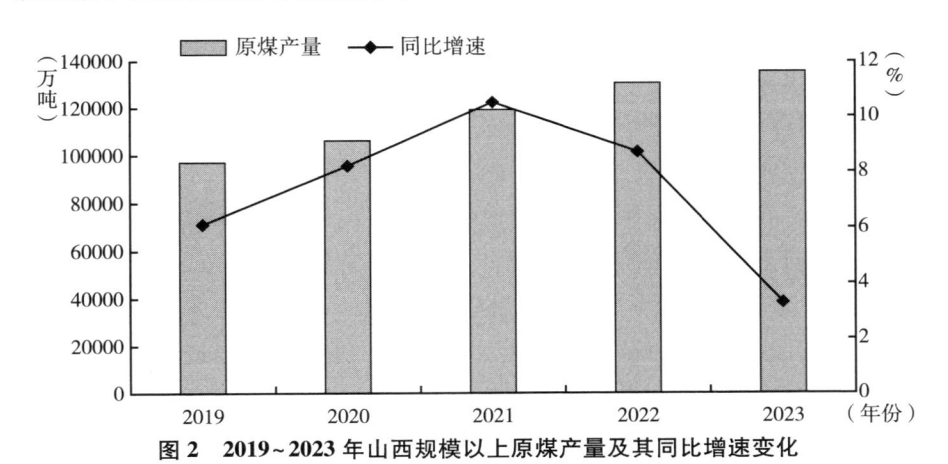

图2 2019~2023年山西规模以上原煤产量及其同比增速变化

资料来源：山西省统计局。

（三）产业转型迈出新步伐，新兴动能蓄势成长

山西持续深化全方位转型，因地制宜发展新质生产力，加快构建体现山西

特色优势的现代化产业体系。一是传统产业焕新蝶变，山西坚持高端化、绿色化、智能化、集群化发展，积极推动重点行业包括煤炭、钢铁、有色金属、化工、焦化、建材等的节能降碳改造，全省煤炭先进产能占比达到80%以上，炼铁、炼钢先进产能占比提高至60.5%、57.3%，焦化行业先进产能占比达到96.6%。二是新兴产业渐成声势，新型工业化深入推进，产业链"链长制"全面实施，特色专业镇梯度培育，2023年首批省级十大重点产业链和十大重点专业镇营业收入增速均保持在20%以上，全省工业战略性新兴产业增加值增速高于规上工业增加值增速6.3个百分点。2024年上半年，在全省规上战略性新兴产业中，新一代信息技术产业增加值同比增长15.9%，新能源产业增加值同比增长6.9%；相关产品产量呈几何倍数增长，如工业仪表产量增长9.7倍，服务器产量增长3.9倍，电子元件产量增长1.1倍。三是未来产业前瞻布局，山西聚焦科技前沿，激发优势潜力，规划发展高速飞车、量子信息、绿色氢能、前沿材料等未来产业，高纯氢产能突破3.1万吨/年，新材料规上企业达287家。四是数字产业蓬勃发展，推动数字山西建设提质增速，建设5G基站、工业互联网标识解析二级节点，5G基站"十四五"建设任务提前两年完成，截至2024年5月底，累计建成数量达10.2万个，有力促进了数字经济和实体经济深度融合。全省已有7个市获评全国"千兆城市"，认定5家省级数字经济示范园区，确定10家省级数字化转型促进中心。五是服务业不断迈向高端化、品质化、数字化、融合化，深入实施服务业提质增效十大行动，2023年信息传输、软件和信息服务业增加值比上年增长7.4%，文旅康养产业深度融合发展，打造国家级旅游休闲街区4个、省级文旅康养示范区15个。六是"特""优"农业高质量发展，以忻州杂粮、晋南果品、晋北肉类等五大平台为依托，创建农业产业强镇和"特""优"农业产业强县，打造省级重点产业链，培育发展乡村旅游、农村电商等新业态，成功创建11个国家现代农业产业园、10个国家农业现代化示范区、43个有机旱作农业标准化示范区。

（四）创新生态持续优化，创新驱动发展持续提速

山西深入实施创新驱动发展战略，坚持教育、科技、人才一体发展模式，加大创新链、产业链、人才链、资金链深度融合力度。打造高端创新平台，优化重组重点实验室，布局建设一批中试基地，高水平打造晋创谷创新驱动平台，目前已在太原、大同实体化运营该平台。大力提升技术创新水平，52家企业技术中心被认定为省级企业技术中心，4家企业技术中心进入国家级企业技术中心公示名单。强化企业科技创新主体地位，2023年全省高新技术企业达到4155家，专精特新企业达到2392家。推动科技金融供给侧结构性改革，设立山西省科技金融专项资金，2023年实施科技金融专项170个，举办银企对接会30场。全面深化科技体制机制改革，创造性实施"111""1331"创新工程，持续推出科研人员"减负"1.0、2.0、3.0升级版，推动科技成果应用、处置和收益"三权下放"，实施高等教育"百亿工程"，蹚出破除科技成果转化体制机制障碍的新路。

（五）改革开放纵深推进，经济发展释放新活力

山西不断深化重点领域改革，破除深层次体制机制障碍，为高质量发展持续注入强大动力。深化国资国企改革，深入推进省属企业提质增效、扭亏减亏三年行动，营业收入、利润总额、资产总额位居全国前列；国资布局全面优化，省属企业重组整合，战略性组建省属四大煤企，成功组建文旅集团、大地公司、云时代公司等一大批引领转型的新兴企业。不断促进民营企业发展壮大，出台《山西省民营经济发展促进条例》《山西省促进民营经济发展壮大行动方案》，截至2024年7月底，全省实有民营企业113.2万家，同比增长7.0%，8家民营企业入围2023年全国500强，居全国第13位。大力推进市场主体培育和营商环境优化，2023年末经营主体总数达430.4万家，其中，民营企业主体达420.5万家；新增"四上"企业3693家。加快建设高标准市场体系，深化要素市场化改革，山西电力现货交易市场在全国率先转入正式运行，太原煤炭交易中心是国内规模最大的煤炭现货交易市场。

加快打造内陆地区对外开放新高地，建立扩大对外开放"1+N"政策体系，积极构建开放型经济新体制，外向型经济持续向好。山西中欧班列自2017年开行以来，已开辟常态化班列线路15条，通达16个国家48个城市。2023年，全省进出口总额为1693.7亿元（见图3），除富士康、太钢和武宿综保区外，其他企业进出口总额增长3.2%，跨境电商进出口总额增长80.6%，实际使用外资金额12.8亿美元，增长55.4%。与共建"一带一路"国家的进出口总额增长5.7%，数量占全省进出口总额的42.3%，占比增加5.2个百分

点。山西与RCEP成员国的进出口总额为522.4亿元，增长10.8%，数量占全省进出口总额的30.8%，占比增加5.0个百分点，对外开放不断实现更高水平。

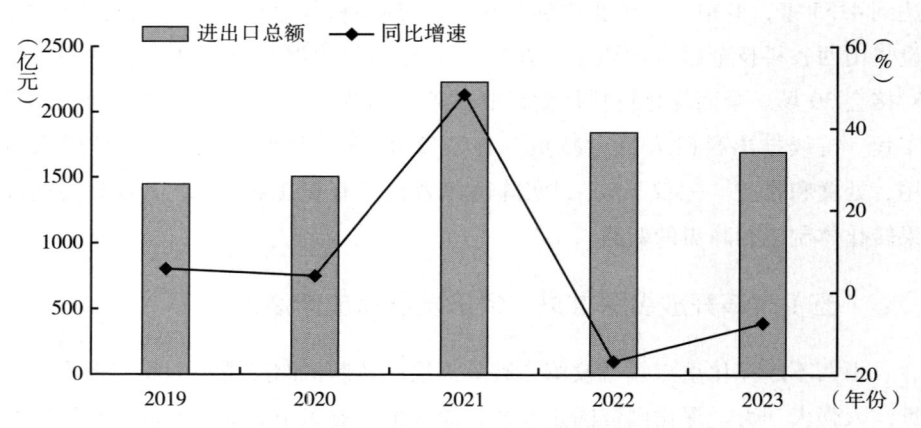

图3　2019~2023年山西进出口总额及其同比增速变化

资料来源：山西省统计局。

（六）生态环境明显改善，绿色底蕴更加深厚

山西全面推动黄河流域生态保护和高质量发展，统筹推进山水林田湖草沙一体化保护和系统治理，协同推进减污降碳扩绿增长，全方位、全地域、全过程开展生态文明建设。开展"七河""五湖"生态保护修复，突出抓好"一泓清水入黄河"生态保护工程，2023年59个国考断面中优良水质断面占90.0%。实施太行山、吕梁山"两山"绿化，2023年全省水土保持率达到64.6%，连续三年人工造林规模位居全国第一。生态环境质量持续改善，2023年全省空气质量稳中向好，优良天数比例为76.4%，$PM_{2.5}$平均浓度为37.0μg/m³，创历史最高水平（见图4）。推进生物多样性保护，印发《山西省生物多样性保护战略与行动计划（2024—2030年）》，生物多样性"家谱"进一步丰富，19种鸟类在山西有了新记录，华北豹种群数量居全国首位。有序推进碳达峰碳中和山西行动，绿色低碳转型步伐加快，"十四五"以来全省万元地区生产总值能耗累计下降10.9%，降幅居全国前列。加快形成绿色生产方式和生活方式，推动城乡

建设绿色低碳发展，出台《山西省加快推动建筑领域节能降碳工作实施方案》，"十四五"以来建设绿色建筑5045.9万平方米，城乡清洁取暖覆盖率达到90%以上，山西11个设区市建成区公交车、出租车均更新为新能源汽车。

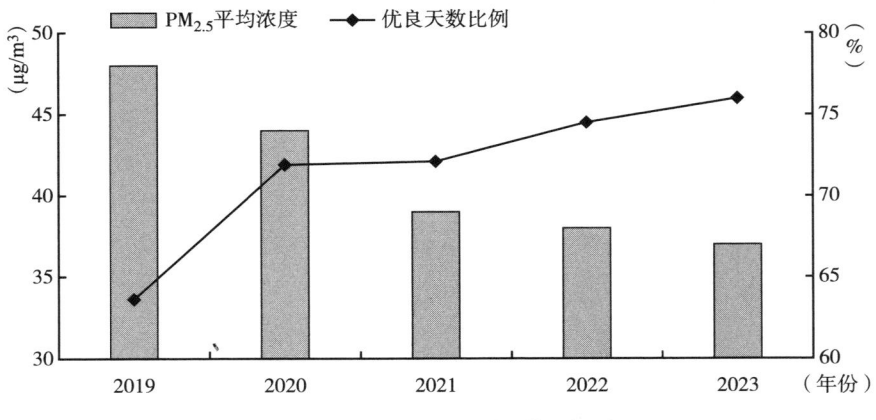

图4　2019~2023年山西省空气质量状况

资料来源：山西省统计局。

（七）城乡发展持续推进，区域发展协调性增强

山西坚持把推进新型城镇化和乡村全面振兴有机结合起来，促进城乡深度融合、双向赋能、共同繁荣，不断增强区域发展的平衡性、协调性和可持续性。山西学习运用"千万工程"经验，有力有效推进乡村全面振兴，持续提升乡村产业发展水平、乡村建设水平、乡村治理水平，2023年全省粮食再获丰收，总产单产再创历史新高，农村卫生厕所普及率达75%以上，生活垃圾收运处置体系覆盖自然村比例为94.2%，生活污水治理率为20.6%。持续推动巩固拓展脱贫攻坚成果同乡村振兴有效衔接，2023年脱贫人口人均纯收入达14339元，与全省农民收入差距进一步缩小。推进以县城为重要载体的新型城镇化建设，县城生活垃圾无害化处理率达100%。城镇化水平不断提高，2023年山西城镇化率比上年提高1个百分点（见图5）。积极拓展城乡区域发展空间，促进区域协调发展，推动山西中部城市群高质量发展，2023年全面落实中部城市群高质量发展年度重点任务64项，扎实推动中部5市100项高频事

项跨市通办。统筹推进城市更新与城市体检，2023年城市生活污水集中收集率达71.1%，1948个老旧小区开工改造，新增840.8万平方米城市绿地、122个"城市公园"、278个"口袋公园"、295.7公里绿廊绿道。

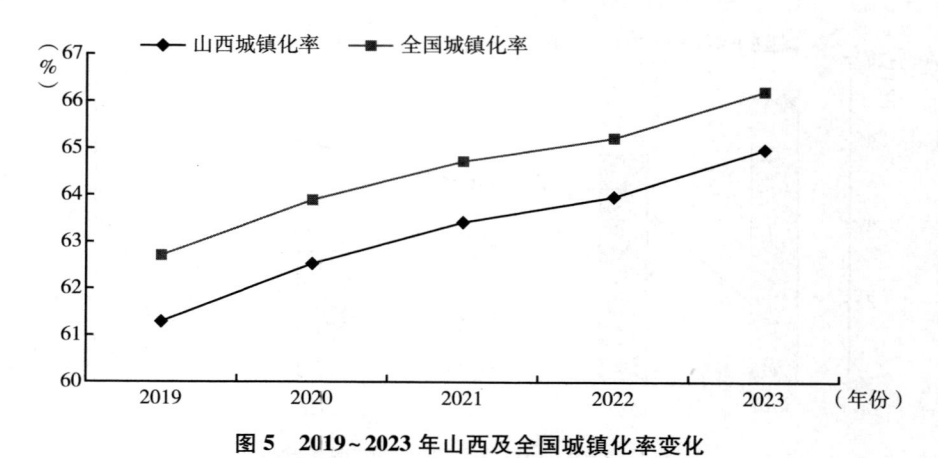

图5　2019~2023年山西及全国城镇化率变化

资料来源：山西省统计局、国家统计局。

（八）民生福祉不断增进，居民生活品质稳步提高

山西深入践行以人民为中心的发展思想，不断加大民生领域财政投入力度，全省财政支出近八成用于民生。加大公共服务力度，大力发展教育、卫生、文化、体育等各项社会事业，加快健康山西建设，医疗卫生服务水平持续提高，社会保险覆盖面稳步扩大，社会保险参保人数稳步增加。2023年，在一般公共预算支出中，山西在教育、卫生健康、社会保障和就业、城乡社区、住房保障、交通运输、节能环保等民生领域的支出达到3988.1亿元，比上年增长6.0%。持续实施就业优先战略，2023年城镇新增就业48.9万人，比上年多增2.6万人，超额完成45万人的全年目标任务。城乡居民收入平稳增长，2023年居民人均可支配收入为30924元，增长6%；城乡居民人均可支配收入比值为2.34，比上年缩小0.08（见图6）。居民消费潜力进一步释放，2023年城镇、农村居民人均消费支出分别比上年增加2601元、1593元；全省居民恩格尔系数为26.6%，低于全国3.2个百分点。大力推动文化繁荣发展，传承发展优秀传统文化，发扬光大红色文化，推动文旅产业融合发展，不断丰富人民精神文化生活。

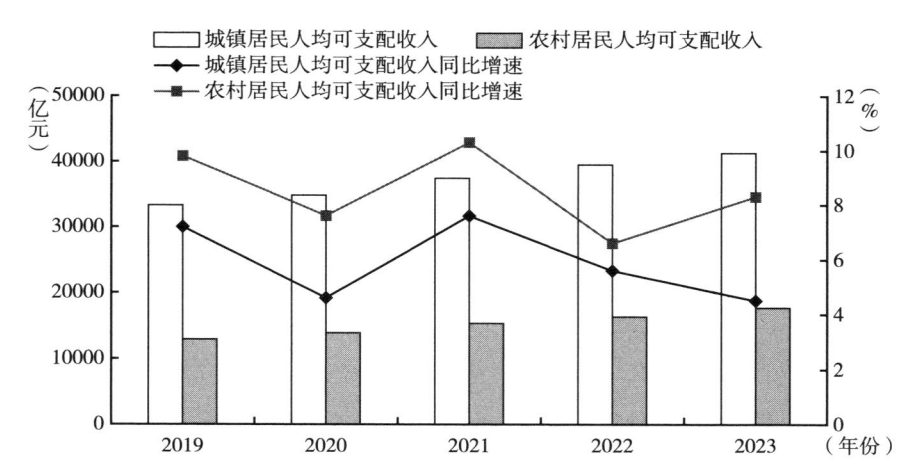

图6　2019~2023年山西省城乡居民人均可支配收入及其同比增速变化

资料来源：山西省统计局。

（九）坚决防范化解重大风险，安全发展基础进一步夯实

山西全面贯彻总体国家安全观，坚决维护国家安全和社会稳定，有效防范化解重点领域风险，牢牢守住安全底线，以高水平安全保障高质量发展。持续有效防范化解房地产、地方政府债务、中小金融机构等重点领域风险。构建房地产发展新模式，促进地产市场平稳健康发展；加强地方政府债务管理，加强财政资金绩效管理；稳妥推进高风险金融机构风险化解，严密防范、妥善化解各类金融风险。强化各行业领域安全生产，全力保障全省安全生产形势持续稳定向好，2023年各类生产安全事故数、死亡人数分别下降9.9%、8.9%。

二　山西高质量发展面临的形势、机遇和挑战

当前，我们处在世界之变、时代之变、历史之变的关键阶段，"十五五"时期将成为全球经济格局、地缘政治、产业链重组的关键博弈期。山西在新时期推动高质量发展所面临的环境、条件、任务、要求都将发生新的变化，这既带来了更多发展机遇，也提出了新的挑战和要求。

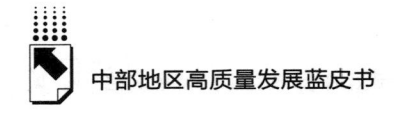

（一）世界发展格局的深刻调整给山西高质量发展带来了新机遇和新挑战

世界百年未有之大变局加速演进，国际力量对比深刻调整，国际体系持续分化，地缘政治和意识形态竞争不断。全球发展模式与全球治理模式正在发生演变，我国和山西面临的国际形势不确定性增加。一方面，世界经济仍将处于国际金融危机后深度调整期、新冠疫情后逐步恢复期、不稳定性和不确定性因素明显增多期的"三期叠加"阶段，国际长期矛盾和短期问题相互交织，周期性因素和结构性因素相互作用，经济问题和政治问题相互关联，未来世界经济发展仍充满挑战和不确定性，这对于国际能源市场反应敏锐的山西能源产业造成较大的影响。另一方面，全球科技创新进入空前密集活跃的时期，前沿和颠覆性技术迭代将持续加速，新一轮科技革命和产业变革正在深刻影响各国生产生活方式和经济增长模式，技术变革不仅会引发生产生活方式的重大变化，还将创造巨大的产业和经济发展空间与潜力，这为山西发展新兴产业、促进产业转型提供了广阔空间。

（二）全球数字化浪潮澎湃，新技术、新业态不断涌现，为山西高质量发展提供了新动能

新一轮科技革命和产业变革深刻影响各国经济增长模式，全球科技创新活跃，前沿科学技术持续加速迭代，新技术、新业态不断涌现。随着科技革命和产业变革持续演进，特别是在大数据、云计算、区块链、人工智能等数字技术的驱动下，数字产业化、产业数字化加速发展，数字技术与实体经济深度融合，数字经济成为引领未来的新型经济形态，成为经济发展的重要推动力，也为资源型经济转型发展打开了新思路、提供了新动能。山西必须树立数字化思维，拥抱数字化浪潮，加快发展数字经济，大力推动数字产业化、产业数字化，以数字化驱动生产方式、生活方式和治理方式全面变革。

（三）我国新发展格局加快构建，能源原材料等初级产品保供稳价问题凸显，对山西高质量发展提出了新要求

当前，世界百年未有之大变局加速演进，俄乌冲突持续带来一系列深刻影

响，能源原材料等初级产品保供稳价问题凸显，产业链供应链面临重构，经济全球化遭遇严重逆流，我国之前以"两头在外，大进大出"为主要特征的外向型经济发展模式难以为继。山西作为国家重要综合能源基地、战略资源基地和初级产品基地，有责任也有条件立足自身能源资源优势、原材料产业优势等比较优势，在全力保障能源原材料等初级产品安全稳定供给的基础上，进一步加快转型发展，更好融入和服务构建新发展格局。

（四）"双碳"目标有序推进，能源结构加速变革，对山西高质量发展提出了新挑战

在碳达峰碳中和的中长期背景下，煤炭等化石能源消费逐步退坡已是大势所趋。同时，山西生态环境欠账仍然较多，全省煤矸石、粉煤灰等大宗工业固体废物产生量大、历史堆存量大、消纳困难的遗留问题需长期治理。距离我国2030年实现碳达峰的目标越来越近，这既是碳达峰的关键期、窗口期，也是山西转型发展的关键期、窗口期。当前山西"一煤独大"的结构性问题依然突出，碳排放总量和强度都排在全国前列，转型发展的时间极其紧迫、任务极其艰巨，必须加快构建具有智能化、绿色化、融合化特征和符合完整性、先进性、安全性要求的现代化产业体系，加快形成资源节约和环境友好型生产方式、生活方式，推动经济社会发展全面绿色转型。

（五）我国经济加快转型升级，新质生产力加快培育，为山西高质量发展提供了新空间

习近平总书记明确指出，发展新质生产力是推动高质量发展的内在要求和重要着力点。[1] 近年来，全国各地、各领域新质生产力加快培育，其已成为新发展阶段经济发展的新引擎。同时，近年来我国产业升级、消费升级、基础设施升级步伐加快，新产业、新技术、新业态、新模式层出不穷。新能源汽车产销量、智能手机产量等位居全球第一，量子通信、合成生物、氢能产业链等新增长引擎加速培育，煤炭、钢铁等传统产业智能化、绿色化改造加快推进，

---

[1] 《科技创新为产业赋能 产业创新为科技提供转化载体 深度融合才能融出新质生产力》，中国共产党新闻网，2025年1月22日，http://theory.people.com.cn/n1/2025/0122/c40531-40406642.html。

5G 网络、充电桩、工业互联网等新基建快速发展，直播带货、跨境电商、银发经济、新国潮等消费新热点不断涌现。山西要准确把握全国经济转型升级的趋势和发展新质生产力的新要求，着力推动传统产业改造提升、战略性新兴产业发展壮大，不断拓展转型发展新空间。

三　山西进一步推动高质量发展的思路及举措

山西正处于推动高质量发展的关键期、深化全方位转型的窗口期，必须全面贯彻党的二十大和二十届二中、三中全会精神，深入贯彻习近平总书记对山西工作的重要讲话重要指示精神，完整、准确、全面贯彻新发展理念，主动融入和服务构建新发展格局，按照高质量发展要求，持续深化重点领域和关键环节改革，着力解决推动高质量发展、深化全方位转型的体制机制问题，多措并举、多管齐下、多方发力，为山西高质量发展注入动力，为全国乃至全球的能源转型与可持续发展贡献"山西智慧"与"山西方案"。

（一）坚决扛起山西承担的国家使命任务，扎实推进国家重大战略任务

要深刻把握党和国家赋予山西的实现资源型经济转型发展、深化能源革命综合改革试点、打造内陆地区对外开放新高地、实施黄河流域生态保护和高质量发展战略等重大使命任务，抢抓新时代推动中部地区崛起、中部城市群建设等重大机遇，锚定"两个基本实现"奋斗目标，先行先试、率先突破，坚定扛起示范引领重大责任，扎实推进国家重大战略任务，充分彰显改革创新的山西担当。

1. 积极主动融入国家重大区域战略

一是加快推进山西国家资源型经济转型综合配套改革试验区建设。按照高质量发展要求，把创新摆在发展全局核心位置，全面深化改革开放，充分发挥比较优势，构建高标准市场体系，不断优化营商环境，大力推进产业转型升级，加快建设现代化产业体系。第一，坚持把制造业振兴升级作为产业转型的主攻方向，用好产业链"链长制"、特色专业镇等有效抓手，加快制造业高端化、智能化、绿色化发展；第二，坚决扛牢国家综合能源基地建设和能源革命综合改革试点责任，按照"稳煤优电、增气上新、降碳提效"要求，大力推

进能源"五大基地"建设,加快推进能源产业"五个一体化"融合发展;第三,深化文旅康养产业供给侧结构性改革,创新文旅康养业态,提高文旅康养产品质量,把文旅康养产业打造成为战略性支柱产业;第四,坚持"特""优"发展战略,紧盯耕地和种子两大要害,科技赋能提效益,加快推动第一、二、三产业在农业农村的融合发展;第五,进一步推动生产性服务业的专业化、高端化,推动生活性服务业的品质化和多样化;第六,全力推进数字产业化、产业数字化、数据价值化、治理数字化,实现数实融合、数智赋能。

二是加快实施黄河流域生态保护和高质量发展战略。把保护黄河流域生态作为高质量发展的基准线,坚持生态优先、绿色发展,统筹谋划、协同推进,全方位、全地域、全过程加强生态环境保护,加快经济社会发展全面绿色转型。一方面要积极融入黄河流域生态大保护大协同格局。持续打好蓝天、碧水、净土保卫战,扎实推进"三北"工程建设,加强采煤沉陷区综合治理,打好污染防治攻坚战,大力实施"一泓清水入黄河"重大工程,推进黄河干流流经县和汾河谷地生态环境综合治理,助力筑牢国家生态安全屏障。另一方面要推动发展方式全面绿色转型。以维系良好生态和保障经济社会高质量发展用水需求为目标,深入实施农业节水增效、工业节水减排、城镇节水降损,健全完善水资源开发利用管控指标体系,强化水资源区域评估和规划水资源论证,提高水资源节约集约利用水平。

三是大力推动新时代中部地区高质量发展。紧扣山西在新时代推动中部地区崛起中的战略定位,充分发挥山西在产能、装备、技术等方面的比较优势,积极融入共建"一带一路",创新发展跨境电商、冷链等特色班列。围绕生态环境、清洁能源、科技创新、产业发展、基础设施、医疗教育等领域,加强与京津冀联动发展。充分利用长三角地区的产业集群发展优势和粤港澳大湾区的先进制造、数字经济、加工贸易等先发优势,主动对接长三角地区、粤港澳大湾区,通过委托管理、投资合作等多种形式,积极承接这些地区产业的梯度转移。

2. 深化能源革命综合改革试点

一是要全方位提升能源安全保供能力。推动传统煤炭产业向高端、高质、高效迈进,发展新能源和清洁能源,立足风光资源、氢能资源的比较优势,提高新能源和清洁能源在电力总装机中的占比,推动能源供给向多元、绿色转变。二是要构建绿色低碳消费体系。实施绿色能源、绿色建筑、绿色交通行动,改善能源消费结构。三是要推进能源革命技术创新。加大能源领域科技创新力度,围绕煤炭清洁低碳高效利用、非常规天然气、氢能、新型储能、智能电网、能源互联网、光机电等先进能源技术领域开展关键核心技术攻关。四是要深化能源体制改革。加快建设能源领域高标准市场体系,深化新能源领域行政审批制度改革,建立完善新能源标准体系,优化能源领域营商环境。

3. 积极打造内陆地区对外开放新高地

一方面建设高水平对外开放平台。准确把握山西在国家对外开放大格局中的功能定位,积极申建自贸试验区,建成中国(山西)国际贸易"单一窗口"。鼓励太原建设临空经济区,提升综合保税区、跨境电商综试区、航空口岸、国际陆港、海外仓等平台能级。另一方面构筑开放发展大通道。探索建设空港、陆港等物流枢纽,织密东南亚和日韩等的客运航线,拓展美欧货运航线,开展"一带一路"国际航班包机业务。强化省内和省际重点城市的通行能力,加强各市县交通组织和物流空间的协调衔接,以信息化为纽带推进"公铁""铁海""空铁"多式联运。

4. 融通联动推进区域协调发展

优化城镇网络体系,加快要素集聚,形成全省"一群两区三圈"的城乡区域发展新格局,增强区域中心城市、城市群等经济发展优势区域的经济和人口承载能力。推进山西中部城市群协同发展,全面支撑建设太原国家区域中心城市,以基础设施互联互通、公共服务同建同享为重点,推动城市群各类产业联动发展。加快建设晋北、晋南、晋东南三大城镇圈,不断提高发展能级,加快各类发展要素集聚,促进良性互动发展。

(二)聚焦新旧动能转换,大力推进现代化产业体系建设

塑造发展新动能、新优势是推动经济高质量发展的关键,以新产业、新业态、新模式为主要内容的新动能,要求我们以更高站位推进新型工业化、以更新理念做强现代服务业、以更实举措发展"特""优"农业,不断提升创新驱动发展能力,持续增强新动能的支撑力。

1. 以更高站位推进新型工业化

一是要在改造传统产业上持续发力。围绕关键设备和技术装备,大力推进企业技术改造和设备更新,推广先进适用技术,促进工艺现代化、产品高端

化。二是要积极发展新兴产业。围绕先进装备、新能源汽车、特色消费品等九大产业集群,做大做强高端装备制造、新材料、节能环保、新能源汽车、现代医药和大健康、现代煤化工等产业。三是要前瞻布局未来产业。围绕未来制造、未来信息、未来材料、未来能源、未来空间、未来健康六大重点方向,推动高速飞车、绿色氢能、量子信息、前沿材料、人工智能、碳基芯片、生物技术等具有山西特色优势的产业加快发展突破,抢占未来产业发展高地。

2. 以更新理念做强现代服务业

一是提升生产性服务业发展水平。加快科技服务、现代物流、数字信息、高端商务、现代金融、会展等产业发展,大力发展研发设计、技术转移转化、中介咨询等,构建链条完整、特色突出的科技服务业体系。二是提升生活性服务业供给质量。大力发展健康养老、现代商贸、体育休闲、教育和人力资源培训、家庭服务等服务业。三是深化文旅产业融合发展。紧抓《黑神话:悟空》及"歌迷之城"带来的山西热度,集中力量打造云冈石窟、应县木塔、隰县小西天等旅游热点门户,结合重点打造太行山、芦芽山、恒山等特色风景名胜资源,推进全域旅游示范区建设,促进文旅文创融合发展。

3. 以更实举措发展"特""优"农业

一是全方位夯实粮食安全根基。严守耕地红线,加强高标准农田建设,优化农业区域布局,发展有机旱作农业,围绕"土、肥、水、种、技、机、绿"要素发力,把有机旱作农业打造成为我国现代农业的重要品牌。二是建设农业全产业链,推动农业产业集群化发展。提升"特""优"农产品精深加工能级,推进杂粮、畜禽、蔬菜、鲜干果、中药材等特色优势农产品精深加工。依托杂粮文化、传统美食文化等,推动农文旅康体养产业融合发展,着力发展农耕体验、研学科普、休闲、康养等农业新业态。三是推动"特""优"农业产业集群化发展,积极创建现代农业产业园、产业强镇,建立集生产资料供给、生产过程管理、产品收获加工、市场营销、品牌建设于一体的全链条融合产业集群。

(三)推动创新型省份建设,构建支撑高质量发展的创新生态

坚持目标导向、问题导向,破除深层次体制机制障碍,持续完善全省创新体系,打造高水平创新驱动平台,加强关键核心技术攻关,强化企业科技创新

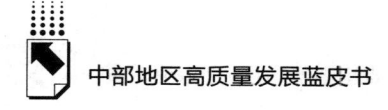

主体地位，促进科技成果转化应用，推动科技创新与产业创新深度融合，因地制宜培育和发展新质生产力，以创新驱动引领高质量发展。

1. 推进关键核心技术攻关

加强关键性、原创性、引领性科技攻关，是构建科技创新生态的着力点。一是紧扣原创引领强化基础研究。增加基础研究投入在研发投入中的占比，兴建一批新兴交叉学科和研究院，设立基础研究重点培育专项，在原始创新、颠覆性创新上积极作为。二是瞄准发展方向创新项目建设。聚焦重点领域和关键环节，在煤炭开采、煤电、煤层气、煤化工、氢冶炼等领域加大科技创新力度。重点部署信息技术应用创新和新材料、光机电、轨道交通装备制造等战略性新兴产业创新链，瞄准人工智能、量子信息、集成电路、生命健康、生物育种等山西有一定基础的科技前沿，组织实施"不对称创新"超前布局。

2. 打造高端创新平台体系

围绕重点发展的战略性新兴产业集群，建设一批重点实验室、技术创新中心、工程研究中心等创新平台。一是提升晋创谷创新驱动平台建设水平。重点要在培育引入各类科技创新主体资源、引育孵化各类科技型初创企业、建设高水平专业化市场化运营机构上下功夫。二是高标准建设特色实验室体系。对标国内外最高水平，以全国重点实验室为引领，对省重点实验室以及厅市共建省重点实验室给予重点支持，加快形成具有山西特色的实验室体系。三是加快建设完善技术创新中心。充分发挥地方、龙头骨干企业、高校院所以及新型研发机构的重要作用，围绕制造业振兴升级、数字经济、新能源、新材料等重点领域，布局建设技术创新中心。四是统筹布局工程技术创新平台。以产业发展需求为导向，建设若干致力于产品创新，并以学科交叉为特色的省级联合实验室等工程技术创新平台。

3. 培育良好创新生态

一是要优化创新环境。建立质量导向的知识产权创建机制，聚焦重要行业和关键领域，培育一批创新程度高、市场竞争力强的原创型、基础型专利，打造知识产权强省。二是要完善科技成果转化服务体系。完善科技成果转化激励政策，支持高校建设科技成果转化和技术转移示范基地，争取科技创新成果就地转化。三是要加大引才育才力度，营造良好的创新文化氛围。大力引进高精尖人才，对顶尖人才"一事一议""一人一策"。加大对青年科技人才的培养力度，推动产才融合发展，推行科教、产业部门人才双向交流制度。营造鼓励创新、宽容失败的良好氛围，鼓励科研人员创业创新，建立健全创新容错机制。

（四）纵深推动改革开放，激发高质量发展动力活力

进一步深化国资国企、金融等领域重大改革，促进民营经济发展壮大，深度参与全国统一大市场建设，激发高质量发展动力活力。

1. 着力深化重点领域改革

一是扎实推进国资国企改革，省属企业要对标一流，实现提质增效。二是激发民营企业投资兴业活力。鼓励民营企业以独资、控股、参股等方式参与政府和社会资本合作项目。三是深化地方金融改革。引导金融机构加大对科技创新、数字经济、养老健康、普惠小微、绿色转型等方面的支持力度。加快创建以转型金融为主体内容的绿色金融试验区。四是持续深化开发区改革发展。深化"三化三制"改革，完善开发区与部门联动审批服务机制，深化"承诺制+标准地+全代办"改革，实现承诺制全流程网上办理。

2. 积极融入和服务构建全国统一大市场

一是推进市场设施高标准联通。优化现代商贸流通设施布局，打造多层次、快速化的一体化交通网络体系，推动国家陆港型物流枢纽建设。二是健全统一的信息发布和共享机制，建立全国性的市场信息平台，推动政府部门、行业协会、企业等市场主体之间的信息互联互通。三是持续扩大商品和要素流动性开放。完善煤炭、焦炭商品交易市场，深度融入国家电力市场体系建设，健全能源产品市场价格形成机制。

3. 优化提升营商环境

一是完善市场基础制度规则。落实公平竞争审查制度、规则、标准，破除市场准入隐性壁垒。加强知识产权创造、运用、保护、管理和服务。二是提升政务服务水平。全面整合一体化在线政务服务平台，建立"晋快办"总引擎，提升"一网通办"效能。完善亲清政商关系，全力帮助经营主体纾困解难。三是推进社会信用体系建设。营造诚实自律、守信互信社会氛围。实施信用信息归集共享和信用分级分类监管，畅通违约失信投诉渠道，完善失信追责等制度。

（五）推进新型城镇化和乡村全面振兴有机结合，促进城乡融合、区域协调发展

把新型城镇化和乡村全面振兴作为重要任务，加快破除城乡各类要素双向流动的堵点，促进城乡融合、区域协调发展。

1. 扎实推进以县城为重要载体的新型城镇化建设

要因地制宜、分类施策，坚持以产兴城、以城促产、产城融合，统筹谋划城市和产业发展，走出具有山西特色、符合现代化要求的新型城镇化发展道路。一是科学合理定位县城功能，重点实施差异化发展战略。立足功能分类，因地制宜支持具有煤化工、冶金、小杂粮等资源比较优势的县城发展特色产业，培育先进制造、商贸流通、文化旅游等专业功能县城。二是培育壮大特色主导产业，增强辐射带动乡村发展能力。支持产业集聚和专业化分工，用好开发区等平台载体，推动主导优势产业集群化发展，持续推进杏花村汾酒、定襄法兰等特色专业镇建设，重点发展壮大制造、农产品精深加工、生产性服务、文旅康养等产业。完善县城商贸流通网络，加大县城物流配送中心和专业市场建设力度，充分发挥乡村 e 镇平台功能，提升品牌影响力和就业富民效应，增强县城对农民就地就近就业的支撑作用。三是提升县城公共设施服务能力，增强县城综合承载能力。完善水电路气暖等市政设施，注重垃圾、污水等环保设施建设，促进教育、医疗、文化等提标扩面，建设绿色低碳、生态宜居美丽县城。

2. 着力推进乡村全面振兴

学习运用"千万工程"经验，构建宜居宜业和美乡村。一是实施粮食单产提升工程，推广建设高标准农田，实施种业振兴行动，发展有机旱作农业，支持现代设施农业和智慧农业发展。二是巩固拓展脱贫攻坚成果。牢牢守住不发生规模性返贫底线，完善防止返贫动态监测机制，多措并举促进脱贫人口持续增收。三是提升乡村产业发展水平。做足做好"土特产"文章，鼓励各地因地制宜大力发展特色产业，打造乡土特色品牌。积极推动建设全省特色农业产业集群，大力发展农产品精深加工业，强化产业发展联农带农益农，促进农民就地就近就业。四是加强农村人居环境与农村生态治理。稳步推进生活垃圾、污水治理和农村改厕，推动城镇供水、污水、燃气、供热等基础设施向乡

村延伸，提升农村基本公共服务水平。五是提升乡村治理水平，不断推进抓党建促乡村全面振兴，推动农村移风易俗，开展高额彩礼、大操大办等重点领域突出问题综合治理。

（六）扎实推进生态文明建设，建设更加可触可感可享的美丽山西

坚持生态优先、绿色发展，深化生态文明体制改革，用制度保护生态环境，完善市场机制，注重统筹协调，引导生态文明建设向更深度、更广度发展。

1. 进一步加强生态系统保护修复

全面加强山水林田湖草沙系统治理，持续开展"两山七河五湖"生态修复。一是推动黄河流域生态保护。以沿黄区域为重点，以小流域为单元，有序开展水土流失治理。加快对黄河流域历史遗留矿山实施矿区地质环境治理等生态修复。完善主要河流防洪体系，增强防洪抗旱减沙能力。二是筑牢太行山、吕梁山绿色生态屏障。全面推进吕梁山生态脆弱区修复，深化太行山环京津冀生态屏障区建设。精准提升森林质量，推进太行山（中条山）国家公园创建。三是扎实推进母亲河复苏和幸福河湖创建。实施"七河"重大生态修复工程，开展"五湖"生态保护和修复。

2. 深入打好全域污染防治攻坚战

一是持续改善大气环境质量。实施环境空气质量提升行动，突出重点区域、重点时段、重点领域和重点行业，强化挥发性有机物和氮氧化物协同减排，实施多污染物协同控制和区域污染协同治理。稳妥推进燃煤锅炉和工业炉窑清洁能源替代，有序提升清洁能源占比。二是稳步提升水环境质量。建立健全水资源承载力分区管控体系。开展饮用水水源地环境保护专项行动，开展黄河干流流经县生态环境综合治理。从严实施入河排污口分类整治，强化重点行业废水治理，加快完成城镇市政排水管网雨污分流改造，因地制宜推进农村生活污水治理。三是加强土壤环境质量安全保障。开展土壤污染源头防控行动，不断强化农业面源污染的综合防治。

3. 促进发展方式绿色低碳转型

一是发展绿色低碳产业。围绕煤电、建材、化工等重点行业领域实现节能降碳，坚决遏制"两高"项目盲目上马，推动节能降碳先进技术的研发应用，

推动地热资源利用。二是探索开展用能权有偿使用和交易试点。积极参与全国碳排放权交易，实行企业碳排放监管核算，进一步完善绿电交易市场等平台建设。三是倡导绿色低碳生活方式。进一步推动生活垃圾分类，建设废弃物循环利用体系。

（七）坚持保障基本和多元供给相结合，不断增进民生福祉

坚持民生优先，扎实做好保障和改善民生工作，在高质量发展中补齐民生短板，兜住、兜准、兜牢民生底线，持续夯实民生幸福之基。

1. 多维发力织牢基本民生兜底保障网

一是加快补齐基本公共服务短板。推进社会保险参保扩面。完善农村公共卫生服务设施，持续改善农村小规模学校、乡镇寄宿制学校基本条件。建设社区综合服务设施，在太原、晋中等人口流入城市发展保障性租赁住房。二是提升基本公共服务均等化水平。推进义务教育优质均衡发展，基本医疗卫生资源按照常住人口规模和服务半径合理布局。优化城乡社区养老服务网络建设，广泛发展农村幸福院和养老院等形式的农村互助式养老服务。三是持续筑实重点人群保障网底。重点完善低收入人口动态监测，进一步健全分层分类社会救助体系。

2. 多管齐下促进公共服务水平提升

一是持续打造品质民生新样板。积极推进全省托育服务专业化、规范化建设，进一步优化城乡社区养老服务网络建设，有效扩大优质老年产品和服务供给，推动县域医疗卫生一体化改革升级，建设高品质中医药强省。推动现代职业教育高质量发展，建设安全健康、设施完善、管理有序、文明和谐的居住区。二是健全优质资源落地新机制。运用人工智能、大数据等先进技术，打造高水平区域医疗中心。搭建高校合作平台，支持与国外高校开展合作办学项目。加强养老资源对接互补，吸引先进优质养老服务资源和项目。三是培育品质生活消费新模式。完善社区消费供给设施，开展夜经济生活集聚区创建工作，推动以太原市钟楼街、忻州古城步行街为代表的国家级示范步行街提升品质，引导各市核心商业街提档升级。

3. 多种措施促进就业增收

一是完善就业公共服务体系。用好就业信息平台和零工市场，采取创业带

动、以工代赈、公益性岗位开发、就业见习等举措,推动农民工、就业困难人员等重点群体稳定就业。二是开展职业技能培训。制定行业职业技能培训标准,制订技能人才培养计划,根据企业需求增设高新技术工种和稀缺工种的培训课程,鼓励职业院校开展有偿性社会培训。持续扩大"吕梁山护工""忻州汽车制造""万荣海员""天镇保姆""北方好焊"等劳务品牌影响力。三是全面拓宽居民就业增收渠道。加快完善就业权益保障的政策与制度安排,完善"三日清零"机制,确保拖欠农民工工资动态清零。加大庭院经济发展力度,促进就地就近就业创业。

(八)统筹安全与经济发展,大力营造和谐稳定发展环境

安全和发展,是一体之两翼、驱动之双轮。全面贯彻总体国家安全观,自觉把安全稳定工作放在全省经济社会发展的大局中进行思考、谋划、推动,完善公共安全治理机制,健全社会治理体系,坚决维护国家安全、社会安定、人民安宁。

1. 毫不放松抓好安全生产

安全生产是发展大计、民生大事。一是强化安全生产隐患排查和管控,深入开展安全生产治本攻坚三年行动,全面排查整治各类风险隐患。二是强化重大风险源头防范,持续健全重大事故隐患数据库,推动重大事故隐患信息共享集中,实行清单制管理并动态更新整改落实情况。三是压实部门巡查监管责任。实行"四不两直"执法检查,全面落实煤矿、金属非金属地下矿山、尾矿库等各类矿山党政领导包保责任,围绕"一件事"全链条压实部门监管责任,"一矿一策"完善安全生产措施。

2. 有效筑牢经济安全屏障

一是积极稳妥化解地方政府债务风险,健全有效防范化解地方政府债务风险长效机制。二是依法严厉打击非法金融活动,维护金融秩序稳定。加强对地方金融机构的监测预警,坚决守住不发生系统性风险底线,防范化解中小金融机构风险,打击防范非法集资、非法证券期货、伪私募等非法金融活动。三是积极稳妥化解房地产风险,扎实做好保交楼工作,要加强在建项目预售资金监管,有序出清重点房企风险。

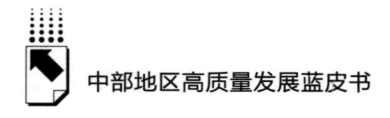

3. 坚决维护社会安全稳定

一是维护政治安全。全面落实意识形态工作责任制，坚决防范其他领域风险向政治社会领域传导。建立健全政治安全风险研判、防控协同、防范化解机制。二是完善社会矛盾纠纷调处化解综合机制。建立立体化信息化治安防控体系，严厉打击各类违法犯罪活动。三是防范化解网络安全风险。加强网络领域法律制度建设，全面清理网上政治谣言等有害信息，依法打击网络黄赌毒骗、涉枪涉爆等违法犯罪。开展打击侵犯公民隐私、窃取数据秘密等违法犯罪活动。

参考文献

《习近平主持召开新时代推动中部地区崛起座谈会强调 在更高起点上扎实推动中部地区崛起 李强蔡奇丁薛祥出席》，《新湘评论》2024 年第 7 期。

《中共中央 国务院关于新时代推动中部地区高质量发展的意见》，中国政府网，2021 年 7 月 22 日，https：//www.gov.cn/zhengce/2021-07/22/content_ 5626642.htm。

《2024 年山西省政府工作报告——2024 年 1 月 23 日在山西省第十四届人民代表大会第二次会议上》，山西省人民政府网站，2024 年 1 月 29 日，http：//www.shanxi.gov.cn/szf/zfgzbg/szfgzbg/202402/t20240228_ 9509887.shtml。

余顺坤等：《"十五五"时期世界经济增长态势分析》，《宏观经济研究》2024 年第 4 期。

何勇、付明丽：《山西能源产业：向"绿"而行向"新"发力》，《人民日报》（海外版）2024 年 3 月 21 日。

都市篇

B.9 山西中部城市群发展研究

郑玥[*]

摘　要： 山西中部城市群具备承东启西、连接南北的区位优势，拥有工业体系完备、能源矿产资源丰富、文化底蕴深厚等比较优势，是近年来山西省发展态势较好的地区，也是极具发展潜力的区域。与国内成熟型城市群相比，山西中部城市群尚处于培育发展阶段，中心城市规模不大、辐射带动能力不强、协同发展机制有待完善等问题亟须解决。立足新发展阶段，推动山西中部城市群建设，需要推动产业协同布局，建设共享型创新网络，提升城市群开放枢纽功能，健全互促互融的一体化发展机制，推动城市群更好地融入和服务新发展格局。

关键词： 山西中部城市群　协同发展　一体化发展

城市群是新时期推进城镇化的主体形态，是提升区域竞争力的重要抓手，是

---

[*] 郑玥，山西省社会科学院（山西省人民政府发展研究中心）经济研究所副研究员，主要研究方向为区域经济、金融学。

支撑中国经济高质量发展和参与国际竞争的重要平台。山西中部城市群是"十四五"规划明确的19个国家级城市群之一，是我国"两横三纵"城镇化战略格局的重要节点。山西中部城市群发展，承载着以习近平同志为核心的党中央对山西发展的关心关怀和殷切期望，是落实国家区域发展战略的重大举措。加快推动山西中部城市群高质量发展，有利于提升城市群发展能级，汇聚更广范围、更高层次的各类要素，对引领全省高质量发展，更好地融入和服务新发展格局具有重大意义。

一 山西中部城市群发展的现实基础

山西中部城市群以太原为中心，覆盖太原、晋中、忻州、吕梁、阳泉五个设区市，共有53个区（县），国土面积7.41万平方公里。2022年末，常住人口有1616万人、地区生产总值为1.26万亿元，分别占全省的46.4%、49.2%。在19个国家级城市群中位于第三梯队，处于培育发展阶段。

（一）区位优势独特

山西中部城市群地处山西腹地，东北临京津冀城市群，西北毗邻呼包鄂榆城市群，南望中原城市群和关中平原城市群，是国家推动中部地区高质量发展、构建国内国际"双循环"新发展格局的重要战略区域。城市群位于北京辐射西安、成都、重庆等西部地区的交通主干线上，具有承东启西、连接南北的区位优势。国家高速铁路京昆、呼南、青银线以及国家高速公路京昆、二广、青银线纵横穿越，铁路与京包线、京广线、陇海线相衔接，航空线路四通八达，形成铁路、公路、航空等多种方式组成的综合交通运输网络。优越的区位交通和完善的基础设施条件为山西中部城市群发展提供了重要支撑。

（二）产业基础雄厚

山西中部城市群拥有丰富的能源矿产资源，在全省已查明的资源储量中，约90%的铁矿分布在城市群内的五台山区和吕梁岚县，约75%的铝土矿分布在吕梁市和忻州市，城市群内含煤面积约占国土总面积的28.11%。[①] 依托丰

---

① 山西省自然资源厅：《山西中部城市群国土空间规划（2021－2035年）》，2024年1月，http://zrzyt.shanxi.gov.cn/mobile/zwgk/tzgg/202402/P020240221405474800010.pdf。

富的能源矿产资源，山西中部城市群成长为全国重要的能源和原材料基地。山西中部城市群工业体系完备，传统产业以能源、化工、冶金为主，新兴产业以新材料、装备制造等为主，是全国重要的制造业基地。与此同时，以旅游、物流、商贸、金融等为主的现代服务业体系正在快速完善。目前，山西中部城市群是全省经济基础最好、产业集聚度最高、经济实力最强的区域。雄厚的产业基础为城市群高质量发展提供了核心支撑。

（三）创新要素汇集

山西中部城市群拥有36个省级以上开发区，占全省开发区总量的41%。全省主体功能区规划确定的17个国家级重点开发区全部位于城市群内。[①] 同时，山西中部城市群集聚了全省64%的高校和91%的中央及省属科研院所，是全省创新发展潜力最大的区域，也是全省战略性新兴产业集群主要承载区。此外，太原国家可持续发展议程创新示范区、太忻一体化经济区、山西转型综合改革示范区、晋中国家农业高新技术产业示范区等为城市群赋予了更多先行先试、率先突破的便利条件。创新转型平台集聚为城市群率先布局、转型提供了有力的要素支撑。

（四）人文底蕴深厚

山西中部城市群历史悠久、人文底蕴深厚，是三晋文化核心区和晋商文化的发源地，承载着中华民族的厚重记忆。山西中部城市群拥有世界文化遗产五台山和平遥古城，以及国家历史文化名城4座、省级历史文化名城4座、历史文化街区21个、历史建筑1030处、中国历史文化名镇5个、中国历史文化名村42个、中国传统村落221处、全国重点文物保护单位195处。[②] 五市地域相连、文化同源、人缘相亲、民俗相同、交流合作密切、认同感强，毗邻区域合作不断深化，为城市群协同发展奠定了良好基础。

[①] 《山西省人民政府办公厅关于印发山西中部城市群高质量发展规划（2022—2035年）的通知》，山西省人民政府网站，2022年11月9日，https://www.shanxi.gov.cn/zfxxgk/zfxxgkzl/fdzdgknr/lzyj/szfbgtwj/202211/t20221115_ 7432997.shtml。

[②] 山西省自然资源厅：《山西中部城市群国土空间规划（2021-2035年）》，2024年1月，http://zrzyt.shanxi.gov.cn/mobile/zwgk/tzgg/202402/P020240221405474800010.pdf。

（五）城镇体系健全

山西中部城市群城镇分布密集，特别是以太原盆地和忻定盆地为主体的城镇密集地区，是山西最具城市群雏形的区域。太原市"龙头"集聚效应不断显现，2022年，其经济总量为5571亿元，跻身全国GDP百强城市榜，在全省首位度达21.73%。2022年，山西中部城市群常住人口城镇化率为69.33%，比全省平均水平高5.38个百分点。其中，太原、晋中、阳泉、忻州、吕梁常住人口分别为433万人、126万人、73万人、58万人、47万人。① 此外，一批特色小城市、小城镇正在加快培育中。相对完善的城镇体系为区域协作构筑了坚实支撑。

二 山西中部城市群发展的主要瓶颈

山西中部城市群尚处培育发展阶段，中心城市规模不大、辐射带动能力不强、内部发展不平衡不充分问题突出、一体化发展水平低等短板突出，极大地制约了山西中部城市群发展。

（一）城市群体量规模偏小

从国土面积、人口总量、经济体量来看，山西中部城市群体量规模较小，发展能级不高（如表1所示）。

表1　2022年19个国家级城市群主要数据对比

城市群	国土面积 （万平方公里）	常住人口 （亿人）	GDP （万亿元）	人均GDP （万元）
京津冀	21.85	1.08	10.06	9.35
长三角	21.17	1.67	24.25	14.55
珠三角	5.62	0.78	10.47	13.35
成渝	18.50	1.03	7.97	7.75
长江中游	31.70	1.24	11.11	8.94
山东半岛	15.58	1.02	8.74	8.60
粤闽浙沿海	22.78	0.83	7.75	9.35
中原	28.70	1.27	7.64	6.01

---

① 《山西统计年鉴2023》。

续表

城市群	国土面积（万平方公里）	常住人口（亿人）	GDP（万亿元）	人均GDP（万元）
关中平原	10.71	0.43	2.77	6.38
北部湾	11.66	0.43	2.52	5.89
哈长	5.11	0.40	2.22	5.56
辽中南	8.15	0.31	2.43	7.96
山西中部	**7.41**	**0.16**	**1.26**	**7.81**
黔中	5.38	0.22	1.26	5.72
滇中	11.14	0.17	1.39	8.38
呼包鄂榆	17.50	0.12	1.95	15.98
兰州—西宁	9.75	0.12	0.67	5.51
宁夏沿黄	4.85	0.06	0.47	7.62
天山北坡	13.57	—	0.75	—

注：因中原城市群与京津冀、关中平原、山东半岛城市群，粤闽浙沿海与长三角城市群存在空间规划重叠区域，为避免重复计算，在中原和粤闽浙沿海城市群中去掉了重叠区域。部分城市群的县（市、州）常住人口数据无法获取，包括北部湾城市群的澄迈县、临高县、东方市、昌江县，黔中城市群的黔东南州、黔南州，滇中城市群的楚雄州、红河州，因此计算城市群GDP与人均GDP时，未包括上述县（市、州）。

资料来源：根据《中国城市统计年鉴2023》《中国城市建设统计年鉴2022》整理得到。

首先，山西中部城市群国土面积为7.41万平方公里，比珠三角城市群略大，在19个城市群中居第15位。地貌以山地、丘陵、盆地为主，平原面积较小，难以形成像东部地区一样的连绵城市群。其次，山西中部城市群人口规模较小，2022年山西中部城市群常住人口为0.16亿人，在19个城市群中排名靠后，城市群发展潜力受到较大限制。最后，山西中部城市群经济总量偏小，2022年山西中部城市群GDP为1.26万亿元，在19个城市群中排名靠后，城市群对人才、技术、资金的吸引力受到较大影响。

（二）核心城市辐射带动作用有限

作为山西中部城市群核心城市的太原市，2022年经济总量为5571亿元，未进入万亿GDP城市行列。然而，在我国19个国家级城市群中，拥有万亿GDP城市的城市群高达9个（见表2）。

表 2 2022 年万亿 GDP 城市所在国家级城市群

单位：个

序号	城市群	万亿 GDP 城市数量	万亿 GDP 城市
1	京津冀	2	北京、天津
2	长三角	8	上海、苏州、杭州、南京、宁波、无锡、合肥、南通
3	珠三角	3	深圳、广州、佛山
4	成渝	2	重庆、成都
5	长江中游	2	武汉、长沙
6	山东半岛	2	青岛、济南
7	粤闽浙沿海	2	泉州、福州
8	中原	1	郑州
9	关中平原	1	西安

资料来源：根据《中国城市统计年鉴 2023》整理得到。

最新中国百强城市排行榜数据显示，在全国 291 个城市中，太原综合经济竞争力位列第 39 位[①]，硬经济指标（包括 GDP、储蓄和财政）排第 42 位，软经济指标（包括环境、科教、文化和卫生）排第 30 位，增长极作用不够明显。与中部六省省会相比，在经济总量、常住人口规模、固定资产投资等指标方面，太原排名靠后。城市群内缺少Ⅱ型大城市带动，仅有太原市、晋中市 2 个人口超过 100 万人的大城市，其余城市人口规模普遍偏小，城镇体系结构呈现低水平、不均衡的特征，对城市群的支撑带动作用不足。

（三）空间一体化发展格局受限

山西中部城市群"两盆+两山"地理格局，促使城市群空间呈现"小集聚、大分散"的布局形态。"两盆"指中部的太原盆地、忻定盆地，人口密集，建设条件较好；"两山"指西部的吕梁山和东部的太行山，是城市群生态环境敏感脆弱的区域，人口稀少。"两盆+两山"的自然本底致使城市群人口、经济在空间上呈现明显的分区分层：太原—榆次地区是核心集聚区，人口、经济密度最高，内部关联度高；盆地其他区域人口、经济联系相对紧密；外围

---

① 华顿经济研究院：《2024 年中国百强城市排行榜》，2024 年 7 月 30 日。

"两山"地区城镇点状分布、联系松散。"两盆+两山"的城市群空间本底,制约山西中部城市群空间一体化发展格局的形成。

(四)资源环境约束日益增强

资源型经济特征突出,群内采矿业、高耗能产业广泛分布,局部生态问题严峻,多个城市大气污染扩散条件差,大气环境容量存在超载问题。资源型缺水特征明显,水资源利用存在供给趋紧、结构失衡、开发过度等问题,人均水资源占有量远低于全国平均水平。耕地后备资源质量较差,未来耕地保护压力较大。在保障粮食安全和生态安全的前提下,可供开发建设的潜在空间有限。

(五)基础设施支撑能力需强化

山西中部城市群衔接周边地区和国家重点战略区域的快速东西向通道建设缓慢,城市群内部太原市和榆次区、太原市和忻府区快速连接需要扩容,"两山"地区内部联系有待加强。太原铁路枢纽能级有待提升,城市群在全国要素流动网络中的节点支撑作用不强。运输通道不畅通、支撑性不强,制约城市群深度融入国家战略、形成内通外联的开放新格局。

(六)协同发展机制有待健全

虽然山西中部城市群已经建立联席会议制度,但是城市群内各行政主体之间成本分担和利益共享机制尚未建立,山西中部城市群在产业分工合作、资源要素整合、环境污染联防共治、基础设施一体化和基本公共服务均等化等方面仍存在诸多体制机制障碍,协同发展合力有待强化。跨市交界地区重要生态空间管控不足,区域性的环卫基础设施规划和建设方面缺乏统筹。

三 山西中部城市群发展面临的机遇与挑战

当前,国际力量对比深刻调整,国际环境日趋复杂,外部环境不稳定不确定因素依然较多,同时,我国已经转向高质量发展阶段,制度优势显著,市场空间广阔,未来山西中部城市群发展机遇与挑战并存。

（一）面临机遇

我国发展仍处于重要战略机遇期，推进山西中部城市群发展面临重大机遇。首先，国家加快构建国内国际"双循环"的新发展格局，深入推进"一带一路"建设，为山西中部城市群加快释放内需潜力、实行更高水平开放提供了更加广阔的市场。其次，国家深入实施"京津冀协同发展""雄安新区建设"等区域重大战略，为山西中部城市群发挥区位优势、能源优势、生态优势、文化优势等，深度融入京津冀创造了条件。再次，新时代中部崛起战略纵深推进，为山西中部城市群加快完善基础设施网络、发展特色优势产业奠定了基础。最后，山西省委、省政府高起点构建"一群两区三圈"城乡区域发展新布局，高质量推进山西中部城市群一体化发展，强化太原龙头作用，加快建设国家区域中心城市，统筹推进太忻一体化经济区建设和山西转型综合改革示范区提质，为城市群发展注入强大动力。

（二）遭遇挑战

与国内成熟型城市群相比，山西中部城市群经济总量较小，面临中原城市群、关中城市群等周边城市群的激烈竞争，距离实现"打造在全国具有较强竞争力、吸引力和知名度的重要城市群"的目标，仍有很长的路要走。与此同时，山西中部城市群因地处黄河流域，区域生态环境敏感性高，资源环境约束日益趋紧，沿黄区域能源资源空间分布与生态屏障高度重叠，能源的进一步开发将对生态系统要素循环与保护修复提出更大挑战。

四 推进山西中部城市群发展的对策建议

立足新发展阶段，强化山西中部城市群建设，应准确把握城市群发展规律，依托城市群区位、产业、文化、能源等优势，加快提升山西中部城市群经济总量、综合竞争力、辐射带动能力，推动山西中部城市群加速跃迁。

（一）打造"错位发展，集链成群"的产业协同型城市群

山西中部城市群应以现有产业为基础，以市场化推进为原则，坚持优势集成、差异布局、错位发展、开放协作，全面提升产业协作配套水平，促进产业

发展能级全面跃升。

一是立足城市群能源矿产资源丰富的优势，统筹产能指标，强化产业发展原材料供应保障，形成资源与产业协同发展良性互促模式。聚焦城市群五大重点产业，推动产业链式发展，加快打造链条完整的产业集群。聚焦新材料产业，强化跨区域原材料与精深加工环节协同合作，打造国家级新材料基地；聚焦高端装备制造产业，以链式协作模式推动形成"原材料—关键零部件—总装集成—整机制造"高端装备产业链；聚焦新能源产业，深入推进跨区域能源产业合作，打造绿色、高端、多元的能源产业链条；聚焦节能环保产业，坚持资源循环利用方向，大力提升节能环保装备、产品、服务水平，全面建设"无废城市群"；聚焦现代医药与大健康产业，依托龙头企业和重点项目，加快延链补链强链，打造国内重要的化学原料药、中成药与新特药产业集聚区。

二是完善跨区域产业链协同推进机制，推行重点产业"链长制"，加快培育壮大"链主"企业，着力打造链式联盟、培育链式生态。引导城市群率先明确五大重点产业链"链长"，强化重点产业链要素供给、技术研发等方面的统筹协调能力。增强"链主"企业对产业链上下游资源的掌控能力，推动跨区域"链长合作""链主合作"。围绕重点产业链，成立产业共促联盟，鼓励"链主"企业统筹联合攻关、市场拓展等重点工作。

三是建立重点产业领域制定规则和重大政策沟通协调机制，在产业发展、企业登记、土地管理、投融资等领域建立协商机制，统一制定环境容量、项目投资、综合配套等政策制度。建立跨地区、多部门信息沟通共享和协同推进机制，在市场准入、法规制定等方面加强统筹协调和综合配套。坚持共同推进政策协同执行，加强质量控制、知识产权保护等方面的跨区域联动执法，为山西中部城市群产业高质量发展保驾护航。

（二）打造"平台集聚、人才共享"的科技创新型城市群

山西中部城市群应加快整合国际国内创新资源，设立技术合作专项，打造合作研究平台，共建开放型创新网络，完善协同创新体系，为城市群科技发展提供强力支撑。

一是聚焦城市群重点产业集群，加快布局一批省重点实验室、企业技术中心、协同创新中心、技术研究中心。精准对接碳达峰碳中和、数字经济、先进

制造等重点领域，加强共性技术平台建设。设立城市群科技创新合作重点专项，推动更多高质量科技成果在群内转化。

二是强化与京津冀、长三角、珠三角等地区技术交流与合作，主动对接其高端技术转移和溢出，承接科技成果转移转化。鼓励太忻一体化经济区、山西转型综合改革示范区发展具备细分领域垂直整合能力的专业化众创空间，完善全链条孵化体系。支持城市群重点产业链"链主"企业组织建立全链条科技创新与转化平台。支持"链主"企业与群内高校和科研院所密切合作，共同建设一批教育链与产业链双向集聚、深度协同、紧密联动的实训基地。

三是打造"近者悦、远者来"的人才发展环境，持续深化人才制度改革，加快建立协同的引才用才机制，探索人才服务"一卡通"和人才服务保障互认互通机制。实施三晋引才计划、"领雁"支持计划、"青苗"培养计划等省级重大人才计划，推动相关政策向城市群倾斜。实施"龙头企业+重大项目+人才"的"双招双引"，试点授权产业链"链主"企业自主认定符合产业需求的人才。加强企业家、科技领军、高技能等人才培养，定期组织开展学习交流活动。

（三）打造"主动链接、联动发展"的开放包容型城市群

山西中部城市群应立足区位优势，深化区域合作，推动多层次、宽领域的交流与合作，同时，持续提升制度型开放水平，构建全方位对外开放发展的新格局。

一是深度链接京津冀，实现科技、教育、文旅、医疗等多领域联动发展。探索建立区域旅游合作机制和模式，努力开拓京津冀康养产业市场，打造京津冀文旅康养目的地。积极争取京津冀开发区或产业园在山西中部城市群设立分园，推动资本、技术、人才、品牌、管理等核心要素转移。

二是加强与长三角地区、粤港澳大湾区的合作，加强与广州、深圳、珠海等跨境电子商务综合试验区的交流对接。加强与中部地区省际产业协作，率先打造中部先进制造业基地。与中原城市群等周边地区交流经验，依托郑太高铁，支持太原、晋中与中原城市群产业联动发展，深化在产业协同、项目合作、技术交流等方面的务实合作。

三是加快提升制度型开放水平，推动城市群内开发区复制推广上海、深圳

等自贸试验区改革试点先进经验。完善产业集聚区外贸公共服务体系，培育一批产业外向度高的国家级、省级外贸转型升级基地。推进国际贸易"单一窗口"应用，推广金融保险、出口退税功能。主动对接 RCEP 合作机遇，健全通关合作机制，全面实施海关通关一体化改革。

（四）打造"唐风晋韵、绿色低碳"的魅力宜居型城市群

山西中部城市群应以地域文化为纽带，依托城市群内丰富的人文资源和自然景观，着力打造自然山水和历史人文交相辉映的知名文化品牌，提升城市群魅力指数。

一是建立健全历史文化名城（名镇、名村）、历史文化街区、传统村落、文物保护单位和不可移动文物、历史建筑、大遗址、地下文物埋藏区等在内的历史文化遗产保护体系。重点围绕黄河、长城、太行山和万里茶道等做好历史文化线路的保护。重点加强太原盆地、忻定盆地、娘子关、吕梁渡口、五台山、河保偏等历史文化遗产集聚区的保护。在对历史文化线路和历史文化遗产集聚区保护的基础上，五市合作开发，创新资源利用模式，推动文化旅游融合发展，构建特色文旅魅力空间。

二是推进城市群的绿道网和慢行系统建设，依托城市群内丰富的自然生态和历史文化资源，优化空间布局，高水平开发建设汾河两岸、云中河、晋阳湖、晋祠、龙城中央大道等特色片区，着力塑造"唐风晋韵"的特色空间，打造集体验、休闲、环保等多种功能于一体的区域绿道网，建成城乡融合之道、生态保育之道、文化魅力之道、健康生活之道。

三是按照以五市中心城区为引领，城市群重点城镇化地区先行示范，"两山"地区大县城梯次推进的思路，有序实施城市更新，抓好城市生态修复、人居环境综合整治、设施完善工程等。统筹优化生态空间、生产空间、生活空间，系统强化公共服务、市政、安全和新型城市基础设施的支撑能力，重点做好城市中心区、城市入口区、滨水地带等重点区域规划设计，推动城市环境品质、空间结构、功能效益整体优化提升。

四是依托山西转型综合改革示范区、太忻一体化经济区，开展近零碳排放、零碳产业创新等试点示范，推动太原建设全国首批气候投融资试点城市，培育一批低碳服务企业。深化太原省级低碳试点建设，建设绿色低碳生活方式

示范区。实施"绿色交通""绿色建筑"行动,加快在公共服务领域推广使用清洁能源、新能源汽车,城镇新建建筑全面执行绿色建筑标准。因地制宜推行垃圾分类制度,建立绿色消费激励机制,培育绿色低碳生活新风尚。

(五)构建"高效协同、共商共建"的互促发展城市群

山西中部城市群应着力破解内部缺乏协调性、体制机制障碍的关键症结,建立健全城市群一体化发展协调机制,着力构建城市群一体化发展空间格局,为城市群注入持久发展动力。

一是定期召开山西中部城市群联席会议,共同商讨城市群内重大合作事项。在山西中部城市群建设领导小组办公室框架下,科学设定战略目标,共同探索协同发展的最佳路径和行动计划。坚持"先易后难、逐年推进"原则,科学确定年度工作重点,明确各城市主体责任,协同推进重点任务落实。坚持五市共同编制城市群基础设施、公共服务、生态环境等专项规划,共同编制国土空间专项规划和建设实施方案,共同做好重大项目前期论证和用地保障。推进五市规划全面衔接,制定年度重点合作事项清单,积极推动重大项目、重大工程落地,并加强评估督导。

二是根据山西中部城市群城区常住人口规模、增长趋势和空间分布,科学统筹布局商务、产业、游憩、消费等功能和学校、医疗卫生机构、文化体育等场所。进一步推进城乡生产要素双向自由流动和公共资源合理配置,支持环太原盆地城镇环状地区、太原盆地河谷地区、忻定原城镇组团地区、阳泉城郊矿地区开展城乡基础设施项目整体打包一体化建设试点,推动重要的市政公用设施布局向城郊、乡村、产业园区和规模较大的中心镇延伸,大幅提升城乡居民的获得感、幸福感。

三是适度开展前瞻性改革,在经济发展程度最高、联系最为紧密的太原、晋中两市探索建立共建园区和项目的财税分配体制,完善重大经济指标协调划分的政府内部考核制度,明确共建园区内企业主体可同时享受两市扶持政策,企业纳税由两市按比例支配。与此同时,积极布局其他城市毗邻区域的试验区,促进其在成本共担、利益共享机制等方面率先取得突破,为城市群全面改革积累经验。

四是充分利用既有铁路富余能力,谋划开通跨市域列车、城际动车,实施

城际路段扩容工程，打通城际公路"断头路"，加快实现太原都市圈"1小时"、城市群"2小时"通达，为城市群一体化发展奠定坚实基础。

参考文献

王佳丽：《构建"一核两区四轴多组团"开发格局》，《山西经济日报》2024年3月2日，第1版。

《山西省人民政府办公厅关于建立山西中部城市群联席会议制度的通知》，《山西省人民政府公报》2024年第8期。

《山西中部城市群相向而行聚力发展》，《山西日报》2023年5月12日，第6版。

山西省统计局、国家统计局山西调查总队：《山西统计年鉴》，中国统计出版社，2023。

《山西省人民政府办公厅关于印发山西中部城市群高质量发展规划（2022—2035年）的通知》，高平市人民政府网站，2022年11月9日，http://sxgp.gov.cn/xwzx_358/szfwj_1327/202211/t20221115_1700038.shtml。

山西省自然资源厅：《山西中部城市群国土空间规划（2021-2035年）》，2024年1月，http://zrzyt.shanxi.gov.cn/mobile/zwgk/tzgg/202402/P020240221405474800010.pdf。

B.10
合肥都市圈高质量发展的阶段特征及提升路径研究

郝 政 刘志迎*

摘　要： 都市圈是大中小城市协调发展的重要依托。当前，安徽正处于厚积薄发、动能强劲、大有可为的上升期、关键期，区域一体化协调发展是实现经济持续健康发展的重要保障。在推进新发展格局的进程中，合肥都市圈要聚焦圈内各地优势产业，健全协作机制；有序推进产业互补，完善产业分工布局；创新园区合作模式，构建科创赋能体系；畅通要素流动渠道，构建跨行政区合作发展新机制，为高质量协同发展注入新活力。

关键词： 高质量发展　一体化发展　合肥都市圈

自改革开放以来，中国的区域发展伴随城市化进程的整体推进，逐步经历从单一中心城市崛起到多元化跨界发展的转型。在这一过程中，都市圈作为一种空间尺度较小、合作潜力较大、发展诉求更为集中的区域单元，成为促进不同等级城市之间以及城乡统筹发展的关键政策工具。与此同时，都市圈的发展阶段也被视为推动城市群实现高效协同发展的重要环节，是构建区域协调发展新格局的主要抓手。在高质量发展目标指引下，稳步推进都市圈一体化发展，不仅有助于提高区域内部资源要素的空间配置效率，还能为经济社会的可持续健康发展注入新动能。

合肥都市圈作为长三角地区向中西部延伸的战略枢纽以及连接西部地区的

---

* 郝政，博士，中共安徽省委党校（安徽行政学院）讲师，主要研究方向为区域经济；刘志迎，中国科学技术大学管理学院/国际金融研究院教授，博士生导师，安徽省发展战略研究会会长，主要研究方向为创新管理与区域经济。

门户，在区域协同发展中扮演重要角色。近年来，合肥都市圈发展势头强劲，显示出明显的成长型都市圈特征。在其发展历程中，先后经历了初期的重大行政区划调整以及后续的发展空间优化。这一过程中，都市圈的功能不仅得到深化，区域内不同城市间的合作路径与协调机制也得到进一步明确。因此，合肥都市圈的发展模式和实践经验在区域发展研究中具有突出的典型性和重要的示范意义。

从更广泛的意义来看，都市圈的高质量协同发展是实现区域协调发展的重要抓手。一方面，都市圈可以通过加强内部统筹，优化资源要素配置，从而提升区域整体竞争力；另一方面，其发展路径对我国其他地区特别是中西部地区探索区域协调发展新模式具有重要的参考价值。作为长三角一体化发展的重要节点，合肥都市圈不仅为实现"东中西联动"提供了现实支撑，也为构建全国统一大市场、推动区域均衡发展奠定了坚实基础。

一 背景与趋势：合肥都市圈发展的结构变迁

都市圈规划的调整是区域政策持续优化的结果，也是行政权力空间博弈的过程。党的十八大以来，中国区域战略开启"非均衡式协调发展"新时代，并与"均衡式协调发展"战略具有本质区别。合肥都市圈从"扩容"到"瘦身"的结构性变迁，既是市场机制发挥主导作用的结果，又反映了中央和省级层面对区域协调发展的谋划部署经历了一个不断深化认识、掌握规律、实践推进的过程。2020年，习近平总书记在长三角一体化发展座谈会上指出："不同地区的经济条件、自然条件不均衡是客观存在的"[①]"不能简单、机械地理解均衡性"[②]。2022年9月，国家发展改革委要求各地在确定都市圈范围时要坚持实事求是的原则，顺应产业升级、人口流动和空间演进趋势，做到集约高效发展，防止盲目扩张规模。在这一政策背景下，合肥、杭州等都市圈相继

---

① 《新发展阶段的城乡和区域发展》，"光明网"百家号，2020年9月8日，https：//baijiahao.baidu.com/s? id=1677212875301098172&wfr=spider&for=pc。
② 《深刻理解和把握一切从实际出发（深入学习贯彻习近平新时代中国特色社会主义思想）》，央广网，2023年8月24日，https：//news.cnr.cn/native/gd/sz/20230824/t20230824_526394195.shtml。

"瘦身"，一些县级地方单位取代地级市，成为都市圈的组成单元。对于"均衡性"问题的实践认识和理论思考，成为新时期推进区域协调发展相关改革的思想基础。

合肥都市圈作为长三角城市群的重要组成部分之一，地处长江中下游沿江城市带的核心区域，是以合肥为核心构建的经济区域带，也是安徽发展的战略核心区。同时，合肥都市圈还承担支撑中部地区经济发展的增长极功能，不仅反映了都市圈内各参与主体谋求加速发展的共同诉求，也承载着引领"美好安徽"建设、深度融入区域竞争合作体系、推动长三角一体化发展的重要使命。根据《中国都市圈发展报告2021》，我国都市圈按照发展水平可划分为成熟型、发展型和培育型三种类型。其中，京津冀、长三角和珠三角三大城市群集聚了广州、上海、杭州、深圳、北京和宁波6个成熟型都市圈。这些都市圈发展体系完善、经济实力雄厚，对全国经济发展具有重要引领作用。包括合肥、天津、厦门、南京、福州、济南、青岛在内的17个发展型都市圈，主要分布在东部沿海地区和中部地区，虽然与成熟型都市圈相比尚有一定差距，但其发展潜力和后发优势显著。相较之下，呼和浩特、银川、石家庄、大连等11个培育型都市圈则多位于西部地区，这些都市圈发展基础相对薄弱，但在国家区域协调发展战略的带动下逐步呈现较强的成长性。

合肥都市圈作为发展型都市圈的重要代表，在长三角一体化背景下具有独特的区位优势与战略定位。其作为东中西部联动发展的重要枢纽，不仅连接了沿海发达区域与内陆新兴经济带，还在优化资源要素配置、深化区域协同发展中发挥不可替代的作用。通过推动区域协同发展和强化创新能力建设，合肥都市圈的高质量发展有望进一步缩小与成熟型都市圈的差距，并为中部地区探索现代化都市圈建设模式提供实践样本。

从历史发展脉络来看，以2006年省会经济圈建设为起点，从一组时间线、三次跨越，可以一窥安徽在这方面的安排和布局（见图1）。

第一次跨越（雏形阶段）：2006年，"省会经济圈"概念首次提出，当时安徽省委、省政府明确提出合肥要"提高经济首位度，形成具有较强辐射带动力的省会经济圈"，联动沿江和沿淮城市群发展。

第二次跨越（扩容阶段）：由"省会经济圈"到"合肥经济圈"。2008年5月，安徽省政府印发实施《安徽省会经济圈发展规划纲要（2007—2015

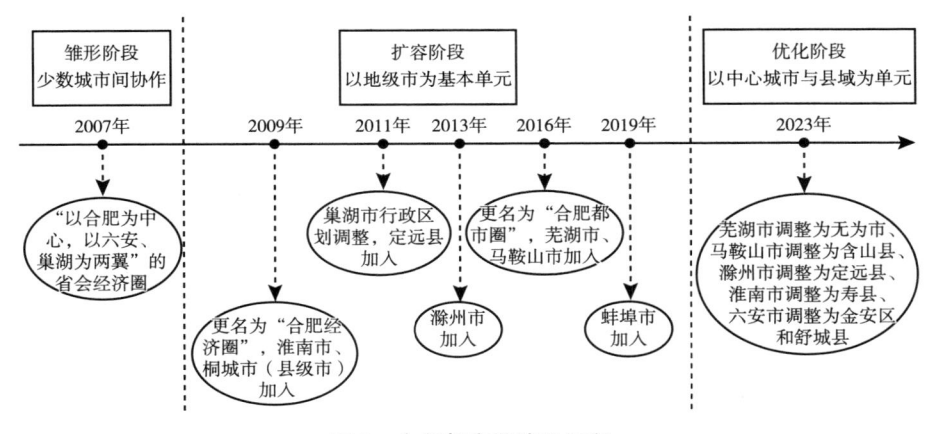

图 1　合肥都市圈建设历程

年）》，提出经济圈总体规划构想。2009 年 8 月，安徽省委、省政府下发《关于加快合肥经济圈建设的若干意见》，正式将"省会经济圈"更名为"合肥经济圈"。

第三次跨越（优化阶段）：推进"合肥经济圈"向"合肥都市圈"战略升级。2016 年 2 月，安徽省十二届人大六次会议提出推动合肥都市圈一体化发展战略。同年 5 月，国务院常务会议审议通过《长江三角洲城市群发展规划》，标志着合肥都市圈上升为国家发展战略。经过 2023 年"瘦身"后，目前合肥都市圈范围包括合肥全域、寿县、定远县、金安区、舒城县、含山县、无为市、桐城市，共"1 个中心城市+7 个县域"，面积为 2.49 万平方公里。

二　成效与差距：合肥都市圈高质量一体化发展状况

历经"雏形—扩容—优化"的建设历程，合肥都市圈高质量一体化发展取得了显著成效，突出表现在以下几个方面。

1. 创新能力持续增强

依托合肥综合性国家科学中心和滨湖科学城建设，合肥都市圈正逐步成长为具有国际影响力的创新高地。在科技创新领域，合肥凭借"国家创新型试点城市""国家自主创新示范区"等多重国家级战略布局，持续提升区域创新能力，其科技创新竞争力位居全国前列。同时，通过"围绕产业链部署创新链"的发展战略，合肥都市圈在推动产业升级与培育新兴产业方面成效显著，加速了科技成果的产业化进程，并强化了区域核心竞争力。

2. 制造业优势突出

自2005年实施"工业立市"战略以来，合肥都市圈逐步形成以高新技术产业和先进制造业为核心的现代化产业体系。特别是在汽车及零部件、装备制造、家用电器制造等领域，合肥都市圈展现出鲜明的产业集群化特征。得益于不断完善的产业链和供应链，相关领域的规模效应显著增强，制造业规模持续扩大，不仅成为区域经济的重要支柱，也为全国制造业高质量发展提供了有力支撑。通过创新能力与制造业体系的"双轮驱动"，合肥都市圈正在从传统工业化路径向创新驱动型经济转型升级，其在全国都市圈发展中的地位也在不断巩固。这种"创新+制造"的发展模式，不仅为合肥都市圈提供了持续增长的内生动力，也为其他发展型都市圈的产业规划与技术创新提供了重要借鉴。

3. 基础设施完善

近年来，合肥都市圈交通基础设施建设取得显著进展，包括铁路、公路、航空和水运在内的综合交通网络不断完善，有效支撑了区域经济的一体化发展。特别是"一小时通勤圈"的构建，大大缩短了区域内城市间的时空距离。

4. 生态环境共保共治

合肥都市圈内各城市共同推进生态环境的保护与治理，通过联合开展跨界河流水污染、大气污染联防联控等措施，实现生态环境质量的整体提升。这种协同治理模式不仅提高了环境治理效率，也为区域可持续发展提供了坚实保障。

5. 公共服务便利共享

在教育、医疗、文化等领域，合肥都市圈内的城市通过深化交流与合作，实现资源的便利共享。例如，通过"一卡通服务网"，居民可以跨市享受交通出行、就医服务、旅游观光等"一站式"服务，极大地提升了群众的生活便利性和满意度。

6. 产业合作协同推进

合肥都市圈内各城市根据各自的产业基础和资源优势，发展特色产业，并通过产业联盟等形式加强合作，形成了优势互补、错位发展的产业布局。特别是在新能源汽车、智能装备制造等新兴产业领域，通过整合圈内资源，合肥都市圈实现产业的强链补链延链。

目前,合肥都市圈经济规模和产业结构如表1和图2所示。

表1 2024年上半年合肥都市圈各地经济规模及产业结构

单位:亿元,%

地区	经济规模及产业结构			
	GDP	第一产业占比	第二产业占比	第三产业占比
合肥全域	6135.44	2.08	35.31	62.61
寿县	129.80	20.88	25.42	53.70
定远县	192.78	19.14	31.02	49.84
金安区	192.97	8.87	32.46	58.67
舒城县	202.05	5.86	50.93	43.20
含山县	137.13	6.15	45.83	48.01
无为市	332.59	5.64	55.07	39.29
桐城市	239.20	8.00	49.00	43.00
合肥都市圈	7561.96	3.53	36.87	59.60

资料来源:各地国民经济和社会发展统计公报。

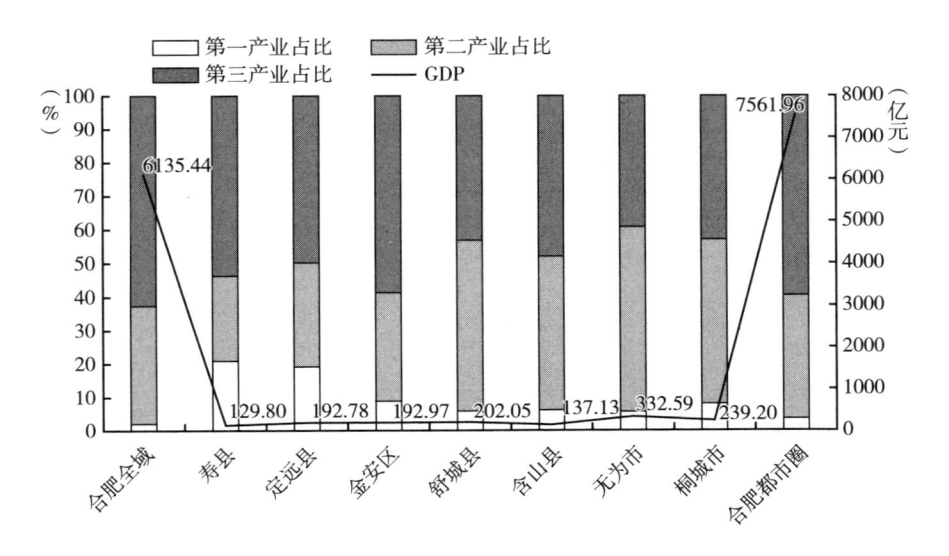

图2 2024年上半年合肥都市圈各地经济规模及产业结构

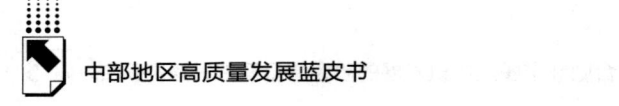

从表1来看，2024年上半年合肥都市圈实现GDP 7561.96亿元，占全省的比重为31.55%，第三产业占比为59.60%，第一、第二产业占比分别为3.53%和36.87%，产业结构整体呈现三二一的分布格局。其中，合肥市作为都市圈核心城市，2024年上半年实现GDP 6135.44亿元，占都市圈生产总值的比重达81.14%。

由图2可知，合肥都市圈目前的产业结构整体较为合理，但城市间差异较大，发展格局的两极分化现象严重。说明城市间协作水平和产业协同发展程度较低，一体化发展能力不足，与政策目标仍有一定的差距。

深入推进都市圈高质量发展，需要紧扣"一体化"和"高质量"这两个关键词，以下是从这两个维度对合肥都市圈发展状况进行的评估。

（一）合肥都市圈高质量发展状况

为更全面反映合肥都市圈及各城市高质量发展成效和不足，基于五大发展理念，本报告构建了合肥都市圈高质量发展成效评价指标体系（见表2）。同时采用熵权-TOPSIS模型对合肥都市圈高质量发展成效进行评估（计算过程省略）。其中，研究时限设定为2009~2023年，所需数据来自相应市县统计年鉴和统计公报，评价指标体系中部分指标以统计年鉴原始数据为基础通过相应计算得到，考虑到数据的可得性，将桐城市剔除。为保持样本一致性，研究对象覆盖扩容阶段的7个地级市，测算结果如图3所示。

表2　合肥都市圈高质量发展成效评价指标体系

维度	指标层	测度指标（单位）	指标属性
创新	创新资金投入	R&D投入（万元）	+
	创新成果产出	专利授权数（件）	+
	创新人才投入	R&D人员数（人）	+
	创新成果转化	技术市场交易额（万元）	+
协调	产业协调发展	产业结构高级化指数	+
	就业协调发展	产业就业偏离指数	-
	城乡协调发展	城乡居民收入差距	-

续表

维度	指标层	测度指标（单位）	指标属性
绿色	城市绿化程度	绿地面积（平方公里）	+
	城市废弃物管理	生活垃圾无害化处理率（%）	+
	废气排放量	二氧化硫排放量（万吨）	−
	经济能耗水平	单位地区 GDP 能耗（吨标准煤/万元）	−
开放	经济开放程度	进出口总额（万美元）	+
	外资利用能力	外商实际投资总额（万美元）	+
共享	财政支持力度	财政支出（万元）	+
	医疗保障程度	万人拥有医生数（人）	+
	公共交通服务	万人拥有公交车辆（辆）	+
	基础设施建设	固定资产投资（万元）	+
	教育投入情况	教育经费投入（万元）	+

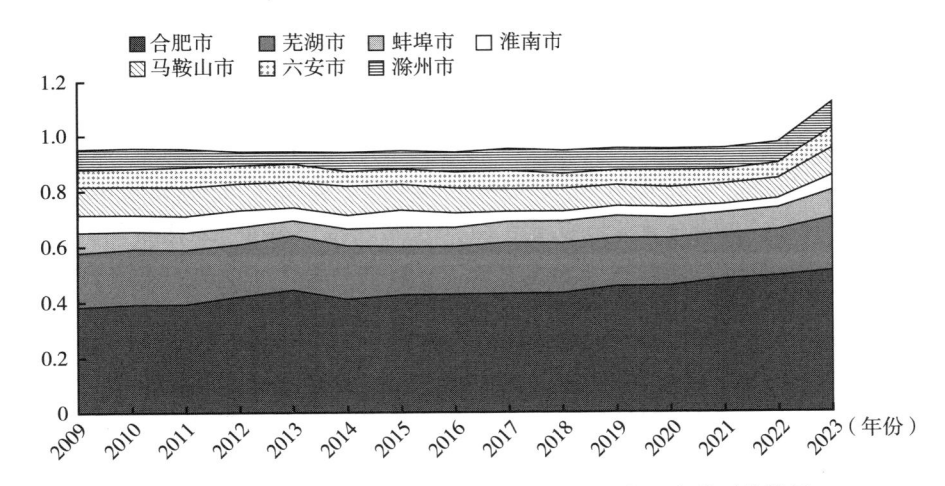

图3 2009~2023年合肥都市圈各城市高质量发展成效测算结果

根据测算结果，合肥都市圈高质量发展成效可大致分为三个梯队：处于第一梯队的是合肥市和芜湖市；第二梯队包括马鞍山市、滁州市和蚌埠市；而六安市、淮南市位于第三梯队。

近年来，合肥市以科技创新塑造发展新优势。通过构建以"两心谷"为支撑的城市创新战略格局，合肥市加快打造量子信息、聚变能源、深空探测科创引领高地，截至2024年底，已成功跻身全球"科技集群"第36位。稳态强磁场水冷磁体运行刷新世界纪录，九韶内核软件、长鑫第五代动态存储芯片等多项技术打破国外垄断，提速建设未来大科学城，5个大科学装置同步建设。新增2家全国重点实验室，6项成果获国家科学技术奖，研发投入强度居省会城市第2位。科技成果转化和科技招商新设立企业1267家。开展"合肥千企万岗请您来"活动，新增就业参保大学生32.6万人，新认定高层次人才7105人，增长1.1倍。"一链一策"实施强链行动，入选国家首批"车路云一体化"试点城市，1~11月新能源汽车产量达122.6万辆，增长81.1%；集成电路、新型显示产业产值分别增长34.0%、22.4%；"灯塔工厂"有6家，居全国第3位。获批通用人工智能等5个未来产业先导区，成立合成生物创新研究院，出台支持低空经济发展10条，入选全国人工智能重点布局城市、首批数据标注基地，城市算力池规模超1.2万P。出台加快生产性服务业高质量发展实施方案，合肥法务区启动运营，新签约研发设计、软件信息、检验检测等重点项目超300个。

测算得分位居第二的是芜湖市，通过持续开展"敲门行动"，芜湖市2024年1~11月新签约亿元以上项目671个，总投资达2306亿元，新开工亿元以上项目393个，总投资达1721.5亿元。争取中央预算内投资、超长期特别国债等各类资金近180亿元，34个项目获批"两重""两新"资金支持。全年举办各类促消费活动600多场，发放消费券1.4亿元，带动社会消费近50亿元。通过聚焦打造"鸠兹科创湾"，组建市科创集团和30亿元科创母基金，推进18个创新园区建设，已建成8个，入驻创新企业300多家。组建奇瑞开阳实验室、启智智能机器人实验室等重大创新平台，国家级创新平台达50个，有4家省级科技领军企业、4家独角兽企业，新入库科技型中小企业3360家，新增专精特新"小巨人"9家，新入职高校毕业生超10万人，万人有效发明专利拥有量达71.9件，全社会研发经费投入占GDP比重达4.28%，居全省首位。在2024国家创新型城市排名中，芜湖市跃居第22位（不含直辖市）。获批筹建低空经济、人形机器人和智能机器人、氢能3个省级未来产业先导区。"东数西算"芜湖集群正式上线，华为云华东数据中心全球开服，抖音火山引擎长三角算力中心等一批项目加快建设。

马鞍山市测算得分排第3位，在经历2017年之前的稳步增长后，其高质量发展增速有所放缓。值得说明的是，滁州市的测算得分位居第四，尤其在

2022~2023年实现较大幅度增长，说明滁州市多年坚持的创新培育取得成效，目前该市已形成包括智能家电、新能源在内的六大支柱产业。

（二）合肥都市圈一体化发展状况

一体化发展的深入推进，强调了地方经济发展与区域合作之间密切联系的重要性。在区域协同发展理论视域下，研究合肥都市圈的产业结构关联性，系统分析各行业的比较优势与发展现状，不仅能够为优化都市圈内部的产业分工提供科学依据，还能为促进区域协作与提升安徽省整体经济竞争力提供重要支撑。这一研究在理论和实践层面均具有重要意义。

采用区位熵与灰色关联分析法，从城市与行业两个维度对合肥都市圈的产业结构进行研究，以全面揭示都市圈内部各城市间的产业联系及其分布特征。采用区位熵方法，可以明确不同城市的产业集聚程度及其在区域经济中的功能定位；而灰色关联分析法有助于挖掘各行业之间的协同效应及其对区域经济发展的贡献程度。两种方法的结合，不仅为定量分析都市圈内部产业结构的演变提供了理论工具，也为优化合肥都市圈的产业链布局与提升区域竞争力奠定了数据基础。

综合来看，采用理论分析与定量研究相结合的方法，系统研究合肥都市圈产业结构的关联性和分布特征，将为其推进高质量一体化发展提供可行路径，同时为其他发展型都市圈的产业分工与协同发展模式探索提供宝贵经验（测算过程省略）。利用《安徽统计年鉴2023》数据计算合肥都市圈城市灰色关联度和各城市分行业灰色关联系数，具体分别如表3和图4所示。

表3 合肥都市圈城市灰色关联度

城市	灰色关联度	排名
合肥市	0.917	2
芜湖市	0.906	3
蚌埠市	0.899	5
淮南市	0.879	7
马鞍山市	0.969	1
六安市	0.902	4
滁州市	0.896	6

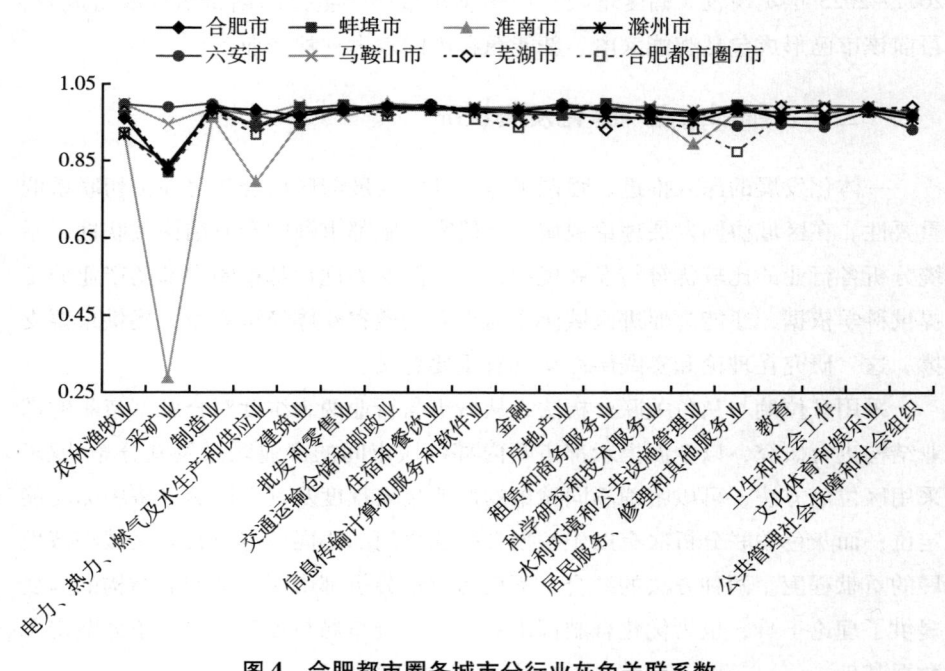

图 4　合肥都市圈各城市分行业灰色关联系数

可以根据地区行业灰色关联系数的大小来判断地区内的行业分布状况。关联系数越大，说明该行业在地区内的分布越均衡；如果地区行业的灰色关联系数普遍较低，则表明该地区的产业结构差异较大。从表3来看，合肥市、芜湖市、马鞍山市、六安市的灰色关联度均超过0.9，说明城市间的产业结构较为一致。蚌埠市、淮南市和滁州市的灰色关联度均小于0.9，其产业结构显示出一定差异。

从图4可以看出，受资源禀赋与环境条件差异的影响，农林渔牧业，采矿业，电力、热力、燃气及水生产和供应业，水利环境和公共设施管理业等在合肥都市圈内的灰色关联系数较低。这表明，这些行业在都市圈内的产业联系相对松散。而在其他行业，灰色关联系数较高，反映出这些行业在合肥都市圈内呈现结构趋近的特征，产业间的差异性不足，总体上存在一定程度的同质化竞争。

尽管合肥都市圈内各城市在产业结构上表现出趋同性，但圈内城市间的产业分工格局正在逐步形成。基于此,未来合肥都市圈应更加注重在协同发展的框架下探索多元化的合作模式,通过实现产业链的深度融合与功能分工,推动圈内各城市形成互为补充的差异化产业布局。具体而言,可以通过强化城市间的优势互补,因地制宜打造各具特色的主导产业,避免陷入产业同构的困境。

综上所述,优化合肥都市圈的产业结构,需要在注重协作发展的同时,有效引导产业分工与定位,提升区域资源配置效率,推动形成既具有整体协同性,又能体现城市特色的产业体系。这一思路对缓解都市圈内城市同质竞争压力、提升都市圈经济竞争力具有重要的指导意义。

三 思路与对策:合肥都市圈高质量一体化发展的提升路径

通过对合肥都市圈发展历程和现状的追踪发现,从基于行政区划调整的刚性尺度重构到基于跨界协作的柔性尺度重构的机制转化,都市圈实现了不同发展阶段、不同地方单位的政策目标调适,但与政策目标之间仍然存在一定差距。需要从协同推进机制、产业分工布局、园区合作模式、科创赋能体系以及要素配置市场等多个方面入手,构建跨行政区合作发展新机制,为高质量协同发展注入新活力。

(一)政策协同,机制共建

政策协同是实现区域一体化发展的基础。当前,合肥都市圈的政策协同面临政策碎片化、机制不健全等问题,需要通过以下方式予以解决。一是进行统一规划。合肥都市圈应制定整体发展规划,将合肥定位为科技创新中心和综合枢纽,六安、滁州等城市定位为生态农业、轻工业基地。例如,近年来滁州市在家电制造和食品加工产业表现亮眼,应进一步明确其在合肥都市圈产业链中的角色,与合肥市的高端制造业形成互补,避免资源浪费。二是完善协调推进机制。设立合肥都市圈一体化发展协调委员会,由各地政府代表和相关专家组成,推动跨市项目协同。例如,滁宁城际铁路开工是跨区域交通合作的成功案例,可进一步通过联席会议机制解决沿线土地开发等后续问题。三是推进政策标准统一。推动区域在行政审批、市场监管、税收优惠等方面实现统一。以市场准入为例，合肥作为试点城市在企业注册环节已实现"一网通办"，建议将此模式推广至都市圈其他城市，减少制度性交易成本，吸引更多外资和高新技术企业。

（二）产业联动，优势互补

高质量一体化离不开产业联动。合肥都市圈各城市在资源禀赋、产业基础上各具特色，但目前产业分工不够明晰，联动发展不足。一是构建产业分工协作体系。合肥作为全国重要的家电、集成电路制造基地，近年来依托长鑫存储等龙头企业，形成集成电路全产业链。建议将部分零部件制造环节转移至六安市和淮南市，充分利用这些城市的土地和劳动力成本优势，同时集中力量攻关关键核心技术，形成区域产业分工协作体系。二是打造产业链协同创新平台。以"合肥—芜湖—滁州"产业合作带为例，通过联合建立人工智能和智能制造研发平台，推动区域产业链协同发展。滁州的家电产业、芜湖的汽车零部件产业与合肥的智能制造产业链完全可以通过创新平台实现深度合作。三是促进产业梯度转移和升级。近年来，合肥的家电龙头企业（如美的、格力）已部分向周边城市布局生产基地。建议通过政府补贴和税收优惠，进一步吸引相关企业在六安、马鞍山等地设厂，形成产业集聚效应。同时，推动传统产业向数字化、智能化转型，促进区域经济整体升级。

（三）交通互联，枢纽共筑

交通是实现都市圈一体化发展的关键纽带。尽管合肥都市圈交通网络已具有一定基础，但仍存在区域间交通互联不足的问题。一是完善综合交通网络。加快建设合肥至周边城市的快速铁路和高速公路，形成"1小时通勤圈"。例如，滁宁城际铁路已有效缩短滁州与南京的通勤时间，可借鉴其经验规划合肥至淮南的城际线路，加强两地之间的通勤和物流联系。二是提升交通枢纽功能。近年来合肥新桥国际机场已成为长三角地区重要的航空枢纽，航线覆盖全国及部分国际城市。建议进一步开通国际货运航线，增强都市圈物流能力。同时，优化合肥港水运网络，实现其与芜湖港功能的协同，推动其与长江经济带深度对接。三是推进智慧交通建设。利用大数据、物联网技术建设智能交通系统。例如，在合肥都市圈内推广"合肥通"交通卡，实现地铁、公交、共享单车的一卡通行，提高出行便捷性。与此同时，通过建设货运物流管理平台，实现区域物流高效畅通。

（四）科教共兴，创新共享

科技和教育资源丰富是合肥都市圈最突出的优势之一，但科技创新成果与周边城市的共享程度仍不高，其需要通过深化合作提升区域创新能力。一是共建科技创新平台。中国科学技术大学、中国科学院合肥物质科学研究院等科研机构为合肥都市圈提供了强大的科研支撑。建议联合周边城市共建产业技术研究院，例如，在淮南市建立能源技术研发中心，集中研发清洁能源技术，为都市圈内外输送科技成果。二是推动科技资源共享。通过区域内的科研仪器设备共享平台，实现科研设备跨市共享。例如，中国科学技术大学的超导磁共振设备可开放给滁州市的医药研发企业使用，降低其创新成本。三是加强人才交流与合作。建议出台合肥都市圈人才交流计划，鼓励高校毕业生到六安、滁州等城市就业，同时制定差异化的人才奖励政策。例如，对在合肥工作的高级科研人才给予住房补贴，对在周边城市就业的高技术技能人才给予税收减免，促进区域内人才的合理流动。

（五）生态共治，环境共保

生态共治是实现区域可持续发展的重要保障。合肥都市圈作为典型的资源型与生态型城市结合区域，需进一步强化生态保护。一是建立联防联控机制。建立区域污染联防联控体系，共同治理淮河流域水污染问题。例如，在合肥市与淮南市设立大气和水环境监测站，实时共享监测数据，快速响应环境污染问题，确保淮河流域的水质安全。二是完善生态补偿制度。对重点生态功能区的城市，如六安市实施生态补偿政策。例如，为鼓励其加强大别山生态保护，省政府可提供专项资金支持，用于发展生态旅游业和环保项目。三是共建绿色生态廊道。在区域内规划建设跨市生态廊道，如沿着巢湖流域建设湿地公园和绿道，打造区域生态休闲旅游带。通过这一举措，既可以改善区域生态环境，又能带动相关服务业发展。

以上五个方面综合措施的实施，可以有效促进合肥都市圈在政策协同、产

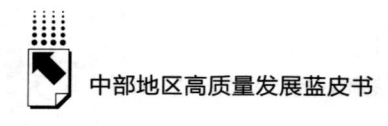

业联动、交通互联、创新共享和生态共治等方面取得显著进展，进一步夯实区域高质量一体化发展的基础。

参考文献

《习近平主持召开深入推进长三角一体化发展座谈会》，《中国产经》2023年第23期。

姚尚建、黄林俊：《都市圈重构下中等城市的边界跨越——基于合肥都市圈建设的案例追踪》，《学术界》2024年第6期。

许成宽：《科创合肥："高地"崛起都市圈》，《安徽经济报》2023年9月19日。

何书瑶、狄斐：《长三角都市圈，远近高低各不同》，《解放日报》2022年6月29日。

宋盛楠：《都市圈一体化下区域协调发展绩效评价》，《江淮论坛》2021年第3期。

黄征学、肖金成、李博雅：《长三角区域市场一体化发展的路径选择》，《改革》2018年第12期。

陈晓华、吴仕嫱：《南京——合肥双都市圈区域空间格局研究——基于城市流的视角》，《华东经济管理》2021年第10期。

刘云中、刘嘉杰：《中国重要都市圈的发展特征研究》，《区域经济评论》2020年第4期。

尹稚等：《培育发展现代化都市圈》，《区域经济评论》2019年第4期。

王青、刘亚男：《长三角六大都市圈经济高质量发展的区域差距及动态演进》，《南通大学学报》（社会科学版）2022年第5期。

B.11
做优做强南昌都市圈研究

麻智辉 汪婷[*]

摘 要： 做优做强南昌都市圈，是新时代江西区域经济发展的必然选择。目前，南昌都市圈存在总体实力偏弱、中心城市引领作用不强、区域发展不平衡、城市化水平差异较大、产业同质化竞争严重、区域内部融合互补不足等问题。必须优化提升南昌市中心城区和赣江新区核心主导地位，打造南昌核心增长极，强化九江、抚州两市中心城区战略增长极功能，强化都市圈产业分工协作，完善立体交通体系，共建科技创新高地，促进要素市场一体化发展。

关键词： 南昌都市圈 一体化发展 南昌核心增长极

都市圈是区域经济的重要增长极，对提升区域竞争力具有重要作用。江西省委十五届四次全会提出实施省会引领战略，要求加快做优做强南昌都市圈，引领带动全省区域经济协调发展，努力在新一轮区域发展格局中赢得主动。南昌都市圈位于我国长江三角洲地区、长江中游城市群、长江经济带的接合部，承东启西、连接南北，是江西发展的核心增长极。做优做强南昌都市圈，有利于优化江西生产力布局，促进区域协调发展，提升中心城市综合竞争力，促进全省经济社会高质量发展，对于江西融入长江中游城市群和长江经济带等国家战略也具有重大意义。

一 南昌都市圈发展现状

（一）南昌都市圈发展历程

2018年7月，江西省委十四届六次全会提出打造"一圈引领、两轴驱动、

---

[*] 麻智辉，江西省社会科学院经济研究所二级研究员，主要研究方向为区域经济；汪婷，江西省社会科学院经济研究所助理研究员，主要研究方向为城市经济。

三区协同"的区域发展新格局,正式提出建设融合一体的大南昌都市圈。

2019年1月,"大南昌都市圈"写入江西省政府工作报告,提出按照"一圈引领、两轴驱动、三区协同"要求,加快构建层次清晰、各显优势、融合互动的区域发展新格局,并编制大南昌都市圈"1+5"发展规划,出台支持大南昌都市圈发展的政策措施。

2019年3月,江西省人民政府办公厅印发《关于支持大南昌都市圈发展的若干政策措施》,从建立协调工作推进机制、构建高质量现代化产业体系、完善互联互通基础设施体系、构建协同高效区域创新体系、形成更高水平全面开放新格局、提升合作共享公共服务水平、打造共治共建生态文明样板、加大要素资源支持力度、强化实施保障等9个方面出台50条措施,全力支持大南昌都市圈发展。

2019年7月,江西省人民政府印发《大南昌都市圈发展规划（2019—2025年）》,确定大南昌都市圈包括南昌市、九江市和抚州市临川区、东乡区,宜春市丰城市、樟树市、高安市、靖安县、奉新县,上饶市鄱阳县、余干县、万年县,以及国家级新区赣江新区。如表1所示,2018年,大南昌都市圈的国土面积为4.69万平方公里,年末总人口为1842.44万人,GDP为10676.05亿元。

表1 2018年大南昌都市圈主要指标

城市	县(市、区)	国土面积（平方公里）	人口（万人）	GDP(亿元)
南昌市	南昌县、进贤县、安义县、东湖区、西湖区、青云谱区、青山湖区、新建区、湾里区	7195	554.55	5274.67
九江市	浔阳区、濂溪区、柴桑区、武宁县、修水县、永修县、德安县、都昌县、湖口县、彭泽县、瑞昌市、庐山市、共青城市	19084	489.68	2860.07
抚州市	临川区、东乡区	3394	157.90	586.25
宜春市	丰城市、樟树市、高安市、靖安县、奉新县	9580	328.98	1424.88
上饶市	鄱阳县、余干县、万年县	7626	311.33	530.18

资料来源：江西省各设区市统计年鉴。

2022年,南昌市主动加强与圈内城市的对接,与抚州市签订昌抚一体化发展合作协议,南昌市9县（区）与丰樟高、鄱余万、奉靖永"一对一"签订结对合作协议。2023年7月13日，南昌九江两市签署《深化昌九一体化发展战略合作框架协议》。

2023年7月22日，江西省委十五届四次全体（扩大）会议通过决议，提出要做优做强南昌都市圈，构建以省会为引领、省域副中心城市为带动、东西城市群为两翼、县域经济为支撑的"一主一副、两翼联动、多点支撑"区域发展新格局。

2023年9月，国务院批复《江西省国土空间规划（2021—2035年）》，提出要做优做强南昌都市圈，增强南昌中心城市功能和区域辐射能力。

（二）南昌都市圈发展成效

2018年7月江西正式提出打造南昌都市圈，从经济总量、产业发展、交通建设、公共服务和体制机制创新等各方面来看，都市圈建设取得明显成效。

1. 都市圈规模不断扩大

2018年，南昌都市圈GDP为10676.2亿元，地方一般公共预算收入为599.07亿元；2023年，GDP提高到14823.2亿元，增长38.84%，占全省的比重达到46.03%，地方一般公共预算收入提高到862.55亿元，增长43.98%，占全省比重为28.19%。中心城市地位更加稳固，2023年南昌市GDP为7212.9亿元，占全省的比重为22.40%，占南昌都市圈的比重为48.66%；地方一般公共预算收入为500.2亿元，占全省的比重为16.34%，如表2所示。

表2　2018年和2023年南昌都市圈经济发展情况

单位：亿元，%

城市	2018年		2023年		增长率
	GDP	占全省的比重	GDP	占全省的比重	
南昌市	5274.7	23.99	7212.9	22.40	36.75
九江市	2860.1	13.01	3845.1	11.94	34.44
抚州市	586.3	2.67	864.2	2.68	47.40
宜春市	1424.9	6.48	2107.6	6.55	47.91
上饶市	530.2	2.41	793.4	2.46	49.64
总计	10676.2	48.56	14823.2	46.03	38.84

资料来源：江西省各设区市统计年鉴。

2. 基础设施互联互通不断加强

铁路方面，随着南昌东站、南昌南站正式开通运行，加上现有的南昌站和南昌西站，南昌市正式进入"一城四站"时代，形成了一座城市四座高铁枢纽站的格局。公路方面，主要的公路客运站有3个，包括徐坊客运站（一级站）、南昌长途汽车站（一级站）、南昌长途汽车西站（一级站）。高速公路呈现"一环八射"格局，一环为南昌绕城高速公路，八射为昌九高速、福银高速（昌抚段）、昌铜高速、沪昆高速、昌栗高速、昌樟高速、昌宁高速和德昌高速，总里程达430公里。交通运输方面，为强化南昌都市圈周边地市交通联系，已开通南昌至共青城、南昌至庐山西海、南昌至鄱阳三条城际公交线路，日均客运量达1700余人，节假日可达3000余人。

3. 产业竞争能力得到大幅提高

南昌都市圈产业结构不断优化，第三产业占比从2018年的43.66%，提高到2022年的46.72%，第一产业占比从6.89%下降到6.44%（见图1）。其中，上饶市的产业结构变化最大，且第三产业的占比提高幅度最大，2018～2022年上饶市产业结构由22.0∶45.8∶32.2调整为19.5∶36.0∶44.6，第三产业占比提高了12.4个百分点。大南昌都市圈发展规划提出，发展金融保险、商务会展、总部经济等现代服务业，打造高端服务业核心集聚区，推进产业体系智能化、数字化、绿色化和服务化，这将促使第三产业进一步发展。

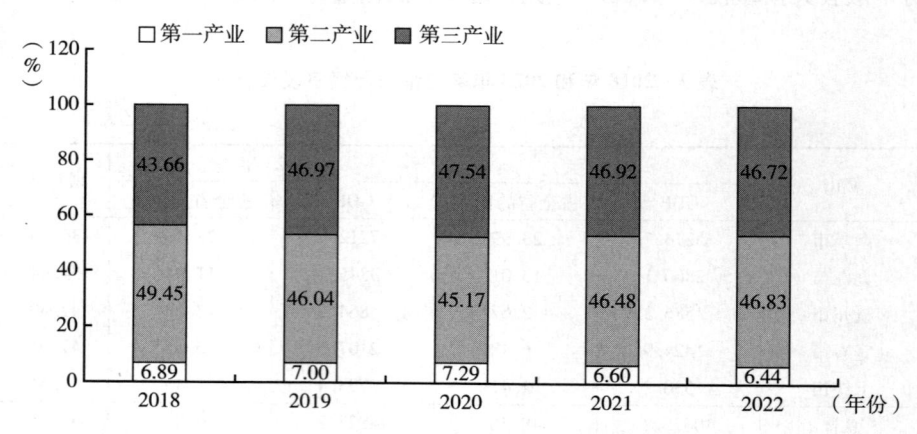

年份	第一产业	第二产业	第三产业
2018	6.89	49.45	43.66
2019	7.00	46.04	46.97
2020	7.29	45.17	47.54
2021	6.60	46.48	46.92
2022	6.44	46.83	46.72

图1 2018~2022年南昌都市圈产业结构

资料来源：根据江西省各设区市统计年鉴数据整理。

南昌都市圈不同城市之间的产业发展具有较强的互补性，形成了不同产业结构和产业发展方向。多样化和差异化的产业结构增强了都市圈产业的竞争力。其中，南昌市制造业聚焦电子信息、航空、汽车及装备制造等重点产业，九江市以打造跨省区域性重要先进制造业基地为目标，抚州市建设南昌先进制造业协作区。都市圈城市区域内主导产业之间关联性较强，产业链供应链体系不断完善。

4. 公共服务共享范围逐步扩大

依托南昌知名医学院校，与高安、樟树等周边城市通过联合办医、异地办分院等方式，在都市圈内布局建设医疗机构；推动五大国家区域医疗中心落地建设，构建市级医疗卫生"4+2+2"新格局；实现参保人员异地就医即时结算。

在南昌都市圈异地互认互贷的基础上，省内职工在南昌购房均可申请公积金贷款。依托数据互联共享平台，南昌都市圈建立住房公积金异地信息交换和核查机制，实现公积金异地贷款购房享受同城待遇。

二 南昌都市圈存在的主要问题

（一）都市圈总体实力偏弱

本报告选取了中部地区长株潭都市圈、武汉都市圈、郑州都市圈和南昌都市圈，西部地区重庆都市圈和成都都市圈，东部地区杭州都市圈进行比较分析。从体量来看，南昌都市圈在年末常住人口、常住人口城镇化率、GDP、人均GDP等主要指标基本处于靠后的位置。2023年，杭州都市圈GDP超4.2万亿元，郑州都市圈、武汉都市圈和重庆都市圈GDP分别达到3.57万亿元、3.36万亿元、3.17万亿元，而南昌都市圈只有14823.2亿元，不到他们的一半。南昌都市圈人均GDP为8.61万元，远低于杭州都市圈的13.78万元和长株潭都市圈的12.15万元。2023年南昌都市圈年末常住人口为1721.89万人，而郑州都市圈超过4000万人，重庆都市圈、武汉都市圈、杭州都市圈、成都都市圈均超过3000万人。2023年，南昌都市圈常住人口城镇化率为67.86%，仅略高于郑州都市圈（见表3）。

表3 2023年我国部分都市圈经济指标比较

都市圈	成员城市	年末常住人口（万人）	常住人口城镇化率（%）	GDP（亿元）	人均GDP（元）	面积（万平方公里）
成都都市圈	成都、德阳、眉山、资阳	3006.40	72.53	27845.30	92620.08	3.30
长株潭都市圈	长沙、株洲、湘潭	1706.63	78.40	20741.72	121536.13	1.89
重庆都市圈	重庆、广安	3514.03	69.37	31658.29	90091.12	3.50
杭州都市圈	杭州、湖州、嘉兴、绍兴、衢州、黄山	3055.20	75.48	42099.05	137794.74	5.30
武汉都市圈	武汉、黄石、鄂州、黄冈、孝感、咸宁、仙桃、潜江、天门	3288.68	69.42	33641.82	102295.81	5.80
郑州都市圈	郑州、开封、新乡、焦作、许昌、洛阳、平顶山、漯河、济源	4684.90	65.76	35725.95	76257.66	5.80
南昌都市圈	南昌、九江、抚州（临川区、东乡区）、宜春（丰城市、樟树市、高安市、靖安县、奉新县）、上饶（鄱阳县、余干县、万年县）	1721.89	67.86	14823.2	86086.80	4.70

资料来源：根据各省设区市统计公报数据整理。

（二）中心城市引领作用不强

省会城市作为都市圈建设的"领头羊"，其经济实力的强弱直接影响产业的集聚和辐射能力。① 省会城市经济首位度是指省会城市GDP占所属省份GDP的比例，一般认为，30%是基准线，超过30%被认为是强省会。从2023年各省会城市的经济首位度来看，南昌作为江西省会，经济首位度仅为22.40%，对全省的引领和带动作用较弱。从全国27个省会城市来看，经济首位度超过30%的有9个，其中，长春和银川超过50%，这9个省会城市是名副其实的强省会，普遍位于中西部地区和东北地区。而中部六省中，南昌的经济首位度仅高于太原，低于武汉、长沙、合肥和郑州（见表4）。

---

① 张双悦：《都市圈规划建设的演化逻辑、面临挑战及推进方略》，《技术经济与管理研究》2024年第4期。

表4 2023年各省会城市的经济首位度

单位：亿元，%

序号	省会城市	省会城市GDP	所属省份	所属省份GDP	经济首位度
1	长春市	7002.10	吉林省	13531.19	51.75
2	银川市	2685.63	宁夏回族自治区	5314.95	50.53
3	西宁市	1801.10	青海省	3799.10	47.41
4	成都市	22074.70	四川省	60132.90	36.71
5	武汉市	20011.65	湖北省	55803.63	35.86
6	西安市	12010.76	陕西省	33786.07	35.55
7	哈尔滨市	5576.30	黑龙江省	15883.90	35.11
8	拉萨市	834.79	西藏自治区	2392.67	34.89
9	海口市	2358.44	海南省	7551.18	31.23
10	兰州市	3487.30	甘肃省	11863.80	29.39
11	长沙市	14331.98	湖南省	50012.85	28.66
12	合肥市	12673.80	安徽省	47050.60	26.94
13	沈阳市	8122.10	辽宁省	30209.40	26.89
14	昆明市	7864.76	云南省	30021.12	26.20
15	贵阳市	5154.75	贵州省	20913.25	24.65
16	杭州市	20059.00	浙江省	82553.00	24.30
17	福州市	12928.47	福建省	54355.10	23.79
18	郑州市	13617.80	河南省	59132.39	23.03
19	南昌市	7212.90	江西省	32200.10	22.40
20	广州市	30355.73	广东省	135673.16	22.37
21	乌鲁木齐市	4168.50	新疆维吾尔自治区	19125.91	21.80
22	太原市	5573.74	山西省	25698.18	21.69
23	南宁市	5469.06	广西壮族自治区	27202.39	20.11
24	石家庄市	7534.20	河北省	43944.10	17.14
25	呼和浩特市	3801.55	内蒙古自治区	24627.00	15.44
26	济南市	12757.40	山东省	92068.70	13.86
27	南京市	17421.40	江苏省	128222.20	13.59

资料来源：各省市的统计年鉴和统计公报。

2023年，南昌都市圈中心城市南昌的市域总人口为656.82万人，占江西的14.55%，城区常住人口有321.6万人（见表5），与我国已批复的13个都市圈核心城市相比，居于末位。由此可见，南昌虽是江西经济和人口的主要集聚地，但与其他中部地区省会城市武汉、长沙、合肥、郑州相比，经济总量差距较大，对周边区域的辐射带动能力较弱。

表5 2023年中部地区省会城市主要指标比较

主要指标	武汉	长沙	合肥	郑州	太原	南昌
GDP（亿元）	20011.65	14331.98	12673.78	13617.80	5573.74	7212.90
省会城市GDP/全省GDP（%）	35.86	28.66	26.94	23.03	21.69	22.40
市域总人口（万人）	1377.40	1051.31	985.30	1300.80	543.50	656.82
市区常住人口（万人）	944.4	520.5	320.4	690.8	418.7	321.6
市域总人口/全省总人口（%）	23.59	16.01	16.10	13.25	15.68	14.55
市域面积（平方公里）	8569	11819	11145	7567	6909	7195
建成区面积（平方公里）	925.97	441.68	506.60	729.12	360.00	376.74

资料来源：根据各省设区市统计公报数据整理。

（三）区域发展不平衡

南昌都市圈城市内部之间发展差异较大。如表6所示，从GDP排名来看，最高的是南昌县，达到1281.09亿元，最低的是靖安县，仅为84.67亿元，GDP超500亿元的县（市、区）有9个。从人均GDP来看，最高的是浔阳区（17.07万元），最低的是鄱阳县（2.73万元），人均GDP超10万元的县（市、区）有10个。从常住人口来看，最高的是南昌县，为153.27万人，最低的是靖安县，为11.90万人，常住人口超100万人的县（市、区）仅有5个，分别是南昌县、新建区、鄱阳县、临川区、丰城市。社会消费品零售总额最高的是西湖区，为445.74亿元，最低的是靖安县，为28.12亿元；从居民人均可支配收入来看，城镇居民人均可支配收入最高的是红谷滩区，为56839元，最低的是鄱阳县，为33791元，城镇居民人均可支配收入超5万元的县（市、区）仅有9个。从公布的数据来看，只有4个县（市、区）农村居民人均可支配收入未达到2万元。可以看出，南昌都市圈地区之间差异较大，区域内部发展不平衡，城镇和农村居民的收入差距较大，常住人口较多的地区对经济总量的贡献度不高。

表6 2023年南昌都市圈经济发展指标比较

县（市、区）	GDP（亿元）	常住人口（万人）	人均GDP（元）	财政收入（亿元）	社会消费品零售总额（亿元）	城镇居民人均可支配收入（元）	农村居民人均可支配收入（元）	按GDP排名
南昌县	1281.09	153.27	103171	84.99	418.86	50595	28732	1
红谷滩区	842.03	65.38	129717	34.88	341.54	56839	25869	2
西湖区	750.35	49.21	152545	24.26	445.74	56139	—	3
丰城市	688.76	102.99	66260	50.83	183.43	46468	25180	4
青山湖区	675.40	88.86	97572	16.55	318.15	55569	29252	5
临川区	626.04	110.66	56539	14.70	174.28	53941	27085	6
高安市	586.91	72.26	80770	31.94	164.71	44277	24296	7
樟树市	510.81	47.36	107317	36.45	140.57	47172	24397	8
东湖区	502.34	41.89	119920	15.93	431.48	56429	—	9
浔阳区	447.10	25.75	170745	7.58	246.70	50400	—	10
青云谱区	433.37	35.44	121265	13.80	329.10	54855	—	11
新建区	390.40	131.04	63508	34.09	196.43	49351	25061	12
濂溪区	378.10	39.82	94952	13.50	140.90	50575	26627	13
进贤县	363.92	64.79	56046	23.25	154.42	46797	26334	14
瑞昌市	334.00	39.06	85509	30.12	110.15	44975	22914	15
鄱阳县	318.79	116.00	27290	15.80	205.37	33791	17113	16
湖口县	315.34	21.83	143668	27.46	73.74	47123	23159	17
修水县	298.20	68.65	43438	15.27	167.56	39253	17131	18
永修县	288.14	30.13	95600	21.70	103.81	45763	24064	19
余干县	266.20	82.23	32373	14.18	118.40	34593	17050	20
东乡区	238.17	37.60	63130	15.52	89.12	47441	25241	21
奉新县	236.47	26.30	107317	36.45	140.57	47172	24397	22
都昌县	225.10	54.55	41348	115.57	122.05	34295	14091	23
万年县	208.40	35.06	59434	16.10	91.91	43311	20205	24
柴桑区	206.60	25.90	79498	13.60	60.60	44972	23363	25
彭泽县	194.78	27.80	70065	18.69	68.60	43053	23102	26
德安县	192.80	16.56	116546	14.80	53.00	47104	24361	27
武宁县	190.00	30.45	62213	14.30	107.00	44740	22724	28
共青城市	182.31	19.53	93289	24.09	72.97	47605	24298	29
庐山市	161.39	22.69	71139	38.23	84.87	42944	21822	30
安义县	142.31	26.95	52981	19.51	34.08	45070	23895	31
靖安县	84.67	11.90	70902	8.41	28.12	40568	20818	32

注：2019年南昌市撤销了湾里区，地域并入新建区，新设立了红谷滩区。

资料来源：2024年江西省情资料手册。

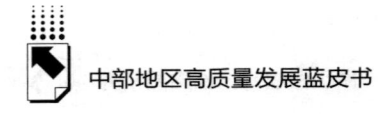

各城市公共资源分布不均衡，无论是教育、文化，还医疗资源，除南昌、九江外，都市圈内其他城市占比都很低，与中心城市南昌、九江存在明显差距。

2023年，南昌有高等院校49所，九江有13所，占都市圈的90%以上。从优质医疗资源分布情况来看，2023年，南昌共有三甲医院23家，九江有7家，合计占南昌都市圈的97%。由此可见，南昌都市圈优质教育和医疗资源高度集中在南昌和九江，对周边城市产生较为明显的"虹吸效应"，促使更多优质要素和资源向中心城区集聚。

（四）城市化水平差异较大

区域一体化发展需要发挥不同城市的作用，促进大中小城市的协同发展。然而南昌都市圈在城镇体系的培育方面，存在先天不足。从人口规模来看，南昌都市圈的城市结构存在断层。都市圈没有特大城市和Ⅱ型大城市，核心城市为Ⅰ型大城市南昌，其他城市规模较小。尽管2016~2023年有城市升级，但都市圈发育程度仍然较低，缺乏特大城市。这导致周边市县规模过小、集聚不足，造成规模经济效应不足、土地资源低效使用等问题。

（五）产业同质化竞争严重

目前，南昌都市圈逐步形成以南昌为核心，九江、抚州为两极的电子信息、装备制造、汽车及零配件、生物医药、新能源新材料等优势产业集群，但区域内各城市主导产业布局相似，发展重点方向大同小异，产业竞争大于合作。产业结构相似系数分析表明，南昌都市圈产业差异化发展不明显，同构现象突出。支柱产业重合度较高，产业布局趋同，在电子信息、汽车、装备制造等多个产业上存在产业"拼抢"、直接竞争现象。

城市圈内主导产业未形成较为完整的产业链上下游集群。大部分县（市、区）产业发展集中在加工组装等低价值环节，且各城市间、县与县之间，以横向分工为主，缺少纵向联系和合理有效的分工合作。例如，南昌、抚州、上饶都在积极布局汽车产业，但多数城市集中在零部件加工制造、整机组装环节和新能源汽车生产，协作配套能力不强，尚未形成合理的产业梯度和紧密联系的产业链。

（六）区域内部融合互补不足

南昌都市圈的 32 个县（市、区），分属南昌市、九江市、抚州市、上饶市、宜春市，区域市场分割问题仍较为严重，在当前体制下各个县（市、区）都按照自己的行政管辖边界进行城市规划，目标都是最大化本辖区范围内的投资和 GDP，而不是最大化整个都市圈范围内的资源配置效率和 GDP，城市规划对接和空间管制、公共服务、重大项目布局、基础设施联通等统筹协调尚处于初级阶段。区域城乡融合和产业融合水平不高，产业高端化、集聚化水平亟待提升。

三 做优做强南昌都市圈的重点

做优做强南昌都市圈，是促进江西经济社会高质量发展的关键。根据《大南昌都市圈发展规划（2019—2025 年）》和江西省十五届四中全会决议提出的思路，本报告认为南昌都市圈的发展重点：优化提升南昌市中心城区和赣江新区核心主导地位，打造南昌核心增长极，构建九江—南昌—抚州和沿沪昆高铁通道两大发展轴，形成"一核一区三走廊"的都市圈区域发展格局。

（一）打造南昌核心增长极

南昌市是协调全省经济发展的总引擎，在都市圈发展格局中具有核心地位、龙头作用。做优做强南昌都市圈，关键是全面提升南昌市综合实力和发展能级，打造南昌核心增长极，从产业发展、科技创新、改革开放、城市建设等方面，引领和带动都市圈其他地区共同发展。要坚持把强省会摆在优先位置，健全省市联动机制，推动科创、资本、人才等先进资源要素向南昌市倾斜，加快把南昌市建设成为有全国重要影响力的综合交通枢纽和区域科技创新中心、金融中心、先进制造业和高品质服务业集聚发展中心。

拓展南昌市空间框架。一方面，通过顶层设计，从省级层面谋划，适度进行行政区划变更，将九江市辖的永修县、上饶市辖的余干县、宜春市辖的高安市划归南昌市管辖，使南昌市人口迅速增加 185 万人，达到 850 万人，土地面积增加 6712 平方公里，达到 13907 平方公里。另一方面，优化内部空间功能布局，南昌县撤县设区，推动南昌市高新区与青山湖区、经开区与红谷滩区融合发展，进一步拓展城市发展空间。

打造区域科技创新高地。把创新摆在现代化建设全局的核心位置，加快推进南昌未来科学城、瑶湖科学岛、航空科创城、VR科创城等建设，着力提升创新发展能级，形成依靠创新驱动的内涵式增长模式，持续强化其在全省科技创新中的核心地位。

提升中心城市品牌形象。加快推进"东进、南延、西拓、北融、中兴"城市发展战略，全面提升城市综合环境和功能品质，大力实施城市更新行动，加快推进城区雨污管网分流改造、老旧小区改造，形成生产空间集约高效、生活空间舒适宜居、生态空间山清水秀的城市发展格局。

（二）联动推进赣江新区发展

明确赣江新区的功能定位，发挥先行先试优势，以体制机制创新为突破口，打破常规，大胆创新，积极参与国内国际"双循环"，不断拓展发展空间，打造都市圈新兴产业发展高地和创新创意之都，建设长江中游新型城镇化示范区、国际先进制造业基地建设先行区、引领全省高质量发展的创新策源地和战略制高点，打造绿色金融与实体经济融合发展示范区。

统筹推进重点领域改革。积极争取省政府赋予赣江新区更大改革自主权。探索不同产业用地类型的合理转换途径，加快出台中医药科创城混合产业用地管理办法，实现创新型企业在单宗土地上研发、办公、生产的一体化集成。持续推动绿色金融改革创新和普惠金融发展示范区建设，创新多元化普惠金融产品，加大信用贷款投放力度，全力拓展普惠金融覆盖面和提高企业信贷可得性。完善绿色金融标准体系，开展绿色票据试点，制定了全国首个绿色票据标准，加快22项绿色金融创新案例在省内外复制推广。

打造"1+3"产业体系。"1"即生物医药产业，聚焦中医药、生物医药、大健康等领域，以中国（南昌）中医药科创城的建设为契机，做强做优做大中医药产业。"3"即电子信息、高端制造、现代服务业。电子信息产业聚焦5G基础设施、移动终端、平台（智慧交通、智慧城市、智慧医疗）等领域。高端制造聚焦智能制造系统解决方案、增材制造、医药装备制造等领域，加快承接优质高端智造产业企业。加速谋划布局未来产业新赛道，抢抓人工智能、生物技术、新能源等产业新风口，奋力打造"千亿产业+千亿园区+百亿企业"的产业发展格局。聚焦绿色金融、创意设计、大健康等重点领域，加快推进现代服务业发展，为赣江新区产业发展提供支撑。

提升科技创新发展水平。建设高水平创新平台。实施科创平台集聚工程，深度参与"赣江科创大走廊"建设，推动国家重大战略项目、科技创新2030重大项目在赣江新区布局，谋划建设一批研发中心、技术创新中心、重点实验室、院士工作站等重大科技创新平台，加快推进省级重点科创平台建设。打造一批国家级、省级科技企业孵化器、众创空间、星创天地。依托省内知名高校，打造具有全国影响力的昌北高校科创谷。推进高层次创新平台建设，对接G60科创走廊和粤港澳科创走廊等创新高地，加快共建国科医药工程技术研究院等科技创新载体，提升区域协同创新水平。搭建科技交流平台，建设高企入昌、名校名所江西行、成果转移转化大会以及创新论坛等合作交流平台，推动赣江新区成为全国科技创新的引领者和创新网络的重要节点。

推进开放型经济高质量发展。紧扣新区"6510"行动计划和"盘活资源、完善配套、做强产业、聚集人气"的目标要求，充分发挥产业链招商、资本招商、数字化招商、以商招商等优势，集中力量引进一批符合新质生产力发展要求的"大好优"项目。支持中小外贸企业开拓国际市场，组织外贸综合服务平台提供上门服务。鼓励企业参加线上线下各类展会，充分运用展会平台功能，促进国际经贸交流。帮助企业用好RCEP关税减让、原产地累积、贸易便利化等优惠政策，推动赣江新区企业深化与RCEP成员国的经贸合作。加大对生产型企业及外贸新业态支持力度，支持外贸综合服务平台及跨境电商发展。鼓励外贸企业进行技术创新和增加研发投入，提高产品附加值和竞争力。支持跨境电商产业园建设，探索开展跨境电商所得税核定征收。推动企业布局海外仓，发展外贸新业态。鼓励赣江新区外贸企业积极开展"线上线下"相结合的业务模式，借助知名跨境电商平台进行线上推广和线上交易。

（三）推进昌九走廊、昌抚走廊和沪昆高铁走廊建设

1. 昌九走廊

依托京九铁路、昌九城际铁路、昌九高速和昌九大道，连接南昌市、九江市中心城区，一头以南昌市中心城区为中心，充分发挥南昌市的示范引领和辐

射带动作用，推动南昌市城区内优外拓，联动辐射周边南昌县、安义县、进贤县，构建都市圈纵向发展的战略主轴，形成以赣江为主轴的"一江两岸五组团"的现代化大都市发展格局。另一头以九江市中心城区为核心，强化长江沿岸城镇发展和资源要素集聚，沿江联动瑞昌市、九江市、湖口县、彭泽县，形成沿江城镇发展带；向南联动德安县、共青城市、永修县、庐山市、都昌县，形成昌九城镇发展带。

2. 昌抚走廊

依托南昌市、抚州市等中心城市，以工业园区为载体，以提高产业集聚度和关联度为重点，发挥南昌市和抚州市中心城区的集聚和辐射功能，加强两地在新能源汽车及零部件、数字经济、生物医药、新能源新材料等产业链上的合作，加快推进昌抚合作示范区建设，合力打造以"一小时经济圈"为中间骨干的"哑铃"形工业经济体系，逐步形成抚州市城区向南昌市靠拢，县城向抚州市靠拢，产业沿昌抚高速公路、向莆铁路布局的发展格局。

3. 沪昆高铁走廊

依托沪昆高铁走廊，发挥南昌市、抚州市引领带动作用，提升东乡区、进贤县城、南昌县城、高安市等沿线主要节点区域功能，构建都市圈横向发展的战略主轴。着力建设沪昆（江西）新材料产业带、新能源产业带、装备制造产业带，带动形成一批推动全省经济两翼齐飞的特色优势产业板块。支持南昌市、抚州市及高安市等地发展数字产业、电子信息、新能源汽车、生物医药、建筑陶瓷、节能环保、航空制造、特色农产品加工等产业，建设先进制造业基地，打造全省产业转型升级样板区、数字产业集聚区、绿色产业集聚区。

四 加快做优做强南昌都市圈的路径

（一）构建完善的都市圈立体交通体系

提升南昌昌北国际机场、九江庐山机场服务效能，加快推进抚州赣东南机场建设，推动通用机场在南昌、九江、抚州等市及丰樟高、奉靖、鄱余万组团多点布局，高标准建设共青城低空经济综合示范区。

提升南昌都市圈铁路网承载能力，加快推进昌九高铁建设，加快建设以南昌都市圈城市轨道交通为主体的通勤铁路网。依据城市圈内各地客运强度及实际服务效果，适时启动南昌与周边市县的轻轨建设，适度将南昌地铁线路向周边的永修县、共青城市、高安市延伸，加快建设串联南昌、九江、抚州各城市中心城区及主要功能区、功能节点的市郊铁路系统，尤其要满足各城市间的通勤、商务等出行需要，提高各城市间的联系强度，增强都市圈的整体承载能力。[1]

全面提升南昌都市圈公路网承载能力。以南昌市区为中心、各县市城区为节点，加快建设高等级快速公路网络，推进都市圈范围公路快速化、城市道路化。积极推进南昌西二环高速公路、九江城市快速路、南昌三清山大道南延至南外环高速对接丰厚一级公路立交枢纽等工程建设。优化增设南昌至九江、抚州及丰樟高、奉靖、鄱余万组团公交线路。

（二）强化产业分工协作

强化都市圈经济发展协同治理能力。[2] 产业一体化是实现南昌都市圈一体化的基础。促进都市圈产业协同发展，强化南昌市龙头带动作用，推动南昌中心城区产业高端化发展，促进南昌、九江等中心城市主导产业与都市圈各县市形成优势互补的产业分工体系，推动产业链向上下游延伸。提升南昌、九江、抚州中心城区产业创新发展能力，推动先进制造业与现代服务业深度融合、数字经济与实体经济深度融合，将丰樟高、奉靖、鄱余万组团打造为南昌、九江、抚州工业高质量转移的承接区，协同推进南昌、九江、抚州等地产业发展，把部分产业从南昌、九江等市分离出去，在周边县市形成飞地园区，实现差异化发展。鼓励都市圈龙头企业开放产业链和供应链，带动形成专业化分工协作体系，构建高水平产业发展生态圈。[3]

---

[1] 张绍乐：《中部地区都市圈建设的现实困境与国际经验借鉴》，《区域经济评论》2023 年第 5 期。
[2] 潘昭宇等：《都市圈经济发展协同治理研究》，《宏观经济管理》2023 年第 12 期。
[3] 石敏俊、孙艺文：《中国都市圈的产业分工与功能协同分析》，《地理学报》2024 年第 10 期。

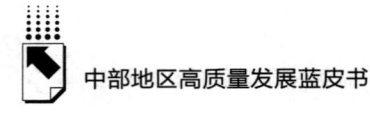

共同推进制造业高质量发展。① 构建南昌都市圈先进制造业协作区，培育壮大南昌、赣江新区智能装备、电子信息、航空装备、有色金属、虚拟现实、LED照明等优势特色产业，推动九江石油化工、现代纺织、电子电器、新材料、新能源五大千亿产业集群和抚州生物医药、汽车及零配件、新能源新材料、现代信息四大主导产业发展，促进南昌、九江、抚州重点产业链的各环节、各领域向圈内各县市延伸。

合力发展现代服务业。加快开展先进制造业与现代服务业融合发展试点。发展金融保险、商务会展、总部经济等现代服务业，打造高端服务业核心集聚区，加快建设九江八里湖、赛城湖现代服务业集聚区，推动建设抚州国际化全域生态文化旅游和康养产业发展高地，打造区域性物流中心。

（三）共同建设科技创新高地

充分利用城市圈科技创新平台，聚焦核心技术研发，培育原始创新成果。充分发挥赣江新区示范引领作用，加快赣江两岸科创大走廊北拓南延，高标准打造中国（南昌）科学岛，统筹推进南昌航空、中国（南昌）中医药、南昌VR、九江—抚州数字经济四大科创城建设。依托南昌大学、江西理工大学、南昌航空大学、东华理工大学、江西财经大学等高等院校和国家大学科技园，与江西铜业集团、双胞胎集团、泰豪集团等全国500强企业合作，建立产学研用协同创新体系。

（四）打造开放合作新高地

加快制度创新步伐，高水平建设南昌保税区、九江保税区，推进南昌、九江跨境电子商务综合试验区建设，支持抚州市申报国家级跨境电子商务综合试验区，共同发展跨境电子商务等新业态。进一步推进南昌市进贤医疗器械科技产业园国家外贸转型升级基地、南昌市青山湖区国家外贸转型升级基地（纺织服装）、南昌小蓝经开区国家外贸转型升级基地（汽车及零部件）、南昌高新区国家外贸转型升级基地（电子信息）、九江经济技术开发区国家外贸转型升级基地（电子电器）建设。

---

① 方创琳：《新发展格局下的中国城市群与都市圈建设》，《经济地理》2021年第4期。

（五）共同推进文旅一体化发展

共建都市圈非物质文化遗产目录，加大南昌采茶戏、南昌瓷板画、赣剧、湖口青阳腔、瑞昌剪纸、修水全丰花灯、星子金星砚制作技艺、湖口草龙制作技艺、武宁打鼓歌、丰城花钗锣鼓、丰城岳家狮、高安采茶戏、樟树药俗、樟树中药炮制技艺等品牌传播力度。联合建设长江（九江）国家文化公园、戏曲文化（抚州）生态保护实验区、中医药文化（樟树）生态保护实验区等，实施赣鄱文化研究工程，充分发挥都市圈的品牌带动效应。[①]

共建统一的文化旅游市场，打造世界级文化旅游目的地。建立都市圈旅游发展协同机制，推出跨区域旅游一卡通，共同提升"滕王阁""浔阳楼""琵琶亭""绳金塔""八一起义""临川戏剧""避暑胜地庐山""白鹿洞书院""东林寺""石钟山""万年稻作""四特酒"等文化标识影响力，打造文旅知名品牌。

（六）促进都市圈要素市场一体化发展

创新体制机制，打破行政界线，科学构建都市圈协同发展机制。统一市场准入标准，铲除都市圈内区域合作的各种障碍，打破地区封锁的格局，在都市圈范围内统一工业制品、农产品质量标准、检验检测标准和认证标准，互相认同对方的鉴定结果，促进商品自由流通，使商品、资金、劳动力和人才、技术、产权、信息等实现无障碍流动。

推进公共服务共建共享。鼓励都市圈内开展多层次多模式合作办学办医，支持有条件的中小学和三级医院推进集团化办学办医，开展远程教学医疗和医护人员异地交流；进一步促进优质教育资源共建共享，推动都市圈成员开展课程合作开发、教师培训互动、学生交流访学。鼓励都市圈城市共建养老机构，加快城市设施适老化和无障碍改造。建立住房公积金异地信息交换和核查机制，推行住房公积金转移接续和异地贷款。

---

① 张学良、林永然：《都市圈建设：新时代区域协调发展的战略选择》，《改革》2019年第2期。

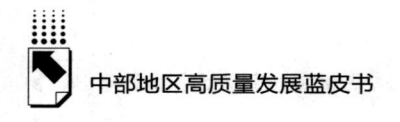

参考文献

孙红玲：《中心城市发育、城市群形成与中部崛起——基于长沙都市圈与湖南崛起的研究》，《中国工业经济》2012年第11期。

《江西省人民政府关于印发大南昌都市圈发展规划（2019-2025年）的通知》，江西省人民政府网站，2019年7月11日，https://www.jiangxi.gov.cn/art/2019/7/30/art_4968_707538.html。

B.12
郑州都市圈现代化建设：现状与对策

庞玉萍　王苗苗*

摘　要： 郑州都市圈是在郑州大都市区的基础上演变而来的。进入新时代，郑州都市圈取得了较快的发展，交通通勤圈基本建成，现代化产业体系日趋完备，装备制造、电子信息、现代食品等产业集群规模扩大，新能源及智能网联汽车、氢能及储能等战略性新兴产业和未来产业发展迅速，郑开同城化建设积极推进。本报告在梳理郑州都市圈发展历史沿革与现状的基础上，提出郑州都市圈在中心城市核心竞争力不强、辐射带动力有限，都市圈创新动能支撑不足，产业协同发展效应较弱，市场一体化机制不健全等方面的问题，并对培育现代化郑州都市圈提出以下建议：强化中心城市核心竞争力、提升其能级与辐射效应，协同建设都市圈现代化产业体系，加快都市圈市场一体化建设，推进都市圈公共服务共建共享，建设具有国际影响力的现代化都市圈。

关键词： 郑州都市圈　都市圈通勤　产业分工协作　市场一体化　公共服务共建共享

一　郑州都市圈的发展历史沿革

郑州都市圈以郑州为中心，由与郑州1小时通勤范围内的周边市和县（市、区）共同组成，主要包括郑州市，开封市，许昌市，新乡市市辖区、新乡县、获嘉县、原阳县，焦作市市辖区、修武县、温县、武陟县，洛阳市偃师区，平顶山市郏县，漯河市临颍县，面积约2.6万平方公里，2022年底常住

---

* 庞玉萍，博士，郑州大学商学院副教授，主要研究方向为区域经济；王苗苗，郑州大学商学院硕士研究生，主要研究方向为区域经济。

人口约2858.00万人。洛阳市市辖区（除偃师区）、平顶山市市辖区、漯河市市辖区、济源市及都市圈周边县（市、区）作为郑州都市圈紧密协作层，与郑州都市圈协调联动发展，形成"主副协同、区域统筹、圈层一体"的总体发展格局。郑州都市圈及其紧密协作层区域面积约5.88万平方公里，2022年底常住人口约4672.95万人。

郑州都市圈是随着国家区域战略调整、河南省区域一体化建设而逐步形成的，大致经历了以下几个阶段。

（一）传统省会城市时期（1954~2002年）

1954年10月，河南省省会由开封迁到郑州。经过两个五年计划的建设，郑州市形成了以纺织、机械、烟草、冶金、化工、食品等行业为主的工业基本框架，成为全省政治、经济、文化、对外交流的中心，省会功能不断加强。改革开放后，郑州市建设进入新时期。到20世纪90年代，郑州市区已有6个销售额超亿元的大型商厦，以及郑州粮食批发市场、贸易中心货栈和药材市场等多个全国性大宗商品交易场所，成为名副其实的"商城"。郑州高新技术产业开发区是国务院批准的第一批国家级高新区。郑州市地区生产总值在全省的占比从1955年的6.25%提升至1997年的14.21%。1998年，《郑州城市总体规划（1995年至2010年）》将郑州定位为陇海—兰新地带重要的中心城市、全国重要的交通枢纽、著名商埠，郑州城市发展目标开始由"商贸城"向"区域中心城市"调整。

（二）中原城市群核心城市时期（2003~2018年）

2003年，《河南省全面建设小康社会规划纲要》正式提出"中原城市群"概念，并实施以郑州为核心的"中心城市带动战略"。2006年，河南省政府提出"郑汴一体化"，规划建设郑汴产业带，同时提出推进"郑新一体化""郑许一体化"建设。2011年，《国务院关于支持河南省加快建设中原经济区的指导意见》出台，首次在国家层面明确提及"加快郑汴一体化进程"，将郑汴新区列为中原经济区"三化"协调发展先导区。2016年底，国务院正式批复《中原城市群发展规划》，发展空间布局为"一核四轴四区"，"一核"就是郑州大都市区。2017年1月，《国家发展改革委关于支持郑州建设国家中心城市的指导意见》印发，要求郑州引领大都市区建设，加快与开封、新乡、焦作、许昌等城市的融合发展。这一时期，郑州市以建设中原城市群核心城市为目标，各方面发展取得质的飞跃。郑州市统计局数据显示，2018年郑州市地区生产总值突破万亿大关，达10670.1亿元，在全省的占比提升至21.37%，有力带动了中原城市群的快速发展。

（三）郑州都市圈时期（2019年以后）

郑州都市圈是在郑州大都市区的基础上演变而来的。2019年8月，《郑州大都市区空间规划（2018—2035年）》出台，明确提到随着郑州辐射带动能力和郑州大都市区一体化水平的不断提升，会逐步将开封市、新乡市、焦作市、许昌市所辖县（市、区）等纳入郑州大都市区，形成网络化、组团式、集约型的大都市区空间体系。2020年9月，中原城市群建设工作领导小组办公室印发《2020年郑州都市圈一体化发展工作要点》，提出郑州与开封、新乡、焦作、许昌五城要联合抓好规划共绘、交通共网、生态共治、产业共链、设施共建、合作共享"一体系五工程"，发挥好"团战"优势。2021年4月，《郑州都市圈交通一体化发展规划（2020—2035年）》提出打造"轨道上的都市圈"。此时的郑州都市圈包括郑州、开封、新乡、焦作、许昌五市市域，即"1+4"模式。2021年12月，中共河南省委宣传部在"奋进新征程 中原更出彩"主题系列新闻发布会上，首次公开宣布将洛阳、平顶山、漯河、济源四市纳入郑州都市圈，打造"1+8"模式。至此，郑州都市圈总面积达到5.88万平方公里，常住人口达4670万。2023年10月，国家发展改革委批复《郑州都市圈发展规划》，调整郑州都市圈规划空间范围，在"1+8"的基础上有所缩小。

二 郑州都市圈的发展现状与突出问题

（一）郑州都市圈发展现状

1.郑州都市圈的整体状况

郑州都市圈处于成长阶段。清华大学中国新型城镇化研究院把我国29个都市圈划分为成熟型、发展型和培育型等3个层级，并把郑州都市圈归类于发展型都市圈。河南省社会科学院课题组将国内都市圈划分为形成培育、加速成长、调整优化和成熟稳定等4个阶段，郑州都市圈处于加速成长的中期阶段，处于这一时期的还有武汉、长沙、西安等都市圈，西宁、南宁等都市圈处于形成培育与加速成长的交汇期。《中国城市发展潜力排名：2023》将国内34个都市圈分为成熟型、发育型、起步型3类，上海、北京、南京等7个都市圈为成熟型，武汉、长株潭、郑州、重庆等19个大都市圈为发育型，南昌、兰州、哈尔滨等8个都市圈为起步型。总体来看，郑州都市圈处于成长阶段。

郑州都市圈在消费腹地、枢纽经济、产业供给以及对外开放方面具有优势，但劣势也较为明显，整体经济规模偏小、居民收入和城镇化水平较低、战略性新兴产业和未来产业发展存在短板、优势产业并不突出。

从国家已批复的10个都市圈来看，郑州都市圈的人均地区生产总值居倒数第三位，仅仅高于西安都市圈、沈阳都市圈（见表1）。2022年，郑州都市圈的人均可支配收入为32706元（见表2），郑州市居民人均可支配收入为41049元，而同期全国居民人均可支配收入达36883元，城镇居民人均可支配收入达49283元，① 可见郑州都市圈居民收入偏低。这一现象从全国城市工资水平的资料中也可以得到佐证。根据智联招聘发布的2022年第四季度《中国企业招聘薪酬报告》，郑州居民平均月薪为9337元，在全国38个核心城市中排名第23。工资水平低，可支配收入少，即使存在本地市场人口优势，但也难以转化为真正的消费能力。

郑州都市圈城镇化水平较低。2022年，郑州都市圈整体的城镇化水平为66.69%（见表2），而同期全国城镇化率达65.22%。开封、许昌等城市城镇化率未达到全国平均水平。

人口资源优势逐渐消失。首先，人口总量减少。与2021年相比，2022年郑州都市圈的人口呈现净流出态势，仅有郑州、洛阳、焦作存在人口净流入，人口净流出数量多于净流入数量。2020年，9城市人口总数为4700万人，2022年减少为4673.0万人。其次，老年人占比增加。2020年郑州都市圈的老年人占比为12.47%，2022年占比升至13.4%（见表2）。最后，人才流失严重，每年吸引外地到郑州工作的毕业生远远少于在郑州上学而到外地工作的毕业生。

---

① 《去年全市居民收支稳步增长》，郑州市人民政府网站，2023年3月28日，https://www.zhengzhou.gov.cn/news1/7026182.jhtml；《2022年居民收入和消费支出情况》，国家统计局网站，2023年1月17日，https://www.stats.gov.cn/sj/zxfb/202302/t20230203_1901715.html。

表 1 已获批的国家级都市圈情况

都市圈	获批时间	面积（万平方公里）	人口（万人）	地区生产总值（亿元）	人均地区生产总值（万元/人）	主要成员城市
南京都市圈	2021年2月	2.7	3468.04	48952.40	14.12	江苏省南京市、镇江市、扬州市、淮安市、常州市金坛区、溧阳市，安徽省芜湖市、马鞍山市、滁州市、宣城市
福州都市圈	2021年6月	2.6	1510.70	18307.04	12.12	福州市、莆田市、宁德市蕉城区、福安市、霞浦县、古田县，南平市延平区、建阳区、建瓯市部分地区、平潭综合实验区
成都都市圈	2021年11月	2.64	3102.20	26218.08	8.45	成都市、德阳市、眉山市、资阳市
长株潭都市圈	2022年3月	1.89	1699.44	20280.45	11.93	长沙市、株洲市中心城区、醴陵市、湘潭市
西安都市圈	2022年4月	2.06	2600.81	19920.45	7.66	西安市、咸阳市秦都区、渭城区、兴平市、三原县、泾阳县、礼泉县、乾县、武功县，铜川市耀州区、渭南市临渭区、华州区、富平县，杨凌示范区
重庆都市圈	2022年8月	3.5	1391.69	15179.35	10.91	重庆市主城都市区21区，四川省广安市
武汉都市圈	2022年12月	3.2	3333.56	32202.77	9.66	武汉市、黄石市、鄂州市、孝感市、黄冈市、咸宁市、仙桃市、天门市、潜江市
杭州都市圈	2023年1月	2.2	3030.60	39699.19	13.10	杭州市、湖州市、嘉兴市、绍兴市、衢州市、黄山市
沈阳都市圈	2023年2月	2.3	2198.40	13641.20	6.21	沈阳市、鞍山市、抚顺市、本溪市、辽阳市、铁岭市、阜新市，沈抚改革创新示范区
郑州都市圈	2023年10月	2.6	2858.00	22792.26	7.97	郑州市、开封市、焦作市、许昌市、新乡市辖区、武陟县、获嘉县、原阳县，平顶山市郏县、洛阳市偃师区、温县、修武县，漯河市临颍县

资料来源：《中国统计年鉴2023》及作者整理。

优势产业不突出，战略性新兴产业较少，外贸进出口主要依靠少数合资企业，受国际局势影响较大。2022年，郑州都市圈进出口贸易总额、游客接待量较前几年大幅下降，分别从2020年的12411亿元、90745万人次降至7401.10亿元和45147.52万人次（见表2），下降了40.4%和50.3%。

表2　2022年郑州都市圈及其各成员城市数据资料

	区域面积（平方公里）	常住人口（万人）	较上年新增人口（万人）	地区生产总值（亿元）	不变价地区生产总值增幅（%）	第三产业占比（%）	人均地区生产总值（元）
郑州	7567	1282.8	8.60	12934.70	1.0	58.6	100832
开封	6266	469.4	-8.90	2625.11	4.3	47.0	55925
洛阳	15230	707.9	1.00	5675.20	3.0	51.9	80169
平顶山	7882	496.1	-0.70	2839.33	4.1	46.5	57193
新乡	8249	616.6	0.50	3463.98	5.3	46.4	56156
焦作	4071	352.4	0.01	2234.78	3.3	53.0	63425
许昌	4879	438.1	-0.10	3746.80	1.8	42.9	85524
漯河	2692	236.6	-0.40	1812.90	5.2	47.2	76558
济源	1931	72.9	-0.10	806.22	4.4	35.8	110517
都市圈	58767	4673.0	-0.09	36139.02	2.7	51.5	77337

	人均可支配收入（元）	一般财政公共预算收入（亿元）	城镇化率（%）	游客接待量（万人次）	进出口贸易总额（亿元）	城市道路长度（公里）	老年人占比（%）
郑州	41049	1130.80	79.40	8949.28	6069.70	2604.82	9.8
开封	25945	199.00	53.53	4923.00	94.50	814.71	15.3
洛阳	31586	398.20	66.48	8000.00	209.20	1250.87	14.0
平顶山	28120	225.93	55.08	3353.10	57.50	644.61	14.4
新乡	28909	227.03	59.01	3057.37	154.70	610.91	14.2
焦作	31474	169.60	64.35	1088.00	203.80	1013.79	14.6
许昌	30320	203.90	55.18	11448.42	259.50	1217.92	16.0
漯河	29632	131.90	56.50	3887.25	51.40	566.12	17.2
济源	33902	66.80	68.47	441.10	300.80	250.30	13.9
都市圈	32706	2753.16	66.69	45147.52	7401.10	8974.05	13.4

资料来源：《河南统计年鉴2023》。

2. 都市圈交通通勤圈初步形成

在交通连接方面,郑州都市圈具有得天独厚的优势。京港澳、连霍等8条国家级高速公路穿境而过,郑云、郑少、郑民等高速公路辐射效应明显。随着郑万高铁、济郑高铁的开通,"米"字形高速铁路网建成,郑州从"四通"走向"八达"。郑开、郑焦、郑机、机场至郑州南站等城际铁路开通运营,郑许市域铁路正在加快建设,郑州与都市圈内部其他城市的1小时通勤圈将近完成。郑机城际实现半小时一班公交化运营,郑焦城际开行列车加密至30~40分钟一班,郑开城际延长线启动实施,南四环至郑州南站城郊铁路一期开通运营,城郊铁路二期正在加快建设。郑州至平原城乡一体化示范区公交开通运营,公交互联互通、交通智能化管理初见成效。

3. 都市圈现代化产业体系发展迅速

产业规模持续壮大。党的十八大以来,郑州都市圈地区生产总值从2012年的17426亿元跃升至2022年的36139.02亿元,增加18713.02亿元,增长1.07倍,占全省经济总量的比重由58%升至62.09%;工业增加值从2012年的8736亿元跃升至2022年的12185.95亿元,增加3449.95亿元,占全省工业增加值的比重由67.89%降为62.19%,对全省经济增长具有重要贡献作用。郑州市智能手机产量从2012年的6300万台增长到2023年的1.4亿余台,约占全球的1/9。

产业结构逐步优化。2012年以来,郑州都市圈产业结构持续优化,传统产业和高耗能企业数量下降,同时高新技术产业、战略性新兴产业蓬勃发展,未来产业正在培育成长。郑州都市圈的电子信息产业具有一定的竞争优势,先后培育了河南长城计算机系统有限公司、浪潮(郑州)计算机科技有限公司、紫光计算机科技有限公司、超聚变数字技术有限公司等龙头企业。装备制造方面,郑州先后培育了郑州煤矿机械集团股份有限公司、中铁工程装备集团有限公司、宇通重工股份有限公司、郑州新大方重工科技有限公司等一批骨干企业。新材料产业方面,郑州都市圈形成以超硬材料、新型耐火材料为支撑,电子功能材料、新能源电池材料、高性能纤维及复合材料为重点,纳米材料、石墨烯材料为补充的新型材料产业发展体系。生物医药方面,形成了以航空港中原医学科学城为核心,经开区安图生物体外诊断产业园、高新区天健湖生命健康科技园、新郑市化学医药产业园为支撑的"一城多园区"的产业布局。

创新能力显著增强。2012~2022年，郑州都市圈高新技术企业、研发投入强度、技术合同成交额、万人发明专利拥有量等核心指标分别增长13.9倍、0.73倍、15.2倍、5.1倍。加快推进"两城一谷"建设，推进嵩山实验室、黄河实验室等7家省实验室建设，引进中国科学院等大院名所在郑设立研发机构，累计达58家，成为集聚各类创新要素的"强磁场"。

产业集群规模日益壮大。2022年，郑州都市圈电子信息、汽车及装备制造、新材料、生物医药、铝及铝精深加工、现代食品等六大主导产业占规上工业比重达82.9%，较2012年提高了18.9个百分点，已形成六大产业集群。郑州市下一代信息网络产业集群和郑州市信息技术服务业产业集群成功入选国家级战略性新兴产业集群。

4. 都市圈市场一体化建设已经展开

2021年，河南省中原城市群建设工作领导小组发布《2021年郑州都市圈一体化发展工作要点》，强调郑州都市圈要推进市场一体化建设。第一，深入推进郑开同城化，引领中原城市群一体化高质量发展，启动编制郑开同城化发展规划和同城化示范区国土空间规划。第二，推进郑州都市圈信用一体化建设，打造"信用免押金都市圈"。推进信用归集共享、信用联合奖惩、信用服务市场培育等方面合作共建。第三，协同推进高水平开放平台建设，引导郑州都市圈企业携手"走出去"。设立豫沪合作基金和创业投资引导基金，建设中欧班列郑州集结中心智慧场站管理平台等示范项目，举办第十四届中国河南国际投资贸易洽谈会、第五届全球跨境电子商务大会等重大经贸活动。第四，打造郑州都市圈区域文化旅游品牌。举办黄帝故里拜祖大典、焦作"一赛一节"、黄河文化论坛等大型文旅活动，推出郑州都市圈旅游年卡等优惠政策。另外，设立政府机构区域合作中心，专门负责协调区域间关系。

5. 都市圈公共服务共建共享正在推进

公共服务共建共享方面，自《2020年郑州都市圈一体化发展工作要点》发布以来，郑州与周边城市的互动交流合作全面推进，遵照规划共绘、交通共网、生态共治、产业共链、设施共建、合作共享的"一体系五工程"，合力推进一体化建设进程。目前，郑州国家中心城市、洛阳副中心城市及都市圈战略定位和空间布局已得到优化完善，一批重大项目顺利实施。2021年1月27日，焦作首批27项业务在郑州市政务服务自助一体机上线，郑州都市圈跨城通办正式开启。2022年9月，《"1+8郑州都市圈"住房公积金一体化协同发展合作协议》签署实施，郑州都市圈城市住房公积金实现互认互贷。郑州都市圈内城市医保公共服务标准化、互认缴费年限等各项工作正在积极推进。

6. 郑开同城化建设取得初步成效

2006年"郑汴一体化"正式推行以来，郑开两市不断开展各式各样的合作，一体化、同城化进程加快推进，一体化综合交通网络框架和产业互补共赢发展格局基本形成。

郑开两市经济总量较快增长。2005~2022年，开封市地区生产总值增长了约5.7倍。2006年郑开大道正式通车后，两地联系更加紧密，开封发展速度明显提高，开封市地区生产总值增速从之前的低于全省平均水平，提升到2022年的高于全省平均水平0.8个百分点，在都市圈9个城市中增速仅低于新乡、漯河，高于其他6个城市。

基础设施互联互通持续推进。郑开城际铁路、城际公交开启高密度运营模式，平均密度达到30分钟/班。连霍高速、郑民高速、郑开大道、绿博大道、郑汴物流通道等多条道路提升了两地出行的便利度。2022年5月5日起，郑州、开封、兰考间相关高速公路免费通行，进一步加快郑开融城步伐。

产业分工协作水平明显提高。郑开汽车产业带逐步成形，已吸引数百家汽车及零部件企业落户，其中郑州着力于整车生产，开封则发展与之配套的汽车零部件产业。积极发展"飞地经济"，郑州高新区与开封兰考县打破行政区划分割，通过建立飞地园区、设立人才基地、打造绿氢生产基地等方式开展合作，实现跨区产业融合，协同创新，探索"高新区创新+兰考产业化"的发展模式。

公共服务均衡普惠大幅跃升。郑州、开封已实现电信同城化、住房公积金互认互贷；郑州市医疗保障局持续推进两地医疗保险关系转移接续无障碍、异地就医直接结算、医疗保障联动监管、医保专家资源共享等；郑州骨科医院与开封第二中医院等建立了医联体协作医院关系；华北水利水电大学、河南理工大学等高等院校资源共享持续开展。

（二）郑州都市圈存在的突出问题

1. 中心城市综合实力和辐射带动力不强

新时代，郑州市作为河南省省会和国家中心城市，在经济、社会、文化等各方面取得了较快发展，居民生活水平不断提高。2018年，郑州地区生产总值突破万亿元，但作为国家、中原城市群和郑州都市圈的中心城市，其综合实力和对周边城市的辐射带动力还有待增强。

表3 2022~2024年第一季度9个国家中心城市地区生产总值情况

单位：亿元

	上海	北京	广州	重庆	成都	武汉	天津	郑州	西安
2022年	44809.13	41540.9	28839.00	28576.10	20817.5	18866.43	16132.16	12934.69	11486.51
2023年	46218.66	43760.7	30355.73	30145.79	22074.7	20011.65	16737.3	13617.8	12010.76
2024年第一季度	11098.46	10581.4	7161.14	7232.03	5518.2	4532.16	3890.08	3537.9	2882.86

资料来源：国家统计局网站。

郑州市的综合实力仍有待提高。郑州市地区生产总值虽然突破万亿元，但在9个国家中心城市中多年位于倒数第2，仅高于西安。《中国城市竞争力报告No.19》显示，2021年郑州综合经济竞争力指数为0.614，位列全国第21，在省会城市处于中下游。

郑州市的科技创新基础较为薄弱。高校人才培养方面，虽然郑州的高校在校生人数居全国城市之首，但是高层次人才培养数量较少，如武汉的在校研究生人数超过14万人，而郑州仅有不足4万人。高科技人才方面，郑州都市圈的科研人员总体数量较少，且缺乏高端人才，如2021年广州市拥有57名院士，而河南省全省仅有25名院士，郑州两院院士人数不到合肥的15%，与北京、上海的差距更是显著。

2. 都市圈创新动能支撑不足

近年来，郑州都市圈深入实施创新驱动发展战略，围绕构建一流创新生态、建设国家创新高地的目标，在创新主体培育、创新平台布局、创新人才引育等方面取得了显著成效，创新成为驱动经济发展的新动能。但是，与其他成熟都市圈相比，郑州都市圈的创新动能对经济发展的支撑不足。

首先，高端研发平台数量较少，如国家重点实验室方面，武汉有30个，广州有21个，而郑州仅有6个；国家工程技术研究中心方面，武汉有19个，郑州仅有6个；科技企业方面，广州有41家国家级科技企业孵化器，而郑州仅有 24 家国家级企业技术中心。

其次，创新型科技型企业较少，尤其缺少行业头部企业和独角兽企业，难以支撑郑州都市圈的高质量创新和发展。据统计，2021 年，北京有高新技术企业 28750 家，深圳有 18650 家，武汉、西安、长沙、合肥、济南分别有 6259、5234、4142、3328、3029 家，而郑州仅有 2944 家。北京有上市公司 425 家，上海有 386 家，武汉、西安、长沙、合肥、济南分别有 71、48、78、68、42 家，郑州仅有 32 家。2022 年，郑州有国家级专精特新"小巨人"企业 63 家，是合肥的 1/2，不及武汉、成都的 1/3，与西安、长沙相比也存在较大差距。独角兽企业是新质生产力的代表，是新经济发展的风向标。截至 2022 年底，中国有 316 家企业被认定为独角兽企业，其中北京有 82 家，上海有 60 家，而郑州仅有 2 家企业被认定为独角兽企业，分别为超聚变数字技术有限公司和致欧家居科技股份有限公司。

最后，研发投入强度较低。2022 年，北京的全社会研发投入强度最高，为 6.5%左右；上海位居第 2，为 4.2%左右；郑州连续多年的研发强度为 2.3%左右，低于长沙的 2.94%、武汉的 3.51%、合肥的 3.52% 和西安的 5.05%。

3. 都市圈协同发展效应较弱

据相关研究，郑州都市圈存在一定的协同发展效应，不过这种协同效应主要来自人口规模增加形成的本地市场效应，而城市间的规模借用效应并不显著，甚至存在集聚阴影效应，即可能存在城市间内耗或抵消效应。

郑州都市圈 9 城市确定了其主导产业和战略产业，但这些产业规划多数立足于自身特点和优势，从整个都市圈的产业发展方向和整体利益方面考虑得较少，各城市间未能很好地形成产业链上下游供应关系，产业集群的协同共生关系较弱。

郑州都市圈产业链上下游内部联系不足，且对外部其他地区的依赖性较高，整体稳定性不足。电子信息产业是郑州市发展较早、在国内具有一定竞争力的行业，但是它的供应端以长三角、珠三角、京津冀地区为主，销售端则以北京为主。近年来，随着新一代电子信息产业的蓬勃发展，其他地区在该领域迅速崛起，相比之下，郑州在该领域的公司数量较少，规模也较小，竞争优势逐步削弱。

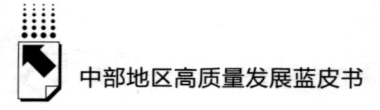

表4　郑州都市圈各城市发展规划

城市	城市功能定位	"十四五"规划及2035年远景目标	产业规划
郑州	国际性综合交通枢纽和开放门户、国家先进制造业基地、国家历史文化名城、黄河流域生态保护和高质量发展核心示范区	基本实现"两化五强"建设目标：现代化、国际化、创新强、枢纽强、生态强、文旅强、法治强	科技创新：规划中原科技城（数字文创、信息技术、前沿科技、生命科技、人才教育）、郑州高新区（北斗5G、智能传感、信息安全、材料科学）建设 产业："153N"产业体系
开封	"一都四城"：世界历史文化名都、国际文化旅游名城、黄河流域水治理生态城、区域一体化高质量发展示范城、品质宜居消费智城	高水平建设世界历史文化名都。建成国际文化旅游名城、黄河流域水治理生态城、品质宜居消费智城和区域一体化高质量发展示范城	科技创新：建设郑开科创走廊（新一代光源、芯片制造、北斗应用、生命科学、生物医药、生物育种） 产业：培育装备制造、农副产品加工、汽车及零部件等10个主导产业集群
洛阳	黄河历史文化地标城市和国际人文交往中心、先进制造业基地、国家创新高地	建成经济强市、文化强市、生态强市、国家创新高地、"一带一路"双向开放高地和幸福美好家园	科技创新：推进洛阳自主创新示范区（智能装备、先进功能材料、新能源汽车、生物医药）建设 产业：实施农机装备、石油化工等重点产业基础再造和产业链提升工程；培育壮大新能源等战略性新兴产业；做强做大先进装备制造、新材料、石油化工主导产业；布局储能与氢能、大数据与智能机器人等未来产业领域
平顶山	创新引领的产业新城、宜居宜业的生态绿城、近悦远来的文旅名城、文明和谐的平安福城	建成"四个强市、四个鹰城"：经济强市、科技强市、生态强市、文化强市、开放鹰城、法治鹰城、平安鹰城、幸福鹰城	构建"一主两优四新多支撑"的"1+2+4+N"先进制造业新体系；做大做强尼龙新材料核心主导产业；推动电气装备制造和特钢不锈钢两大优势产业加快发展；发展壮大新一代信息技术等战略性新兴产业；提高现代煤化工、新型盐化工、特色轻工、新型建材、节能环保等多元特色产业生产技术水平
新乡	郑州都市圈次中心城市、豫北中心城市	基本建成"六个新乡"：创新新乡、富裕新乡、数字新乡、文明新乡、美丽新乡、平安新乡	十年内打造装备制造、生物医药和医疗器械等4个千亿级以及纺织服装、现代家居2个500亿级产业集群

续表

城市	城市功能定位	"十四五"规划及2035年远景目标	产业规划
焦作	"四城四区"定位:中原城市群和豫晋交界地区的区域性中心城市、郑州大都市区核心城市、国际知名文化旅游城市、宜居宜业生态文明城市	基本建成"六个焦作":富裕焦作、创新焦作、绿色焦作、开放焦作、健康焦作、平安焦作	打造高端装备、绿色食品2个千亿级产业集群,打造汽车及零部件、铝工业、能源工业等6个500亿级产业集群等
许昌	枢纽经济高地、区域协同创新高地、先进制造业和现代服务业深度融合产业高地、城乡融合发展的示范引领高地等	建成具有全国影响力、竞争力的"智造之都、宜居之城"	培育扶持新一代信息技术、智能装备、节能环保等6大战略性新兴产业,强化装备制造、发制品、烟草及食品3大优势产业的核心地位
漯河	生态宜居美丽漯河、活力善治幸福安康漯河	努力实现两个上台阶、四个走前列、两个大提升	建设千亿级绿色食品产业集群;培育液压科技、电力装备、智能制造与精密制造、智能食品装备制造、现代家居等细分领域的百亿级产业集群;培育若干个高成长性和战略性新兴产业,如新型显示和智能终端、大健康、高端装备、节能环保、5G等
济源	国家产城融合示范区	提升功能品质,打造宜居宜业城市,加快济洛深度融合步伐	加快产业转型升级,培育壮大新业态,做大做强现代服务业

资料来源:郑州都市圈9城市第十四个五年规划和二〇三五年远景目标纲要。

4. 市场一体化发展机制不健全

郑州都市圈一体化建设如火如荼,成绩显著,然而,这些成绩主要集中于硬件建设方面,如交通一体化、郑开同城化示范区等项目的推进,在政策、法规、监管机制完善等软件建设方面显得不足。准入标准一体化方面,郑州都市圈尚未实现涉企审批流程标准化和信息互联共享;市场监管一体化方面,尚未出台统一的监管标准和执法协作文件;要素市场方面,公共资源交易平台有限,且运营广度和接受度有限,仍存在较多的体制机制障碍,影响要素自由有效流动;土地要素方面,建设用地指标的跨市调剂依然存在困难;公共数据市场方面，各市建有自己独立的政府服务数据平台，存在较高的数据信息壁垒，居民跨市办事的便利化程度较低；要素交易方面，农村产权交易市场、市场交易平台不统一、相互分割、"各自为政"。另外，郑州都市圈还存在医疗、教育、养老等公共服务方面供给不均衡的问题。

三 培育现代化郑州都市圈的思考和政策建议

培育现代化都市圈应遵循以下几个基本原则。第一，认识规律、尊重规律，顺势而为。认识和遵循城镇化发展的客观规律，把握产业升级、人口集聚和城镇发展的演进趋势，认清郑州都市圈所处的发展阶段、中心城市的辐射带动能力及各城市现有的经济基础、产业结构、科技水平、人力资源等情况。第二，坚持市场主导、政府引导。2019年发布的《国家发展改革委关于培育发展现代化都市圈的指导意见》中指出，"充分发挥市场配置资源的决定性作用，更好发挥政府在规划政策引领、空间开发管制、公共资源配置、体制机制改革等方面的作用，使都市圈建设成为市场主导、自然发展的过程，成为政府引导、高质量发展的过程"。市场在资源配置中起决定性作用，但市场机制往往容易导致极化效应，所以需要政府的规划和顶层设计来弥补市场机制可能存在的失灵现象。第三，都市圈治理倡导政府、市场、公众等三方协商。政府强调维护秩序，市场追求收益与效率，公众则注重居住环境与幸福感。三方协同治理可以调节和平衡国家、市场、个人等不同主体间的利益冲突，推动三方联合助力郑州都市圈发展。

（一）进一步强化郑州的核心竞争力和辐射带动能力

以建设国家中心城市为契机，优化郑州功能布局，全面提升郑州发展能级和核心竞争力，引领郑州都市圈发展。

1. 以信息产业集群为依托，以人工智能新赛道为契机，培育行业头部企业

郑州在电子信息产业发展方面具有一定的优势，在人工智能发展的三个要素（数据、算法、算力）方面也具有前期积累。但郑州尚未拥有在国内叫得响的行业头部企业。建议以中国科学院软件研究所郑州基地、郑州鲲鹏软件小镇、超聚变数字技术有限公司等项目建设为契机，培育河南本土头部企业。

以头部企业为中心,向相关多样化产业拓展。硬件方面,向芯片、屏幕、存储、传感器等方面拓展;软件方面,做强信息系统集成和物联网技术服务。软硬件结合,相辅相成。汉威科技集团股份有限公司是我国气体传感器龙头,在纳米科技、传感器、物联网、MEMS芯片、电子皮肤、人工智能、区块链等技术领域都有深厚的技术积累,应支持汉威科技集团股份有限公司加大研发投入,推进产品升级换代。围绕中国(郑州)智能传感谷,推动郑州都市圈智能传感器集群式发展。培育壮大本地的MEMS芯片、北斗芯片、光通信芯片企业,推动半导体专用设备产业化发展;积极发展第三代半导体产业,争取弯道超车。同时,在数字经济、元宇宙等新兴领域的发展背景下,积极探索信息系统集成服务和数字内容服务等方面的突破。

2. 结合郑洛新国家自主创新示范区规划,整合现有创新园区,集中要素资源建设"沿黄科创带"

在"大众创业、万众创新"的浪潮下,郑州的创新氛围和创新生态逐步形成,创新园区或创客小镇分布在各县(市、区)。不过,郑州的创新园区过于分散,不利于集聚效应形成,不利于知识溢出,创新效率低。所以,应整合各类产业园区,集中创新要素和资源,充分发挥集聚效应。以郑洛新国家自主创新示范区为引领,以中原科技城、中原医学科学城、中原农谷为极核,沿黄河生态走廊,打造"沿黄科创带"。以中原科技城、中原医学科学城为"沿黄科创带"的东翼,以郑州高新区为"沿黄科创带"的西翼。东边将聚合中原科技城、智慧岛、科学谷,建设河南科创之窗,西边将以郑州高新区为主体,沿科学大道,经荥阳到上街机场,建设郑西科技走廊。

郑西科技走廊科技创新资源密集,研发机构和科技人才(团队)在中部地区处于领先地位,拥有6家国家重点实验室、4家国家级工程技术研究中心、303家省级以上科研平台、699家市级以上科研平台、4所一流高校、10万余名科技人才。郑州高新区内分布着汉威科技集团股份有限公司、新开普电子股份有限公司、河南辉煌科技股份有限公司、光力科技股份有限公司、郑州捷安高科股份有限公司等众多高科技上市公司,是河南上市公司最多最密集的区域。同时,郑州科技走廊沿线还分布着一系列科技创新产业园区,有信息科技(物联网、大数据、人工智能、北斗导航、集成电路、量子信息)、生物医药、家用电器、轨道交通、装备制造、新材料、通用航空等多个产业集群。应充分重视并发挥这一核心轴带在郑州科技创新和新兴产业发展方面的作用。

3. 加快发展高级生产性服务业

郑州作为国家中心城市和郑州都市圈的中心城市，应该提升城市能级，增强核心竞争力，疏散非核心功能。积极引进跨国公司和企业集团区域性、功能性总部。加快郑东新区金融集聚核心功能区、郑州商品交易所等平台发展，以科技研发、工业设计、金融服务、文化创意、商务会展等为重点发展高级生产性服务业，形成"研发设计在郑州，生产在周边"的产业链分工格局。

（二）协同建设现代化产业体系，强化产业分工协作

2019年发布的《国家发展改革委关于培育发展现代化都市圈的指导意见》中提到，"以推动都市圈内各城市间专业化分工协作为导向，推动中心城市产业高端化发展，夯实中小城市制造业基础，促进城市功能互补、产业错位布局和特色化发展"。

促进郑州都市圈内各城市功能互补。首先，增强郑州的核心竞争力，使其在创新、产业、能级等方面真正起到"头雁"作用，扩散效应大于极化效应，辐射带动周边地区的发展。其次，各城市根据"都市圈规划"找准自身城市功能定位和在产业链中的位置，向专业化、特色化方向发展。最后，整合各类产业园区，建设一体化发展的承接产业转移示范区。利用地方政府专项债券等资金支持符合条件的都市圈建设项目，将都市圈产业协作配套项目整体纳入省级重大项目清单。

完善郑州都市圈科技创新协同机制。推动都市圈内政策接轨，探索建立以创新资源最优配置为核心内容政策的协同机制，清除创新资源流动的行政壁垒和各种障碍。搭建以政府、企业、园区、研究机构为主体的科研交流合作平台，实现都市圈内创新链整合、产业链贯通、价值链互补、供应链对接、数据链共享。同时，都市圈应加强与长三角、京津冀、山东半岛、关中等地区的跨区域合作，打破空间阻隔，推动资源和要素的高效流动，加密产业关联网络，实现产业发展领域的深度协作。

（三）加快市场一体化建设，推动要素市场一体化

加快构建郑州都市圈内统一大市场。推动都市圈内统一市场建设，并实施统一海关制度、统一监管体系。规范和完善都市圈内统一的二级土地市场，建立供需服务平台，完善市场供需信息发布机制和交易规则。完善都市圈科技成果转化交易市场，加强科技成果管理与科技计划项目管理的有机衔接，健全职务科技成果产权制度。围绕各市政府信息化工程统一建设、统一运维，发挥政府信息资源共享平台的枢纽作用，逐步构建郑州都市圈横纵向覆盖的大数据标准体系，积极打造统一的技术标准和开放的创新生态。推动都市圈内企业审批流程标准化和信息互联共享，实现经营主体在都市圈内迁移无障碍。

健全郑州都市圈市场监管体系。建立完善都市圈市场监管协调机制，设立都市圈行政审批中心，加强要素价格管理和监督，创新要素交易规则和服务。建立健全都市圈内地方立法和执法工作协同常态化机制，规范交易行为，完善都市圈标准统一管理制度和一体化诚信治理体系。

推动要素市场一体化。协调各市联合建设统一的要素市场平台，引导培育人力资源、金融资产、土地指标、大数据、知识产权和文化版权等全要素交易市场，做到共同推进建设、共同维护安全、共同参与治理、共同分享成果。

（四）完善公共服务体系，推进公共服务共建共享

牢牢把握"为民造福""执政为民"的本质要求，不断实现人民对美好生活的向往。聚焦破解公共服务同城化制度性政策性问题，加快推进一批郑开同城化及"郑新一体化""郑许一体化"重大政策和标志性工程，在同城化示范区率先建设公共服务同城示范区，因地制宜建设若干跨区域公共服务协同发展区。

推进郑州都市圈教育集团、学校联盟、城乡学校共同体和医联体建设和跨区办医进程，开展远程教学医疗，推动优质教育医疗资源扩容下沉和区域均衡布局。

创新郑州都市圈协同治理模式，建立以项目推进为核心的多市区、多层级的协调机制，调整城市内部治理的尺度结构。

探索建立健全郑州都市圈重大灾害、突发事件的应急处置、联防联控与救

援协同机制，及食品药品监管和安全生产保障体系。

积极推进许昌国家城乡融合发展试验区改革探索，细化配套政策措施，建立健全城乡教育资源均衡配置机制、城乡跨区域医联体布局和分级诊疗体系、城乡统一的社会保险制度和救助体系，探索城乡基础设施分级分类投入机制、公共服务供给及成本分担机制等，推动城镇公共服务向农村延伸，惠及更多人群。

（五）建设具有国际影响力的现代化都市圈

随着共建"一带一路"的高质量发展，作为国内陆上丝绸之路的节点城市，郑州迎来了新的发展机遇。郑州应树立国际视野，放眼望世界，持续放大"枢纽+物流+开放"的比较优势，做好"四网联通"，做好枢纽经济，推进国际消费中心城市建设，提升国际化水平，持续打造更具竞争力的内陆开放城市，引领都市圈走向现代化、国际化。

加快打造制度型开放高地。对标国际高标准经贸规则，建立相关规则制度和监管体系；统筹推进"四条丝路"建设，使货运航线辐射全球。

加快打造国际消费中心城市。创新消费供给，重点打造一批集聚世界高端品牌、本土优质品牌，集购物、餐饮、文化、体验于一体的消费地标；突出特色文化优势，培育国际文旅消费新亮点，塑造国际消费城市形象；发展新型消费，打造电商直播基地；加强国际交流，建设友好城市，承接国际会展赛事等。此外，要加快培育枢纽经济，形成国际商品消费中心、贸易中心、交易结算中心，实现生产要素集聚的最大化。

参考文献

河南省社会科学院课题组、王建国：《中西部地区都市圈发展阶段的研判与推进》，《区域经济评论》2021年第4期。

姚鹤：《郑州都市圈：促进中部地区崛起的重要增长极》，《中国投资》（中英文）2023年第2期。

王中亚：《郑州国家中心城市建设的问题与对策》，《中共郑州市委党校学报》2023年第2期。

薛焱、王珞琦：《武汉城市圈同城化建设：现状与对策》，《当代经济》2023 年第 6 期。

谢石营等：《同城化的管治尺度重组——以广佛同城化为例》，《国际城市规划》2023 年第 6 期。

B.13
武汉都市圈协同共促区域发展新格局研究

黄 展*

摘　要： 新时代发展格局下，都市圈已步入快速壮大新阶段，其作为优化资源配置、集聚创新资源、促进经济增长的重要载体，在区域协调发展战略的实施过程中展现出至关重要的作用。近年来，武汉都市圈在产业布局、交通网络、科技创新、空间规划以及公共服务等多个领域的发展不断深化，持续推动协调发展新格局的形成。本报告梳理近年来武汉都市圈一体化推进的具体措施，介绍新发展格局下都市圈协同发展的成效与经验，并围绕如何提高武汉都市圈协同发展水平提出策略建议。

关键词： 武汉都市圈　高质量发展　协同发展

党的二十大报告强调以城市群和都市圈为依托构建大中小城市协调发展格局。《武汉都市圈发展规划》于2022年12月获得国家发展改革委正式批复，武汉都市圈成为全国第7个获批的国家级都市圈。作为湖北省经济社会发展的标杆，武汉都市圈不断发挥引领作用，推动全省向更高目标迈进，成为湖北省实施中部地区崛起战略、加速建设全国构建新发展格局先行区的重要支柱，对促进长江经济带的高质量发展起着关键作用。

一　武汉都市圈一体化推进措施

推进武汉都市圈一体化，要明确各成员城市的职能定位，加强分工协作，

---

* 黄展，湖北省区域经济学会规划研究部主任，主要研究方向为区域经济、城市经济。

共建共享，实现由核心向外围辐射、由局部向整体带动的逐步扩散和梯度辐射。

（一）明确城市职能分工

各都市圈成员城市肩负着共建武汉都市圈的重大使命，武汉扛起"强化核心、壮大圈层、带动群体"主力军责任，充分发挥辐射引领作用，承担建设国家创新型城市、全国性综合交通运输枢纽、先进制造业和高新技术产业基地、中部地区现代服务业中心等任务；黄石致力于融入圈层群体，集中力量推进发展，不断提升对外开放水平，致力于打造武鄂黄黄国际性综合交通枢纽重要节点、长江水铁联运重要节点、临空产业和服务集聚区；鄂州抢抓花湖国际机场和武汉新城建设两大省级战略机遇，积极对接武汉、服务武汉、融入武汉，推进武汉都市圈协同发展示范区建设；黄冈加快同城化发展，推动都市圈人口集聚，打造黄鄂百万人口城市新中心，加快建设武汉都市圈协同发展重要功能区；孝感积极融入武汉都市圈创新链、产业链、供应链，奋力打造武汉都市圈重要节点城市；咸宁聚焦打造武汉都市圈自然生态公园城市，深度参与都市圈优势产业集群协同分工；仙桃加快打造连接武汉都市圈与宜荆荆都市圈重要节点城市和江汉平原人居环境典范城市，全力建设"四化同步"发展示范区；天门全面实施融入武汉都市圈提速行动，着力把天门建成武汉都市圈新兴产业承载地、科研成果转化地、绿色产品供应地、休闲旅游目的地；潜江扎实融入武汉都市圈区域规划、交通建设、产业布局、政策机制协同，加快建设"四化同步"发展示范区。

（二）加强基础设施互联互通

交通是促进区域间互动交流与经济一体化的关键性、基础性要素。围绕交通融合融通发展，武汉都市圈打通"瓶颈路""断头路"，实施道路拓宽及品质提升工程，加快推进道路网络建设进程。此外，武汉都市圈还强化了与鄂州花湖国际机场、黄石新港等关键节点的连接，持续扩大了一小时生活圈、工作圈和经济圈的影响范围。武汉都市圈交通体系正向发展，武汉天河国际机场与鄂州花湖国际机场之间的航空客运和货运"双枢纽"布局已初步建立，显著提高了运输效能。借助长江黄金水道、汉江航道及港口资源，武汉都市圈逐步打造出完善的水运网络。京广、沪汉蓉高铁构成的"十"字形高速铁路网已投入使用,通过武黄城际、武冈城际铁路等实现枢纽间的无缝对接,在武鄂黄黄地区构建起一小时快速客运交通圈。多条高速公路如武鄂高速、沪渝高速、武阳高速、鄂咸高速等已形成网络化布局,区域内的交通设施条件极为优越。同时,武汉市轨道交通11号线向东快速扩展,多元化的交通体系为武汉都市圈的交通一体化发展奠定了坚实基础。

(三)纵深推进产业协同

自武汉都市圈建立以来,其产业整合进程不断加快,圈内产业发展领域明确,已构建起具有一定集聚效应的产业链分工体系。通过持续调整圈内城市的生产力布局,逐步打造出互补性强、融合度高的经济发展模式。得益于地理位置、人才资源、科技创新、资本运作、交通网络及产业基础的显著优势,中心城市武汉的产业链展现出明显的现代化和高级化特点。武汉都市圈积极促进主导产业协作进步,提升核心城市的经济汇聚作用,并指导武汉制造业有序向周边城市延伸,逐步形成以武汉为中心的产业链综合布局模式。

武汉都市圈重点发展领域包括"光芯屏端网"技术、大健康与生物科技、高端装备制造、先进基础材料以及现代金融服务业。迄今为止,武汉都市圈已稳步构建了光电子信息集群以及"武襄十随"汽车产业集群,这两个集群均为国家先进制造业集群(全国共45个)的重要组成部分;拥有四大国家级基地,涵盖存储器、商业航天、新能源及智能网联汽车、网络安全人才培养与创新领域。以"光芯屏端网"技术为轴心,武汉都市圈的光电子信息集群在全国处于领先地位,其光纤光缆的研发及生产能力在全球范围内居于前列。另外,武汉都市圈集成电路、新型显示器件、未来信息网络和生物医药四大领域,也被列入国家首批战略性新兴产业集群。在鄂州葛店经济技术开发区,新型显示器件产业集群稳步构建。在大健康和生物技术领域,武汉光谷生物城与天门、仙桃、黄石、黄冈等地共同推进武汉国家生物产业基地的地方产业园建设。为推动武汉都市圈的产业协同发展,相关部门组织编制了武汉都市圈产业招商地图、制造业产业链地图,发布了关于园区合作共建及利益共享机制的指导意见,并设立了武汉都市圈高质量发展基金。在专业化分工与协作原则的指引下,武汉都市圈实现高效协同发展,各成员城市间的功能互补性与产业协同性不断加强。

表1 武汉都市圈成员城市主导产业

城市	主导产业
武汉	"光芯屏端网"新一代信息技术、汽车制造和服务、大健康和生物科技、高端装备和先进基础材料、智能建造、商贸物流、绿色环保、文化旅游、现代金融
黄石	黑色金属、有色金属、机械制造、建材、能源、食品饮料、纺织服装、化工医药
鄂州	冶金、服装、水产养殖、信息技术、智能制造、新能源和新材料、生物医药
孝感	光电子信息、装备制造、纺织服装、盐磷化工、食品加工
黄冈	汽车零部件、建材、纺织、食品饮料、医药化工、新能源新材料
咸宁	大健康、电子信息、装备制造、食品饮料、清洁能源、旅游业
天门	装备制造、电子信息、纺织服装、生物医药化工、农副产品深加工
仙桃	现代纺织服装、机械制造及电子信息、食品及生物医药
潜江	农产品加工(虾—稻)、绿色化工、光电子信息、新能源、纺织服装

(四)狠抓生态环境共保联治

生态协同是武汉都市圈高质量发展的重要支撑与保障。武汉都市圈在生态环境保护方面采取多种举措,打造人与自然和谐共生的都市圈美景。2023年10月,武汉都市圈发展协调机制生态环境组办公室发布《武汉都市圈生态环境共保联治三年行动方案(2023—2025年)》,提出建设绿色低碳都市圈、和谐共生都市圈、美丽清洁都市圈、安全宜居都市圈、融合发展都市圈。同年12月,《武汉都市圈生态环境共保联治规划(2023—2027年)》印发,进一步明确到2027年,人与自然和谐共生的美丽都市圈基本建成。在创新体制机制方面,为有效治理跨界水域问题,武汉都市圈特别成立了生态环境联席会议及沟通联络机制,积极促进双边与多边合作洽谈。通过制定系列生态环境协作的工作准则及合作要点,促成各市级环保部门签署合作框架协议。武汉都市圈内上下游城市之间搭建了流域生态补偿体系,并就突发性水环境污染事件的联防联控达成共识,覆盖了长江、汉江、梁子湖、斧头湖、府澴河、天门河等重点流域和41个县(市、区),相关上下游城市均已签订相关协议。武鄂黄黄四市签订河湖长制一体化发展工作方案和梁子湖流域联防联控联治机制框架协议，这一系列举措将对流域的整体治理、水环境改善及水质提升发挥积极作用。

（五）持续改善民生福祉

武汉都市圈的成员城市携手合作，在基础教育、社会保障以及医疗服务等关键公共服务领域共建共享，不仅优化了资源的分配与利用效率，而且有效改善了各成员城市间在公共服务品质上的不均衡现象，居民幸福感和获得感显著提升，武汉都市圈的吸引力与竞争力不断凸显，促进了人才与资本的聚集。2023年，武汉都市圈各成员城市加速推进公共服务的共建共享进程。教育领域，各成员城市间整合教育资源、开展联合教研与学术交流活动、实施学校间互助发展策略以及加强教师团队的协作建设，已在基础教育、职业教育、教师专业培训、研究型学习资源开发以及教学科研合作等方面，推动了资源的全面共享与深度合作。社会保障方面，正式出台了《2023年武汉核心都市圈（武鄂黄黄）社保经办服务一体化发展工作方案》，着手推进社保经办服务协同合作，有效解决了武汉都市圈内部跨地区社保服务协同办理的难题。医疗健康领域，积极促进更多医疗保险相关政务事项向"一圈通办"模式转变，让参保人员享受到同城化医保公共服务带来的便利。武汉在全省率先试点视频远程系统，构建高效、便捷的都市圈医疗保险服务平台。政务服务方面，武汉都市圈积极响应国家及省级"跨省通办"和"省内通办"政策，推动更多政务服务事项打破县（市、区）壁垒，实现"全市通办"。截至2023年，已有超过1000项政务服务事项实现跨市办理，办理量超过235万件，公积金同城化在全国居于领先地位。

二 新发展格局下协同发展的成效与经验

经过多年发展，武汉都市圈内合作持续深化，协作领域逐渐拓展，同城化趋势日益显著。2023年，武汉都市圈地区生产总值达3.37万亿元，占湖北省经济总量的60.45%。2024年上半年，地区生产总值进一步提升至1.67万亿元，占比提升至60.9%，武汉都市圈经济实力与协调水平稳步提升。2024年上半年，武汉市地区生产总值达9975.19亿元，同比增长5.3%，持续担任着核心驱动角色。黄石市地区生产总值增速领先，分别高出全国和全省平均水平2.5个百分点和1.7个百分点。鄂州市地区生产总值为614.85亿元，增长了5.6%，进出口规模创新高。孝感市地区生产总值达1483.38亿元，增长6.9%，高出全省增速1.1个百分点。黄冈市地区生产总值为1289.04亿元，同比增长6.8%。咸宁市地区生产总值为969.39亿元，增长了5.9%。天门市实现地区生产总值348.04亿元，增长了5.4%。仙桃市和潜江市地区生产总值分别为482.43亿元和451.63亿元，增长率分别为5.5%和4.4%。

表2　2023年和2024年上半年武汉都市圈各成员城市地区生产总值情况

单位：亿元，%

城市	2023年地区生产总值及增速		2024年上半年地区生产总值及增速	
	地区生产总值	增速	地区生产总值	增速
武汉	20011.65	5.7	9975.19	5.3
黄石	2108.96	6.8	1051.21	7.5
鄂州	1266.03	6.0	614.85	5.6
孝感	2919.85	6.7	1483.38	6.9
黄冈	2884.68	6.0	1289.04	6.8
咸宁	1819.23	1.6	969.39	5.9
天门	712.17	6.2	348.04	5.4
仙桃	1014.33	4.6	482.43	5.5
潜江	904.92	6.3	451.63	4.4

资料来源：湖北省统计局相关数据和武汉都市圈各市国民经济和社会发展统计公报。

（一）区域发展重心和推进方向明确

湖北省第十二次党代会明确提出了大力发展以武鄂黄黄为核心的武汉都市圈的战略定位。武鄂黄黄核心区汇聚了全省40%的人口和地区生产总值，且2023年城镇化水平达73%，高出全省平均水平近10个百分点。武鄂黄黄四市交通网络密集，产业关联度极高，是武汉都市圈中经济社会发展要素集聚度最高、一体化水平最高、发展韧性最显著的区域，既是推动武汉都市圈经济社会发展的动能引擎，也是牵引整个长江中游城市群同频共振的示范标杆。武汉新城、花湖国际机场、阳逻武汉新港等关键枢纽功能节点以及重大生产力在东部集中,可以明显看出武汉都市圈重心东移的发展趋势,武鄂黄黄作为辐射外溢的交叉区域,具有极其重要的战略意义。

(二)协同创新效应凸显

武汉都市圈已成功构建起国家信息光电子及数字化设计制造两大领域的国家级制造业创新中心,同时,武汉国家级人类遗传资源库等产业创新平台逐步设立,湖北地区的7家重点实验室已逐步实现实体化运作,重大科创类项目也在光谷科技创新大走廊全面铺开,一个多层次、全维度的协同创新网络正在快速形成。光谷科技创新大走廊建设取得新进展,东湖科学城创新要素加速集聚,光电子信息、大健康、智能智造产业带布局初具雏形。武汉都市圈内的武汉等城市,在创新融合方面表现亮眼,制造业在智能化和绿色发展水平上领先全省。国内顶级的区块链超级节点等关键网络设施陆续选址于此,积极倡导数字化转型,推进"云端数据智能化"应用,成功建设全国首个5G智慧港口、首个5G智能钢厂等数字化与智能化行业标杆项目。武汉都市圈正致力于推广离岸科创园模式,加快异地园区协作建设进程。通过共同构建科技创新平台、灵活调配创新要素以及本地化转移科技成果,拓展发展格局,提高科技创新的效率,武汉科技成果转化平台向八市科技部门有序开放,推进都市圈企业与武汉高校院所"零距离"对接。截至2023年底,武汉高校院所与八市创建省级产业技术研究院12家,武汉都市圈共有51家企校联合创新中心获批。

(三)政策机制持续赋能

在《武鄂黄黄规划建设纲要大纲》《武汉新城规划》以及《武汉都市圈发展三年行动方案(2023—2025年)》等战略规划、实施方案的指导下,武汉都市圈各成员城市积极开展了一系列加强区域合作、拓宽合作领域的实践与探索。湖北省对武汉都市圈同城化发展给予了极高的关注,采取了一系列措施,如建立组织架构和领导机制、制定先行先试规划,在政策支持和体制机制建设方面高效推进。

体制机制建设方面,通过成立5个专门负责武汉都市圈同城化发展的专题工作组,常态性地制定相关总体工作方案、三年行动规划和年度工作重点。同时，定期举行9个城市参与的联席会议，确保各专题工作组及专项工作事项的有效推进。此外，加强各成员城市与其他8个城市的对口联系与协调，构建起全面覆盖、常态运行的工作机制。设立武汉都市圈发展协调机制办公室及各专题工作组牵头单位分管市领导向武汉城市圈同城化发展联席会、市推进武汉都市圈同城化发展工作领导小组述职制度。武汉都市圈其他8市各专题工作组主动对接武汉市相对应专题工作组或单位，确保年度合作事项落实落地。

政策制定层面，2021年5月19日，武汉城市圈同城化发展联席会议首次会议召开，9市主要领导共同签署了《武汉城市圈同城化发展合作框架协议》。7月，省推进区域发展布局实施工作领导小组审议通过《武汉城市圈同城化发展实施意见》，确立了"9个城市就是1个城市"的发展理念，力求在规划、交通、科技、产业和民生等方面实现协同发展。此后，还出台了《武汉城市圈同城化发展三年方案（2021—2023年）》等关键文件。自2023年起，武汉都市圈发展协调机制办公室进一步突出一体化发展重点，拓展合作领域，正式发布了涵盖基础设施、交通建设、科技创新和生态环境保护等四个方面的专项规划，并完成了关于武汉都市圈开放合作、汉孝同城化以及仙桃市融入武汉都市圈的相关规划编制工作。

（四）省会非核心功能疏解突出

武汉已步入工业化与城镇化的中后期阶段，并进入了"协团共建"的新阶段。在创新驱动发展的推动下，武汉都市圈形成了以"研发在武汉、生产在周边""主链在武汉、配套在周边"的协同模式。省会的非核心功能逐步向外疏解，涉及的产业转移主要集中在汽车配件、光学通信与电子信息、生物医药、新能源与新材料、机械及设备制造、农产品深加工、智能制造业以及现代物流等领域。同时，武汉主城区的公共服务功能，如大型医疗机构、商业综合体、教育机构以及商贸市场等，也逐步向新城区及邻近城市扩散。通过在中心城区及周边城市构建多个发展中心，武汉都市圈实现了不同功能区的协同发展，产生了"1+1>2"的集群效应。同时，借助轨道交通和快速道路等便捷交通方式，强化了各功能组团间的互动与合力。

三 推动武汉都市圈协同发展对策

武汉都市圈建设虽然取得了较大成绩,但与打造全国性重要增长极的目标还有很大差距。因此,武汉都市圈必须认真贯彻落实党的二十届三中全会精神,全面深化改革,持续推动协同发展,共同打造区域发展新格局。

(一)加快推进武汉新城建设

2023年2月7日,《武汉新城规划》正式对外公布,《武汉新城规划》跨越武汉和鄂州两市,不仅加强了武汉与鄂州的联系,还进一步加深了武汉与黄石、黄冈的合作。作为都市圈发展的重要引擎,武汉新城是都市圈的重中之重,引领都市圈高质量发展。科技创新领域,武汉新城正努力打造全球领先的科技创新策源地、国家战略性新兴产业的集聚区,加速推进国家层面的科研设施、创新中心和实验平台的建设,迅速汇集创新资源。产业合作方面,新质生产力正在加速布局,以"光芯屏端网"为优势的产业集群已在武汉东湖新技术开发区和鄂州葛店经济技术开发区实现深度融合。截至2023年,超过70个智能制造的重大产业项目在这两个区域同步展开,产值达228亿元,为武汉新城产业发展提供了强大动力。交通领域,武汉新城对区域内的轨道交通、交通枢纽和路网进行了系统升级。随着武鄂黄黄城际铁路"新城快线"的开通、武阳高速公路的建成通车、花湖机场高速公路二期工程的开工、武鄂"硬联通"节点的全面贯通,"七横七纵"的骨架路网建设取得了显著进展。城市服务功能方面,通过实施"疏解、强片、缓堵、提质"措施,优化和提升市区功能,分层级、有重点地推进武鄂黄黄地区的公共服务体系建设。

(二)共建区域科创体系

瞄准武汉光谷科技创新大走廊密集布局重大项目,全面提高离岸科创中心和高新区等多元平台效能,促进城市功能的转型升级,从传统的垂直产业链配套向现代的水平产业高端功能转型。以光谷科技创新大走廊作为核心传动轴,带动东湖科学城,连接武汉、鄂州、黄石、黄冈等城市的主要园区及关键创新节点。通过部署孵化平台、加速器、科技研发基地以及人才聚集中心等多种途径和方式，形成"创新飞地"，打造跨区域的技术研发中心、资源互动平台，形成"研发在武汉、产业在周边"的创新协同格局。各成员城市积极与武汉对接，快速吸纳科技型企业，推进科技数据、资源和服务的无缝链接，打造涵盖"研发、孵化、入园"的全链条成长体系。同时，促进武汉都市圈内科技信息的共享，激励更多企业加入武汉的科技成果转化平台和大型仪器设备共享平台。

加速构建区域性人才中心，发挥科技创新人才的引领作用，借鉴武汉东湖新技术开发区的人才注册和积分制度，联合引进学术带头人和工程技术、产业技术领域的高层次人才。强化创新资源的共享利用，丰富科技创新平台，破除成果转化的障碍，引导和鼓励高校、科研机构将科技成果在本地转化为实际效益。加快构建能够支持各节点城市产业全链条发展的科技成果转化体系，促进企业与高校、科研机构的深度合作，整合优势资源，积极开展科研、人才培养、学科建设及成果转化等多方面的交流与合作。

（三）重塑高效能产业协同能力

聚焦全省"51020"现代产业集群的发展目标，集中在"汉孝随襄十"万亿级汽车产业走廊、长江绿色经济和装备制造产业走廊、光谷科技创新大走廊布局关键产业，积极接纳并扩展"光芯屏端网"、大健康、高端装备制造等产业的配套合作，推动高能级产业联盟的形成。加快构建以战略性新兴产业为龙头、先进制造业为主体、现代服务业为驱动的现代化产业体系，成立招商信息交流中心，依托各地的资源优势，通过高新区、经开区等产业集聚平台，个性化打造专业园区、制定靶向政策、提供专业服务，实施精准招商，吸引产业转移，形成各具特点、错位发展的对接渠道。各成员城市采用园区共建、飞地经济、联合招商、交流挂职等合作方式，加快与武汉都市圈内各园区的协同发展。把握长三角地区、京津冀地区、粤港澳大湾区产业向中部地区转移的机遇，各地按高标准建立招商信息中心，利用信息平台的优势，汇聚资源、吸引人才、撬动资本，实现招商资源的有效承接、集聚、精确对接及关键业务领域的拓展。

（四）共建国际综合交通枢纽

完善和提升武汉都市圈铁路、高速公路、水运航道及港口布局，畅通对外通道。重点布局江南与江北的沿江高速通道，加密区域公路网络连接，主动融入武汉都市圈交通体系，彻底消除国道和省道的"断头"及"瓶颈"路段，推进与武汉的干线铁路、城际轨道、市域铁路及城市轨道交通的深度融合。在铁路建设上，加强武鄂黄黄地区高铁的连通性，迅速启动武汉至九江的福银高铁建设，增强区域辐射效应；加快构建包含"两纵（京广、京九西线）、两横（沪渝蓉、沪汉蓉）及两对角（福银、胶贵）"共12个方向的超"米"字形高铁网络，促进站城一体化进程。在轨道交通方面，打造两条高速轨道线路，形成高速轨道交通的"鱼骨"状结构。

提升交通枢纽功能，将武汉都市圈打造成为综合交通物流枢纽，以花湖国际机场和天河国际机场为支点，构建国际快速物流体系，大力发展航空货运，将其建设成为全球"123小时快货物流圈"的关键节点。强化天河国际机场、花湖国际机场与周边城市的高速直通及网络联系，提高交通方式间的衔接效率。同时，加速完善阳逻港和黄石新港的铁水联运体系，构建包含临空物流、港口物流和陆港物流在内的多式联运枢纽，提高江海直达及铁水联运的能力。

（五）促进公共服务共建共享

优化公共服务质量，不断提升基础教育、文化旅游和健康养生等领域对都市圈的服务效能。强化武汉都市圈内部社会保障、医疗保险、住房公积金等政策的对接与互认机制，以实现公共服务的优质共享，减轻居民的生产生活成本，不断增强民众的幸福感。教育协作方面，研究构建基础教育、高等教育及专业学科的战略联盟，促进教育教学研究合作，以及中小学、职业教育和高等院校之间的友好交流；重点推动示范性高中建设，实施跨区域的教育资源共建共享计划，加快教育新型基础设施的构建，推进信息技术与教学活动的深度整合。医疗合作领域，发挥武汉都市圈的优质医疗资源优势，建立以医疗资源为核心的城市医疗节点；探讨跨市区、跨省份的医疗联合体建设，实现医疗检验结果互认和远程医疗会诊，共享高品质的医疗服务。城市服务功能完善方面，应逐步从注重规模扩张的粗放型发展模式转变为重视品质提升的内涵式发展，优化空间规划，提高城市对发展要素的集聚和配置能力，打造高品质的生产、生活、生态空间，构建品质化、人性化、智慧化的都市生活环境。

（六）完善协同发展保障机制

探索跨城市协作共建的新机制，构建完善的区域协调发展架构。建立涵盖产业协同、交通网络、公共服务和生态维护等多部门的常态化对话与协商平台，优化工作流程和责任分配，从而显著提升协作平台的效率。深化武汉都市圈政务服务合作，构建合作新机制，推进"互联网+政务服务"改革纵深发展，打破政务服务事项的地域限制，加强数字政府建设支持，实现圈内更多政务服务事项的互通互办。研究跨区域土地利用的统筹策略，共同制订都市圈年度土地使用计划，打造集耕地占补平衡指标、建设用地流量计划及机动指标于一体的体制机制。构建土地指标市场调节平台，为区域共同建设的交通、市政、水利等项目提供综合协调平台。推动全领域全要素的生态用地储备制度改革，结合自然资源定价机制的创新，引入生态用地评估系统，探讨设立生态用地储备库，并同步制定与耕地、建设用地相衔接的林地补偿、水域整治修复等协调政策。完善建设用地的"增、减、存"统筹体系，探索打造统一的存量建设用地激活机制。

此外，完善关键项目建设的推进机制，围绕武汉都市圈发展的关键领域，如综合交通、清洁能源、现代水网、城市功能、重大产业及物流设施等，建立重点项目库，动态编制年度项目清单，强化项目化管理。主动协调解决项目实施中的难题，及时排查并疏通瓶颈环节，全面协调解决项目规划、土地供应、资金保障等问题，以优化项目建设环境。

参考文献

徐曼：《共同富裕视角下武汉都市圈协调发展研究》，《中国商论》2024年第15期。

云昭洁等：《武汉都市圈协同创新时空特征、影响因素及对策研究》，《科技与经济》

2024年第4期。

王韡等：《武汉都市圈背景下武鄂黄黄地区综合交通发展策略》，《交通与运输》2024年第4期。

杨丞娟：《武汉都市圈一体化的实践与探索》，《学习月刊》2024年第6期。

黄敏鸿等：《加快武汉都市圈制造业协同发展》，《党政干部论坛》2023年第10期。

潘昭宇等：《都市圈经济发展协同治理研究》，《宏观经济管理》2023年第12期。

B.14
长株潭都市圈区域一体化演变特征及空间联系格局研究[*]

陈慧灵 张倩 赵唯然 邹柳秀[**]

摘 要： 都市圈作为向上支撑城市群、向下承接地级市的空间形态，是引领区域发展以及国家新型城镇化战略格局中的重要空间单元，都市圈内城市间的互动直接作用于区域高质量发展。本报告以长株潭都市圈为案例，基于手机信令、高铁班次等多源数据，深入研究长株潭区域一体时空演变特征，全面分析长株潭都市圈自正式建立以来在社会经济发展、城乡居民水平、科技创新等多方面取得的成效，厘清都市圈空间发展规律，并为未来都市圈高质量发展路径提出优化建议。

关键词： 长株潭都市圈 区域一体化 空间联系 高质量发展

都市圈是城市群发展的重要组成，是以辐射带动能力强的大城市、超大城市或特大城市为核心，功能和规模各异的中小城市为主体，1小时通勤圈为主要范围的城镇化空间形态。长株潭都市圈位于湖南省中东部，拥有"南方十字路口"的称号，三市市中心两两相距不足40公里，以湘江为纽带，是"中国第一个自觉进行区域经济一体化实验的案例"以及中部六省中都市圈发展的先行者，更是湖南省社会经济发展的核心增长极。2022年3月，《长株潭都市圈发展规划》明确划定长株潭都市圈范围包括长沙市全域、株洲市中心城区及醴陵市、湘潭市中心城区及韶山市和湘潭县，面积为1.89万平方公里。

---

[*] 基金项目：国家自然科学基金项目（42101208）。
[**] 陈慧灵，博士，湖南工商大学公共管理与人文地理学院副教授，主要研究方向为经济地理；张倩，湖南工商大学公共管理与人文地理学院本科生，主要研究方向为经济地理；赵唯然，湖南工商大学公共管理与人文地理学院本科生，主要研究方向为经济地理；邹柳秀，湖南工商大学公共管理与人文地理学院硕士研究生，主要研究方向为区域经济。

一 长株潭区域一体化历程

自首次提出"长株潭经济区"概念以来,历经40余年的摸索探寻,长株潭区域目前已发育成为湖南实施全面对外开放和建设现代化新湖南的关键支柱。[①] 经济促进长株潭区域持续快速发展,是对习近平总书记考察湖南所做指导工作的实践,也是落实"三高四新"战略定位和使命任务的核心支撑。此外,长株潭区域一体化的推动对优化资源配置、重塑湖南省经济格局、引领全省迈向高质量发展具有深远影响。

基于不同时期的特点,本报告将长株潭区域一体化进程总结为四个阶段。

(一)初步提出阶段(1978~1982年)

改革开放后,国内区域经济发展的主要模式是培育以大城市为核心的增长极。作为内陆省份,湖南省缺乏强大的经济增长极,省会长沙对周边地区的辐射作用不强,对区域发展的带动力不足。基于此,1982年,湖南省政协四届六次会议正式提出建设"长株潭经济区",认为若能整合长株潭这三个城市进行一体化发展,将大幅度提升其在全国经济区网络中的地位,长株潭一体化这一概念首次出现。

(二)快速发展阶段(1983~2006年)

1982年后,长株潭规划办公室、区域规划领导小组先后成立;1997年,湖南省政府开始实施长株潭区域一体化发展战略;1998年,长株潭一体化纳入省级层面的顶层设计,一系列规划相继出台;在规划实施落地过程中,基础设施建设为区域一体化打下了坚实基础。长株潭中心城区的国土空间以长沙南扩、株洲西进、湘潭东拓的拓展方式开始逐步融合。三市的产业体系逐渐明朗:长沙重点发展工程机械、电子信息产业,株洲则是以轨道交通装备制造、有色冶金产业为主,湘潭主要发展机电、钢铁和化工产业。[②]

[①] 周国华等:《长株潭城市群研究进展与展望》,《经济地理》2018年第6期。
[②] 伍博超、朱方明:《长株潭城市群"两型"产业集群发展战略思考》,《求索》2011年第4期。

（三）推进提升阶段（2007~2017年）

2007年，长株潭获批"全国资源节约型和环境友好型社会建设综合配套改革试验区"，发展战略受到国家层面的重视。在此过程中，区域一体化水平得到大大提升，三市分工协作程度以及公共基础设施一体化建设（包含交通、通信并网等）得到完善和加强，生态绿心地区协同保护得到落实，实现了规划与实施同步，一体化建设水平稳步提升。

（四）高质量发展阶段（2018年至今）

2018年，以长株潭一体化发展首届联席会议的召开为标志，长株潭一体化发展得到新的提速。2021年，国家"十四五"规划提出将长株潭都市圈打造为全国重要增长极，[1] 长株潭一体化发展由"区域规划"上升为"国家战略"，并成立了省、市长株潭一体化发展领导小组办公室，行政壁垒被一一逐步破除，高效实施落地相关政策，长株潭区域一体化迈向高质量发展。[2]

二 长株潭区域近年取得的成效

（一）经济稳定增长的同时需加强韧性

1978年，长株潭区域GDP是40多亿元，三市的GDP均未超过20亿元，标志着长株潭区域当时正处于经济发展的初期探索与积累阶段。随着改革开放政策的全面推行，加上各项长株潭区域一体化政策逐步得到落实，长株潭区域经济总量不断实现跨越。1978~1995年，三市GDP从均超十亿元到均突破百亿元，共计618.24亿元；2013年，GDP突破万亿元，达10545.62亿元，以全省14%的土地面积，创造了43%以上的经济总量，集聚效应凸显；2022年，GDP突破了2万亿元，其中长沙、株洲和湘潭GDP分别为13966.11亿元、

---

[1] 《中华人民共和国国民经济和社会发展第十四个五年规划和2035年远景目标纲要》，中国政府网，2021年3月13日，https：//www.gov.cn/xinwen/2021-03/13/content_5592681.htm。
[2] 《奋进在三湘丨区域发展同频共振》，湖南省人民政府网站，2021年11月14日，https：//www.hunan.gov.cn/hnszf/hnyw/sy/hnyw1/202111/t20211114_21033848.html。

3616.8亿元和2697.54亿元。该区域经济总量持续扩张且发展态势稳健向好（见图1）。

图1　2013~2023年长株潭区域GDP及第一、二、三产业增加值

资料来源：根据长沙市、株洲市、湘潭市历年国民经济和社会发展统计公报整理。

从增长率来看，GDP增速总体呈下降趋势，2020年经济增长速度迅速下降，2021年短暂回升，后又开始下降，经济发展韧性还需进一步加强。从三大产业增加值增长率的变化来看，第一产业增加值增长率展现出显著的波动性，先升后降再升再降，这种反复升降的趋势体现了第一产业增加值的不稳定变化特征；第二产业增加值增长率变化大体上和GDP增长率走向趋势相同；第三产业增加值增长率变化较大，从2019年的10.62%骤降到2020年的2.10%，后在2021年回升至8.50%。2023年，第一、三产业增加值较2022年均保持增长，增长率分别是0.33%、7.35%，而第二产业增加值则是下降3.77%（见图2）。第一产业相较于第二、三产业韧性更强，而第二产业需要继续发挥内需规模优势。

（二）城乡居民生活水平持续提升

2023年，长株潭区域居民收入水平持续呈现增长态势，然而增长速度相较于以往有所减缓，农村居民收入增速连续多年快于城镇居民，城乡居民收入差距不断缩小。从近几年的增长情况来看，2023年长株潭区域居民人均可支

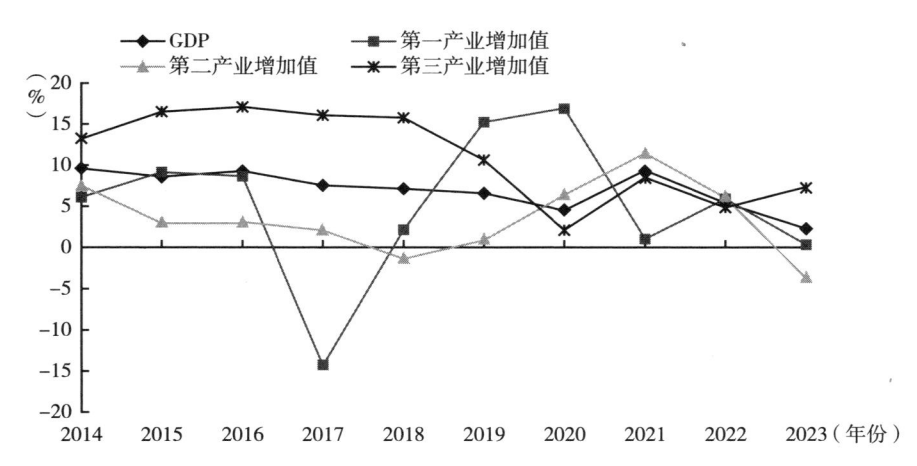

图 2 2014~2023 年长株潭区域 GDP 及第一、二、三产业增加值增长率

资料来源：根据长沙市、株洲市、湘潭市历年国民经济和社会发展统计公报整理。

配收入为 56468 元，是 2015 年的 1.81 倍，其中城镇和农村居民人均可支配收入分别为 63251 元、39122 元（见图 3），城乡协调度稳步提升。从人均可支配收入增长情况来看，2023 年长株潭区域居民人均可支配收入同比增长 4.44%，与上半年数据对比，增幅出现了轻微波动，下降 0.59 个百分点，与前三季度基本持平。细分至城乡层面，全年城镇居民人均可支配收入同比增长 3.63%，相较于上半年，增幅下降 0.42 个百分点；全年农村居民人均可支配收入同比

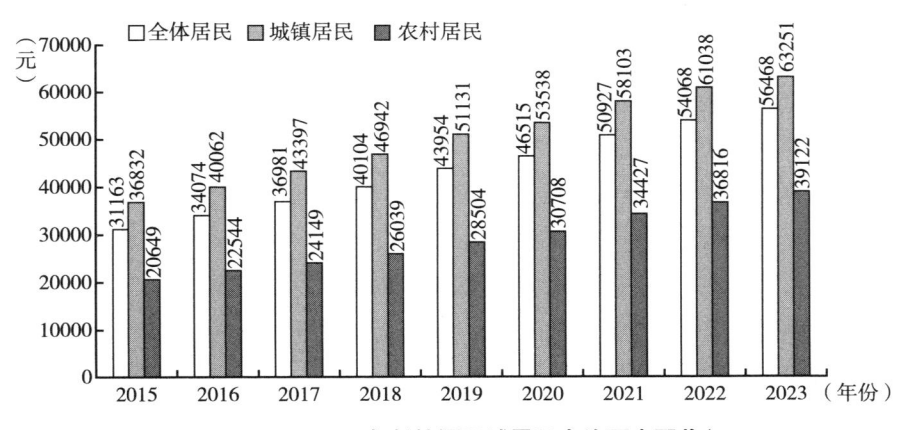

图 3 2015~2023 年长株潭区域居民人均可支配收入

资料来源：根据长沙市、株洲市、湘潭市历年国民经济和社会发展统计公报整理。

增长6.26%，增幅比前三季度回升0.1个百分点。居民人均可支配收入呈现"开局平稳、快速上升、渐渐回落、缓慢复苏"态势，且农村居民收入反弹力度大于城镇。此外，2023年长株潭区域居民消费支出持续增长。从人均消费支出增长情况来看，2023年全年长株潭区域居民人均消费支出增长5.45%，相较于上半年和前三季度，分别回升了1.48个和0.36个百分点，显示出消费活力的逐步增强。进一步从城乡维度划分，全年城镇居民人均消费支出同样呈现增长态势，同比增长4.89%，与上半年相比，增幅回升了1.8个百分点，比前三季度增长了0.53个百分点，表明城镇居民的消费能力在稳定中有所提升；农村居民人均消费支出同比增长6.23%，增幅比上半年提升1.06个百分点（见表1）。

表1 2023年长株潭区域居民分季度的人均可支配收入及消费支出增长率

单位：%

指标名称	第一季度	上半年	前三季度	全年
全体居民人均可支配收入	4.07	5.03	4.32	4.44
城镇居民人均可支配收入	3.62	4.05	3.41	3.63
农村居民人均可支配收入	4.80	6.26	6.16	6.26
全体居民人均消费支出	3.68	3.97	5.09	5.45
城镇居民人均消费支出	3.40	3.09	4.36	4.89
农村居民人均消费支出	3.92	5.17	6.30	6.23

资料来源：根据长沙市、株洲市、湘潭市2023年国民经济和社会发展统计公报计算。

长株潭区域为恢复经济、激发内需潜力以及推动消费升级，采取了一系列多元化、创新性的发展措施。一方面，积极实施创新驱动发展战略，高速铁路、城际轨道等现代化交通网络日趋完善，大大缩短了三地之间的时空距离，促进了人才、资金、信息等要素的自由流动，高新技术企业数量大幅增加；另一方面，长株潭地方政府促进优质教育资源与医疗资源延伸覆盖，建立长株潭校长和教师交流培训机制。全面开通医保个人账户异地消费凭医保电子凭证直接结算，逐步推进就医"一卡通"。在民生保障下，长株潭区域发挥其巨大的内需潜力，消费和经济快速增长。

（三）科技创新

2022年长株潭区域继续坚定走创新驱动发展之路，通过加大创新投入力度和改善创新环境提高了创新水平，为数字经济发展筑牢了根基，提高了新动能推动下的内需效率，助力区域经济高质量发展。在创新投入方面，2022年长株潭区域R&D经费支出为634.15亿元，占GDP比重达3.13%（见图4），增长率比2016年提高了1.1个百分点。在创新产出方面，2022年长株潭区域专利授权量共5.8万件，其中长沙4.5万件，株洲0.8万件，湘潭0.5万件；有效发明专利6.8万件，其中长沙5.3万件，株洲1.0万件，湘潭0.5万件；区域内部创新产出有较大差异，长沙市远远领先于株洲、湘潭两市。

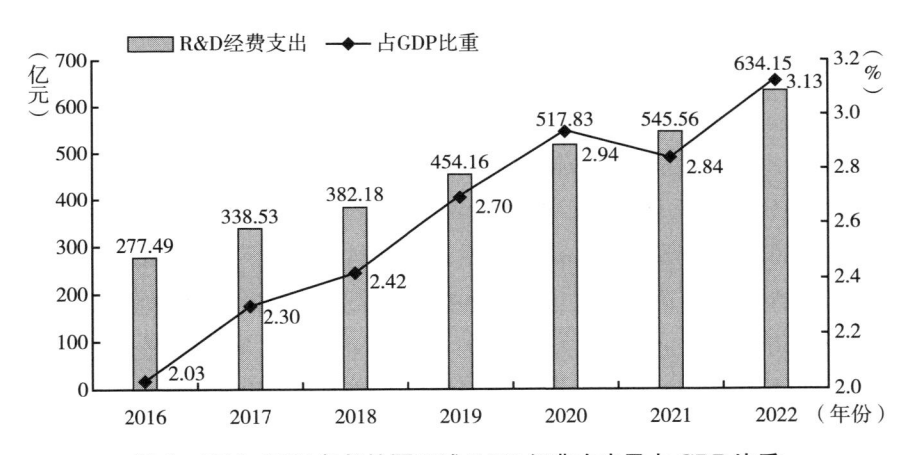

图4 2016~2022年长株潭区域R&D经费支出及占GDP比重

资料来源：根据长沙市、株洲市、湘潭市历年统计年鉴整理计算。

2014年，长株潭区域获批国家自主创新示范区，标志着其在科技创新与成果转化方面迈出了重要一步。2022年，该示范区在科技与经济融合发展、人才引育与创新创业方面取得了显著成就，实现了技工贸总收入2.85万亿元、技术合同额747亿元、万人有效发明专利41.13件、高新技术企业6128家、高层次创新创业人才1524人、新增技术经纪人1723人，为区域创新体系注入了新鲜血液与活力。长株潭每个城市的高新技术产值增速比GDP都高4.5个百分点以上。此外，示范区在产业集群构建等方面也实现了跨越式发展，千亿级产业集群数量实现"倍增"。这些成就不仅彰显了示范区在创新驱动发展战略中的核心地位，也为区域产业的转型升级奠定了坚实基础。长株潭三市均获批开展国家创新型城市建设，2020~2022年长沙市创新实力连续居国家创新型城市第8位。国家自主创新示范区已成为湖南创新发展的"核心引擎"，催生了"自主创新长株潭新现象"，支撑全省区域创新能力连续居全国第8位。

三 长株潭都市圈一体化的空间特征

（一）都市圈人口流动

本报告利用SQL数据库为中国联通智慧足迹提供的人口流动大数据，统计出各区县间的流入量、流出量和流入流出量的差值，同时增加居住地和工作地筛选条件，得出都市圈各区县的人口流入和流出总量及各区县间人口相互流动的数量。本报告从强度和方向两个维度建立相应的模型，研究都市圈人口流动，前者得到的强度大小表现城市之间联系的紧密程度和频繁程度，后者分析各个要素流的主要作用方向和空间联系城市。本报告结合已有文献，构建了基于引力模型的经济流强度模型、基于人口规模大数据的人口流动强度模型来分析长株潭都市圈的空间联系特征。[1] 人口流动是城市之间产生联系的重要中介，通过手机信令记录用户的移动轨迹能精细描述人口的分布格局和流动。[2]

在人口流动方面，本报告根据中国联通提供的人口活动和人口规模数据统计出两两城市之间的流入量、流出量和流入流出量的差值，可以直观看出所有区县之间人口流动的数量（强度）以及人口流动的方向。在人口流动强度方面，在工作日与休息日期间，雨花区展现了最为显著的人口流入与流出活力，位居各区县之首，彰显了其与周边区县的紧密关系，紧随其后的则是岳麓区与芙蓉区，同样表现出较高的人口流动强度，显示了它们与其他区县之间密切的互动与联系。而韶山市、醴陵市和渌口区与其他区县的联系强度最低，人口流

---

[1] 林赛南等：《流空间视角下武汉都市圈城市空间联系格局及影响因素》，《经济地理》2024年第2期。

[2] 席广亮等：《流动性视角下的国土空间安全及规划应对策略》，《自然资源学报》2022年第8期。

动变化不明显。从人口流动方向上看，工作日流入雨花区和开福区的人中来自芙蓉区的最多，流入芙蓉区的人口来自雨花区的最多，休息日流入芙蓉区和雨花区的人口来自望城区的最多，流入望城区的人口来自岳麓区的最多，雨花区、芙蓉区、开福区、天心区及长沙县之间则形成了一个清晰的人口流动网络；与此同时，望城区和岳麓区人口流动尤为频繁，呈现紧密的联系状态；另外，雨湖区、岳塘区和湘潭县三地人口流向形成明显的小范围循环模式。总体上看，长株潭都市圈的人口流动呈现组团内相互流动，但强度不一。

（二）经济规模与人口规模

1. 经济规模

本报告针对长株潭都市圈内19个区县的人均GDP进行空间可视化，为更好地分析各区县经济规模的空间变化，按人均GDP分为5个等级，并归纳为超高级、高级、次高级、中级和低级。宏观来看，都市圈内的各个区县经济规模始终保持着稳健且持续的增长态势，展现出了平稳而快速的发展步伐。2013年、2023年都市圈内各区县经济规模等级均呈梯度分布格局，2013年各区县经济规模达到超高级的区县有芙蓉区、雨花区，达到高级与次高级的区县均为其周边区县，环绕中心区域，具体包括高级的长沙县、开福区、天心区、岳塘区、石峰区，以及次高级的望城区、岳麓区、雨湖区、天元区和芦淞区；其余长沙市内的区县均已达到中级。这些区县共同构成了都市圈的核心经济辐射圈。株洲市内的荷塘区经济规模为中级，其余均为低级。湘潭市内的区县经济规模中级、低级等量分布，其中韶山市为中级，湘潭县为低级。长株潭都市圈经济规模南北空间差异大，中心城市长沙的经济发展效应高于株洲市与湘潭市。

2013~2023年，长株潭都市圈内各区县的经济规模向次高级和中级靠拢，整体经济规模明显扩大。相较于2013年，经济规模位于低级的区县全部实现了跨越，经济规模实现了质的飞跃。从地域范围来看，长沙市除天心区、岳麓区下降了一个等级，浏阳市上升了一个等级外，其余区县均保持不变；而株洲市石峰区、荷塘区下降了一个等级，醴陵市上升了一个等级，其余区县保持不变；在湘潭市的4个区县中，韶山市与雨湖区上升了一个等级，而天元区、湘潭县则维持了原有的等级状态，体现了湘潭市区域发展的不均衡性与动态变化。总体而言，随着长株潭都市圈一体化发展水平的提高，都市圈内城市之间经济发展水平愈加趋向均衡，株洲、湘潭的人均GDP逐渐向长沙靠近。

2. 人口规模

人口密度的空间分布呈现由中心向外围逐渐递减的层次结构。2013年，都市圈人口密度最高的是长沙芙蓉区，为12000人/公里^{2}以上，断崖式领先。次核心的人口密度为2000~3500人/公里^2，包括长沙市的开福区、天心区、雨花区，这些区县围绕在芙蓉区附近。在都市圈的边缘地带，外围区县的人口密度普遍较低，普遍低于1000人/公里^2，这些区域构成了都市圈人口分布的外围圈层。2013~2023年，长株潭都市圈人口密度上升27.48%，为630人/公里^2。

伴随着长株潭都市圈一体化进程的深入推进，依靠政策红利、交通优势、产业集聚优势等，长株潭都市圈吸引了大量外地人口，各区县人口密度都有了较大的提升。芙蓉区作为长沙市的核心区域，其人口密度持续位居榜首，高达15339人/公里^2。次一级区县的人口密度是3000~6500人/公里^2，外围区县的人口密度在2200人/公里^{2}以下，同样是在边缘，特征与2013年相似，层次性特点稳定。

（三）经济联系特征

本报告利用各区县非农业人口数量、GDP、区县间最短距离构建了经济流强度模型，数据来源于统计年鉴及百度地图。该模型以传统的引力模型为基础，由国内外学者演绎、推广和改进，计算得出各城市经济联系总量及城市间经济联系强度和方向。长沙市主城区大部分区域（望城区、开福区、芙蓉区、岳麓区、雨花区）与长沙县这6个区县相互间的经济联系强度较强，其中除去望城区的剩余5个区县间的经济联系尤其紧密，形成了核心经济联系区。在经济联系的方向方面，可以明显看到，在都市圈的西部，以岳麓区为经济流动指向，望城区、宁乡市、韶山市、湘潭县都紧紧依靠岳麓区发展经济。在都市圈的东部，以雨花区为经济流动指向，岳塘区、天元区、渌口区、芦淞区、醴陵市、荷塘区、石峰区这些区县，均紧密依托长沙市雨花区的经济辐射与带动作用，积极开展经济活动，促进自身经济发展。与此同时，望城区、宁乡市和雨湖区与岳麓区建立了较为紧密的经济联系，通过相互合作与资源共享，共同推动区域经济的协同发展，岳麓区、芙蓉区、天心区和岳塘区与雨花区的经济联系相对密切，湘潭县、渌口区、醴陵市、浏阳市和韶山市由于地理位置和自身发展水平限制等原因受到的岳麓区和雨花区的辐射带动作用较弱。在都市圈的北部，形成了由开福区、长沙县、浏阳市3个区县组成的经济发展区，其中开福区和长沙县的联系十分紧密，经济相互作用强烈。

（四）高速铁路联系

区域一体化的基石在于交通体系的深度融合，交通联系强度表征城市间的紧密关系、区域网络特征以及中心城市的辐射强度。本报告从中国铁路网站收集了2011年、2021年长株潭都市圈内的高铁运行班次信息，并整理获得城际客运班次，将该数据导入ArcGIS平台进行可视化，研究长株潭都市圈内高铁联系的演变。长株潭都市圈高铁的纵向空间联系强度突出，横向空间联系强度相对较弱，长沙枢纽地位凸显，铁路联系强度居区域首位。2011年，长株潭都市圈内的高铁站点仅有长沙南站、株洲西站两个，其联系强度为每年17520班，武广高铁的建设强化了南北纵向联系。2021年，新增了湘潭北站、韶山南站、醴陵东站，通过测度各城市铁路站各级联系强度的相对中线趋势及其空间网络分布，并根据联系强度分为五个等级，一级网络联系是长沙南—株洲西、长沙南—湘潭北，其中，长沙南—株洲西的联系强度最高，为每年51465班；其次为长沙南—湘潭北，每年38690班，这得益于2016年长株潭城际铁路的开通运营，实现了城际铁路的便捷化运营，使其具备了类似公交的高频次、广覆盖特点，进一步加强了长株潭三市之间的互联互通。二级网络联系是长沙南—韶山、长沙南—醴陵，联系强度分别为每年23725班和18615班。三级网络联系集中于湘潭北—韶山、湘潭北—醴陵，因为湘潭北是沪昆高铁的中间站，是发挥枢纽型服务的重要交通节点。四级网络联系主要为韶山—湘潭、韶山—株洲、韶山—醴陵。

（五）产业联系

长株潭都市圈内产业发展各具特色，逐渐呈现专业化、多样化态势。[①] 区

[①] 王欢芳、胡振华：《产业集群低碳化升级路径研究——以长株潭城市群为例》，《现代城市研究》2012年第2期。

域产业协同发展加快了各市主导产业在长株潭区域以开发园区为依托的产业布局，产业组织呈现规模化、区域化发展趋势。长沙作为"工程机械产业之都"，已形成以三一重工、山河智能、中联重科等为龙头的优势产业集群。如三一重工的区域布局以长沙经济技术开发区为中心，在长沙市发散发展的同时积极与株洲联结，在株洲清水塘工业区与荷塘区布局石油装备产业园、区域研发中心以及智慧钢铁产业城项目等。株洲市是我国"电力机车之都"，拥有包含中车株机、中车株洲所等企业在内的轨道交通装备制造业优势产业集群，中车株机与中车株洲所同属中车集团，均以株洲国家高新技术产业开发区为中心，在与长沙市强联系的过程中，中车集团与长沙岳麓区、雨花区和长沙县形成轴辐式结构。湘潭市是全国的"电工城"，拥有湘电集团、湘潭电机等龙头企业。其中湘电集团和湘潭电机均以湘潭高新技术产业开发区为中心，在岳塘区企业总部周围形成较高等级的联系组团；同时为了更好地利用长沙的区位优势，进一步深化科技创新战略，聚焦于提升产业链与供应链的稳健性与市场竞争力，与长沙市存在较高的联结度，空间上呈轴辐式结构。

四　长株潭都市圈高质量发展路径

（一）优化都市圈空间结构，推动城乡融合发展

长株潭发展要依托湘江这个黄金水道以及区内交通路网及铁路干线，深度整合三市的科技创新成果、高端人才储备及优势产业资源，加快国土空间上的深度融合，以核心区域为引领，构建出三市相互支撑、协同共进的都市圈空间架构，让长株潭都市圈经济联系、人才流动更紧密。同时要以培育节点城镇为重点，形成多中心、多层次的城镇体系，推动人才、产业、经济等各类要素在城乡间双向流动，促进城乡融合发展。① 统筹推进农村经济建设、文化建设、社会建设、生态文明建设，加快推进农业农村现代化。深化文旅融合创新，培

---

① 崔树强等：《空间交互视角下长株潭城市群地区城乡融合度评价及其驱动机制》，《地理研究》2023年第4期。

育壮大文化创意、数字出版等新兴业态,打造特色文旅,让文旅等第三产业得到长足稳定发展。

(二)继续发挥长沙"一主引领"作用,强化产业空间集群效应

增强长株潭都市圈尤其是核心城市长沙的经济和人口承载力,促进资金、人口等空间要素的自由流动和高效集聚,强化长沙作为区域中心城市的带动作用,为产业发展提供动力源,从而激发长沙产业空间发展活力。[①] 推进以长沙为核心的长株潭都市圈建设,强化长沙与株洲、湘潭的经济互动、人才互动等,强化长株潭都市圈的核心引领效应,吸引外来企业和项目抢滩布局;进一步加强中心城市长沙的功能建设,提升长沙产业辐射力和创新引领力;同时加强区域次中心城市株洲和湘潭的发展,根据各城市发展基础,促进地区特色产业集群的形成,引导区域产业合理布局与分工,实现产业互补互助协同发展,寻求多中心网络化发展,促进分散性规模经济的形成,逐步解决区域内部地区间人口分化和经济发展差距过大的问题,增强长株潭区域综合承载能力。

关注边缘化区县,引导三市产业和经济相互承接和转移,形成对接粤港澳大湾区的重要城市组团。致力于缩小城市之间固定资产投资增速的差异以及减少城市之间的信息和通信障碍,促进各类要素的流动、利用和都市圈一体化。将城市之间的产业结构、发展规模和开放水平等差距控制在合理范围内,在保持核心城市现有对外联系水平的基础上,加强周边城市之间的联系强度和自身的对外联系能力,优化产业结构,吸引投资和人才集聚,完善基础设施建设,出台合理的税收优惠政策,营造友好的营商环境,以实现城市之间优势互补、良性竞争与合作共赢并存的良好局面。

(三)推动区域人口有序流动,促进"人"和"产"协同集聚

推动人口在长株潭区域内各地区之间的有序流动,实现人口资源的均衡配置,缓解区域人口外流情况,为都市圈产业发展提供劳动力储备。从长株潭都市圈层面来看,长沙的人口增量一直处于高位,伴随着区域一体化深入推进、

---

① 《坚定不移推动"强省会"战略和长株潭都市圈建设》,《湖南日报》2022年4月20日,第1版。

长三角珠三角人口的溢出，株洲和湘潭开始出现一定程度的人口回流。长沙成为承接人口转移的重要城市，近年来人口增量位居中部省会城市第一，但相较于重庆、成都和武汉而言，长沙的城市体量依旧相对较小，推进长株潭一体化建设能有效强化区域人口支撑力，保持并增强人口集聚力。优化区域一体化引才引智架构，推进高层次人才在都市圈内自由落户，支持三市企业开展共享用工，引导高层次人才向重点产业、主要区域集聚，促进"人"和"产"协同集聚，为企业吸引人才提供便利条件。推进区域一体化的人力资源市场建设，削弱地区和行业间劳动力转移阻碍，尽可能发挥人口要素空间溢出效应的作用，最终实现产业的集聚、关联与扩散效应。

（四）全面深化长株潭都市圈一体化发展

统筹构建长株潭都市圈综合立体交通体系，推动国家综合交通枢纽中心的建设，加强区域对内对外联系通道建设，提升长株潭都市圈交通基础设施与产业布局的匹配度，实现区域统筹与整体协同。为增强湘江新区的综合竞争力与区域辐射力，需进一步提升其现代化与国际化水平，建立跨市域的服务平台，实现资源共享与信息互通，推动城市管理朝科学化、精细化、智慧化方向转型，运用现代信息技术手段提升城市管理效率，实现城市发展由外延式扩张向内涵式提升转变。依托株洲市、湘潭市的特色资源和产业基础，通过政策引导和市场机制作用，推动两地经济转型升级，提升整体发展品质，引导长沙市将部分产业向株洲、湘潭有序转移，同时疏解部分非核心功能至周边地区，强化都市圈中各城市的协作配套和发展支撑能力，形成紧密的有机整体。鼓励三市区域相邻、产业相似的园区融合发展，向创新能力强、集聚效益好、产城融合配套设施完善的城市新经济板块转型。

参考文献

周国华等：《长株潭城市群研究进展与展望》，《经济地理》2018年第6期。

伍博超、朱方明：《长株潭城市群"两型"产业集群发展战略思考》，《求索》2011年第4期。

林赛南等：《流空间视角下武汉都市圈城市空间联系格局及影响因素》，《经济地理》2024年第2期。

席广亮、甄峰、钱欣彤：《流动性视角下的国土空间安全及规划应对策略》，《自然资源学报》2022年第8期。

王欢芳、胡振华：《产业集群低碳化升级路径研究——以长株潭城市群为例》，《现代城市研究》2012年第2期。

崔树强等：《空间交互视角下长株潭城市群地区城乡融合度评价及其驱动机制》，《地理研究》2023年第4期。

专题篇

B.15
中部地区"三基地一枢纽"定位及建设研究

喻晓雯 魏征 喻新安*

摘 要: 中部地区"三基地一枢纽"战略自2006年提出以来,旨在推动该地区成为全国重要粮食生产基地、能源原材料基地、现代装备制造及高技术产业基地和综合交通运输枢纽。经过多年发展,中部六省在粮食生产、能源原材料、现代装备制造及高技术产业、综合交通运输枢纽建设方面取得显著成就,但同时面临产业结构单一、创新资源匮乏、交通网络衔接不完善、高端制造业和核心技术不足等挑战。为实现新时代中部高质量发展,建议加强农业科技创新,推动能源结构多元化,聚焦重点产业领域,完善综合交通网络,促进交通与产业深度融合。

关键词: 三基地一枢纽 中部地区 区域协调发展 高质量发展

---

* 喻晓雯,河南财政金融学院讲师,主要研究方向为国民经济;魏征,河南中原创新发展研究院讲师,主要研究方向为区域经济、房地产经济;喻新安,河南中原创新发展研究院院长,教授、博士生导师,主要研究方向为区域经济、产业经济。

2004年3月,全国《政府工作报告》首次提出"促进中部地区崛起"。①20多年来,国家为推动中部崛起采取了许多重大举措。2006年4月,《中共中央 国务院关于促进中部地区崛起的若干意见》提出将中部地区建设成为"全国重要粮食生产基地、能源原材料基地、现代装备制造及高技术产业基地和综合交通运输枢纽"(简称"三基地一枢纽")。2019年5月,习近平总书记在江西主持召开中部地区崛起工作座谈会,强调贯彻新发展理念推动高质量发展,奋力开创中部地区崛起新局面。②2024年3月,习近平总书记在湖南主持召开新时代推动中部地区崛起座谈会,重申了中部地区"三基地一枢纽"功能定位,强调在更高起点上扎实推动中部地区崛起。③

一 中部地区"三基地一枢纽"的建设历程和意义

从"七五"计划开始,我国正式使用"东、中、西"对国土进行地域划分,这一划分主要是因为改革开放后,沿海地区由于政策和地缘优势,经济发展迅速,成为先富地区。经过三个五年计划的发展,沿海地区成为全国经济高地,为了缩小贫富差距,2000年,中央启动了西部大开发战略,大量的资金和优惠政策投向西部10个省份,与此同时,作为"共和国长子"的东北三省由于改革开放后经济结构的变化而逐渐没落,2003年中央提出了振兴东北老工业基地战略,而此时位于中部的8个省份即内蒙古、山西、河南、安徽、湖南、湖北、江西、广西处于较为尴尬的处境,东、西均不占,后来内蒙古和广西为了争取西部大开发的优惠政策和资金先后申请加入西部并且得到了中央的批准,中部剩下的6个省份则沦为"塌陷区"。先富带动后富,共同富裕才是社会主义国家追求的目标。2004年3月,全国两会上第一次提出"促进中部

---

① 《政府工作报告——2004年3月5日在第十届全国人民代表大会第二次会议上》,中国政府网,https://www.gov.cn/gongbao/content/2004/content_62715.htm。
② 《习近平在江西考察并主持召开推动中部地区崛起工作座谈会》,中国政府网,2019年5月22日,https://www.gov.cn/xinwen/2019-05/22/content_5393815.htm。
③ 《习近平主持召开新时代推动中部地区崛起座谈会强调:在更高起点上扎实推动中部地区崛起》,中国政府网,2024年3月20日,https://www.gov.cn/yaowen/liebiao/202403/content_6940500.htm。

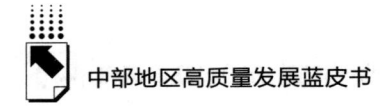

地区崛起"。2006年4月15日,《中共中央 国务院关于促进中部地区崛起的若干意见》(以下简称《意见》)下发,这是中部地区崛起的纲领性文件。《意见》对中部崛起定位为"三基地一枢纽",提出将中部地区建设成为全国重要的粮食生产基地、能源原材料基地、现代装备制造及高新技术产业基地和综合交通运输枢纽。"三基地一枢纽"战略定位的提出,是党中央、国务院在深入考察中部地区发展基础和潜力后做出的重大战略决策。这一战略的提出,旨在充分发挥中部地区的比较优势,推动中部地区崛起,实现区域协调发展。

2016年《促进中部地区崛起"十三五"规划》出台,提出巩固提升"三基地一枢纽"地位,同时提出新时期中部地区战略定位为全国重要先进制造业中心、全国新型城镇化重点区、全国现代农业发展核心区、全国生态文明建设示范区、全方位开放重要支撑区,即"一中心、四区"。2021年4月23日,《中共中央 国务院关于新时代推动中部地区高质量发展的意见》指出:"促进中部地区崛起战略实施以来,特别是党的十八大以来,在以习近平同志为核心的党中央坚强领导下,中部地区经济社会发展取得重大成就,粮食生产基地、能源原材料基地、现代装备制造及高技术产业基地和综合交通运输枢纽地位更加巩固,经济总量占全国的比重进一步提高,科教实力显著增强,基础设施明显改善,社会事业全面发展,在国家经济社会发展中发挥了重要支撑作用。"文件中未再提及"一中心、四区"定位和作用。2024年3月20日,习近平总书记在湖南省长沙市主持召开新时代推动中部地区崛起座谈会并发表重要讲话时强调:"中部地区是我国重要粮食生产基地、能源原材料基地、现代装备制造及高技术产业基地和综合交通运输枢纽,在全国具有举足轻重的地位。"① 5月27日,中共中央政治局召开会议,审议《新时代推动中部地区加快崛起的若干政策措施》。此次会议上,再次重申了中部地区作为我国重要粮食生产基地、能源原材料基地、现代装备制造及高技术产业基地和综合交通运输枢纽的"三基地一枢纽"战略定位。会议强调,要深刻领会党中央战略意图,推动中部地区崛起取得新的重大突破。至此,中部六省"三基地一枢纽"

---

① 《习近平主持召开新时代推动中部地区崛起座谈会强调:在更高起点上扎实推动中部地区崛起》,中国政府网,2024年3月20日,https://www.gov.cn/yaowen/liebiao/202403/content_6940500.htm。

的定位得到进一步强化。①

中部地区"三基地一枢纽"定位的提出和强化，标志着中部地区在全国发展大局中扮演重要角色，承担重要使命。通过建设"三基地一枢纽"，中部地区的经济结构将进一步优化，经济增长潜力将得到充分释放，有利于加快中部地区崛起步伐。中部地区加快崛起，不仅有助于本地区的经济社会进步，也将对全国区域协调发展起到重要的推动作用。中部地区崛起将带动中西部地区的发展，有助于缩小东中西部差距，推动实现全国范围内的共同富裕。中部地区通过建设"三基地一枢纽"，能更好地融入全国乃至全球经济体系，提升其在产业链、供应链中的地位，从而增强中国在全球竞争中的整体实力。

二 中部地区"三基地一枢纽"建设成就及短板

中部地区"三基地一枢纽"的发展战略自提出以来，一直是推动该地区发展的核心战略。这一战略的实施，促进了中部地区经济社会的全面发展，提升了其在全国经济中的地位和作用，经过十多年的建设，取得了巨大的成就。

粮食生产方面。中部地区作为"大国粮仓"，充分发挥其耕地资源优势，粮食产量持续攀升，大力推广农业机械化、智能化，提高农业生产效率，推动农业朝规模化、集约化、现代化方向发展，其粮食生产基地的地位不断巩固，为保障国家粮食安全做出了重要贡献。2023年中部6个省份以其占据全国10.71%的国土面积贡献了全国29.19%的粮食产量，养活了全国25.77%的人口（见表1），全国有5个粮食主产区位于中部地区，其中河南是小麦生产第一大省，全省粮食播种面积常年稳定在1.6亿亩以上，用不足全国1/16的耕地生产了全国近1/10的粮食、1/4的小麦，粮食产量连续7年稳定在1300亿斤以上，每年调出原粮和制成品600亿斤以上，油料、食用菌产量居全国第一，蔬菜、禽蛋产量居全国第二。安徽省近年来粮食总量稳定站上800亿斤台

---

① 《中共中央政治局召开会议 审议〈新时代推动中部地区加快崛起的若干政策措施〉〈防范化解金融风险问责规定（试行）〉中共中央总书记习近平主持会议》，中国政府网，2024年5月27日，https://www.gov.cn/yaowen/liebiao/202405/content_6953803.htm。

阶，排名由全国第6位上升到第4位。湖北省常年水稻种植面积约为3500万亩，产量约为380亿斤，分别占全国水稻种植面积、产量的7.6%和8.8%。①

表1　2023年中部六省和全国经济数据对比

地区	土地面积（万平方公里）	人口（万人）	GDP（亿元）	粮食产量（万吨）	消费品零售总额（亿元）	货物进出口总额（亿元）	一般公共预算收入（亿元）
河南	16.70	9815.00	59132.39	6624.27	26004.45	8107.88	4512.05
湖北	18.59	5838.00	55803.63	2777.04	24041.89	6449.70	3692.26
湖南	21.18	6568.00	50012.90	3068.00	20203.30	6175.90	3360.50
安徽	14.01	6121.00	47050.60	4150.80	23008.30	8052.20	3939.00
江西	16.69	4515.01	32200.10	2198.30	13659.80	5697.70	3059.60
山西	15.67	3465.99	25698.18	1478.10	7981.80	1693.70	3479.10
中部六省合计	102.84	36323.00	269897.80	20296.51	114899.54	36176.18	22042.51
全国	960.00	140967.00	1260582.00	69541.00	471495.00	417568.00	216784.00
中部六省占全国的比重(%)	10.71	25.77	21.41	29.19	24.37	8.66	10.17

资料来源：全国及各省2023年国民经济和社会发展统计公报。

能源原材料基地建设方面。山西作为能源大省，是全国重要的煤炭生产基地，依托丰富的煤炭资源，推动了煤炭产业的转型升级，煤炭先进产能占比达到68%，通过推广煤炭清洁利用技术和加大环保投入力度，山西在建设清洁煤炭产业链方面取得了积极成效，同时，大力发展煤制气、煤制油等产业，提升了煤炭资源的附加值。湖南和湖北依托长江、汉江等丰富的水资源，进一步开发了水电项目，提升了清洁能源供应能力。湖南省的水电装机容量位居全国前列，湖北省也通过加强水电站建设，确保了能源供应的多样化。湖北省的氢能示范项目逐步落地，成为氢能产业的领军者。河南、安徽等省加强了新能源汽车相关产业的布局，吸引了多家新能源汽车制造企业落地，带动了锂电池、新能源材料等上下游产业的发展。江西省重稀土矿储量约占全国

---

① 根据《中国统计年鉴》以及河南、安徽、湖北统计年鉴相关数据计算得出。

的 2/3，钨矿、铜矿、钽矿、锂矿储量分别占全国总量的 46.8%、9.7%、41.6%、22.7%，已成为我国乃至全球重要的有色、稀土资源基地。江西省在稀土资源开发与加工方面取得了显著进展，推动了稀土资源在高端制造业和新能源领域的广泛应用。安徽的明矾、河南的钼、湖北的泥灰石、湖南的钨储量在全国都处于领先地位，河南人造金刚石和立方氮化硼产量分别占全国的 80%、95%，金刚石微粉、复合超硬材料、培育钻石产量均占全国的 80%左右。

现代装备制造及高技术产业方面。中部地区通过引进和培育高端制造业，逐步形成了汽车、装备制造、电子信息、航空航天等产业集群。近年来随着新能源汽车的快速增长，合肥成为中国新能源汽车制造的重要基地，蔚来汽车等企业在合肥设厂，带动了上下游配套产业的集聚。2023 年，安徽汽车产量为 249.1 万辆，增长 48.1%；新能源汽车产量为 86.8 万辆，增长 60.5%。长沙是中国乃至全球重要的工程机械制造基地，拥有中联重科、三一重工等世界领先的工程机械制造企业。湖南的工程机械产品覆盖挖掘机、起重机、混凝土机械等多个领域，产品远销海外，行业竞争力强。郑州的中铁装备盾构机产销量连续 6 年居全球第一，郑煤机高智能化液压支架刷新世界支护新高度。洛阳是中国重要的重型装备制造基地。中国一拖集团、洛阳 LYC 轴承有限公司等企业在工程机械、农业机械和重型装备方面取得了重要成就，推动了河南装备制造业的转型升级。山西新一代半导体、手撕钢、高端碳纤维、高铁轮轴等一批关键技术和产品取得突破，14 个战略性新兴产业集群加快形成，战略性新兴产业增加值年均增长 7.8%，高于规上工业 3.2 个百分点。合肥是中国电子信息产业的重要基地，拥有京东方等龙头企业，推动了显示技术、集成电路、半导体等领域的发展。截至 2022 年底，"中国声谷"入驻企业逾 2000 家，年产值超过 2000 亿元。武汉是中国光电子产业的重要基地，被誉为"光谷"，在光通信、光电子器件等领域取得了全球领先的地位。依托武汉的高校和科研资源，湖北省在激光技术、光纤通信、5G 设备等高技术领域的研发和产业化方面取得了显著成就。截至 2022 年，武汉已集聚 1.5 万家光电子信息企业，产业集群年总营收突破 5000 亿元。

综合交通运输枢纽方面。根据国务院印发的《国家综合立体交通网规划纲要》，郑州、武汉被明确为国际性综合交通枢纽城市，合肥、太原、长沙、南昌等地被确定为全国性综合交通枢纽城市。中部地区利用其承东启西、连南接北的区位优势，加快构建多层级、一体化的综合交通运输枢纽体系，高铁网络覆盖面不断扩大，京港高铁、沪汉蓉高铁、沪昆高铁、郑西高铁、郑渝高铁等主要线路经过中部，极大地缩短了中部地区与东部沿海地区和西部内陆地区的时空距离。河南建成米字形高铁网，江西成为全国首个所有设区市通时速350公里高铁的省份，湖南长沙形成了省内两小时高铁通勤圈。中部地区的武汉、郑州、长沙、南昌等省会城市的机场升级为区域性国际航空枢纽，航线网络遍布全国乃至世界，航空运输能力显著提升。高速公路网不断完善。同时，郑州、武汉等地发展成为全国性物流中心，物流基础设施建设水平和服务水平大幅提升。湖北、湖南、安徽、江西四省都沿长江分布，长江是中国最重要的内河水道，承担着全国内河货运总量的60%~70%。河南信阳本就有淮河航运，漯河、周口已经实现内河通航，郑州正在推进贾鲁河通航工程，届时郑州港货物将可以通江达海。

综上所述，中部地区"三基地一枢纽"的发展成果举世瞩目，为中部地区崛起提供了坚实的基础和动力。尽管中部地区在推进"三基地一枢纽"发展战略中取得了显著成就，但仍存在一些短板和挑战，这些短板限制了该地区进一步发展的潜力和质量。

传统产业较多，过多依赖化石能源。中部地区的产业以资源密集型和重工业为主，如能源、钢铁、化工等传统产业。这些产业在历史上推动了区域经济的快速发展。随着经济转型升级的要求，尽管有一定程度的产业升级，但中部地区能源和原材料产业仍然高度依赖传统资源如煤炭、钢铁和有色金属，产业结构单一，清洁能源和高附加值材料的比例较低，仍未实现能源结构的多元化，依然过于依赖煤炭等化石能源，绿色能源发展滞后。这些传统产业面临高能耗、高污染以及低附加值的问题，难以适应新时期经济发展的需求。

创新资源匮乏，高新技术产业的发展滞后。中部地区的科研经费投入相对较低，科研基础设施建设和科技创新环境相对薄弱。2022年，全国R&D经费投入30870亿元，占GDP比重为2.56%。安徽、湖南、湖北、河南、山西、江西R&D经费投入占GDP比重分别为2.56%、2.47%、2.33%、2.02%、1.79%、1.07%，多数省份低于全国平均水平。这导致区域内高新技术企业的数量和质量与东部发达地区相比存在明显差距。创新平台和研究机构较少，国家级科研机构和重点实验室的数量相对不足，创新资源的集聚效应不强。这使得该地区在技术创新和产业升级方面相对滞后。

交通网络衔接不够完善，物流成本较高。尽管中部地区拥有较为发达的铁路、公路和航空运输网络，但不同交通方式之间的衔接效率不高，多式联运发展滞后，物流体系整合度较低，导致整体运输效率偏低。一些区域特别是农村和偏远地区的交通基础设施较为落后，交通网络的覆盖面不够广，制约了区域内部的经济协作和商品流通。一些地区的高速公路、铁路和机场的覆盖率不够，交通枢纽的连通性和便捷性相对较低，影响了区域内部和与其他地区之间的经济联系与协作。物流网络尚未完全形成，特别是与沿海地区相比，物流配送中心、仓储设施等物流基础设施相对薄弱，特别是在综合运输效率不高、物流体系现代化程度较低的情况下，增加了企业的生产和经营成本，削弱了中部地区在全国供应链中的竞争力。物流成本较高，物流效率较低，制约了区域内产业链的协同发展和外向型经济的扩展。

高端制造业和核心技术不足，产业集群效应不强。中部地区的装备制造业整体水平偏向中低端，核心技术和高端装备的研发能力不足，关键零部件和核心技术的自主创新能力较弱。核心部件依赖外部进口限制了装备制造业的技术升级和市场竞争力提升。高新技术产业起步较晚，技术创新体系不完善，部分省份在高新技术研发和成果转化方面与东部沿海发达地区存在较大差距。虽然中部地区已经形成了部分装备制造和高新技术产业集群，但产业链上下游衔接不够紧密，配套设施和服务体系不健全，未能形成具有全球竞争力的现代装备制造产业生态。产业分工和协作不足，特别是在省际协作和跨区域产业融合方面，存在同质化竞争和资源浪费现象。

三　中部地区如何高质量建设"三基地一枢纽"

"三基地一枢纽"的战略定位为中部地区的发展指明了方向，但要实现高质量发展，仍需进一步深化改革，创新驱动，优化布局，以更好地发挥中部地区的比较优势，为国家经济社会发展做出更大的贡献。

加大农业科技创新力度，提升农业基础设施。中部六省应加大对高产、抗病、抗旱等优质农作物新品种的研发和推广力度。通过建立农业科技示范园区，推广先进的农作物育种技术，提升粮食作物的产量和质量。推广精准农业技术,如无人机植保、智能灌溉、无人驾驶农机等,提升耕作、播种、施肥、病虫害防治等农业生产环节的自动化和精准化水平。通过物联网、大数据等技术实时监测气候、土壤和作物生长情况,优化农田管理。加强农田水利设施建设,提升灌溉系统的现代化水平,确保农田在干旱或洪涝等极端气候条件下依然具备抗风险能力。继续推进高标准农田建设,整治低产田,提高农田的产出效益。通过平整土地、土壤改良、农田排水系统建设等手段,改善农田的生产条件,推广土壤改良技术,如有机肥施用、绿肥种植、深耕深松等,提高土壤肥力,确保粮食生产的可持续性。

清洁能源与传统能源并举,提升资源综合利用效率。推动煤炭、天然气等传统能源的清洁高效利用,鼓励新型环保技术应用,减少环境污染。加大风能、光伏、核能等清洁能源的开发力度,建设多元化、低碳化的能源供给体系。支持氢能、生物质能等前沿能源技术的研发和产业化,形成可持续的能源发展模式。大力推广分布式能源系统,推动智能电网建设,提升能源使用效率。在原材料基地建设中推广循环经济理念,推进废弃物资源化利用,提升资源利用效率,形成从开采、加工到废弃物回收的全生命周期管理体系。推广智能矿山和智能采掘技术,减少资源开采过程中的环境影响,实现绿色矿山建设。加强中部六省之间的资源整合与协作,形成优势互补的区域能源和原材料供给链,推动资源优化配置,降低物流和生产成本。

聚焦重点产业领域,推动装备制造业智能化转型。大力发展新能源汽车产业链,推动电池、电机、电控等核心技术突破,形成完整的供应链。促进智能网联汽车技术的应用,加快测试和应用场景建设。

推进5G、物联网、大数据、人工智能等新一代信息技术产业的发展,尤其是在电子信息制造和集成电路领域的布局。同时,支持生物医药和医疗器械产业的升级,推动高端医疗器械制造、精准医疗和生物制药技术的产业化。在重点产业领域,如汽车、工程机械、轨道交通等,建设智能制造示范基地,推进工业互联网、人工智能、5G等新兴技术在装备制造业中的应用,提升生产自动化和智能化水平。推动上下游企业数字化协同,通过智能化生产平台加强产供销一体化,优化供应链管理,提升供应链的柔性与效率。依托高校、科研机构和企业,建立区域创新平台和科技创新中心,推动先进制造技术和高新技术的研发。支持关键领域技术攻关,推动自主创新能力提升,尤其是核心技术和关键零部件的突破。

完善综合交通网络，促进交通与产业深度融合。推动铁路、公路、航空、水运多式联运发展，建设集疏运枢纽，提升货物运输效率，扩大货物运输覆盖范围。以铁路货运为主干，优化公路和水运的衔接，通过智能化物流平台实现物流一体化管理。加快智慧交通基础设施建设，推广交通运输的数字化管理系统，提升交通调度、运输效率。通过物联网、大数据等技术，优化交通网络规划，降低运营成本。依托综合交通枢纽，建设临港经济区和空港经济区，推动交通与现代物流、装备制造、电子信息等高技术产业深度融合，打造"物流+产业"综合枢纽体系，提升区域经济竞争力。中部地区可依托其地理区位优势，推动郑州、武汉等成为国际货运航空枢纽，形成服务全球的物流和交通网络。通过对外开放，提升中部地区在全球供应链中的地位。建设区域性物流中心和全国物流枢纽，通过提升货运能力和物流服务，推动物流产业的集聚发展。

参考文献

《中共中央 国务院关于新时代推动中部地区高质量发展的意见》，中国政府网，2021年7月22日，https://www.gov.cn/zhengce/202203/content_3635501.htm。

国家统计局：《中华人民共和国2023年国民经济和社会发展统计公报》，2024年2月29日。

喻新安：《"中部地区崛起"20年：更高起点上如何更进一步》，《光明日报》2024年4月18日，第7版。

喻新安：《在更高起点上扎实推动中部地区崛起》，《党的生活》2024年第5期。

《喻新安：中部崛起战略实施20年回望与前瞻，"大河网"百家号，2024年3月28日，https://baijiahao.baidu.com/s?id=1794732944158169427&wfr=spider&for=pc。

B.16 中部地区加快构建以先进制造业为支撑的现代化产业体系研究

陈彪 林欢*

摘　要： 中部地区高质量发展是中国式现代化的重要战略支撑，加快构建以先进制造业为支撑的现代化产业体系是中部地区抓住机遇实现高质量发展的关键战略选择。本报告在深入分析中部地区六省制造业发展现状和典型经验的基础上，从外部环境探讨发展先进制造业的战略机遇，从内部环境探讨发展先进制造业的资源优势，以此为基础进一步探讨中部地区加快构建以先进制造业为支撑的现代化产业体系的路径，以更好为中部地区加快崛起提供动能，从产业发展视角探索中部地区在中国式现代化进程中的作用路径。

关键词： 中部地区　先进制造业　现代化产业体系

一　中部地区先进制造业发展现状及经验做法

习近平总书记强调"要一以贯之抓好党中央推动中部地区崛起一系列政策举措的贯彻落实，形成推动高质量发展的合力，在中国式现代化建设中奋力谱写中部地区崛起新篇章"。① 制造业作为现代化产业体系的重要组成部分，事关实体经济高质量发展。中部地区制造业增加值由2019年的6.1万亿元增

---

* 陈彪，博士，郑州大学商学院讲师，主要研究方向为数字经济；林欢，郑州大学商学院硕士研究生，主要研究方向为数字经济。
① 《习近平主持召开新时代推动中部地区崛起座谈会强调：在更高起点上扎实推动中部地区崛起》，中国政府网，2024年3月20日，https://www.gov.cn/yaowen/liebiao/202403/content_6940500.htm。

长到 2023 年的 6.8 万亿元，在全国制造业总量中的比重约为 1/5。① 当前，聚焦改造提升传统产业、培育壮大新兴产业和超前布局未来产业，构建以先进制造业为支撑的现代化产业体系，不断发展新质生产力，成为支撑中部地区崛起的关键力量。为了厘清中部地区加快构建以先进制造业为支撑的现代化产业体系的重要性，本报告首先对中部地区制造业发展现状进行回顾，分析中部地区制造业发展水平以及推动现代化产业体系建设的基础。

（一）中部地区制造业发展现状

1. 河南省

河南作为人口大省、农业大省、经济大省，近年来随着国家战略布局和河南省委、省政府对制造业的高度重视，形成较为完备的工业生产体系，产业结构不断优化。从统计数据来看，2013 年河南省三次产业比例为 12.6∶55.4∶32.0，2022 年调整为 9.5∶41.5∶49.0，与全国平均水平逐渐接近（见图 1）。第二产业门类逐渐完善，从河南省统计局相关数据可以看出，41 个工业行业大类中，河南省拥有 40 个，2022 年河南省工业增加值同比增长 5.1%，相较于全国高出 1.5 个百分点，表现出良好的发展势头。相关数据显示，2022 年河南省农产品加工产业已形成万亿元级产业集群。

河南省委、省政府高度重视制造业发展，重点培育战略性新兴产业、布局未来产业，将制造业作为增强经济发展韧性和提升经济发展质量的主攻方向。从 2021 年统计数据可以看出，高技术制造业、工业战略性新兴产业、五大主导产业、消费品制造业增速较快（见图 2）。《河南省先进制造业集群培育行动方案（2021—2025 年）》提到，到 2025 年，河南省将围绕装备制造、绿色食品、电子信息、绿色建材、汽车制造等 10 个领域打造先进制造业集群，包括 7 个万亿元级、3 个 5000 亿元级集群，重点打造形成 2~3 个世界级先进制造业集群。同时，河南省将围绕新一代信息技术、生物技术、新材料、节能环保等主导产业进一步发力，从量子信息、氢能与储能、类脑智能、未来网络等未来产业着手，为提升第二产业价值链奠定基础。

---

① 《高质量发展先进制造业助推新时代"中部崛起"》，"光明网"百家号，2024 年 6 月 5 日，https：//baijiahao.baidu.com/s?id=1801028481808900303&wfr=spider&for=pc。

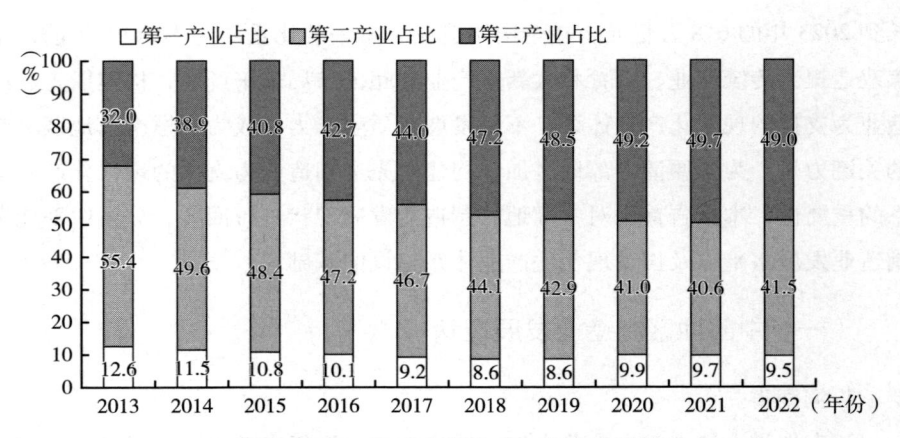

图 1　2013~2022 年河南省三次产业结构

资料来源：河南省统计局。

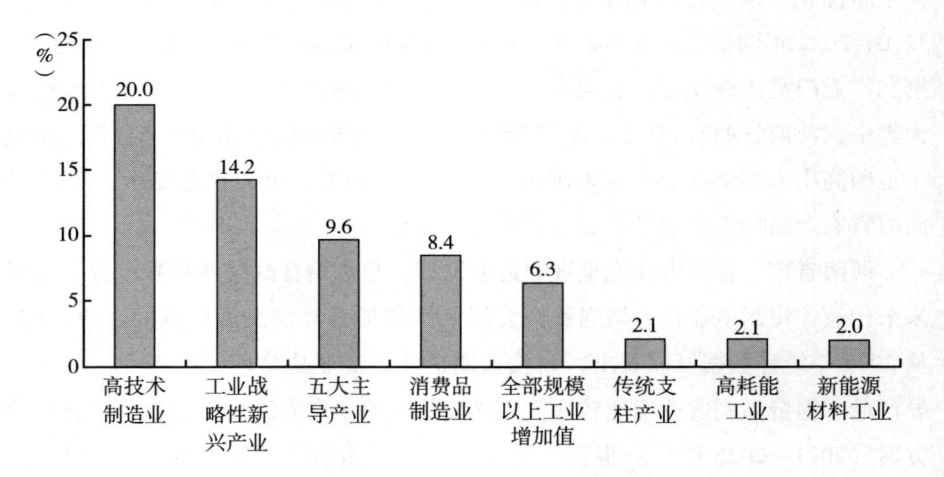

（图中数据）

年份	第一产业占比	第二产业占比	第三产业占比
2013	12.6	55.4	32.0
2014	11.5	49.6	38.9
2015	10.8	48.4	40.8
2016	10.1	47.2	42.7
2017	9.2	46.7	44.0
2018	8.6	44.1	47.2
2019	8.6	42.9	48.5
2020	9.9	41.0	49.2
2021	9.7	40.6	49.7
2022	9.5	41.5	49.0

图 2　2021 年河南省工业重点产业增速

产业	增速（%）
高技术制造业	20.0
工业战略性新兴产业	14.2
五大主导产业	9.6
消费品制造业	8.4
全部规模以上工业增加值	6.3
传统支柱产业	2.1
高耗能工业	2.1
新能源材料工业	2.0

资料来源：河南省统计局、长城证券产业金融研究院。

河南省统计局 2022 年数据显示，工业投资同比增长 25.4%，其占全省投资总额的比重为 35.8%。宁德时代洛阳新能源生产基地、比亚迪郑州产业园、双汇第三工业园等代表性大型项目的落地建设，为工业产品升级奠定了坚实的产业基础。出口产品结构不断升级，出口主力产品由劳动密集型产品逐渐升级为高技术、高附加值产品。相关数据显示，2021 年，河南省手机、集成电路等机电产品和高新技术产品的出口占比分别为66%、58%，高于全国平均水平；① 2022年，手机、集成电路、音视频设备零件、平板显示模组等产品的进出口总额达到4502.7亿元，占全省进出口总额的52.8%。纺织服装、家具、铝材、农产品及汽车等的出口额同样增长，尤其是汽车出口额增长128.5%。②

然而，近年来河南省人口外流现象明显，从第七次全国人口普查数据来看，河南省户籍人口为1.15亿人，但常住人口为9936.6万人；2010~2020年河南省常住人口净流入49.2万人，相比广东省（1410.4万人）差距较大。人口流出对河南省产业发展产生不利影响，河南省亟须在当前发展先进制造业大环境下更好发挥人口优势。

从上述分析可以看出，河南省制造业发展取得的成绩为下一步发展先进制造业奠定了坚实的产业基础；与此同时，河南省产业结构合理性问题依然存在，尤其是新兴产业、未来产业发展动力相对不足，有必要抓住加快推动中部地区崛起的机遇，以更大投入发展先进制造业，构建现代化产业体系，更好发挥河南省资源优势。

2. 湖北省

湖北作为中部地区经济强省，具有较强的产业基础。近年来，湖北省围绕新一代信息技术、汽车制造、现代化工及能源、大健康、现代农产品等不断打造产业集群，光电子信息产业、汽车产业等传统优势产业在现代化产业体系构建中发挥了不可替代的作用。在经济基础和产业基础的支撑下，湖北省成为推动中部地区崛起的关键支撑点。

湖北省第二产业发展较快，高新技术产业在构建现代化产业体系中发挥了重要作用。2022年，湖北省第二产业增加值达到21240.6亿元，规模以上工业增加值比上年增长7.0%，高于全国3.6%的平均增速。其中，装备制造业、汽车制造业等优势产业做出重要贡献，占比分别达到31.2%、11.6%。③ 2021年，湖北省委十一届九次全会提出产业集群目标，确定打造新一代信息技术（光芯屏端网）、汽车制造、现代化工及能源、大健康、现代农产品加工5个

---

① 《外贸总值连续十年中部第一！河南对外开放成绩单来了》，"大河网"百家号，2022年10月13日，https：//baijiahao.baidu.com/s? id=1746500834085857773&wfr=spider&for=pc。
② 蒋飞：《河南经济分析报告——宏观经济专题报告》，《经济观察报》2023年3月15日。
③ 蒋飞：《湖北经济分析报告——宏观经济专题报告》，《第一财经》2023年3月17日。

万亿元级支柱产业，力争到2025年以上产业营收均突破1万亿元。

战略性新兴产业逐渐成为湖北省支柱产业，以光电子信息产业为代表的战略性新兴产业发展良好。湖北省经信厅数据显示，2022年，湖北省战略性新兴产业收入突破万亿元，其中光电子信息产业做出重要贡献，收入达6000多亿元。武汉光谷汇聚了长飞光纤、烽火科技、光迅科技等龙头企业以及光通信企业100多家，其光纤光缆在国内市场的占有率已经超过60%。依托光电子信息产业形成的资源优势，湖北省数字经济实现快速发展，大力打造光电子信息产业链以及数字产业集群。同时，传统优势产业也取得了显著成绩，湖北省已形成"武汉—襄阳—十堰—随州"汽车产业带，东风、上汽、广汽等头部汽车企业均有布局。2022年，湖北省汽车制造业规模以上工业增加值同比增速为11.6%，远高于全国平均水平（6.3%）。①新能源汽车产业同样取得显著成绩，以中航锂电、宁德时代、亿纬锂能和比亚迪等为代表的新能源头部企业在湖北省均有布局，《湖北省突破性发展新能源与智能网联汽车产业三年行动方案（2022—2024年）》指出，到2024年末，湖北省新能源汽车产业产值将突破3000亿元大关。

战略性新兴产业项目的不断布局落地，为湖北省发展先进制造业奠定了基础。2022年，中国信科集团智慧光网和数字经济研发制造产业基地项目落地湖北省，该项目将打造华中区域最大的数字工厂；三峡东岳庙大数据中心项目为数字经济高速发展提供了动力；宁德时代邦普一体化新能源产业项目以湖北宜昌丰富的磷矿资源为依托，到2025年将建成为400万辆新能源汽车生产配套电池正极材料的基地。另外，高技术产品外贸份额不断提升，为从销售端推动先进制造业发展提供助力，2022年湖北省高技术产品的出口额达到732.8亿元，尤其是光电子信息产业终端产品的出口额不断增长。②

当然，与河南省相似，湖北也属于人口净流出省份，第七次全国人口普查数据显示，2010~2020年，湖北省常住人口净流出数量达到205.83万人。《湖北省人口发展规划（2018—2030年）》显示，2030年，湖北省65岁及以上老年人口占比将达到20%，人口老龄化压力将对制造业发展产生不利影响。

---

① 蒋飞：《湖北经济分析报告——宏观经济专题报告》，《第一财经》2023年3月17日。
② 蒋飞：《湖北经济分析报告——宏观经济专题报告》，《第一财经》2023年3月17日。

3. 湖南省

湖南省综合经济实力位居全国前十，工程机械、轨道交通装备、航空动力三大产业在全国处于领先位置，产业集群发展态势强劲。湖南省委、省政府高度重视战略性新兴产业发展，不断加大对相关产业的投资力度。《湖南省"十四五"战略性新兴产业发展规划》提出，到2025年，湖南省战略性新兴产业增加值占全省GDP的比重将达到18%，总额将突破万亿元大关。同时，湖南省聚焦新材料、新一代信息技术、新能源及智能网联汽车等战略性新兴产业投资，以此推动先进制造业发展。

2013~2022年，湖南省三次产业比例由11.0∶46.4∶42.6调整为9.5∶39.4∶51.1，第二产业比重总体呈下降趋势（见图3）。但湖南作为传统工业大省，工业基础较为坚实，工业在经济发展中发挥着压舱石作用。2022年，湖南省规模以上工业增加值比上年增长7.2%，与全国平均水平（3.6%）相比优势明显。同时，湖南省围绕工程机械、电子信息、新材料、石油化工、汽车及零部件、铅锌硬质合金及深加工等优势产业打造了产业集群，产生较大影响力，尤其是工程机械和轨道交通装备产业成为湖南省对外宣传的"名片"，三一重工、中联重科、山河智能、铁建重工进入全球工程机械产业企业50强。在这些典型企业的支撑下，湖南省工程机械业务占据了全国1/4的市场，轨道交通装备产业集群在全国市场中所占的份额也达到了30%，以航空动力产业集群为主导的产品占据了全国75%的市场，湖南省还建设了全国唯一的中小型航空发动机研制基地。

湖南省高新技术产业取得了显著成绩。2022年，湖南省高技术制造业增加值增速达到18.0%，在规模以上工业中的比重达到13.9%。① 国务院总理李强于2023年3月21~22日到湖南省调研制造企业，考察了中车株洲电力机车、株洲硬质合金、中国铁建重工等多家代表性制造企业，同时组织召开了先进制造业座谈会。湖南省战略性新兴产业也取得了亮眼成绩，《湖南省"十四五"战略性新兴产业发展规划》提出，"十四五"时期，湖南省以高端装备、新材料、航空航天、新一代信息技术、生物、节能环保、新能源及智能网联汽车、新兴服务业和未来产业九大产业为发力方向，不断发展战略性新兴产业，力争到2025年

---

① 蒋飞：《湖南经济分析报告》，《第一财经》2023年4月17日。

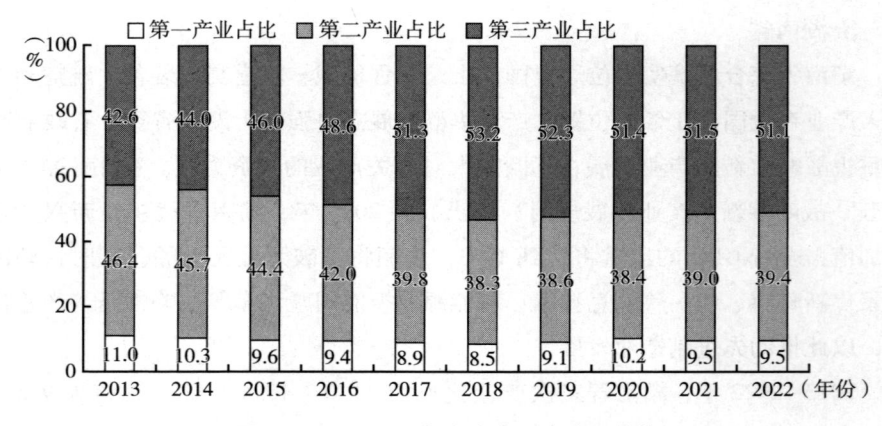

图3 2013~2022年湖南省三次产业结构

资料来源：湖南省统计局。

战略性新兴产业增加值占GDP的比重达到18%，总额突破万亿元大关。

湖南省固定资产投资结构不断优化，高技术制造业投资、工业投资增速明显，分别达到23.6%、14.5%。[①] 制造业投资力度的不断加大，为高端制造产品出口创造了条件，《湖南省2022年国民经济和社会发展统计公报》显示，2022年湖南省机电产品出口额达到了2123.7亿元，在出口总额中所占的比重达到41.2%，充分体现了制造强省取得的成绩。但这一数据也意味着出口产品结构有待进一步优化，需要继续构建现代化产业体系。另外，第七次全国人口普查数据显示，湖南同样属于人口净流出省份，且人口流出问题较为严重，人口老龄化现象也较为突出，因此湖南省建设现代化产业体系需要解决劳动力尤其是高素质劳动力不足的问题。

4. 安徽省

安徽作为中部地区重要省份，利用长三角地区资源推动自身实现跨越式发展。近年来，安徽省通过引入市场资本推动产业发展的模式走在了全国前列，推动战略性新兴产业不断发展，省会合肥获得了"风投之城"的美誉，尤其是京东方、蔚来等头部企业彰显了安徽省在战略性新兴产业方面取得的成绩。

---

① 蒋飞:《湖南经济分析报告》,《第一财经》2023年4月17日。

2013~2022年，安徽省三次产业比例由10.6∶49.7∶39.7调整为7.8∶41.3∶50.9，产业格局出现明显变化，由"二三一"转变为"三二一"（见图4）。近年来，安徽省工业体系不断优化，2022年安徽省规模以上工业增加值同比增长6.1%，其中制造业同比增长5.6%，均比上年有所提升。①

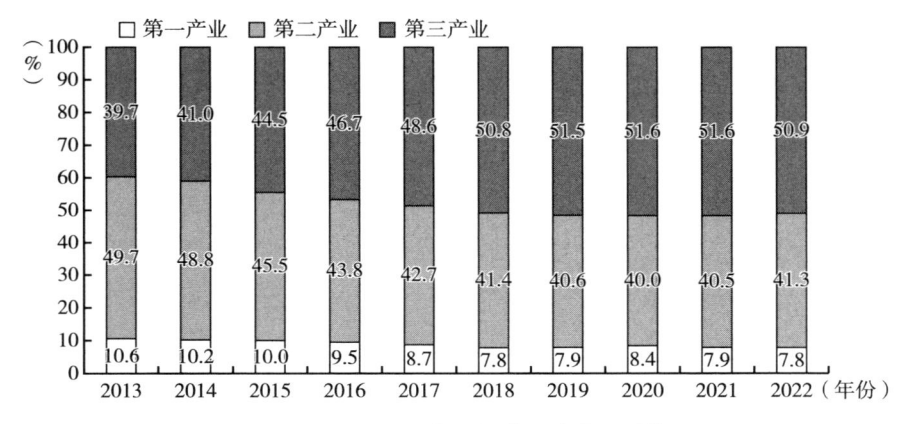

图4　2013~2022年安徽省三次产业结构

资料来源：安徽省统计局。

安徽作为汽车大省，在新能源汽车产业形成显著优势。奇瑞集团、江淮汽车、蔚来汽车、比亚迪等新能源整车龙头企业落户安徽省，合肥、芜湖、六安等多个区域的汽车零配产业集群发展良好，形成了完备的产业链条。2022年，安徽省汽车产量达到174.7万辆，同比增长17.4%；其中新能源汽车产量达到42.2万辆，占全国新能源汽车市场的6%。②《安徽省"十四五"汽车产业高质量发展规划》进一步聚焦做大做强汽车产业，围绕整车产业、汽车配套零部件、新能源汽车3方面提出发展目标，力争到2025年汽车产业产值突破万亿元大关，汽车零部件在本地的配套率超过70%，新能源汽车产量占汽车总产量的比重超过40%。

安徽省积极探索以政府资本撬动更多社会资本来发展新兴产业，营造良好的投资环境，吸引更多企业落户，尤其重视装备制造业、高技术产业方面的投

---

① 蒋飞：《安徽经济分析报告》，《经济观察报》2023年4月23日。
② 蒋飞：《安徽经济分析报告》，《经济观察报》2023年4月23日。

资。政府高度重视制造业发展，《2023年安徽省政府工作报告》强调加大制造业投资力度，推动制造业尤其是先进制造业的发展。在政府一系列政策赋能下，2022年安徽省高技术制造业投资增长44.8%，电气机械和材料制造业、汽车制造业、计算机通信和其他电子设备制造业投资同比分别增长80.5%、34.1%、31.9%（见图5），这些数据体现了安徽省制造业向高端化发展的趋势。

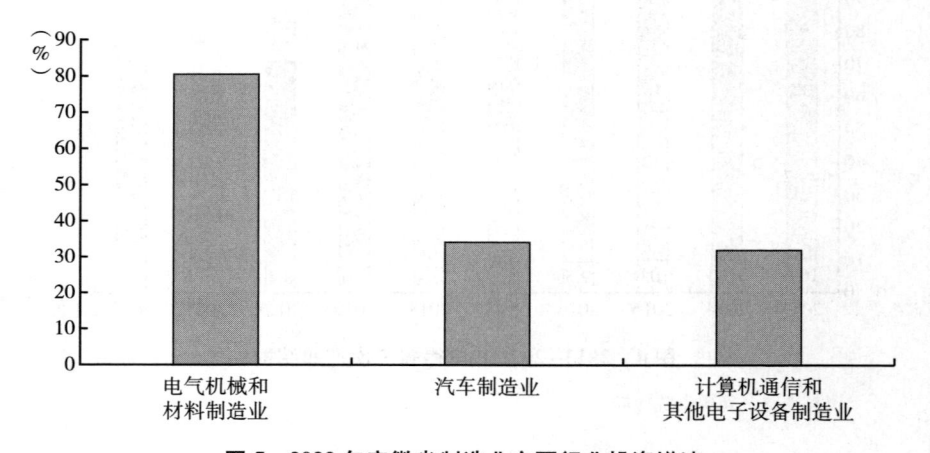

图5　2022年安徽省制造业主要行业投资增速

资料来源：Wind数据库、同花顺平台、长城证券产业金融研究院。

安徽省出口方面相对较弱，亟待进一步加大优势产品出口力度。同时，第七次全国人口普查数据显示，安徽与其他中部省份一样属于人口净流出省份，且人口老龄化问题比较严重。这些因素在安徽省制造业向高端化迈进的过程中需要被重视，以更好推动先进制造业发展，构建具有安徽特色的现代化产业体系。

5. 江西省

江西省作为东部地区和粤港澳大湾区产业的关键承接地，围绕优势产业进行布局，重点以有色金属和电子信息为基础打造万亿元级产业集群，制造业发展取得了一定成绩。

从产业构成来看，江西省三次产业比例由2013年的10.8∶53.6∶35.6调整为2022年的7.6∶44.8∶47.6，产业结构持续优化（见图6）。第二产业在江西省经济发展中发挥了重要作用，2022年江西省第二产业产值达到14359.56亿元，丰富的矿产资源为打造万亿元级产业集群提供了支撑。江西省的铜、钨资源储量位居全国第一，离子型稀土矿产品和冶炼分离产品占据了全国市场的半壁江山，涌现了赣锋锂业、江西铜业、中国稀土等行业头部上市企业。

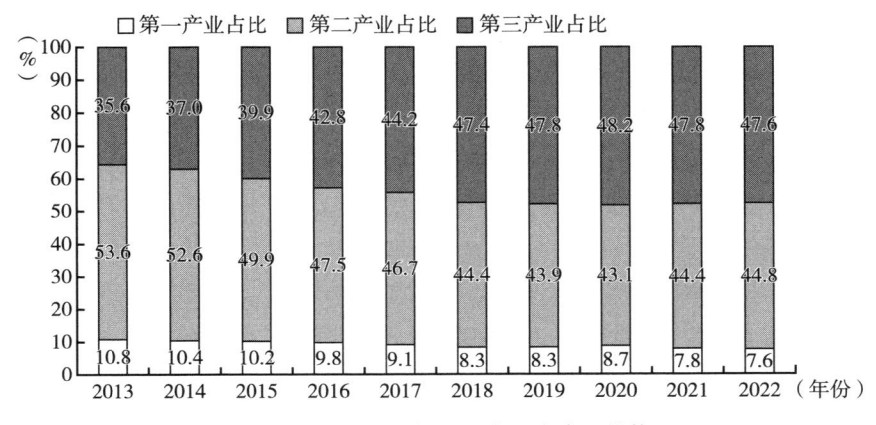

图6　2013~2022年江西省三次产业结构

年份	第一产业占比	第二产业占比	第三产业占比
2013	10.8	53.6	35.6
2014	10.4	52.6	37.0
2015	10.2	49.9	39.9
2016	9.8	47.5	42.8
2017	9.1	46.7	44.2
2018	8.3	44.4	47.4
2019	8.3	43.9	47.8
2020	8.7	43.1	48.2
2021	7.8	44.4	47.8
2022	7.6	44.8	47.6

资料来源：江西省统计局。

江西省以有色金属资源优势为基础，加大电子信息产业发展力度，《京九（江西）电子信息产业带三年行动计划（2023—2025年）》提出，2025年电子信息产业主营业务收入力争突破1.2万亿元。[①]《江西省"十四五"制造业高质量发展规划》进一步指出，将重点打造航空、电子信息、装备制造、新能源等产业，争取到2025年以上产业规模分别达到2600亿元、12000亿元、8000亿元、2500亿元。同时，江西省以战略性新兴产业、高新技术产业、装备制造业为抓手推动产业进一步优化升级，提升它们在工业总产值中所占的比重。为了更好发展相关优势产业，江西省建设了全国第二个、中部地区第一个绿色金融和普惠金融改革试验区，以更好服务中医药、航空、电子信息、新能源等新兴产业发展。

---

① 蒋飞：《江西经济分析报告》，《第一财经》2023年5月19日。

江西省充分发挥自身产业优势，围绕锂电、光伏等产品开展对外贸易。但与此同时，江西是人口净流出大省，且人口老龄化问题较为突出。因此，在产业进一步升级的过程中，尤其是在打造以先进制造业为核心的现代化产业体系的过程中，江西省需要进一步发挥优势，弥补存在的不足。

6. 山西省

山西作为传统能源大省，近年来一直在探索资源型经济转型路径，致力于从"一煤独大"转向"多柱擎天"。受资源以及早期产业基础的影响，山西省产业结构较为单一且转型存在较大困难。国家统计局数据显示，2013~2022年山西省的GDP平均增速为5.8%，与全国6.2%的平均水平相比还存在差距。总体来看，山西省更加需要重视发展先进制造业，以构建现代化产业体系，实现"弯道超车"。

从三次产业结构来看，山西省三次产业比例由2013年的5.8∶55.8∶38.4调整为2022年的5.2∶54.0∶40.8（见图7）。相关数据显示，截至2023年9月，山西省一共拥有市值、营业收入均达到百亿元的A股上市企业13家，但全部是工业企业，且超过一半与煤炭相关。[①] 这充分说明了山西省建设现代化产业体系面临挑战。

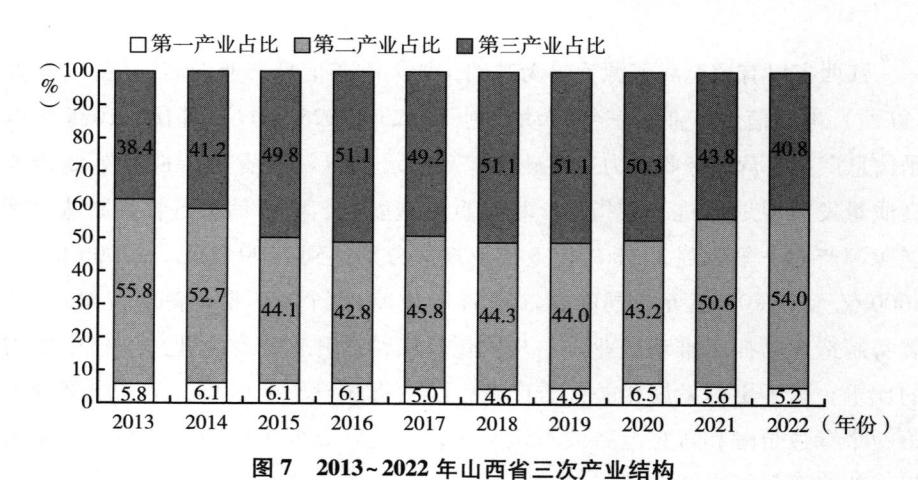

年份	第一产业占比	第二产业占比	第三产业占比
2013	5.8	55.8	38.4
2014	6.1	52.7	41.2
2015	6.1	44.1	49.8
2016	6.1	42.8	51.1
2017	5.0	45.8	49.2
2018	4.6	44.3	51.1
2019	4.9	44.0	51.1
2020	6.5	43.2	50.3
2021	5.6	50.6	43.8
2022	5.2	54.0	40.8

图7 2013~2022年山西省三次产业结构

资料来源：山西省统计局。

---

① 蒋飞：《山西经济分析报告》，《第一财经》2023年9月25日。

山西省为了优化产业结构,更好满足现代化产业体系发展需求,不断开展去产能行动,以改变"一煤独大"的经济格局。同时,山西省重点围绕半导体、大数据、生物基新材料、特种金属材料、碳基新材料和煤机智能制造等产业发力,推进先进制造业发展。加大传统能源改造升级工程实施力度,向绿色化、智能化转型。

山西省制造业出口产品种类和数量较少,外贸方面存在较大发展空间。同时,山西省产业结构亟须优化,传统产业亟须转型升级,以构建现代化产业体系。山西虽然属于人口净流出省份,但相较而言人口老龄化问题并不严重。

7. 小结

从上述分析可以看出,中部地区六省均有一定产业基础,形成了自身的优势产业,为进一步推进先进制造业发展、构建现代化产业体系奠定了较好的基础。中部地区六省应该以自身资源禀赋和产业基础为依托,以发展先进制造业为方向,充分把握推动中部地区崛起战略机遇,以改造提升传统产业、培育壮大新兴产业、超前布局未来产业为发展方向,通过构建以先进制造业为支撑的现代化产业体系,推动经济高质量发展。同时,中部地区六省需要加强合作,以产业协同发展为方向,提升产业链韧性和安全水平,加快构建现代化产业体系,为中部地区崛起赋能。

(二)先进制造业在中部地区构建现代化产业体系中的重要价值

1. 先进制造业的战略价值

党的二十届三中全会强调,加快推进新型工业化,培育壮大先进制造业集群,推动制造业高端化、智能化、绿色化发展。先进制造业是构建现代化产业体系的关键战略支撑,改造提升传统产业、培育壮大新兴产业、超前布局未来产业是构建以先进制造业为支撑的现代化产业体系的重要手段。面对技术变革和产业革命以及国内外竞争环境变化带来的机遇和挑战,中部地区加快崛起离不开现代化产业体系的支撑,这就要求充分发挥先进制造业的支撑功能,不断发展新质生产力,推动构建现代化产业体系。

首先,先进制造业以新技术、新设备、新工艺、新的组织生产方式以及新流程为基础,提升生产全流程的科技水平,最终生成高附加值、高效能的产品和服务。因此,先进制造业是发展现代化产业的基础,决定了现代化产业体系的底座。其次，从现代化产业体系的构成来看，主要包括现代化工业、现代化农业、现代化服务业和现代化基础设施4个部分。先进制造业能够为现代化产业体系提供必要的物质基础，推动高质量发展。从这个角度来看，先进制造业的发展水平决定了现代化产业体系建设的速度和水平。中部地区六省产业基础雄厚，以发展先进制造业为杠杆撬动整个产业体系优化升级，不断赋能现代化产业体系的建设。再次，从"卡脖子"技术角度来看，先进制造业发展事关产业安全，尤其是产业链韧性和安全。中部地区制造业"大而不强"问题仍然存在，尤其是产业链关键环节受制于人的问题尚未得到根本解决。中部地区加快崛起，需要以现代化产业体系为支撑，这意味着完整的产业链和较高的产业链韧性和安全水平十分关键。先进制造业成为提升产业链韧性和安全水平的着力点，它从产业链韧性和安全水平视角为建设现代化产业体系提供支撑。最后，从技术创新角度来看，发展先进制造业的核心是不断进行原创性、引领性、颠覆性的技术研究，以不断改变现有的生产方式、劳动方式，形成新的产品和服务，从而对社会经济各行业产生影响。中部地区改造提升传统产业、培育壮大新兴产业、超前布局未来产业，均需要以发展先进制造业为基础推动新质生产力发展，为建设现代化产业体系提供创新技术。

2. 中部地区发展先进制造业的典型经验做法

中部地区六省根据各自资源禀赋和产业基础不断打造产业集群，制造业发展取得了显著的成效，充分体现了发展先进制造业是中部地区产业发展进一步提质增速的战略选择。以下将从创新生态系统、政策合力、产业链韧性和安全水平、工业互联网平台等方面论述中部地区发展先进制造业的典型经验做法。

第一，以建设创新生态系统为先进制造业发展提供内生动力。创新生态系统以企业为创新主体，整合政府、大学、科研院所以及金融机构等不同利益相关者，以价值共创为目的，推动不同主体在创新活动中发挥资源互补和共享优势，为先进制造业发展提供各种创新资源。先进制造业的核心是创新，创新是资源投入活动，在创新生态系统中，政府能够通过基础设施投入以及不同政策工具组合将其他主体整合，实现产业链、创新链、资本链、人才链、政策链"多链"融合和协同共创，通过构建良好的创新生态为先进制造业高质量发展提供外部支撑。

第二，以政策合力为发展先进制造业提供制度保障。中部地区各省份重视政策支持在产业发展中的重要作用,充分整合国家、地方政府以及各主管部门相关政策,形成政策合力,聚焦服务先进制造业高质量发展,从人才、资金、土地、数据等不同要素视角入手发挥政策的驱动作用,为发展先进制造业提供资源保障。以河南省为例,其印发了《河南省先进制造业集群培育行动方案(2021—2025年)》,强调通过创新强链、数字融链、转型延链、多元稳链、招商补链、生态畅链,为发展先进制造业提供政策支撑。同时,以政策为引导推动数字经济赋能产业发展,以数字化、智能化、绿色化为方向不断优化产业布局,以发展先进制造业为核心推动中部地区产业实现"弯道超车"。

第三,以提升产业链韧性和安全水平为目标,为先进制造业发展提供方向。产业链韧性和安全水平决定了产业在发展过程中对内外部环境变化的应对能力,越具有韧性的产业链可持续成长能力越强。中部地区各省份充分意识到只有协同发展才能形成合力,充分发挥自身资源禀赋和产业基础优势,不断推动中部地区产业链的多元化、协同化发展。重点是以发展先进制造业为根本目标,不断推动中部地区产业资源高效流动,以打造开放创新的资源流动体系为提升产业链韧性和安全水平赋能,从而推动中部地区先进制造业实现高质量发展。

第四,以建设工业互联网平台为先进制造业数智化发展提供支撑。工业互联网平台以依托新一代信息技术构建的网络基础设施为底层支撑,数字化、网络化、智能化是它的发展目标。先进制造业的特征是集群化、信息化和服务化,这刚好与工业互联网平台发展理念相契合。因此,中部地区聚焦产业基础需求不断发展工业互联网平台,为产业集群化发展提供数字化整体解决方案。同时,不断从外部引入工业互联网服务商,强化区域内平台服务能力,为先进制造业绿色化、智能化、协同化发展提供支撑。

二 中部地区发展先进制造业的机遇和优势

中部地区地理位置优越、产业基础良好,在中国式现代化建设中发挥了重要的推动作用。充分发挥区域产业比较优势,以发展先进制造业为支撑构建现代化产业体系,是中部地区抓住机遇实现高质量发展的关键战略选择。本部分充分阐述中部地区发展先进制造业的机遇和优势,为下一步形成相关路径提供参考。

（一）中部地区发展先进制造业的机遇

1. 科技革命和产业变革机遇

随着全球科技革命和产业变革不断加速，以智能化、绿色化为特征的新技术不断涌现，各种颠覆性技术为改造提升传统产业、培育壮大新兴产业和超前布局未来产业提供了机遇。中部地区各省份基本为传统制造业大省，主导产业为劳动密集型产业，为了把握科技革命和产业变革带来的发展机遇，中部地区各省份基于各自产业特征和国家战略布局，围绕以医药制造、电子及通信设备制造、医疗仪器设备及仪器仪表制造等为代表的知识技术密集型产业发力，同时致力于打造智能传感器、光通信芯片等一批技术领先的产品，在全国市场乃至世界市场打造中部制造品牌。在科技革命和产业变革机遇下，中部地区以发展先进制造业为根本方向，不断发展新质生产力，为发展先进制造业提供内生动力，以更好构建以先进制造业为支撑的现代化产业体系。

2. 国家战略布局机遇

《中共中央　国务院关于新时代推动中部地区高质量发展的意见》为中部地区发展先进制造业提供了指引。该意见指出，中部地区加快崛起是推动中国式现代化建设的重要力量，构建以先进制造业为支撑的现代化产业体系是中部地区崛起的重要路径。党的二十届三中全会强调"加快推进新型工业化，培育壮大先进制造业集群，推动制造业高端化、智能化、绿色化发展"，为改造提升传统产业、培育壮大新兴产业和超前布局未来产业指明了方向、提出了要求。中部地区各省份充分把握国家战略布局带来的机遇，以建设现代化产业体系为发展方向，聚焦创新驱动、数字赋能、品质引领，不断打造具有国际影响力的先进制造业集群，持续为建设现代化产业体系提供新动能。

3. 中部地区加快崛起的政策机遇

《中共中央关于进一步全面深化改革　推进中国式现代化的决定》指明了中国式现代化的发展方向，中部地区作为重要粮食生产基地、能源原材料基地、现代装备制造及高技术产业基地和综合交通运输枢纽，在中国式现代化建设中承担了重要的历史使命。推动中部地区崛起，要以产业发展为根基，以制造业高质量发展为重要抓手，持续壮大制造业集群。国家层面、地方层面持续创新产业、土地、企业、人才等支持政策，通过发挥政策合力为中部地区发展先进制造业提供支持，以全面贯通制造业产业链、创新链、人才链和政策链为核心，为中部地区发展先进制造业提供保障。

（二）中部地区发展先进制造业的优势

1. 产业基础优势

中部地区以占全国约 1/10 的陆地面积，集聚全国 1/4 以上的人口，创造全国 1/5 以上的经济产值，其中制造业做出了重要的贡献。具体来说，中部地区产业链比较完整且部分优势产业在全国处于前列，如装备制造、生物医药等产业；智能制造、新材料、新能源汽车、电子信息等产业形成了一定基础，为下一步打造产业集群、进入国家前列奠定了基础。一是近年来中部地区产业集群化、绿色化和智能化发展取得了显著成效，以汽车、电子信息、装备制造等为代表的产业集群迅速发展，形成了千亿元级乃至万亿元级的产业集群。二是数字化发展迅速，中部地区制造企业在数字化转型方面取得了亮眼成绩，尤其是各地利用企业上云、智能工厂建设等行动不断为制造企业数字化转型提供支撑。2023 年，湖北省企业上云工程引导近 50% 的企业实现上云，河南省工业数字经济的渗透率已经超过了 20%。[1] 三是绿色化发展成效显著，中部地区制造企业积极引进新工艺、新设备，打造绿色工厂，提升能源利用效率和生产效率。四是产业链韧性和安全水平不断提升，中部地区紧紧围绕优势产业不断推动产业链协同发展，开展强链补链活动，不断提升产业链韧性和安全水平。中联重科、三一重工等"链主"企业积极推动产业链上下游协同创新，不断强化产业链韧性；湖北省积极探索"链长+链主+链创"三链协同发展模式，重点推动新能源和智能汽车产业链协同发展。

2. 地理位置优势

中部地区可以作为承接"一带一路"产业转移的重要载体，与长江经济带实现协同发展。中部地区具有承东启西、连南接北的天然优势，在产业发展过程中，可以利用这一优势与长江经济带、粤港澳大湾区等实现联动，更好地实现资源共享，为产业发展提供支撑。同时，中部地区利用地理位置优势打造交通网络，为东部地区产业转移、西部地区资源流动、南北地区经贸

---

[1] 叶振宇：《促进中部地区加快崛起》，《经济日报》2024 年 3 月 2 日。

交流合作提供了通道，为先进制造业更好获取外部资源、吸引外部人才创造了条件。另外，中部地区利用地理位置优势大力发展内陆开放功能平台，不断探索新型开放经济模式，如河南郑州以郑州航空港经济综合实验区为平台打造"一带一路"倡议支撑点。

3. 创新资源优势

中部地区高度重视创新驱动发展战略，紧紧抓住国家科技创新战略布局带来的发展机遇，不断提升科技创新能力，尤其是加大对重大科技基础设施的布局力度，为推动原始创新、颠覆式创新奠定了基础，为发展先进制造业提供了创新支持。以合肥、武汉等为代表的中部地区省会城市充分利用区域高等院校的创新资源，围绕量子计算、激光等新兴产业不断布局。同时，在国家大力支持下，中部地区结合自身创新资源基础不断布局国家实验室、全国重点实验室等基础研究平台，如湖南打造岳麓山实验室、湖北打造汉江实验室、河南打造嵩山实验室、江西打造南昌实验室等，为中部地区以科技创新驱动先进制造业发展创造了基础。另外，中部地区拥有丰富的矿产资源、化石能源资源和清洁能源资源，为发展先进制造业和建设现代化产业体系提供了自然资源支撑，如江西拥有的重稀土资源约为全国总量的2/3。

三 中部地区加快构建以先进制造业为支撑的现代化产业体系的路径

（一）创新引领，不断发展新质生产力

创新是发展先进制造业的关键驱动力量，是构建现代化产业体系的主引擎，在加快构建以先进制造业为支撑的现代化产业体系的过程中，必须坚持创新引领，将创新作为中部地区产业发展的战略支撑。

一是大力布局高能级创新平台，增强原始创新能力，为发展先进制造业提供更多颠覆性技术。中部地区各省份应结合产业集群特征，加大科技创新资源投入力度，以建设国家重点实验室、国家级制造业创新中心来带动更多"从0到1"的创新突破，为先进制造业提供创新支撑。

二是强化区域创新合作，以协同联动提升中部地区创新资源效能。围绕中

部地区重点产业集群如光通信、集成电路、先进计算、新材料等，打造区域协同创新合作平台，采取联合攻关的形式攻克关键核心技术。同时，围绕重大科技基础设施、重点实验室、中试研究基地等创新资源共享模式，重点推动长三角 G60 科创走廊、光谷科技创新大走廊、湘江西岸科技创新走廊、赣江两岸科创大走廊、郑开科创走廊等合作对接，不断探索区域间重要创新平台合作模式。

三是推动区域内创新链与产业链深度融合，不断提升产业链韧性和安全水平。以武汉东湖自创区、郑洛新自创区等区域的创新资源为基础，重点围绕芯片、装备制造、汽车及零部件等优势领域进行原始创新，推动实现关键共性技术与"卡脖子"技术的突破，打造具有自主知识产权的高端产品。紧紧遵循"以产业链部署创新链、以创新链培育产业链"的原则，围绕高端装备、先进材料、新一代人工智能、云服务、数字诊疗装备等未来产业提前布局，在未来竞争中抢占制造业发展高地。结合中部地区不同省份创新链和产业链特征重构区域创新空间，尤其是发挥各省会城市及核心城市的产业引领作用，积极推进不同城市间产业协同联动发展，将产业链和创新链紧密结合，以创新链布局提升产业链韧性和安全水平，打造一批中部地区典型的产业发展新增长极。

（二）统筹兼顾，不断优化产业布局

中部地区建设以先进制造业为支撑的现代化产业体系，既要巩固已有优势产业，又要兼顾战略性新兴产业和未来产业；既要重视产业链完整性，又要以区域资源禀赋发展特色产业，不断发展壮大产业集群。

一是以区域资源禀赋和产业基础为依托错位发展产业集群，发挥比较优势。具体来说，长株潭都市圈利用与粤港澳大湾区的地理位置关系，聚焦工程机械、轨道交通等产业集群发展，形成比较优势；武汉都市圈利用高等院所创新优势，进一步发展光电子信息、生命健康等产业集群；大南昌都市圈利用与珠三角、长三角的衔接关系，重点围绕中医药大健康、新能源汽车等发展产业集群；合肥都市圈发挥与长三角的联动发展优势，以新型显示、智能电动汽车等为主攻方向打造产业集群；郑州都市圈以农业、制造业为基础，重点发展汽车及装备制造、现代食品制造等产业集群；山西中部城市群不断发展新材料、节能环保等产业集群。此外,中部地区应该统筹产业转移承接,结合区域特色,与长三角、粤港澳大湾区、京津冀等区域的产业进行深入对接。

二是产业发展需要突出重点,构建梯次发展的产业集群体系。中部地区具有良好的产业基础,应继续发展优势产业,不断壮大万亿元级产业集群,形成区域竞争优势。重点是以做大做强主导产业为方向,充分利用科技革命和产业变革带来的发展机遇做强存量、扩大增量,打造具有国际影响力的先进制造业集群。紧盯战略性新兴产业,结合区域资源禀赋,从新能源及智能网联汽车、生命健康、新一代人工智能等相关产业入手,培育千亿元级产业集群。结合现代科技发展趋势,围绕5G、区块链、智能制造、虚拟现实等领域加快前沿布局,抢占未来产业高地,争取打造千亿元级未来产业集群。

三是产业发展需要内外兼顾,协同内外创新资源发展先进制造业。中部地区既要以推动中部地区崛起战略为指引整合区域内各省创新资源,推动产业协同发展,又要充分发挥地理位置优势,结合产业特点和结构类型与其他区域或城市进行合作。如东部地区战略性新兴产业、未来产业发展势头强劲,中部地区应该围绕配套产业进行布局,打造与东部地区产业相配套的产业集群;海南、广东等有着显著的对外开放优势,中部地区可以结合自身产业优势与这些省份合作,实现资源互补,共同推动制造业高质量发展。

(三)转型升级,不断推动产业智能化、绿色化、融合化发展

现代化产业体系的重要特征就是智能化、绿色化、融合化,中部地区加快构建以先进制造业为支撑的现代化产业体系,需要重视产业的智能化、绿色化、融合化发展,不断提升价值链,打造先进制造业典型示范区。

一是以产业智能化为制造业主攻方向。智能化是把握新一轮技术革命和产业变革机遇的关键抓手,中部地区应该以智能制造为重要发展方向,聚焦重点产业、重点行业、重点企业开展智能生产场景应用推广,通过共建智能制造系统,为中部地区中小企业深度上云、上平台提供支持。依托优势产业集群建立工业互联网平台,为制造业企业与数字技术融合奠定坚实基础,不断推动产业数字化转型。同时,以智能装备创新、数字基础设施建设以及共性技术升级为

出发点，推动产业基础高级化、产业链供应链现代化、价值链高端化，为建设现代化产业体系奠定坚实的基础。

二是进一步推动产业绿色化发展。中部地区各省份作为传统制造业大省，需要统筹推进"双碳"工作，推动区域内能源结构低碳转型，重点是推动制造业朝产业结构低碳化、生产过程清洁化、能源资源利用高效化等不断发展，实现绿色制造目标。与此同时，各地要充分发挥市场机制的作用，通过探索排污权、节能量（用能权）、水权、碳排放权等不同形式的环境权益交易市场模式，引导企业绿色化转型；通过建立环境违法违规记录台账、企业污染排放信息共享监督平台等绿色信用评价监督机制，推动企业通过绿色转型减少污染排放和资源浪费行为，不断推动产业绿色化发展。

三是加大产业融合化发展支持力度。重视制造业和服务业的融合发展，以建立"两业"融合试点为抓手支持企业、园区等采用智能化生产、柔性化定制、供应链协同的方式链接生产消费两端、供给需求两侧。以"两业"技术融合和市场整合为方向，推动制造业向高附加值服务领域发展、服务业向制造业拓展。加大对制造业与新一代信息技术融合化发展的支持力度，以智能制造、工业互联网平台建设为抓手推进智能生产线、智能车间和智能工厂建设，不断探索按需制造、个性化定制、产品设计优化和故障预测、生产工艺和流程优化等，充分提升制造企业运行效率和管理水平。通过融合化发展不断提升先进制造业发展水平，更好支撑现代化产业体系建设。

（四）协同配置，提升产业发展资源配置效率

一是坚持以市场为主体配置创新资源，更好推动产业现代化发展。中部地区要以国家战略布局为根本遵循，在产业发展过程中契合全国统一市场建设方针要求，重点是以中部地区城市群、都市圈、区域中心城市产业特征为基础，以产业布局为方向，不断推动创新资源向相关产业流动，以发挥产业比较优势为抓手推进现代化产业体系建设。

二是充分发挥政府的顶层设计作用，不断引导创新资源涌向重点发展产业。以省级政府为主体加快建立中部地区省级合作机制，打造省级区域合作创新平台，同时推动中部地区六省与东部、西部地区其他省份加强合作，通过政府引导推动区域内创新资源合理流动以及区域外创新资源有效引进。通过市场

竞争机制引导创新资源更好服务重点发展产业，通过政府有效引导指引创新资源更好服务未来产业，以创新资源的有效配置推动构建以先进制造业为支撑的现代化产业体系。

（五）体制机制创新，加强产业发展制度保障

深化体制机制改革是创新驱动发展的重要制度保障，现代化产业体系与创新密切相关，因此中部地区加快构建以先进制造业为支撑的现代化产业体系离不开体制机制创新。中部地区推动体制机制创新，要不断打破创新要素流动壁垒，为发展先进制造业营造良好制度环境。

一是加大力度建设国际一流营商环境，不断学习东部发达地区经验。结合中部地区产业结构特征，在区域内自由贸易试验区等开放平台进行试点，从财税、金融、土地、科技等方面建立系统性政策制度，尤其是为战略性新兴产业、未来产业提供支持，通过政府引导基金撬动更多社会资源介入。创新人才引育制度，先进制造业的发展离不开高端人才，中部地区有必要结合产业需求制定"一事一议"高端人才政策；同时，与相关高等院所建立校企合作和产研融合关系，根据先进制造业发展人才需要进行"定制化"人才培养。

二是不断加大政府政务服务改革力度，激发市场主体创新活力。构成现代化产业体系的微观主体是企业，中部地区建设以先进制造业为支撑的现代化产业体系离不开市场主体的参与，持续深化市场机制改革、不断激发市场主体创新活力是关键。一方面，按照《中共中央　国务院关于促进民营经济发展壮大的意见》要求，通过要素配置、产权保护、市场准入、公平竞争等激发民营企业创新活力，为民营企业更好获取创新资源提供市场支撑；另一方面，加大政务数字化改革推进力度，提升政府服务企业的能力，如结合产业特征制定全链条全周期服务模式，形成"一机构、一平台、一个码、一类事"的政府服务模式，以集成方式向企业提供服务，提升服务效率，减轻企业负担。

三是发挥区位优势探索多模式对外开放，以高水平对外开放推动现代化产业体系建设。中部地区具有显著的地理位置优势，持续提升对外开放水平是重构价值链、提升产业链韧性和安全水平的关键。一方面，积极探索多样化的外

贸合作方式，重点是发挥中欧班列功能，扩大"一带一路"贸易。与此同时，从产业链互补性角度出发，与印度、越南、泰国、巴西、俄罗斯等市场加强合作，以实现补链目标。另一方面，中部地区要构建企业"抱团出海"政策支持体系，结合区域内不同产业特征和贸易国产业链特征，鼓励相关产业协同"出海"，重点是探索构建跨区域"走出去"平台，为企业"走出去"提供法律、投资等方面的系统性解决方案。

B.17 推动中部地区建设高水平内陆开放高地研究

汤 凯　孙植华＊

摘　要： 中部地区不沿边、不靠海，却有承东启西、贯通南北的枢纽优势。自2004年"促进中部地区崛起"提出以来，中部地区积极建设内陆开放高地，全面融入共建"一带一路"，推动我国全面开放新格局形成。本报告基于2004~2023年我国东部、中部、西部和东北地区对外开放面板数据发现，中部地区对外贸易地位稳步提升，招商引资再上新台阶，对外投资合作有序开展，开放通道建设进程加快，开放平台功能趋于完善，国际合作空间不断拓展，开放制度环境显著优化，但也存在对外贸易水平有待提高、招商引资力度仍需加大、对外投资合作仍需拓展、开放通道建设仍存短板、开放平台能级尚需提升、国际合作空间仍需拓展、开放制度环境仍需优化等问题，提出推动外贸高质量发展、实施精准招商引资政策、拓展对外投资合作领域、完善开放通道体系、提升开放平台能级、拓展国内外合作空间、优化开放制度环境等对策，为中部地区建设高水平内陆开放高地和其他内陆地区开放发展提供决策参考。

关键词： 中部地区　高水平内陆开放高地　制度型开放

近年来，伴随"一带一路"建设的不断推进，中部地区积极致力于建设高水平内陆开放高地，全方位融入共建"一带一路"进程，有力地推动了我

＊ 汤凯，博士，郑州大学商学院副教授、博士生导师，主要研究方向为临空经济管理、区域协调发展；孙植华，郑州大学商学院在读博士生，郑州升达经贸管理学院副教授，主要研究方向为区域经济、低空经济。

国全面开放新格局的加速形成。中部地区具有承东启西、贯通南北的枢纽优势，其面积约占全国的1/10，人口约占全国的1/4，GDP约占全国的1/5，已然成为我国全面开放新格局中的关键部分。自2004年"促进中部地区崛起"首次被写入国务院《政府工作报告》之后，中部地区对外开放进程不断加快，逐渐由"后卫"转变成"先锋"，中部地区进出口额由2004年的418.74亿美元攀升至2023年的4989.50亿美元，占全国进出口总额的比重也由3.63%提升到8.40%，年均增长率达到13.93%，超出全国年均增长率4.93个百分点。2024年3月，习近平总书记在主持召开新时代推动中部地区崛起座谈会时强调，要统筹推进深层次改革和高水平开放，持续打造更具竞争力的内陆开放高地；稳步扩大制度型开放，深度融入共建"一带一路"，打造更多高能级对外开放合作平台，在联通国内国际双循环方面发挥更大作用。① 因此，有必要梳理一下中部地区对外开放的现状和问题，进而提出加快推动中部地区建设高水平内陆开放高地的对策。

一 中部地区高水平内陆开放高地建设现状

（一）对外贸易地位稳步提升

近年来，中部地区依托独特的资源禀赋、坚实的产业基础及不断优化的营商环境，对外贸易规模持续扩大，增速快于全国平均水平。通过优化出口产品结构，提升出口产品附加值，在电子信息、装备制造等领域形成一批有国际竞争力的产业集群。同时，积极扩大进口，满足国内产业和消费升级需求，促进贸易平衡发展。

2004~2023年，中部地区进出口额及其占全国的比重稳步提升。如表1所示，2004~2023年，中部地区进出口额由418.74亿美元升至4989.50亿美元，占比从3.63%升至8.40%；东部地区进出口额虽从10178.53亿美元升至46719.90亿美元，占比却从88.16%降至78.70%。2004~2023年，中部

---

① 《习近平主持召开新时代推动中部地区崛起座谈会强调：在更高起点上扎实推动中部地区崛起》，中国政府网，2024年3月20日，https://www.gov.cn/yaowen/liebiao/202403/content_6940500.htm。

地区进出口额年均增长率为13.93%，虽略低于西部地区（14.84%），但远高于全国（9.00%）、东部地区（8.35%）和东北地区（7.31%），说明中部地区对外贸易持续走高，在全国的地位稳步提升。

表1 2004~2023年各地区进出口额及其占全国的比重

单位：亿美元，%

年份	全国 进出口额	中部地区 进出口额	中部地区 比重	东部地区 进出口额	东部地区 比重	西部地区 进出口额	西部地区 比重	东北地区 进出口额	东北地区 比重
2004	11545.54	418.74	3.63	10178.53	88.16	402.24	3.48	546.04	4.73
2005	14219.06	493.34	3.47	12584.54	88.50	492.50	3.46	648.68	4.56
2006	17603.96	602.38	3.42	15623.16	88.75	626.45	3.56	751.97	4.27
2007	21737.26	810.01	3.73	19129.67	88.00	848.41	3.90	949.16	4.37
2008	25632.55	1095.98	4.28	22233.17	86.74	1141.34	4.45	1162.06	4.53
2009	22075.35	831.57	3.77	19345.95	87.64	946.91	4.29	950.91	4.31
2010	29739.98	1198.46	4.03	25959.21	87.29	1275.77	4.29	1306.54	4.39
2011	36418.64	1639.83	4.50	31303.04	85.95	1854.12	5.09	1621.65	4.45
2012	38671.19	1880.10	4.86	32775.40	84.75	2305.41	5.96	1710.29	4.42
2013	41589.93	2124.66	5.11	35148.36	84.51	2577.44	6.20	1739.48	4.18
2014	43015.27	2384.50	5.54	35735.86	83.08	3076.42	7.15	1818.50	4.23
2015	39530.33	2514.14	6.36	32996.98	83.47	2585.45	6.54	1433.76	3.63
2016	36855.57	2314.54	6.28	30819.84	83.62	2428.08	6.59	1293.11	3.51
2017	41071.64	2662.72	6.48	33893.37	82.52	3025.22	7.37	1490.34	3.63
2018	46224.15	2994.64	6.48	37673.60	81.50	3762.38	8.14	1793.53	3.88
2019	45778.91	3148.52	6.88	36822.76	80.44	4028.30	8.80	1779.57	3.89
2020	46559.13	3621.22	7.78	37174.09	79.84	4179.98	8.98	1583.83	3.40
2021	59957.90	4735.35	7.90	47738.66	79.62	5434.10	9.06	2049.79	3.42
2022	62701.00	5436.40	8.67	49198.90	78.47	5911.10	9.43	2154.60	3.44
2023	59368.20	4989.50	8.40	46719.90	78.70	5573.10	9.39	2085.70	3.51

资料来源：国家统计局。

理论上，一般贸易是买卖双方直接交易最终商品，需较多技术和设计投入，附加值高；加工贸易是一国（或地区）进口原材料或中间产品，加工成产成品后出口，主要提供劳动力和基础设施支持，附加值低。一国（或地区）一般贸易份额上升、加工贸易份额下降，表明其在经济结构、产业转型、技术水平、国际竞争力和全球价值链地位等方面有进步。

对比 2000 年和 2023 年中部地区五省一般贸易与加工贸易份额发现，一般贸易份额均提升，加工贸易份额均下降，这可以在一定程度上说明中部地区对外贸易水平提高，贸易结构更加合理（见表2）。

表 2　2000 年和 2023 年中部地区五省的出口贸易方式与出口产品结构

单位：%

省份	一般贸易		加工贸易		机电产品		高新技术产品	
	2000 年	2023 年	2000 年	2023 年	2000 年	2023 年	2000 年	2023 年
山西	30.01	36.04	64.22	63.56	72.76	76.04	69.30	66.28
安徽	73.01	79.30	22.95	12.04	59.10	68.50	28.10	23.07
江西	76.77	80.97	21.69	17.85	55.18	51.44	33.31	28.35
河南	37.23	60.42	61.19	31.69	69.20	64.91	60.39	50.45
湖南	79.58	86.43	15.75	10.11	45.16	47.86	14.07	13.79

注：湖北省数据缺失。
资料来源：相关年份中部地区五省统计年鉴和统计公报。

（二）招商引资再上新台阶

中部地区利用国家支持政策，创新招商引资模式，吸引国内外众多优质企业和项目落户。通过打造特色园区、优化营商环境、强化政策扶持等举措，在吸引外资方面成效显著，外资项目数量、质量和规模大幅提升，高新技术产业和现代服务业成为外商投资新热点。本报告主要以外商投资企业数和外商直接投资（FDI）来分析中部地区招商引资状况。

2004~2022 年，中部地区外商投资企业数和 FDI 整体呈上升趋势。如表 3 所示，2004~2022 年，中部地区外商投资企业数从 1.56 万户升至 5.55 万户，占全国的比重从 6.45% 升至 8.23%。中部地区外商直接投资企业数年均增长率达 7.31%，虽略低于西部地区（7.50%），但远高于全国（5.86%）、东部地区（5.88%）和东北地区（1.73%）。如表 4 所示，中部地区 FDI 从 2004 年的 856.40 亿美元升至 2022 年的 11638.00 亿美元，说明中部地区招商引资规模不断扩大。

表3 2004~2022年各地区外商投资企业数及其占全国的比重

单位：万户，%

年份	全国外企数	中部地区		东部地区		西部地区		东北地区	
		外企数	比重	外企数	比重	外企数	比重	外企数	比重
2004	24.19	1.56	6.45	19.18	79.29	1.51	6.24	1.94	8.02
2005	26.00	1.68	6.46	20.61	79.27	1.58	6.08	2.13	8.19
2006	27.49	1.76	6.40	21.97	79.92	1.64	5.97	2.12	7.71
2007	28.60	1.79	6.26	23.24	81.26	1.66	5.80	1.92	6.71
2008	43.47	3.81	8.76	32.84	75.55	3.57	8.21	3.24	7.45
2009	43.40	3.91	9.01	32.48	74.84	4.01	9.24	3.01	6.94
2010	44.50	4.00	8.99	33.43	75.12	4.22	9.48	2.85	6.40
2011	44.63	3.93	8.81	34.03	76.25	3.87	8.67	2.79	6.25
2012	44.04	3.85	8.74	33.79	76.73	3.67	8.33	2.73	6.20
2013	44.57	3.73	8.37	34.40	77.18	3.79	8.50	2.65	5.95
2014	46.07	3.88	8.42	35.59	77.25	3.95	8.57	2.65	5.75
2015	48.12	3.86	8.02	37.72	78.39	3.91	8.13	2.63	5.47
2016	50.52	3.99	7.90	40.00	79.18	4.02	7.96	2.50	4.95
2017	53.93	4.22	7.82	42.94	79.62	4.24	7.86	2.54	4.71
2018	59.33	4.49	7.57	47.70	80.40	4.53	7.64	2.61	4.40
2019	62.72	5.06	8.07	50.14	79.94	4.98	7.94	2.54	4.05
2020	63.54	5.21	8.20	50.44	79.38	5.21	8.20	2.68	4.22
2021	66.36	5.42	8.17	52.80	79.57	5.48	8.26	2.65	3.99
2022	67.41	5.55	8.23	53.67	79.62	5.55	8.23	2.64	3.92

资料来源：国家统计局。

表4 2004~2022年各地区FDI及其占全国的比重

单位：亿美元，%

年份	全国FDI	中部地区		东部地区		西部地区		东北地区	
		FDI	比重	FDI	比重	FDI	比重	FDI	比重
2004	12602.83	856.40	6.80	10007.42	79.41	771.69	6.12	967.32	7.68
2005	14638.05	1039.20	7.10	11597.40	79.23	869.55	5.94	1131.90	7.73
2006	17075.00	1252.00	7.33	13409.00	78.53	1024.00	6.00	1390.00	8.14
2007	20626.66	1518.36	7.36	16281.66	78.94	1280.74	6.21	1545.90	7.49
2008	22616.97	1669.07	7.38	17767.23	78.56	1596.52	7.06	1584.15	7.00
2009	24031.00	1857.00	7.73	18718.00	77.89	1764.00	7.34	1692.00	7.04

续表

年份	全国 FDI	中部地区 FDI	比重	东部地区 FDI	比重	西部地区 FDI	比重	东北地区 FDI	比重
2010	25951.73	2103.06	8.10	19964.02	76.93	1989.74	7.67	1894.91	7.30
2011	28795.80	2430.71	8.44	22017.97	76.46	2245.49	7.80	2101.63	7.30
2012	31405.97	2687.78	8.56	23833.81	75.89	2567.37	8.17	2317.01	7.38
2013	34019.45	2881.94	8.47	25964.28	76.32	2795.43	8.22	2377.80	6.99
2014	37976.98	3370.26	8.87	28812.10	75.87	3235.10	8.52	2559.52	6.74
2015	45390.19	4302.59	9.48	34626.86	76.29	3819.03	8.41	2641.71	5.82
2016	51240.06	4267.22	8.33	40045.69	78.15	4155.51	8.11	2771.64	5.41
2017	68992.42	6001.95	8.70	53777.78	77.95	5328.76	7.72	3883.93	5.63
2018	77737.97	6945.83	8.93	59739.29	76.85	6360.35	8.18	4692.50	6.04
2019	88400.28	8236.35	9.32	66292.16	74.99	8740.04	9.89	5131.73	5.81
2020	136436.96	11122.46	8.15	106058.20	77.73	12705.67	9.31	6550.63	4.80
2021	179574.00	11392.00	6.34	141137.00	78.60	19270.00	10.73	7775.00	4.33
2022	200422.00	11638.00	5.81	158110.00	78.89	22441.00	11.20	8233.00	4.11

资料来源：国家统计局。

（三）对外投资合作有序开展

理论上，对外经济合作涵盖贸易、投资、技术、工程等多个方面。在"走出去"战略推动下，中部地区企业积极参与国际竞争与合作，加快对外投资合作步伐，通过并购、工程承包等形式，在海外建立生产基地、研发中心等，提升了国际竞争力。同时，加强国际产能合作，推动优势产能"走出去"，促进全球产业链、供应链融合，实现资源优化配置和市场拓展。鉴于数据可得性，本报告从对外承包工程和对外劳务合作入手分析中部地区对外投资合作状况。

2004～2022年，中部地区对外承包工程营业额整体呈上升趋势。如表5所示，中部地区对外承包工程营业额由2004年的14.41亿美元升至2022年的199.71亿美元，占全国的比重从12.65%升至21.02%。东部地区对外承包工程营业额虽从83.02亿美元升至607.06亿美元，但占全国的比重从72.89%降至63.90%。2004～2022年，中部地区对外承包工程营业额年均增长率达

15.73%，高于全国（12.51%）、东部地区（11.69%）、西部地区（13.80%）和东北地区（9.46%）。

表5 2004~2022年各地区对外承包工程营业额及其占全国的比重

单位：亿美元，%

年份	全国营业额	中部地区		东部地区		西部地区		东北地区	
		营业额	比重	营业额	比重	营业额	比重	营业额	比重
2004	113.90	14.41	12.65	83.02	72.89	11.53	10.12	4.94	4.34
2005	141.91	15.24	10.74	102.84	72.47	16.67	11.75	7.15	5.04
2006	224.34	22.67	10.11	171.04	76.24	20.18	9.00	10.46	4.66
2007	267.45	32.17	12.03	194.05	72.56	27.42	10.25	13.80	5.16
2008	367.47	54.21	14.75	239.85	65.27	57.42	15.63	15.99	4.35
2009	495.49	82.53	16.66	320.82	64.75	66.14	13.35	26.00	5.25
2010	574.85	106.65	18.55	360.34	62.68	81.49	14.18	26.37	4.59
2011	682.63	130.89	19.17	420.81	61.65	101.98	14.94	28.95	4.24
2012	801.93	136.73	17.05	506.76	63.19	125.80	15.69	32.64	4.07
2013	967.62	162.88	16.83	625.99	64.69	143.63	14.84	35.11	3.63
2014	926.86	181.87	19.62	546.04	58.91	160.68	17.34	38.28	4.13
2015	1037.38	180.90	17.44	652.89	62.94	150.18	14.48	53.40	5.15
2016	1005.18	179.71	17.88	638.49	63.52	141.05	14.03	45.93	4.57
2017	1092.13	211.55	19.37	695.76	63.71	142.24	13.02	42.58	3.90
2018	1078.44	213.61	19.81	661.67	61.35	168.77	15.65	34.39	3.19
2019	1086.73	230.58	21.22	667.29	61.40	153.33	14.11	35.53	3.27
2020	961.73	198.66	20.66	608.28	63.25	126.17	13.12	28.62	2.98
2021	1010.52	214.44	21.22	633.39	62.68	138.76	13.73	23.94	2.37
2022	950.00	199.71	21.02	607.06	63.90	118.07	12.43	25.15	2.65

资料来源：2005~2023年《中国贸易外经统计年鉴》。

2004~2019年，中部地区对外劳务合作人数总体上升。如表6所示，中部地区对外劳务合作人数从2004年的3.46万人增至2019年的10.93万人，占全国的比重从8.85%升至17.51%。综上，中部地区对外投资合作规模不断扩大。

表6 2004~2022年各地区对外劳务合作人数及其占全国的比重

单位：万人，%

年份	全国对外劳务合作人数	中部地区		东部地区		西部地区		东北地区	
		人数	比重	人数	比重	人数	比重	人数	比重
2004	39.10	3.46	8.85	25.48	65.17	2.10	5.37	8.06	20.61
2005	36.78	3.47	9.43	24.47	66.53	2.00	5.44	6.85	18.62
2006	39.72	3.94	9.92	25.32	63.75	2.24	5.64	8.22	20.69
2007	47.48	6.23	13.12	28.49	60.00	2.29	4.82	10.47	22.05
2008	44.04	6.64	15.08	25.84	58.67	2.01	4.56	9.56	21.71
2009	42.24	6.91	16.36	23.97	56.75	2.25	5.33	9.11	21.57
2010	44.19	8.05	18.22	23.54	53.27	2.52	5.70	10.09	22.83
2011	45.93	8.46	18.42	23.88	51.99	2.93	6.38	10.66	23.21
2012	47.36	10.74	22.68	25.03	52.85	2.66	5.62	8.93	18.86
2013	45.09	10.50	23.29	25.21	55.91	2.35	5.21	7.03	15.59
2014	54.58	12.71	23.29	31.51	57.73	2.64	4.84	7.72	14.14
2015	58.41	14.11	24.16	33.90	58.04	2.69	4.61	7.71	13.20
2016	56.57	14.10	24.92	32.57	57.57	2.43	4.30	7.46	13.19
2017	56.43	10.41	18.45	36.13	64.03	2.35	4.16	7.55	13.38
2018	56.91	10.92	19.19	36.60	64.31	2.36	4.15	7.03	12.35
2019	62.41	10.93	17.51	41.34	66.24	2.50	4.01	7.65	12.26
2020	34.98	2.93	8.38	26.22	74.96	1.09	3.12	4.73	13.52
2021	33.39	3.21	9.61	25.16	75.35	1.04	3.11	3.98	11.92
2022	32.66	3.12	9.55	24.45	74.86	1.09	3.34	4.00	12.25

资料来源：2005~2023年《中国贸易外经统计年鉴》。

（四）开放通道建设进程加快

开放通道涵盖贸易、交通、信息、人文交流等方面。中部地区加快构建多式联运交通体系，完善铁路、公路、航空网络，融入"一带一路"建设。如郑州建成"米"字形高铁网，中欧班列（郑州）获批成立集结中心；武汉提升长江航运中心地位；江西至福建开行海铁联运班列；山西开行至天津港、舟山港等铁海联运班列。本报告从交通和通信方面入手分析中部地区开放通道建设状况。

1. 中部地区交通通道建设成效显著

2004~2022年，中部地区铁路营业里程和高速公路里程总体攀升。如表7所示，中部地区铁路营业里程从2004年的1.72万公里升至2022年的3.52万公里。如表8所示，中部地区高速公路里程从2004年的0.84万公里升至2022年的4.10万公里。如表9所示，2017~2023年，中部地区客运和货邮吞吐量占全国的比重整体上升。综上，中部地区交通通道建设成效显著。

表7　2004~2022年各地区铁路营业里程及其占全国的比重

单位：万公里，%

年份	全国铁路营业里程	中部地区		东部地区		西部地区		东北地区	
		里程	比重	里程	比重	里程	比重	里程	比重
2004	7.47	1.72	23.03	1.7	22.76	2.71	36.28	1.34	17.94
2005	7.56	1.75	23.15	1.7	22.49	2.76	36.51	1.35	17.86
2006	7.71	1.73	22.44	1.71	22.18	2.92	37.87	1.35	17.51
2007	7.8	1.76	22.56	1.73	22.18	2.95	37.82	1.36	17.44
2008	7.98	1.85	23.18	1.8	22.56	2.95	36.97	1.38	17.29
2009	8.57	1.97	22.99	1.93	22.52	3.28	38.27	1.39	16.22
2010	9.11	2.09	22.94	2.03	22.28	3.58	39.30	1.41	15.48
2011	9.35	2.11	22.57	2.18	23.32	3.64	38.93	1.42	15.19
2012	9.78	2.24	22.90	2.26	23.11	3.74	38.24	1.54	15.75
2013	10.31	2.32	22.50	2.49	24.15	3.95	38.31	1.55	15.03
2014	11.19	2.61	23.32	2.66	23.77	4.36	38.96	1.56	13.94
2015	12.08	2.72	22.52	2.87	23.76	4.78	39.57	1.71	14.16
2016	12.42	2.79	22.46	2.92	23.51	5.02	40.42	1.69	13.61
2017	12.69	2.82	22.22	2.96	23.33	5.2	40.98	1.71	13.48
2018	13.17	2.88	21.87	3.16	23.99	5.29	40.17	1.84	13.97
2019	13.99	3.29	23.52	3.31	23.66	5.56	39.74	1.83	13.08
2020	14.64	3.38	23.09	3.5	23.91	5.92	40.44	1.84	12.57
2021	15.07	3.45	22.89	3.65	24.22	6.06	40.21	1.91	12.67
2022	15.48	3.52	22.74	3.75	24.22	6.3	40.70	1.91	12.34

资料来源：国家统计局。

表8 2004~2022年各地区高速公路里程及其占全国的比重

单位：万公里，%

年份	全国高速公路里程	中部地区		东部地区		西部地区		东北地区	
		里程	比重	里程	比重	里程	比重	里程	比重
2004	3.41	0.84	24.63	1.42	41.64	0.87	25.51	0.28	8.21
2005	4.1	1.05	25.61	1.67	40.73	1.05	25.61	0.33	8.05
2006	4.52	1.18	26.11	1.84	40.71	1.17	25.88	0.33	7.30
2007	5.39	1.49	27.64	2.06	38.22	1.49	27.64	0.35	6.49
2008	6.02	1.63	27.08	2.28	37.87	1.65	27.41	0.46	7.64
2009	6.51	1.76	27.04	2.40	36.87	1.85	28.42	0.50	7.68
2010	7.45	2.01	26.98	2.67	35.84	2.13	28.59	0.64	8.59
2011	8.5	2.24	26.35	2.80	32.94	2.53	29.76	0.93	10.94
2012	9.61	2.62	27.26	3.06	31.84	2.90	30.18	1.03	10.72
2013	10.43	2.81	26.94	3.20	30.68	3.38	32.41	1.04	9.97
2014	11.21	2.98	26.58	3.35	29.88	3.82	34.08	1.06	9.46
2015	12.31	3.25	26.40	3.55	28.84	4.40	35.74	1.11	9.02
2016	13.09	3.44	26.28	3.73	28.50	4.75	36.29	1.17	8.94
2017	13.61	3.51	25.79	3.83	28.14	5.09	37.40	1.18	8.67
2018	14.25	3.60	25.26	4.08	28.63	5.36	37.61	1.21	8.49
2019	14.95	3.74	25.02	4.27	28.56	5.70	38.13	1.24	8.29
2020	16.09	3.81	23.68	4.60	28.59	6.37	39.59	1.31	8.14
2021	16.89	3.89	23.03	4.73	28.00	6.96	41.21	1.31	7.76
2022	17.73	4.10	23.12	4.88	27.52	7.41	41.79	1.34	7.56

资料来源：国家统计局。

表9 2017~2023年各地区客运和货邮吞吐量占全国的比重

单位：%

年份	中部地区		东部地区		西部地区		东北地区	
	客运	货邮	客运	货邮	客运	货邮	客运	货邮
2017	10.65	6.34	53.46	75.16	29.64	15.12	6.25	3.38
2018	11.10	6.77	53.24	74.42	29.43	15.51	6.23	3.29
2019	11.51	7.29	52.49	72.86	29.82	16.32	6.18	3.53
2020	11.82	8.53	49.91	72.68	32.52	15.68	5.76	3.10
2021	9.54	8.87	60.73	73.00	25.11	15.21	4.62	2.92
2022	12.00	8.68	47.76	73.63	33.37	14.79	6.87	2.90
2023	11.33	9.01	50.64	71.70	31.63	15.84	6.40	3.46

资料来源：2017~2023年《全国民用运输机场生产统计公报》。

2. 中部地区信息通道建设成效突出

2014~2022年,中部地区移动互联网用户数量及全国占比整体呈上升趋势。如表10所示,中部地区移动互联网用户数量从2014年的1.71亿户增至2022年的3.36亿户,占全国的比重由19.54%升至23.11%;同期东部地区移动互联网用户数量从4.15亿户增至6.30亿户,占全国的比重却从47.43%降至43.33%。2011~2022年,中部地区光缆线路长度及全国占比整体呈上升趋势。如表11所示,中部地区光缆线路长度从2011年的288.03万公里增至2022年的1420.84万公里,占全国的比重由23.77%升至23.85%;同期东部地区光缆线路长度从488.51万公里增至2123.68万公里,占全国的比重从40.31%降至35.64%。综上,中部地区信息通道建设成效突出。

表10 2014~2022年各地区移动互联网用户数量及其占全国的比重

单位:亿户,%

年份	全国用户数量	中部地区		东部地区		西部地区		东北地区	
		用户数量	比重	用户数量	比重	用户数量	比重	用户数量	比重
2014	8.75	1.71	19.54	4.15	47.43	2.24	25.60	0.65	7.43
2015	9.64	2.03	21.06	4.48	46.47	2.44	25.31	0.70	7.26
2016	10.94	2.36	21.57	4.97	45.43	2.80	25.59	0.81	7.40
2017	12.72	2.73	21.46	5.94	46.70	3.14	24.69	0.91	7.15
2018	12.75	2.86	22.43	5.62	44.08	3.35	26.27	0.92	7.22
2019	13.19	2.98	22.59	5.83	44.20	3.45	26.16	0.93	7.05
2020	13.49	3.12	23.13	5.87	43.51	3.57	26.46	0.93	6.89
2021	14.16	3.27	23.09	6.19	43.71	3.75	26.48	0.95	6.71
2022	14.54	3.36	23.11	6.30	43.33	3.87	26.62	1.00	6.88

资料来源:国家统计局。

表11 2011~2022年各地区光缆线路长度及其占全国的比重

单位:万公里,%

年份	全国长度	中部地区		东部地区		西部地区		东北地区	
		长度	比重	长度	比重	长度	比重	长度	比重
2011	1211.93	288.03	23.77	488.51	40.31	338.83	27.96	96.56	7.97
2012	1479.33	348.40	23.55	615.59	41.61	406.90	27.51	108.43	7.33
2013	1745.37	408.14	23.38	714.03	40.91	500.98	28.70	122.22	7.00

续表

年份	全国长度	中部地区		东部地区		西部地区		东北地区	
		长度	比重	长度	比重	长度	比重	长度	比重
2014	2061.25	479.84	23.28	861.73	41.81	575.32	27.91	144.36	7.00
2015	2486.33	556.99	22.40	1053.18	42.36	704.61	28.34	171.55	6.90
2016	3042.08	719.60	23.65	1252.47	41.17	863.79	28.39	206.22	6.78
2017	3780.11	948.07	25.08	1489.32	39.40	1073.96	28.41	268.76	7.11
2018	4316.79	1049.18	24.30	1661.72	38.49	1276.78	29.58	329.12	7.62
2019	4741.24	1098.34	23.17	1773.03	37.40	1513.39	31.92	356.49	7.52
2020	5169.21	1172.58	22.68	1895.89	36.68	1695.36	32.80	405.37	7.84
2021	5480.82	1288.66	23.51	1996.15	36.42	1820.37	33.21	375.64	6.85
2022	5958.00	1420.84	23.85	2123.68	35.64	2018.73	33.88	394.75	6.63

资料来源：国家统计局。

（五）开放平台功能趋于完善

开放平台涵盖经济、文化、科技等领域，在制度创新、产业集聚、辐射带动等方面发挥重要作用，为中部地区建设高水平内陆开放高地提供有力支撑。鉴于数据可得性，本报告基于国家级特殊经济功能区、科技创新平台等相关数据分析中部地区对外开放平台建设状况。

1. 国家级特殊经济功能区更趋多样化

国家级特殊经济功能区是由国家或国家授权部门依法确立，承担特定功能、享受特殊优惠政策并发挥先导作用的区域，可分为开放型、科技型、生态型、综合型等类型。如表12所示，2023年中部地区国家级经开区、高新区、自创区分别有59个、45个、5个，分别占全国的25.32%、25.86%、22.73%。这说明中部地区国家级特殊经济功能区数量较多，对中部地区经济社会发展起到重要的支持作用。

2. 科技创新平台更趋丰富

科技创新平台是科技创新体系的重要组成部分，是培育发展高新技术产业、企业及推动高质量发展的有效载体和加速器，提供研究开发、成果转化、

表12 2023年各地区特殊经济功能区数量及其占全国的比重

单位：个，%

特殊功能区	全国数量	中部地区 数量	中部地区 比重	东部地区 数量	东部地区 比重	西部地区 数量	西部地区 比重	东北地区 数量	东北地区 比重
国家级经开区	233	59	25.32	103	44.21	50	21.46	21	9.01
国家级高新区	174	45	25.86	70	40.23	43	24.71	16	9.20
国家级自贸区	23	4	17.39	11	47.83	6	26.09	2	8.70
国家级自创区	22	5	22.73	9	40.91	5	22.73	3	13.64
国家级新区	19	2	10.53	8	42.11	6	31.58	3	15.79
海关特殊监管区	173	28	16.18	96	55.49	40	23.12	9	5.20
边境/跨境合作区	21	0	0.00	1	4.76	15	71.43	5	23.81
省级开发区	2155	613	28.45	751	34.85	595	27.61	196	9.10
合计	2854	758	26.56	1067	37.39	768	26.91	261	9.15

资料来源：中国开发区网站，https：//www.cadz.org.cn/index.php/Index/index.html。

产业孵化等全方位科技创新服务。如表13所示，2022年中部地区有国家大学科技园20个、国家备案众创空间373个、国家级科技企业孵化器244个、火炬特色产业基地94个，分别占全国的14.39%、15.85%、17.35%、18.40%。中部地区科技创新势头较为强劲，为高质量发展奠定了坚实基础。

表13 2022年各地区科技创新平台数量及其占全国的比重

指标	全国数量	中部地区 数量	中部地区 比重（%）	东部地区 数量	东部地区 比重（%）	西部地区 数量	西部地区 比重（%）	东北地区 数量	东北地区 比重（%）
国家大学科技园数量（个）	139	20	14.39	76	54.68	27	19.42	16	11.51
国家备案众创空间数量（个）	2353	373	15.85	1387	58.95	470	19.97	123	5.23
国家级科技企业孵化器数量（个）	1406	244	17.35	872	62.02	214	15.22	76	5.41
火炬特色产业基地数量（个）	511	94	18.40	339	66.34	48	9.39	30	5.87

资料来源：《中国火炬统计年鉴2023》。

（六）国际合作空间不断拓展

首先，中部地区积极参与"一带一路"建设，加强与共建"一带一路"

国家和地区的经贸合作与人文交流，拓展国际合作空间。如中欧班列（郑州）综合运营能力位居全国第一方阵，辐射众多国家和城市。2023年，安徽、湖北、山西对共建"一带一路"国家进出口分别增长20.1%、12.3%、5.7%，安徽对共建"一带一路"国家投资增长13.6%，安徽建工中标卡拉奇大型供水项目，中匈"一带一路"国际产能合作示范区授牌。

其次，中部地区融入和服务新发展格局，加强与东部沿海地区合作，推动区域协同发展。积极承接东部地区产业转移，吸引大量投资，如河南承接产业转移，推动制造业发展，富士康、海马、比亚迪等企业入驻郑州。

（七）开放制度环境显著优化

第一，中部地区深化"放管服"改革，提升政府服务效能。采取简化审批流程、降低市场准入门槛、加强知识产权保护、完善涉外法律法规体系等措施，为国内外企业和投资者营造更公平、透明、可预期的营商环境。《中国营商环境指数蓝皮书（2021）》显示，中部地区六省营商环境指数均值为51.81，略高于全国均值（50.70），湖南和安徽营商环境位居全国前十，河南、湖北和江西处于全国中游水平。2023年，湖北、湖南和河南的宏观税负分别为6.61%、6.71%和7.63%，均低于全国平均水平，说明中部地区营商环境显著优化。

第二，推进制度型开放，释放自由贸易试验区政策效应。2023年河南省自由贸易试验区新设企业2.01万家，累计新设企业13.20万家，取得559项制度创新成果，其中商事制度改革、跨境电商、多式联运等领域的52项制度创新成果为全国首创，12项为全省首创。截至2023年底，安徽自由贸易试验区形成192项制度创新成果，以不到全省1‰面积贡献了约25%的进出口份额。

第三，扩大对外开放领域，加强对外经贸合作交流。中部地区依托中欧班列加强与欧洲的经贸往来，发展跨境电商等新兴业态，推动外贸转型升级。如郑州首创跨境电商"网购保税1210服务模式"并复制推广，业务覆盖196个国家和地区，进出口总额从2015年的不到400亿元提升至2023年的2371亿元，年均增长25.5%。中部地区通过建设国际合作园区，加强与外资企业的交流合作，如湖北武汉鼎康生物建设的全球首个模块化生物制药工厂落地投产，为武汉承接高标准生物医药制造订单提供支持。

二 中部地区高水平内陆开放高地建设存在的问题

（一）对外贸易水平有待提高

第一，进出口总额占全国的比重与GDP占全国的比重不匹配。表14显示，中部地区GDP占全国的比重从2004年的19.40%升至2023年的21.58%，但进出口总额占全国的比重仅从3.63%提高到8.40%，2023年两者相差13.18个百分点。2023年，中部地区GDP占全国的比重比东部地区低30.55个百分点，进出口总额占全国的比重比东部地区低70.30个百分点，说明中部地区对外贸易地位与经济总量不匹配，对经济增长的带动能力有待提升。

表14 2004~2023年中部地区与东部地区进出口总额及GDP占全国的比重

单位：%

年份	中部地区		东部地区	
	进出口总额	GDP	进出口总额	GDP
2004	3.63	19.40	88.16	54.99
2005	3.47	19.45	88.50	55.34
2006	3.42	19.39	88.75	55.45
2007	3.73	19.66	88.00	55.14
2008	4.28	20.05	86.74	54.40
2009	3.77	20.23	87.64	54.30
2010	4.03	20.74	87.29	53.87
2011	4.50	21.15	85.95	52.89
2012	4.86	21.29	84.75	52.20
2013	5.11	21.31	84.51	51.96
2014	5.54	21.44	83.08	51.86
2015	6.36	21.40	83.47	52.52
2016	6.28	21.45	83.62	52.75
2017	6.48	21.66	82.52	52.54
2018	6.48	21.99	81.50	52.11
2019	6.88	22.14	80.44	51.89
2020	7.78	21.83	79.84	52.04

续表

年份	中部地区		东部地区	
	进出口总额	GDP	进出口总额	GDP
2021	7.90	21.81	79.62	52.16
2022	8.67	21.77	78.47	51.96
2023	8.40	21.58	78.70	52.13

资料来源：国家统计局。

第二，对外贸易依存度整体偏低。如图1所示，2023年江西、安徽和河南的对外贸易依存度分别为18.15%、17.59%和14.99%，位居中部地区各省前三，但仍普遍低于东部地区省份，甚至低于西部地区的广西和新疆，表明中部地区对外贸易依存度亟须提升。

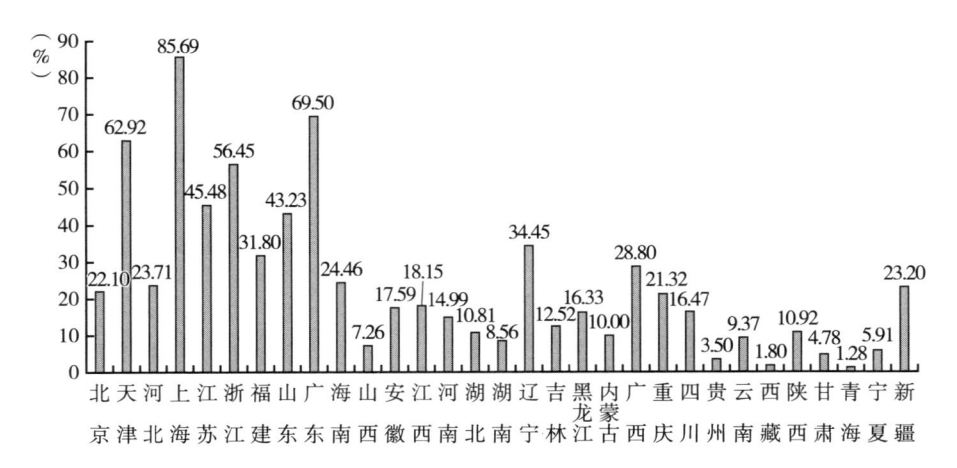

图1　2023年全国31个省份对外贸易依存度

说明：不包含港澳台地区。
资料来源：国家统计局。

第三，出口产品附加值有待提高。机电产品面向中低端市场，高新技术产品面向中高端市场，两者出口份额上升代表产品附加值和竞争力提升。对比2000年和2023年中部地区机电产品与高新技术产品出口份额发现，山西、安徽高新技术产品出口份额下降，江西和河南机电产品出口份额下降，说明中部地区出口产品附加值和竞争力有待提升。

（二）招商引资力度仍需加大

第一，中部地区 FDI 占全国的比重远低于东部地区。如表 15 显示，2004~2022 年，中部地区 FDI 占全国的比重从 6.80% 降至 5.81%，两者相差 0.99 个百分点。2022 年，中部地区 FDI 占全国的比重比东部地区低 73.08 个百分点。

表 15　2004~2022 年中部地区与东部地区 FDI 占全国的比重

单位：%

年份	中部地区	东部地区
2004	6.80	79.41
2005	7.10	79.23
2006	7.33	78.53
2007	7.36	78.94
2008	7.38	78.56
2009	7.73	77.89
2010	8.10	76.93
2011	8.44	76.46
2012	8.56	75.89
2013	8.47	76.32
2014	8.87	75.87
2015	9.48	76.29
2016	8.33	78.15
2017	8.70	77.95
2018	8.93	76.85
2019	9.32	74.99
2020	8.15	77.73
2021	6.34	78.60
2022	5.81	78.89

资料来源：国家统计局。

第二，中部地区六省 FDI 相对较低。如图 2 所示，2022 年安徽、湖北和湖南的 FDI 分别为 3387 亿美元、2528 亿美元和 2464 亿美元，位居中部地区各省前三，但低于东部地区大多省份，甚至低于西部地区的广西。以上数据说明，中部地区招商引资力度有待加大。

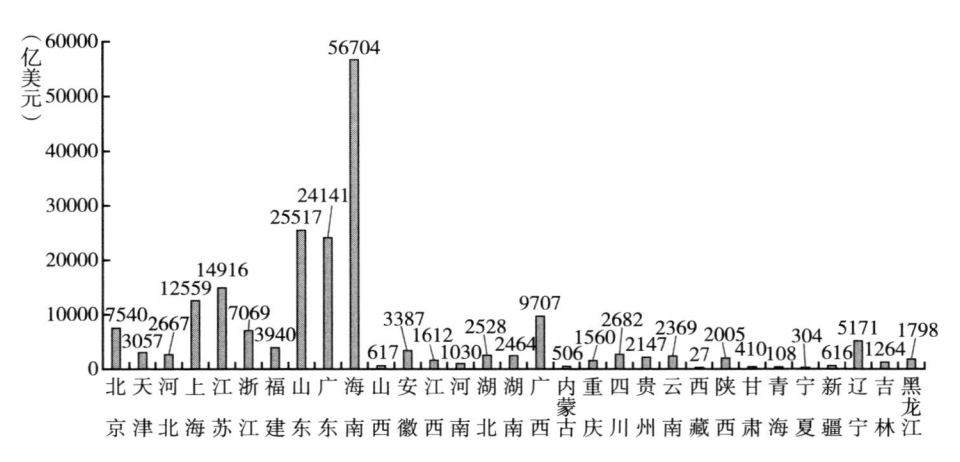

图 2　2022 年全国 31 个省份 FDI

说明：不包含港澳台地区。
资料来源：国家统计局。

（三）对外投资合作仍需拓展

第一，中部地区对外承包工程营业额占全国的比重偏低。如表 16 所示，2004~2022 年，中部地区对外承包工程营业额占全国的比重从 12.65% 升至 21.02%。2022 年，中部地区对外承包工程营业额占全国的比重比东部地区低 42.88 个百分点。

表 16　2004~2022 年中部地区与东部地区对外承包工程营业额占全国的比重

单位：%

年份	中部地区	东部地区
2004	12.65	72.89
2005	10.74	72.47
2006	10.11	76.24
2007	12.03	72.56
2008	14.75	65.27
2009	16.66	64.75
2010	18.55	62.68
2011	19.17	61.65
2012	17.05	63.19

续表

年份	中部地区	东部地区
2013	16.83	64.69
2014	19.62	58.91
2015	17.44	62.94
2016	17.88	63.52
2017	19.37	63.71
2018	19.81	61.35
2019	21.22	61.40
2020	20.66	63.25
2021	21.22	62.68
2022	21.02	63.90

资料来源：国家统计局。

第二，中部地区六省对外承包工程营业额相对较低。如图3所示，2022年，湖北（69.40亿美元）、江西（38.70亿美元）对外承包工程营业额位居中部地区各省前二，虽高于多数西部和东北地区省份，但与东部地区发达省份（广东、山东、上海等）相比差距突出。

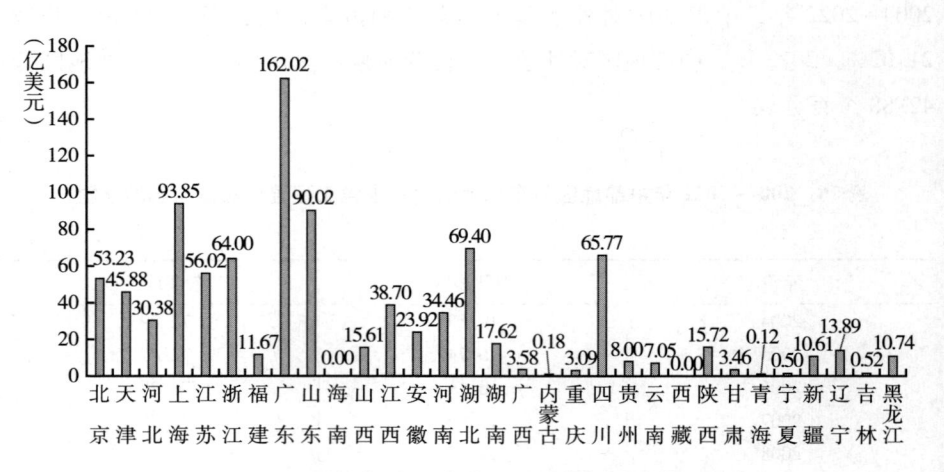

图3 2022年全国31个省份对外承包工程营业额

说明：不包含港澳台地区。
资料来源：《中国贸易外经统计年鉴（2023）》。

（四）开放通道建设仍存短板

第一，中部地区交通通道建设存在短板，对人才、资金等要素流通的支撑不足。如图4所示，2022年，河南（0.80万公里）、湖北（0.76万公里）、湖南（0.73万公里）高速公路里程位居中部地区前三，但低于东部地区的广东、河北，甚至低于西部地区的云南、四川、贵州和广西。图5显示，2023年，湖北（3459.2万人）、湖南（3211.1万人）和河南（2788.3万人）客运吞吐量位居中部地区各省前三，但低于大部分东部地区省份，甚至低于西部地区的四川、云南、陕西和新疆。以上数据说明，中部地区目前的交通互联互通水平难以支撑中部地区综合交通运输枢纽战略定位。第二，中部地区宽带用户普及率较低。例如，2022年湖南宽带用户普及率达30%，而江苏超过60%，中部地区亟须提升宽带用户普及率，以推动数字经济发展。

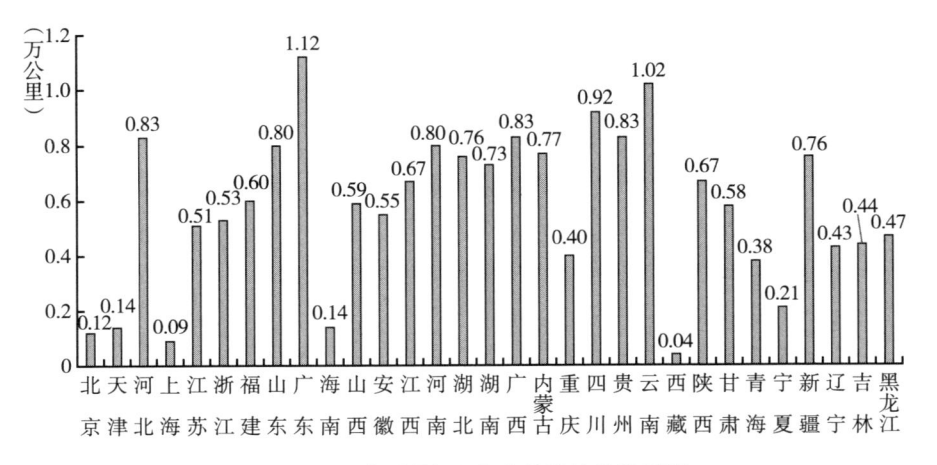

图4　2022年全国31个省份高速公路里程

说明：不包含港澳台地区。
资料来源：国家统计局。

（五）开放平台能级尚需提升

第一，国家级特殊经济功能区数量不足。2023年，中部地区国家级经开

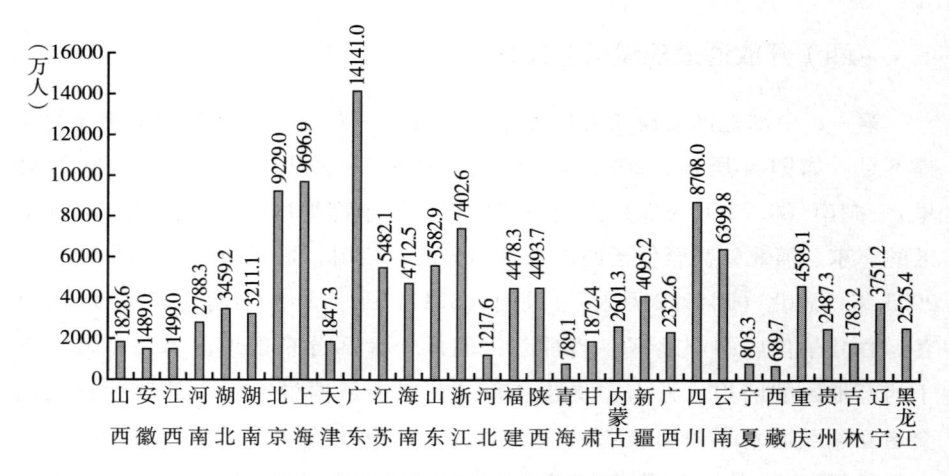

图 5　2023 年全国 31 个省份客运吞吐量

说明：不包含港澳台地区。
资料来源：2023 年《全国民用运输机场生产统计公报》。

区、高新区、自贸区、自创区、新区及海关特殊监管区的数量与东部地区差距较大，说明中部地区国家级特殊经济功能区建设力度有待加大，以进一步发挥高水平内陆开放高地战略功能。

第二，科技创新平台建设滞后。2022 年，中部地区的国家大学科技园、国家备案众创空间、国家级科技企业孵化器、火炬特色产业基地数量与东部地区差距较大，说明中部地区缺少具有国际影响力的创新企业和研发机构，研发人才短缺，导致高端制造业和现代服务业发展动力不足，部分企业在国际市场中处于价值链中低端。

（六）国际合作空间仍需拓展

首先，中部地区与共建"一带一路"国家合作的深度不足，如中部地区对共建"一带一路"国家贸易额占比仅为 30%。其次，中部地区与国内其他地区的合作有待加强，存在合作领域不广、机制不健全问题，且缺少大规模、有影响力的展会，如中国国际进口博览会、中国国际投资贸易洽谈会等。最后，中部地区部分企业对国际合作风险的防控能力不足，易受国际环境变动等因素影响。

（七）开放制度环境仍需优化

第一，营商环境有待进一步优化。《中国营商环境指数蓝皮书（2022）》显示，在营商环境指数方面，省级层面仅安徽进入全国前十；市级层面仅武汉、合肥、长沙入选全国前20；高新区层面，中部地区仅25个进入全国百强，与东部地区相差28个。

第二，制度型开放进程需进一步加快。中部地区制度型开放存在以下问题：一是通关效率低、贸易监管政策缺乏灵活性，制约贸易便利化；二是外资准入限制多、投资审批流程烦琐，制约投资自由化；三是对接国际高标准经贸准则进程慢，知识产权保护力度小，对《区域全面经济伙伴关系协定》（RCEP）的利用率低。

三 加快推动中部地区建设高水平内陆开放高地的对策

（一）推动外贸高质量发展

第一，壮大外贸企业群体，推进外贸平台建设。一是完善"三外"企业协调服务机制，构建产业链上下游企业集聚共生的生态体系，保障进出口畅通。二是落实减税降费、金融信贷等帮扶政策，支持中小外贸企业开拓国际市场，加强研发、品牌培育和营销渠道建设。三是推进外贸平台建设，做强国家级外贸转型升级基地，打造中小外贸企业集聚发展平台。

第二，优化贸易结构，提升国际竞争力。一是加大高新技术产业扶持力度，鼓励企业加大研发投入力度，提高产品技术含量和附加值。如设立专项基金，给予税收优惠和财政补贴，加强产学研融合，提高科技成果转化率。二是扩大工程机械、电子信息等特色机电产品出口规模，提高生物医药、新能源等高新技术产业国际竞争力。三是主动扩大汽车、先进技术装备、关键零部件等的进口规模。

第三，开拓新兴市场，发展新兴业态。一是政府组织企业参加国际展会和贸易洽谈会，加强与新兴市场国家的贸易往来，如举办中部地区与非洲、拉美国家的贸易对接会，为企业搭建合作平台，加强新兴市场研究，提供市场信息和政策咨询服务。二是推进跨境电商综合试验区建设，鼓励营销推广、商务会展等关联产业发展，催生本土跨境电商品牌。如河南可以支持洛阳、南阳等试验区发展，推广"区域产业带+跨境电商模式"，拓展许昌发制品境外营销渠道。三是制定公共海外仓发展政策，支持企业在重点市场、共建"一带一路"国家等布局建设海外仓，覆盖全球网络，培育一批优秀海外仓企业，发展转口、离岸等新型贸易方式。

第四，大力发展服务贸易，积极应对贸易摩擦。一是优化服务贸易结构，提升旅行、建筑等传统服务贸易竞争力，推进金融、保险、知识产权等知识密集型服务贸易发展，打造高端服务业集群和品牌。二是发展云外包、平台分包、众包众创等新型服务外包，推动其与制造业融合发展，加快服务外包数字化、高端化转型。三是政府建立贸易摩擦预警机制，及时发布信息，企业加强国际贸易规则学习，并与行业协会合作，提高应对贸易摩擦的能力。

（二）实施精准招商引资政策

第一，推动重点产业开放发展，提升产业链供应链韧性。一是突出招大引强，实施"对接500强、提升产业链供应链韧性"专项行动。引导外商投资现有的汽车、装备、轻纺、化工等传统优势产业，加快制造业高端化、智能化和绿色化进程，加快上下游配套产业发展，提高产业链供应链韧性。二是聚焦新一代人工智能、智能终端、生物医药、智能传感器、新能源等新兴产业，引进一批带动效应强的旗舰型企业、"独角兽"企业、"小巨人"企业和"瞪羚"企业。三是瞄准量子信息、类脑智能、6G等未来产业，引进高增长科技型企业和重大平台项目。四是放宽服务业外资准入限制，推动现代服务业与先进制造业融合发展。聚焦数字经济、金融科技、医疗康养等领域开放，推动生活性服务业向高品质和多样化升级，生产性服务业向专业化和价值链高端延伸。五是引进国际知名研发设计、生产检验检测认证、供应链管理等关键企业，鼓励流通企业与生产企业共建供应链协同平台，打造全链条供应链体系。

第二，拓展外商外资来源地，创新招商引资方式。一是加强与共建"一带一路"国家、非洲、拉美等地区的经贸合作，举办投资推介会和项目对接会，吸引更多国家和地区投资。二是实施产业链"链长制"招商，提高招商引资的针对性和实效性。政府建立招商引资信息平台，动态发布重点产业链图谱和招商路线图，引育"链主"企业和具有产品优势的配套企业。同时，与专业招商机构加强合作，开展委托招商和以商招商，依托生产制造类项目同步引进企业研发设计、营销结算中心等生产性服务类项目，探索"产业园区+创新孵化器+产业基金+产业联盟"的引资新模式。

（三）拓展对外投资合作领域

第一，壮大外向型市场主体，扩大对外投资合作规模。一是推动有发展国际贸易潜力的制造、批发零售和电商企业提高国际化经营能力，培育高成长性、创新性和有国际影响力的跨国公司，力争建成国际贸易总部。二是引导对外投资合作健康有序发展，设立引导基金，支持企业在境外开展实物投资、设立联合基金、共建研发中心等。三是健全对外投资合作公共服务体系，加强与金融机构的合作，创新"走出去"金融产品、信用保险与服务，加强事中事后监管，提高风险防范能力。四是创新发展对外承包工程，推动联盟拓市和投建营一体化，带动装备、技术、标准和服务一起"走出去"。

第二，拓宽对外投资领域，提高风险防控能力。一是政府组织企业参加国际投资、科技合作相关论坛和展会，提供投资机会和合作平台，鼓励加大金融、科技服务等领域的投资力度。二是政府建立投资风险预警机制，与国际组织和专业机构加强合作，及时发布风险信息，提供风险防范建议、风险管理服务和技术支持。三是企业加强涉外人员培训，研究投资目的地的政治、经济、法律等风险，制定风险防控措施，提高风险管理水平。

（四）完善开放通道体系

第一，加强交通基础设施建设，提升互联互通水平。一是打造"双空经济"协同发展廊道。推动"双空经济"协同发展，使3000米以下低空和6000米以上高空经济活动相互衔接，不仅能改变传统生产方式，提高资源配置效率，还能创造全新的生产和服务模式，形成新经济增长点。以河南为例，推进郑州国际航空货运枢纽建设，深化郑州—卢森堡航空"双枢纽"合作，完善国际航线网络，发展国际直航、空中支线、空中快线、空空中转和空陆联运，加密或增开至欧美、大洋洲、非洲等地的客货运航线，推动国内外大型物流集成商设立区域分拨中心和运营基地；加快数字经济与"双空产业"的深度融合,搭建"双空经济"信息协同平台和工业互联网,建立"双空经济"大数据联合实验室。二是贯通"海陆经济"协同发展走廊。强化中欧班列国际战略通道作用,拓展欧洲、中亚、东盟线路,开辟西亚线路,大力发展日韩等亚太中转线路,开行省际合作班列,拓展特种集装箱、商品展示体验等增值服务,提升中欧班列使用频率;对接"海上丝绸之路",加快铁海联运发展,形成辐射长三角、京津冀、珠三角经济带的通道网络,探索公铁联运"卡车班列"和铁路小编组、公交化列车,推动枢纽与网点联动发展;推进内河水运和河海联运发展,完善内河航道与港口布局,打造通江达海新通道。三是提升交通基础设施互联互通水平。加强与周边省份合作,加大交通基础设施建设投入力度,打通"断头路""瓶颈路"。

第二,协同发展多式联运,构建现代国际物流网络。一是持续优化国际多式联运通道网络。完善空陆联运基础设施,打造公铁空有机衔接的综合交通体系,推进"航空+高铁""航空+高速公路""航空+水运"多式联运;建立多式联运协调机制,推动跨部门、跨区域、跨运输方式间的信息对接共享;制定国际陆路多式联运规则,探索"一单到底"服务模式,提升多式联运效能。二是依托交通区位优势构建现代国际物流网络。依托太原、洛阳、郑州、安阳等国家物流枢纽,加快完善国际中转、区域分拨、保税物流等设施,构建"通道+枢纽+网络"的现代物流运行体系;鼓励物流企业开展收购兼并、合作共营等国际化经营,推进海外物流设施建设,构建服务全球贸易、跨境电商的物流支撑体系。三是提升开放通道运营效率。加强海关、检验检疫等部门的合作,优化通关流程,提高港口、机场通关效率,降低物流成本。支持物流企业开展物流信息化和标准化建设,提高物流服务水平。

(五)提升开放平台能级

第一,推动开放平台能级提升,提升开放平台服务水平。宏观层面,推动自贸区、自创区、高新区、经开区、海关特殊监管区等各级各类开放平台提档升级和联动发展,增强高端产业引育、科技创新策源、资源集聚外溢等功能,借鉴海南自由贸易港、上海临港新片区等的改革经验,推动制度改革创新,重点布局电子信息、智能装备、新能源汽车等高端制造业,以及大数据、人工智能等战略性新兴产业,升级金融科技、航空物流、高铁物流等现代服务业,构建具有国际竞争力的现代化产业体系。中观层面，利用中国国际进口博览会、中国国际投资贸易洽谈会、中国中部投资贸易博览会、中国—东盟博览会等国家级经贸活动搭建招商引资平台，完善境内外招商网络。微观层面，深化体制机制改革，简化审批程序，建设专业化、市场化、国际化管理团队，引进产业链关键节点企业、跨国公司地区总部及研发、物流、结算等功能性机构，与国内外发达地区、优势企业、高等院校共建产业合作园区；打造内陆口岸开放高地，实现航空口岸、铁路口岸、功能性口岸、综合保税区等的联动发展，探索复制海南自由贸易港、洋山特殊综合保税区的海关监管制度，加强口岸基础设施建设，促进口岸与产业互动发展，培育壮大口岸经济。另外，完善金融、人才、技术、法律、咨询、检验检疫等配套服务功能，为企业发展提供融资、法律等服务，提高企业经营效益。

第二，推动教育科技开放创新，增强开放平台创新能力。首先，瞄准国际新产业、新技术和新业态发展前沿，推动创新资源共享、创新产业优势互补，加强创新人才引育，推动教育、科技和医疗等领域创新合作。其次，实施更加开放便利的人才政策，引育一批海内外管理型、技术型、复合型高端人才，组建具有全球战略眼光、市场开拓精神并熟悉国际经贸规则的干部队伍，培养一批具有国际化视野和较高研究水平的智库和研究团队，打造具有国际化视野、熟悉跨国经营管理的优秀企业家联盟。再次，加大国际研发机构、高校研究院、人才培养基地、技术研究中心等创新平台引进力度，集聚高端创新资源，打造科研"国家队"，融入"一带一路"科技创新行动计划，鼓励研发机构参与国际科技合作。最后，政府设立创新基金，支持企业开展技术和管理创新，与高校、科研机构加强合作，建立产学研合作平台，提高创新能力和成果转化效率。

（六）拓展国内外合作空间

第一，全面融入国家发展战略，深度参与共建"一带一路"。抢抓共建"一带一路"、RCEP、《中欧全面投资协定》（中欧CAI）、中新自贸协定升级、非洲大陆自贸区建设等机遇，与共建"一带一路"国家在先进制造业、数字经济、基础设施和绿色发展等方面加强合作，鼓励企业参与基础设施建设，推动贸易便利化和投资自由化，构筑互利共赢的合作体系。

第二，加快推进全域开放，加强与国内其他地区的合作。首先，做强开放龙头，提升郑州、武汉国家中心城市参与全球竞争和集聚高端资源的能力，承接重大国家项目，打造"一带一路"重要枢纽城市。其次，加快郑州、武汉、合肥、南昌、长株潭等都市圈发展，推动各县（市）产业融入周边中心城市的产业链供应链体系，培育发展现代化中小城市，带动全域开放。最后，立足区位优势，融入黄河流域生态保护和高质量发展、新时代推动中部地区高质量发展等国家战略，培育新优势，建立区域合作协调机制，加强与京津冀、长三角、粤港澳大湾区等国内发达地区的产业对接和项目合作，大力承接装备制造、新材料、生物医药等产业转移，鼓励采取异地孵化、"飞地"经济等模式共建产业转移合作园区，加强战略、规划、机制对接，推动在标准、市场、政策、资质等方面有效衔接，走出一条内陆开放发展的新路子。

（七）优化开放制度环境

第一，对接高标准国际经贸规则，促进贸易自由化和投资便利化。首先，对接RCEP、中欧CAI、《全面与进步跨太平洋伙伴关系协定》（CPTPP）、《数字经济伙伴关系协定》（DEPA）等高标准国际经贸规则，发挥国家级自贸区、自创区等制度型开放"试验田"作用，瞄准开放发展的堵点和痛点，聚焦通关、退税、结汇、金融、数据跨境流动等关键环节，加快规则、管理、标准等制度型开放进程。其次，提高RCEP利用率，加强在市场监管、知识产权保护、政府采购、争端解决和绿色发展等领域的探索，争取在金融、医疗、数据跨境流动等重点领域提供突破性政策和制度支持，形成与国际通行规则相衔接的市场体系，扩大与协定国的贸易投资规模。再次，推进环保、技术、检验检疫等标准衔接，推动标准体系认证，推行产品碳标准认证和碳标识制度，完善产品质量监管机制，鼓励企业融入全球产业分工体系，鼓励外贸企业建设国内营销渠道和自主品牌，推动"同线同标同质"生产，在跨境电商、陆上贸易、数字贸易等领域强化制度创新。最后，放宽外商投资准入限制，设立国际投资"单一窗口"，推行极简审批投资制度，推进通关数据互换、口岸物流信息对接、企业信用信息互认、监管执法信息共享，推行有利于跨境贸易便利化的外汇管理和贸易监管制度，促进贸易自由化和投资便利化。

第二，加快"放管服效"改革，营造市场化法治化国际化一流营商环境。

首先，提高行政审批效率，推行"证照分离""照后减证"，试行"一枚印章管审批"，推行"互联网+政务服务"，缩短审批时间。其次，打造政策精准直达企业的服务平台，降低行政事业性收费标准，审慎推广监管新技术与新模式，实施"小错免罚"柔性执法。最后，健全知识产权保护、应用和服务体系，建立工作机制，增强企业保护意识，加大侵权行为打击力度，维护企业合法权益。

参考文献

《习近平主持召开新时代推动中部地区崛起座谈会强调在更高起点上扎实推动中部地区崛起》，《中国人才》2024年第4期。

王海杰、汤凯：《保持临空经济先发优势 抢抓低空经济发展机遇——"双空经济"协同赋能新质生产力发展》，《河南日报》2024年5月6日。

王海杰、汤凯：《以制度性开放打造内陆开放高地》，《河南日报》2024年8月21日。

《河南省"十四五"开放型经济新体制和开放强省建设规划》，河南省人民政府网站，2022年1月21日，https：//www.henan.gov.cn/2022/01-21/2386288.html。

张文丽、张文霞、宋宜达：《新格局下内陆地区高水平对外开放研究——以山西省为例》，《技术经济与管理研究》2021年第5期。

徐冰清、刘建、陆柯：《新发展阶段下中部地区高水平对外开放推进机制与路径选择研究》，《价格月刊》2023年第8期。

田野、王曰影、陈潇：《构建新发展格局与建设内陆开放型经济新高地》，《黑龙江社会科学》2023年第2期。

赵丽娜、刘晓宁：《推动黄河流域高水平对外开放的思路与路径研究》，《山东社会科学》2022年第7期。

B.18 推动中部地区城镇发展与乡村振兴"融合共进"

贾傅麟 刘思凡*

摘 要: 推动中部地区城镇发展与乡村振兴"融合共进"对于促进区域协调发展、提升整体竞争力以及实现可持续发展具有重要意义。本报告首先从经济、社会、文化和生态4个方面深入分析了中部地区城镇发展与乡村振兴"融合共进"现状。其次,系统归纳了制约中部地区城镇发展与乡村振兴"融合共进"的主要问题,如城乡要素双向流动不畅、城乡基本公共服务不均等、城乡文化融合发展不充分、城乡生态融合发展水平较低。再次,通过介绍我国部分地区的城镇发展与乡村振兴"融合共进"典型模式,总结经验和启示。最后,提出破除要素流动障碍、增加财政资金投入、挖掘城乡文化优势和强化生态技术创新等对策建议,以期推动中部地区城镇发展与乡村振兴"融合共进",实现中部地区城乡互补、共同繁荣。

关键词: 中部地区 城乡融合 城镇发展 乡村振兴

2024年3月20日,习近平总书记在湖南长沙主持召开了新时代推动中部地区崛起座谈会,明确了中部地区的战略定位,并强调了中部地区作为国家粮食生产基地、能源原材料基地、现代装备制造及高技术产业基地和综合交通运输枢纽的重要性。① 中部地区具有连接东西、贯通南北的地理优势,对于推动

---

* 贾傅麟,博士,郑州大学商学院副教授,主要研究方向为房地产经济与住房政策研究;刘思凡,郑州大学商学院硕士研究生,主要研究方向为房地产经济与住房政策研究。
① 《习近平主持召开新时代推动中部地区崛起座谈会强调:在更高起点上扎实推动中部地区崛起》,中国政府网,2024年3月20日,https://www.gov.cn/yaowen/liebiao/202403/content_6940500.htm。

中国的区域发展至关重要。面对新时代发展要求，中部地区被赋予了加快崛起的使命，亟须通过优化经济结构、提升创新能力、加强基础设施建设等措施，形成优势互补、高质量发展的区域经济布局。中部地区崛起不仅将大大促进本地区经济社会全面发展、提高人民生活水平，更将在全国范围内产生深远的积极影响，作为区域协调发展的强劲引擎，推动东部、中部、西部地区的互联互通，加强区域间的经济协作与资源共享，为构建全国统一大市场奠定坚实基础。因此，推动中部地区崛起，加强区域间的经济联系与合作，已成为当前经济社会发展的紧迫任务与重要课题。

推动中部地区城镇发展与乡村振兴"融合共进"是实现中部地区崛起的重要内容，不仅能促进城乡之间资源的有效配置，还能推动产业的升级和经济结构的优化，从而提升区域竞争力。在城镇发展与乡村振兴"融合共进"的过程中，城镇与乡村不再是孤立的两个单元，而是相互依存、相互促进的有机整体。城镇以其经济、技术和市场优势，成为引领乡村发展的强大引擎，通过辐射带动为乡村引入先进技术、管理经验和人才资源，激发乡村的创新活力和发展潜力。而乡村则依托其丰富的自然资源、独特的生态环境和深厚的文化底蕴，为城镇发展提供绿色生态屏障、原材料供应基地及休闲旅游目的地，拓展了城镇发展的空间与维度，促进了城乡经济的多元化与可持续发展。这种双向互动、优势互补的"融合共进"模式，势必会缩小城乡发展差距，推动基本公共服务均等化，显著提升乡村居民的生活品质与幸福感。中部地区城镇发展与乡村振兴"融合共进"事关我国战略安全与稳定，在我国区域发展格局中具有举足轻重的地位。

一 中部地区城镇发展与乡村振兴"融合共进"现状

中部地区涵盖山西、安徽、江西、河南、湖北和湖南6个省份，占全国土地面积的10.7%，承载了全国28.1%的人口，创造了全国约21.9%的GDP。同时，中部地区地处中国腹地，承东启西、连南接北，具有枢纽中心地位，交通网络发达、粮食和能源资源丰富、产业条件成熟，是中国主要的工业和农业基地。近年来，中部地区6省在城镇化进程上迈出了坚实的步伐，2022年常住人口城镇化率均值达61.38%，较2013年的49.31%有了显著提升（见

表1）。这一变化不仅标志着区域经济活力的增强，也反映了城乡融合发展的显著成效。其中，江西的常住人口城镇化率从2013年的49.04%提高到2022年的62.07%，展现了城镇化的强劲动力。河南的常住人口城镇化率从2013年的43.60%大幅提升至2022年的57.07%，逐步缩小与全国平均水平的差距，河南成为中部地区6省中常住人口城镇化率增幅最大的省份。然而，中部地区也面临人口结构变化的挑战。尽管2022年安徽、江西、河南的出生率略高于全国平均水平，但中部地区整体出生率偏低，这预示着未来中部地区人口结构可能进一步老龄化，对劳动力供给方式、社会保障体系乃至经济增长模式都提出了新的要求。整体而言，中部地区常住人口城镇化率的提高反映了该地区经济活力的增强和城乡结构的优化，而出生率的下降则揭示了人口结构和社会发展面临的新挑战。

表1 2013年和2022年中部地区常住人口城镇化率与出生率

单位：%，个百分点

地区	常住人口城镇化率		城镇化率增幅	出生率（2022年）
	2013年	2022年		
山西	52.88	63.96	11.08	6.75
安徽	47.86	60.15	12.29	7.16
江西	49.04	62.07	13.03	7.19
河南	43.60	57.07	13.47	7.42
湖北	54.51	64.70	10.19	6.08
湖南	47.96	60.31	12.35	6.23
全国	53.73	65.22	11.49	6.77

资料来源：相关年份《中国统计年鉴》及中部地区六省统计年鉴。

2017年，党的十九大明确指出"实施乡村振兴战略，必须重塑城乡关系，走城乡融合发展之路"。2024年以来，国家对中部地区崛起的要求日益紧迫。2024年国务院《政府工作报告》强调加强国家战略腹地建设；2024年3月20日召开了新时代推动中部地区崛起座谈会；2024年5月27日中共中央政治局审议了《新时代推动中部地区加快崛起的若干政策措施》。在此背景下，中部地区6省应立足各省经济社会发展状况，从各省城乡区域发展的实际情况出发，坚持乡村振兴与新型城镇化双轮驱动，积极推动城乡经济、社会、文化、生态全面融合发展。

（一）经济融合发展现状

中部地区6省在经济发展中展现了各自的产业特点，同时呈现一定的差异性与互补性。由表2数据可知，从第一产业来看，河南、湖南和湖北的第一产业比重相对较高，分别为9.5%、9.5%和9.3%。尽管比重相近，但湖北和湖南的第一产业贡献率与河南相比存在明显差距。河南的第一产业贡献率高达15.2%，远超湖北的8.4%和湖南的8.2%。从第二产业来看，山西的比重最高，达到了54.0%，远超其他省份。这主要得益于其丰富的煤炭等矿产资源，使重工业成为经济的重要支柱。江西第二产业比重为44.8%，产业结构更为均衡。从第三产业来看，湖北、湖南和安徽的第三产业比重较高，分别为51.2%、51.1%和50.9%，但贡献率相对较低。相反，江西第三产业比重未超过50%，其贡献率却高达43.2%。

表2 2022年中部地区三次产业比重与贡献率

单位：%

地区	第一产业		第二产业		第三产业	
	比重	贡献率	比重	贡献率	比重	贡献率
山西	5.2	7.5	54.0	62.3	40.8	30.2
安徽	7.8	9.6	41.3	57.4	50.9	33.0
江西	7.6	6.9	44.8	49.9	47.6	43.2
河南	9.5	15.2	41.5	52.4	49.0	32.4
湖北	9.3	8.4	39.5	58.3	51.2	33.3
湖南	9.5	8.2	39.4	51.3	51.1	40.5
全国	7.3	10.8	39.3	33.9	53.4	55.3

资料来源：《中国统计年鉴2023》及2023年中部地区六省统计年鉴。

整体来看，中部地区6省在城乡经济融合发展方面差异化明显。山西产业结构仍为"二三一"型，高度依赖第二产业，这在一定程度上限制了其城乡经济融合发展的深度与广度。虽然安徽、江西、河南、湖北和湖南5省的产业结构已实现从"二三一"向"三二一"的转变，但第三产业的比重与全国平均水平相比仍有一定差距。同时，中部地区的第二产业比重普遍高于全国，这表明中部地区工业化进程相对较快，产业结构转型升级的压力较大，需要加快推动高质量发展，减少对传统工业的依赖。从贡献率来看，中部地区6省的第二产业贡献率普遍高于全国33.9%的平均水平，而第三产业贡献率普遍低于全国55.3%的平均水平，这反映出中部地区经济增长动力结构的不平衡。要实现城乡经济深度融合发展，必须进一步优化产业结构，提升第三产业的比重和贡献率，大力发展现代服务业，促进乡村剩余劳动力向城市转移，提高农民收入水平并进一步缩小城乡差距。

（二）社会融合发展现状

中部地区在城乡社会融合发展方面取得了显著的成就。2022年，中部地区公路里程达到141.63万公里，占全国公路总里程的26.45%，为城乡居民的便捷出行奠定了坚实基础。同时，电信业务快速增长，业务总量高达3659.73亿元，占全国电信业务总量的20.90%，反映出中部地区在信息化时代的蓬勃发展，也预示着信息技术将在推动城乡融合发展中发挥越来越重要的作用。此外，中部地区拥有高校725所，占全国高校总数的26.27%，教育资源相对丰富，有助于提升城乡居民的文化素质和技能水平。中部地区客运量达128285万人，占全国总客运量的24.04%，说明中部地区便捷的交通网络对促进人员流动、加强区域间经济文化交流发挥了积极作用。中部地区医院床位总数达到203.54万张，占全国医院床位总数的26.56%，较为充分的床位资源为居民提供了坚实的健康保障（见表3）。

表3 2022年中部地区基础设施与公共服务发展情况

指标	数值	占全国的比重(%)
公路里程(万公里)	141.63	26.45
电信业务总量(亿元)	3659.73	20.90
高校数量(所)	725	26.27
客运量(万人)	128285	24.04
医院床位数(万张)	203.54	26.56

资料来源：《中国统计年鉴2023》及2023年中部地区6省统计年鉴。

尽管中部地区在推动城乡社会融合发展的过程中已经取得一定成就，但仍存在不足。2022年中部地区人口占全国的28.1%，而电信业务总量占比仅为

20.90%，明显偏低，信息化建设相对于人口规模而言仍有待加强。信息化建设的滞后可能限制信息技术在城乡融合中的广泛应用和深度渗透，影响城乡信息交流和资源共享的效率。此外，虽然中部地区的公路里程、高校数量和医院床位数占比与人口占比相对接近，但客运量占比略低于人口占比，也反映出中部地区在交通运输服务方面还有提升空间。中部地区需要进一步提升交通运输服务的供给能力和吸引力，以更好地促进区域内外的经济联系和人员流动。综上所述，中部地区在推动城乡社会融合发展的过程中已取得显著成就，但仍需正视存在的问题和不足。未来，中部地区应继续加大在信息化建设和交通运输服务等方面的投入力度，推动城乡融合向更高水平迈进，实现更加均衡、可持续的发展。

（三）文化融合发展现状

中部地区在文化设施建设和文化活动推广方面呈现积极的态势。2022年，中部地区6省的公共图书馆数量均超过了全国平均水平（见表4）。其中，河南以175个公共图书馆位居6省之首，展现出其在公共文化服务方面的强劲实力。博物馆作为文化传承和教育的重要场所，同样在中部地区发挥了关键作用，湖南和河南分别以6937.17万和3918.60万的博物馆参观人次领跑。艺术表演团体演出场次是衡量一个地区文化活跃度的重要指标，安徽以33.72万场次领先，远超全国平均水平，表现出其在文化艺术表演领域的活跃。

表4　2022年中部地区文化设施与活动发展情况

地区	公共图书馆(个)	博物馆参观人次（万人次）	艺术表演团体演出场次（万场次）
山西	127	836.87	4.90
安徽	133	1404.59	33.72
江西	114	3400.30	2.81
河南	175	3918.60	16.91
湖北	118	2358.53	4.79
湖南	148	6937.17	5.44
全国	107	1821.48	5.35

资料来源：《中国统计年鉴2023》及2023年中部地区6省统计年鉴。

整体来看，中部地区在推动城乡文化融合发展方面已取得了一定成就，但仍有进一步提升的空间。在公共图书馆数量上，中部地区6省均高于全国平均水平，尤其是河南、湖南、安徽3省，为居民提供了丰富的阅读和学习资源，有利于推动城乡文化深度融合发展。然而，在博物馆参观人次和艺术表演团体演出场次方面，尽管中部地区整体表现不俗，但省际仍存在明显差异。在博物馆参观人次上，除山西和安徽外，其余4省均大幅超过全国平均水平。在艺术表演团体演出场次上，仅安徽和河南2省远高于全国平均水平，其他省份仍有提升空间。这表明中部地区在丰富民众精神文化生活方面还需加强政策引导与资源投入，以进一步缩小城乡文化水平差距，推动城乡文化的全面融合与均衡发展。

（四）生态融合发展现状

中部地区在城乡生态融合发展方面表现出明显的区域差异。如表5所示，从二氧化硫排放量来看，山西作为中部地区二氧化硫排放量最大的省份，年排放量达到了12.85万吨，在空气质量改善方面面临严峻挑战。从工业污染治理完成投资来看，湖北的投资额最高，达到了252048万元，远超其他各省。安徽和江西的投资额也相对较高，分别为106926万元和72560万元。从突发环境事件次数来看，山西、湖北和湖南相对较多，这反映出中部地区在环境监管和应急响应方面较为薄弱，需要加强环境风险防控和应急管理。

表5　2022年中部地区生态环境保护与治理情况

地区	二氧化硫排放量（万吨）	工业污染治理完成投资（万元）	突发环境事件次数（次）
山西	12.85	43484	15
安徽	7.11	106926	3
江西	7.60	72560	4
河南	5.89	39216	3
湖北	8.50	252048	11
湖南	6.96	44320	7
全国	7.86	95236	5

资料来源：《中国统计年鉴2023》及2023年中部地区6省统计年鉴。

中部地区在生态融合发展方面取得了一定的成绩，但仍存在不足。从二氧化硫排放量来看，中部地区整体表现良好，多数省份的排放量低于全国平均水平。未来需要继续加大治理力度，关注重点行业和重点区域。从工业污染治理完成投资来看，中部地区省份之间的差距较大，需要进一步加强合作，推动区域间环境的协同治理。从突发环境事件次数来看，中部地区部分省份的表现优于全国，但也有一些省份的突发环境事件次数偏多，说明在环境风险防范和应急响应机制建设上仍有提升空间，应继续加强环境监管和应急响应能力建设，确保在发生突发环境事件时能够迅速、有效地进行应对和处置。综上所述，中部地区在城乡生态融合发展方面既有亮点也有不足。未来，中部地区应继续加大环境治理力度，优化产业结构和能源消费结构，提升环境风险防范和应急响应能力，推动城乡生态融合向更高水平发展。

二 中部地区城镇发展与乡村振兴"融合共进"面临的主要问题

目前，中部地区城镇发展与乡村振兴"融合共进"面临诸多问题，主要包括城乡要素双向流动不畅、城乡基本公共服务不均等、城乡文化融合发展不充分和城乡生态融合发展水平较低。

（一）城乡要素双向流动不畅

城乡融合发展的核心在于促进人口、土地、资本等关键要素在城乡间的自由流通与均衡配置，特别是强化资源向乡村的流动，从而为农业与乡村的长远发展注入源源不断的动力。然而，目前城乡要素双向流动仍面临障碍和瓶颈，主要表现为劳动力短缺与老龄化加剧问题、土地资源配置与利用问题以及资本要素短缺与融资难问题。

首先，劳动力短缺与老龄化加剧问题凸显。随着工业化和城镇化的快速发展，大量年轻劳动力离开乡村，涌向城市寻求发展和定居的机会。乡村劳动力结构失衡，老龄化现象日益突出。这种人口净流出现象不仅削弱了乡村的经济发展动力，还影响了农业生产的效率和质量。同时，乡村产业因缺乏足够的劳动力支持，难以吸引和留住人才，特别是那些具有现代管理知识、技术和经验的人才，这进一步限制了乡村产业转型升级的能力。劳动力短缺成为中部地区推动乡村经济发展、实现城乡融合的重要瓶颈。2013~2022年，中部地区6省的城镇常住人口持续增长，而乡村常住人口则明显减少，中部地区乡村人口的流失速度远超城镇人口的增长速度。该现象的直接后果是中部地区涌现出大量"无人村"和"空心村"，乡村社会结构和经济生态遭受重创，城乡融合发展面临严峻挑战。

其次，土地资源配置与利用问题亟待解决。土地作为乡村发展的重要生产要素，在中部地区城乡融合发展过程中面临诸多挑战。乡村土地权能受限，耕地、宅基地等土地资源的流转机制不畅，导致土地资源无法有效配置和利用，出现大量闲置和浪费现象。产权不明确、土地政策制度不完善等问题进一步削弱了土地资源的流动性，限制了农民通过土地获得收益和财产权的能力。此外，城乡之间土地资源的单向流动，即乡村资源向城市集中，进一步削弱了乡村发展的能力。乡村土地资源的低效利用和配置，不仅影响了农业生产的规模化、集约化，也制约了乡村产业的多元化和现代化，成为城乡融合发展道路上的重要障碍。

最后，资本要素短缺与融资难问题突出。资本是城乡融合发展与乡村经济跃升的重要驱动力，但由于农业生产具有自然风险高、生产周期长、收益不稳定等特点，银行和其他金融机构对农业贷款持谨慎态度，农业企业和农户难以获得足够的资金支持。此外，乡村金融基础设施不完善，金融服务覆盖面有限，也增加了农民获取金融服务的难度和成本。同时，乡村产业环境相对落后，缺乏吸引外部资本投入的条件和机制，导致乡村经济发展缺乏持续的资金支持。资本要素短缺与融资难问题不仅限制了乡村产业的扩张和升级，也影响了乡村基础设施建设和公共服务水平的提升，进一步拉大了城乡之间的差距，阻碍了城乡融合发展的进程。

（二）城乡基本公共服务不均等

城乡基本公共服务均等化是城乡居民权利平等的重要体现。近年来，我国在这一领域取得了显著成效，乡村居民的生产和生活质量有所提升，但依然面临教育服务不均衡、医疗资源分配不均、社会保障与基础设施存在短板等问题，离全面实现基本公共服务均衡覆盖的目标尚有差距。

首先，教育服务不均衡。中部地区城乡教育服务不均衡问题尤为突出。尽管中部地区拥有一定的教育资源基础，但与城镇相比，乡村的教育资源仍然相对匮乏。这种不均衡不仅体现在学校数量的差异上，更深层次地反映在教育质量、师资力量和教学设施的差距上。乡村学校面临优秀教师流失、教学设施落后等问题，难以为乡村学生提供与城镇学生同等的教育资源，从而影响了乡村学生的全面发展和未来竞争力。

其次，医疗资源分配不均。医疗资源分配不均也是中部地区城乡基本公共服务不均等的一个重要方面。乡村在医疗设施、专业医疗人员及先进医疗设备等方面与城镇存在显著差距。这种差距导致乡村居民在获取高质量医疗服务时面临诸多困难，尤其是在处理重大疾病和紧急医疗情况时，往往需要长途跋涉至城市就医，不仅增加了经济负担，还可能延误治疗时机。此外，乡村的医疗卫生服务网络尚不完善，基层医疗机构的服务能力和质量有待提升，医疗人才流失进一步加剧了乡村医疗服务的短缺问题。

最后，社会保障与基础设施存在短板。社会保障体系的不完善与基础设施建设的不均衡构成了双重挑战，共同影响中部地区城乡一体化的步伐。尽管近年来乡村社会保障体系逐步完善，但与城镇相比，乡村的养老保险、医疗保险等核心社会保障项目在覆盖面和保障水平上仍存在显著差距。这种差距使乡村居民缺乏足够的保障和支持，直接影响了他们的生活质量和幸福感。与此同时，基础设施建设的不均衡也是不容忽视的问题。乡村的交通、通信、供水等基础设施相对滞后，不仅影响了乡村居民的日常出行，更限制了他们平等获取教育、医疗等关键公共服务的机会。基础设施的薄弱如同一道无形的屏障，让乡村居民在享受公共服务时面临更多障碍和挑战，进一步拉大了城乡之间的发展鸿沟。

（三）城乡文化融合发展不充分

城乡文化融合发展是推动城乡融合发展的支柱。然而，目前城乡文化融合发展存在一些不足，主要体现在乡村文化遭受城市文化强烈冲击、城乡文化融合发展效能有待提升以及城乡文化产业整体发展不足等方面。

首先，乡村文化遭受城市文化强烈冲击。随着城镇化进程的加速，城市文化借助多元传播渠道与较快传播速度，深入渗透至乡村社会，对根植于农耕文明的传统文化形态造成深远影响。城市文化的冲击逐渐削弱了乡村文化的独特魅力，使其原有特色与属性日渐消失。乡村居民愈加倾向于追求城市的新奇事物，从而削弱了对乡村文化价值的认同与道德信仰的坚守。传统节日和习俗的淡化、庆典活动参与度的下降以及年轻群体对传统文化活动兴趣的减弱都是这一现象的直观体现。

其次，城乡文化融合发展效能有待提升。城乡之间在文化事业发展上的不均衡，是制约中部地区城乡文化融合发展的重要因素。相较于城镇丰富多样的公共文化服务，乡村的文化事业显得相对滞后和单一，文化生活同质化现象突出。尽管城镇对乡村文化事业的支持项目众多，但往往缺乏系统性和有针对性的规划，难以形成有效的共建共享机制。"文化下乡"等活动虽然初衷良好，却往往因缺乏对乡村的深入了解，与乡村居民的兴趣和需求脱节，难以达到预期效果。此外，乡村文化服务人员和机构的建设不足，也是制约乡村文化服务质量和效率提升的关键因素。

最后，城乡文化产业整体发展不足。在文化产业领域，中部地区城乡之间的整体性发展尚显不足。乡村丰富的文化资源尚未得到充分挖掘和利用，其潜在价值未能充分释放。尽管乡村振兴战略为乡村文化产业的蓬勃发展注入了新动力，但城乡间文化产业的整体协同与优势互补机制尚需进一步健全。当前，乡村丰富的文化资源尚待充分挖掘与利用，独具地域特色的文化品牌不仅数量不足，市场影响力和辐射范围也亟待拓展。同时，由于缺乏有效的市场推广和品牌建设策略，许多具有市场潜力的乡村文化产品未能成功转化为具有竞争力的文化商品。此外，城镇文化产业对乡村的辐射带动作用有限，乡村文化产品在城乡文化产业市场中的占比有待提升。

（四）城乡生态融合发展水平较低

中部地区作为中国重要的生态屏障和农业生产基地，在生态融合发展方面虽取得了一些进展，但仍面临治理与投入不均衡、意识与执行不足以及污染与修复形势严峻等诸多挑战。

首先，治理与投入不均衡。中部地区在生态环境治理方面存在显著的城乡不均衡现象。经济发达的城市如郑州、洛阳等，得益于政府的高度重视和较大的资金投入，生态环境治理取得了显著成效。然而，乡村尤其是偏远地区，由于基础设施薄弱、资金投入不足，生态环境治理进展缓慢，问题依然严重。乡村人居环境治理投入远低于城镇,这种投入不均衡直接影响了乡村生态环境的改善速度,拉大了城乡生态环境差距。

其次,意识与执行不足。中部地区在生态环境保护和政策执行方面面临诸多挑战。一方面,乡村居民的生态环境保护意识普遍较弱,这主要源于其受教育程度相对较低,缺乏对环保的了解和重视。在生产生活中,乡村居民往往忽视对环境的保护,随意丢弃废弃物等行为加剧了乡村的生态环境污染。另一方面,生态环境政策在乡村的执行面临困难。部分地方政府为了追求短期经济效益,对污染企业监管不严,导致企业违法排污现象时有发生。同时,一些针对乡村的特殊环保政策难以得到有效执行,如禁止焚烧秸秆等政策在乡村的实施效果并不理想。

最后,污染与修复形势严峻。中部地区乡村面临生态环境污染和修复的双重挑战。一方面,农业面源污染和工业污染的叠加效应导致部分河流、湖泊水质恶化,严重威胁当地居民的生产生活用水安全。这些污染物主要来源于化肥、农药的过量使用以及工业废水的排放。另一方面,一些区域如矿区等,由于长期的资源开发活动,生态环境遭受了严重破坏。生态修复工作难度大、周期长、成本高,给当地政府带来了巨大的财政压力。同时,由于技术水平和专业人才的限制,生态修复工作进展缓慢,难以在短期内恢复原有的生态环境质量。这些问题不仅制约了中部地区城乡生态融合发展,也对当地居民的生存环境构成了严重威胁。

三 城镇发展与乡村振兴"融合共进"典型模式

在城镇发展与乡村振兴"融合共进"过程中,产镇融合模式和农文旅融合模式表现较为突出,展现出不同区域的独特发展路径。产镇融合模式主要通过促进产业与城镇的深度融合,推动区域经济共同发展,如安徽省黄山市和湖北省黄冈市罗田县三里畈镇。农文旅融合模式则注重将农业、文化和旅游资源相结合,以实现乡村振兴和城镇发展,如浙江省湖州市德清县莫干山镇。

(一)产镇融合模式

产镇融合模式是指通过特定产业或产业集群的发展来带动整个区域经济增

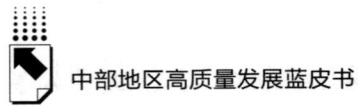

长和社会发展的模式。该模式通常依托某一地区独特的资源、技术、人才或政策优势，通过产业的集聚效应、创新能力和市场竞争力，实现产业链的延伸和价值链的提升，从而推动区域经济的全面发展。特色小镇是"集聚特色产业、生产生活生态空间相融合、不同于行政建制镇和产业园区的创新创业平台"，是块状经济、产业集群演进发展形成的一种新兴产业的空间组织形式，是一个具备完整城市功能、符合产业转型升级和新型城镇化方向的产业集聚和人口集聚的空间载体。黄山市自2016年起启动特色小镇建设，秉承"三生融合"理念，致力于打造安徽省首批12个特色小镇，其中6个小镇入选中国特色小镇50强。特色小镇的优势主要体现在以下三个方面。第一，差异化发展。黄山市在特色小镇的建设中，以产业发展为主导，挖掘各小镇的独特资源和优势。根据各小镇的实际情况，采取适宜的发展策略，重点发展文化旅游、文化创意、健康疗养、休闲度假以及农业等产业，同时注重对"徽墨歙砚""徽州四雕"等传统产业的传承与发展，打造了一系列具有独特魅力、功能集中、产业专业化的特色小镇。第二，功能融合与城乡发展。在特色小镇的建设过程中，黄山市坚持功能融合的原则，通过"乡村集群"模式推动城乡一体化发展。特色小镇不仅在产业功能上进行创新，还在旅游、生态、社区等方面实现深层次的融合，与乡村振兴战略和新型城镇化建设紧密结合，保护乡村的自然风貌，挖掘生态资源，传承人文精神。第三，区域要素流动与一体化发展。在长三角地区一体化发展战略背景下，黄山市特色小镇积极融入长三角地区价值链和都市圈，促进区域要素流动和一体化发展。特色小镇通过优化产业结构，加强与周边城市的联系，推动了生产、生活、生态的全面融合，为区域经济的协同发展注入了新的活力。

罗田县三里畈镇位于湖北省黄冈市，以其独特的地理位置和丰富的自然资源而著称。这个山区镇拥有85.5%的山地面积和76.5%的森林覆盖率，提供了优美的生态环境。三里畈镇曾是工业基地，但近年来依托甜柿、温泉等自然资源和便利的交通条件成功转型，成为全国知名的黑山羊之乡、甜柿之乡、温泉之乡和观光农业之乡。在发展特色产业的过程中，三里畈镇建立了完整的产业链条，通过优化产业结构和提高资源利用率，成功打造出具有地方特色的产业品牌，如"薄金寨""三里美""锦秀羊"等。这些品牌已成为当地经济发展的名片。同时，三里畈镇实施了全域旅游战略，以差异化发展思路打造了旅游特色名村,引进了温泉度假村和文化主题公园等项目,提升了旅游服务的品质,增强了旅游的吸引力。此外,三里畈镇还创新性地运用"平台+互联网"模式,整合现有产业资源,打造了高端化产业联动基地,推动了数字化和智慧化发展。在生态保护和可持续发展方面,三里畈镇坚持科学规划和管理,加强生态环境保护,为旅游业和特色产业的长远发展奠定了基础。社区参与和人才培养也得到了重视,通过提供培训和技术支持,三里畈镇培养了一批懂技术、会管理的人才,为特色产业的发展提供了人才保障。三里畈镇积极参与区域协同发展,与周边地区建立了良好的合作关系,实现资源共享、优势互补,共同推动区域经济发展。通过这些综合措施,三里畈镇不仅保持了生态环境优势,还实现了经济的多元化发展和产业的高端化升级,为地区经济的可持续发展提供了有力的支撑。

(二)农文旅融合模式

农文旅融合模式是乡村振兴的关键途径,旨在通过结合生态农业、文化传承和旅游发展,形成一体化产业链。该模式以生态农业为基础,强调可持续的农业生产方式,同时保护生态环境,提高农产品质量和安全性;以文化为灵魂,挖掘和传承乡村的历史文化、民俗风情,丰富旅游产品的内涵;以旅游为载体,创新服务方式,提供多样化的旅游体验。农文旅融合模式注重产业的转型升级,通过技术革新和市场拓展,提高农业生产效率和农民收入,实现乡村经济的可持续发展。

莫干山镇位于浙江省湖州市德清县,是一个典型的山区镇,以"八山半水分半田"的自然景观著称。近年来,该镇坚持"生态立镇、旅游强镇"的发展战略,致力于成为国际级山地旅游度假胜地,并被评为"中国特色小镇"和"全国生态美丽小镇"。为保护水源,当地政府引入生态友好型产业,如有机农业和绿色能源,为经济发展注入新活力。废弃的小学被巧妙改造为具有地方特色的山间民宿,既保留了传统建筑风貌,又提供了独特的住宿体验。进一步地,莫干山镇通过种植大豆、牧草等固氮植物,有效恢复土地肥力,推动生态农业发展,同时确保了健康食物的供应。文化市集和其他艺术活动的定期举办,不仅丰富了村民的文化生活,也吸引了外来游客,促进了文化交流和地方文化的传承。此外,莫干山镇鼓励社区参与,以提高居民的环保意识和文化素养,确保可持续发展的理念深入人心。同时,该镇注重融合现代科技,如智能农业技术和绿色建筑,旨在提高生产效率和生活质量。通过打造独特的地方品牌,莫干山镇在市场上树立了良好形象,吸引了更多关注和投资,推动了经济的多元化发展。政府的政策支持和激励机制为个人和企业参与生态保护和文化发展提供了动力,形成了全社会共同参与的良好氛围。这一系列措施不仅成功地保护了自然环境,改善了村民生活,还将莫干山镇打造为一个具有独特魅力的生态文化旅游目的地,为城镇发展与乡村振兴"融合共进"提供了有力支撑和典型示范。

四 推动中部地区城镇发展与乡村振兴"融合共进"的对策建议

在推动城镇发展与乡村振兴"融合共进"的过程中,中部地区尽管取得了一定成就,但仍面临诸多问题,限制了区域的均衡发展,影响了城乡居民的生活质量。参考黄山市、罗田县三里畈镇及莫干山镇的成功案例,结合中部地区现实状况,本报告提出以下对策建议。

(一)破除要素流动障碍,促进要素双向流通

只有让劳动力、土地、资本等生产要素自由流动,才能使城乡经济发展拥有平等的机会,才能推动城镇发展与乡村振兴"融合共进"。目前,城镇化进程中城镇建设用地扩张与农用地缩减并存是普遍现象。农民长期积累的有限资本仍持续通过各类金融机构流向城市,这一趋势尚未根本扭转。因此,亟须加速构建和完善相关机制,优化城乡要素配置,打破影响要素自由流动的体制机制障碍,为要素向乡村流动畅通渠道,从而为乡村振兴注入强劲的动力。首先,中部地区需加强农民职业技能培训,利用职业教育提升其技能水平,优化乡村劳动力就业结构。同时,建立健全人才回流乡村的激励机制,为返乡专业人才提供充足的财政补贴、金融支持以及全面的社会保障。其次,加快推进乡村土地制度改革,促进集体经营性建设用地的市场化流转,确保农民权益得到充分保护。最后,优化城乡金融服务网络,加强农业与金融业的深度融合,保障农业领域获得充足的资金供给。建立农业信贷

担保体系，吸引更多资金注入乡村，优化农业保险政策，为农户构建全面、高效的风险防护网，从而稳固农业基础，推动乡村经济实现持续、稳健的发展。

（二）增加财政资金投入，推动公共服务均等化

推动公共服务均等化是推动城镇发展与乡村振兴"融合共进"的重要手段。为此，需要在教育、医疗、就业、养老和公共文化服务等领域推动均等化。在教育方面，增加财政投入，特别是向乡村倾斜，确保教学基础设施完备，并加强乡村教师的专业培训和城乡教育交流。还需要推动城市优质教育资源下沉，为乡村学校提供更高质量的教学支持，确保城乡学生拥有公平的教育机会。在医疗方面，优化资源配置，改善乡村医疗设施，提升基层医疗服务水平，满足乡村居民日益增长的健康需求，实现"小病不出村、大病不出县"。还需要提高医务人员的福利待遇，吸引和留住优秀的医疗人才。此外，推广健康教育和预防措施，提高乡村居民的整体健康水平，也是优化医疗服务的重要内容。在就业方面，建立统一的就业信息服务平台是解决信息不对称问题的关键。该平台可以提供全国范围内的就业信息和劳动力市场动态。同时，为乡村劳动力提供免费的职业技能培训，提升他们的职业素养和竞争力。在养老方面，创新服务模式，完善乡村养老服务，为经济困难群体提供补贴或免费服务，并建立统一的社会养老保险制度。在公共文化服务方面，公共文化设施的完善是必要之举，包括活动广场、文化广场、图书馆和体育场等，以提升服务水平。推动公共服务均等化，必须改变城乡二元分治局面，实现社会保障体系的全面覆盖，确保城乡居民均能享受到优质的公共服务。

（三）挖掘城乡文化优势，促进文化深度融合

为了实现中部地区城乡居民共享精彩纷呈的精神文化生活，推动城乡文化深度融合至关重要。这就要求树立并倡导包容性文化理念，既要平等看待并珍视城乡文化的独特魅力与价值，也要促进二者之间的相互借鉴与融合。在乡村文化影响力方面，中部地区应充分利用现代科技手段，创新文化传播方式，激发农民群众参与文化传承的积极性与创造力。通过政府和基层党组织的积极引导，搭建更加多元化的城乡文化交流平台，促进文

化资源的流动与共享。同时，加强社会主义核心价值观宣传教育，通过丰富多彩的文化活动弘扬中华民族的传统美德，提升城乡居民的思想道德素质和文明程度。此外，为弥补乡村文化设施的不足，中部地区需要优化资源配置、加大投入力度，提升乡村公共文化服务基础设施水平，确保城乡居民能享受到均等、优质的公共文化服务。同时，构建全面覆盖城乡的数字化网络文化平台，丰富数字文化资源，提高文化资源的可获取性和便利性。在文化产业方面，中部地区应充分挖掘并利用城乡的文化资源优势，实现优势互补、资源共享。将城市的先进设施、专业人才和现代技术与乡村丰富的历史文化资源相结合，共同开发具有地方特色的文化产品，推动文化产业的创新发展。政府应发挥引导作用，鼓励市场主体积极参与，打造特色文化产业集群，建设文化产业强镇，促进传统文化与现代产业的深度融合，如结合乡村旅游和数字技术，开发具有地方特色的文创产品，实现文化价值和经济效益的共同提升。

（四）强化生态技术创新，深化城乡生态融合

良好的生态环境是推动城镇发展与乡村振兴"融合共进"的基础，也是确保其可持续发展的关键。中部地区需以建设"生态宜居"环境为目标，持续加大财政资金投入力度，强化城乡环境污染防控与治理。通过建立先进产能激励机制，促进企业节能减排和清洁生产。加快推动工业企业转型升级，提高资源的利用效率，减少资源浪费。在产业层面，中部地区应利用高新技术进行污染防治，提升能源使用效率，引导产业向绿色低碳循环发展转型。同时，中部地区需加大源头污染防控力度，推广绿色农业与循环发展模式，提升农业资源使用效率，确保农业健康发展。此外，需完善乡村生活污水及废弃物处理体系，持续改善乡村人居环境和村容村貌。中部地区还应培育农产品地域品牌，守护古村落风貌，活用自然与文化遗产，将其转化为经济发展新动力，如探索乡村旅游、健康养生等新业态。政府应增加生态环保科技研发资金投入，激励科研机构与高校深耕生态复原、绿色能源、清洁生产等领域，设立试验田与示范点，推进科技成果转化，以科技引领绿色发展，平衡经济繁荣与生态保护、资源集约利用。在推动城镇发展与乡村振兴"融合共进"的过程中，中部地区应秉持生态保护与可持续发展原则，致力于推动

全域环境的生态化转型，协同推进生态文明建设与经济高质量发展，让城乡居民共享绿色福祉。

参考文献

陈磊、姜海：《城乡融合发展：国外模式、经验借鉴与实现路径》，《农业经济问题》2024年第2期。

杨骞、金华丽：《新时代十年中国的城乡融合发展之路》，《华南农业大学学报》（社会科学版）2023年第3期。

刘威、梅晶哲：《城乡融合发展：西方理论局限与中国实践嵌入》，《社会科学战线》2022年第12期。

刘彦随：《中国新时代城乡融合与乡村振兴》，《地理学报》2018年第4期。

漆莉莉：《中部地区城乡融合度的综合评价与分析》，《江西财经大学学报》2007年第4期。

喻新安：《建设中原经济区若干问题研究》，《中州学刊》2010年第5期。

B.19 推动中部地区生态保护与节能降碳"互促提升"

冯严超*

摘 要: 新时代推动中部地区崛起,需协同推进生态保护与节能降碳,深刻领会并精准把握生态保护与节能降碳"互促提升"的核心理念、实践路径及目标任务。生态保护与节能降碳是加速建设美丽中部、于更高层次上坚实推动中部地区崛起的关键。积极响应时代的召唤,中部六省正积极探索多元化生态保护与节能降碳路径。坚持生态保护与节能降碳"双轮驱动",加速推动经济社会全面绿色转型,不断完善生态环境治理体系,坚定不移地走生态优先、节约集约、绿色低碳的发展道路,以期实现人与自然和谐共生,为新时代高质量发展创造新的机遇。

关键词: 生态保护 节能降碳 高质量发展

一 生态保护与节能降碳对中部地区高质量发展的意义

(一)推动经济结构绿色转型

生态保护和节能降碳是推动经济结构绿色转型的重要发力点,是实现中部地区高质量发展的主要推动力。中部地区作为我国重要的经济腹地,其高质量发展不仅关系区域经济的可持续发展,也对全国的绿色转型具有重要意义。生态保护是实现经济高质量发展的基础。长期以来,由于过度开发和不合理利用,生态环境遭到严重破坏。因此,加强生态保护,修复受损的生态系统,是

---

* 冯严超,博士,郑州大学商学院直聘研究员,主要研究方向为空间经济。

中部地区实现高质量发展的前提。推广绿色生产和消费模式，加强生态修复和保护工作，确保经济发展与生态环境保护相协调。只有这样，才能"功在当代、利在千秋"，实现可持续发展，为子孙后代留下一个宜居的环境。节能降碳是推动经济结构绿色转型的关键。中部地区正处于工业化和城镇化加速发展阶段，能源消耗和碳排放量较大。为实现绿色转型，必须转变能源结构，提高能源利用效率，大力发展清洁能源，减少对化石能源的依赖。同时，要通过技术创新和产业升级，减少工业、交通、建筑等领域的能耗和碳排放量，推动经济向低碳、循环、可持续的方向发展。

（二）提升区域核心竞争力

在减污、降碳、扩绿、增长的政策背景下，生态保护与节能降碳是中部地区提升区域核心竞争力的"重要法宝"。二者共同助力中部地区经济"弯道超车"。生态保护不仅有助于维护生物多样性，还能为中部地区带来可持续发展的新机遇。通过实施绿色发展战略，中部地区可以打造生态宜居的城市环境，吸引高端人才和创新企业，从而提升其核心竞争力。同时，发展生态农业、生态旅游等绿色产业，可以为当地居民创造更多就业机会，提高收入水平。中部地区应将生态保护作为提升竞争力的重要途径，实现经济发展与环境保护的双赢。通过节能降碳，中部地区不仅可以减少环境污染，提高生态环境质量，还能降低生产成本，提高经济效益。这将有助于提升中部地区的竞争力，推动经济高质量发展。在生态保护与节能降碳的双重驱动下，中部地区有望实现经济的"弯道超车"。一方面，通过生态保护和环境治理，可以提升中部地区的生态产品供给能力，增强生态服务功能，为发展生态旅游、绿色农业等产业创造条件，从而开辟新的经济增长点。另一方面，节能降碳不仅有助于减少环境污染，还能促进产业结构优化升级，推动传统产业向绿色低碳转型，培育新能源、新材料等战略性新兴产业，为中部地区经济发展注入新的动力。

（三）改善居民生活质量

生态环保与节能降碳是当前全球面临的重大挑战，也是推进民生改善的重要举措。随着工业化和城市化的快速发展，环境问题日益凸显，空气污染、水资源短缺、土地退化等问题严重影响了居民的生活质量。因此，加强生态环保与节能降碳工作，对改善居民生活环境，实现可持续发展具有重要意义。生态环保是提高居民生活质量的"绿色通道"。加强环境保护，减少空气、水和土壤污染，保护生物多样性，维护生态平衡，不仅有助于提高居民的生活质量，还可以促进经济的可持续发展。节能降碳是缓解环境问题的"至上法宝"。节能降碳不仅可以减少能源消耗、降低生产成本，还可以减少碳排放、减缓气候变化，有利于改善空气质量。生态环保与节能降碳不仅可以改善居民的生活环境，还可以让居民融入自然环境。中部地区通过加强生态环保与节能降碳工作，建设一个绿色、低碳、可持续发展的社会，让人民群众拥有更加美好的生活环境。

（四）应对极端气候变化

生态保护与节能降碳是应对极端气候变化的重要手段。随着全球气温不断升高，极端气候事件频发，如暴雨、干旱、高温、寒潮等，给自然生态系统和社会经济带来巨大压力。因此，采取有效的生态保护与节能降碳措施，对减缓气候变化、保护生态环境和促进可持续发展具有重要意义。生态保护是应对气候变化的关键。保护森林、湿地、草原等生态系统，可以增强其碳汇功能，吸收更多的二氧化碳，减缓全球变暖。此外，保护生物多样性，可以提高生态系统的稳定性和抗逆性，减少极端气候事件对生态系统的破坏。节能降碳是应对气候变化的重要手段。提高能源利用效率、发展可再生能源、推广低碳技术等措施，可以减少二氧化碳等温室气体的排放，减缓全球变暖。此外，节能降碳还可以降低能源消耗，减轻对化石能源的依赖，保障能源安全。

（五）促进可持续发展

生态保护不仅关乎自然生态系统的健康，还直接关系人类社会的福祉。生态系统通过其复杂而精细的网络，为人类提供不可或缺的服务。然而，由于过度开发和环境污染，许多生态系统正承受前所未有的压力，功能逐渐退化，一些生态系统甚至处于崩溃的边缘。为扭转这一趋势，必须采取有效措施，保护生物多样性，防止物种灭绝；同时，对已经受损的生态系统进行科学合理地恢复，以确保生态系统的健康和稳定。节能降碳是实现可持续发展的有效途径。随着全球人口增长和经济发展，能源需求不断增加，导致大量温室气体排放，加剧全球气候变化。为应对这一挑战，需要采取措施提高能源效率，减少能源消耗，同时大力发展可再生能源。此外，还需要采取措施减少其他领域的碳排放，以实现低碳发展。

二 中部地区对生态保护与节能降碳的实践探索

（一）城市绿化与生态修复

河南城市绿地面积不断增加，城市绿化率由2018年的40.00%增长到2023年的40.74%。在生态修复方面，2023年全省森林覆盖率达到25.47%，完成造林197.46万亩、人工种草7万亩；新造林中乡土树种达72%，混交林达70%；完成森林抚育207.6万亩；水土流失治理面积达1363.00平方千米，水土保持率为88.11%，居中部地区第2位。2023年山西城市绿化率达47.73%，居中部地区首位；造林面积达456.70万亩，累计完成营造林近1700万亩，森林覆盖率为20.60%。同时，大力开展水土流失治理工作，水土流失治理面积达2300.00平方千米，水土保持率达64.58%。湖北省多个城市已经取得显著的绿化成果。其中，2023年武汉市绿化覆盖率达到43.12%，绿地率为40.07%。襄阳市预计2024年全市森林覆盖率将达到47%。2023年荆州市绿化面积达到48.8万平方米，绿化率达到72.3%。2023年全省造林面积达293.85万亩，水土流失治理面积达1632.18平方千米，水土保持率为83.91%。2023年安徽省城市绿化率为45.32%，森林覆盖率为36.33%，全省人工造林28.15万亩、封山育林179.00万亩、退化林修复73.00万亩。新增水土流失治理面积672.00平方千米，水土保持率为91.80%，居中部地区首位。2023年，湖南城市绿化率达37.19%，全省造林面积达390.00万亩，森林覆盖率达53.15%，森林蓄积量达6.55亿立方米，草原综合植被盖度达86.87%。水土流失治理面积达335.00平方千米，水土保持率为86.48%。2023年，江西完成营造林任务379.74万亩，其中人工造林138.06万亩、封山育林52.82万亩，森林覆盖率为63.10%。全省新建城市绿地1.4175万亩，改造提升城市绿地5505亩，城市绿化率达47.01%。水土流失治理面积为205.87平方千米，水土保持率为86.36%（见图1和表1）。

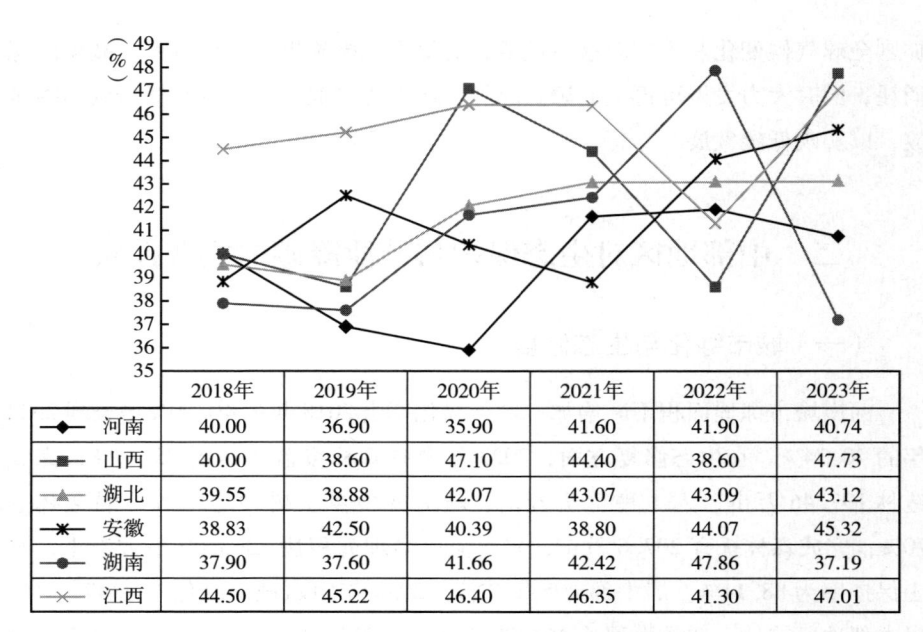

图 1　2018~2023 年中部六省城市绿化率

省份	2018年	2019年	2020年	2021年	2022年	2023年
河南	40.00	36.90	35.90	41.60	41.90	40.74
山西	40.00	38.60	47.10	44.40	38.60	47.73
湖北	39.55	38.88	42.07	43.07	43.09	43.12
安徽	38.83	42.50	40.39	38.80	44.07	45.32
湖南	37.90	37.60	41.66	42.42	47.86	37.19
江西	44.50	45.22	46.40	46.35	41.30	47.01

资料来源：各省生态环境厅。

表 1　2023 年中部六省造林治水情况

省份	造林面积（万亩）	森林覆盖率（%）	水土流失治理面积（平方千米）	水土保持率（%）
河南	197.46	25.47	1363.00	88.11
山西	456.70	20.60	2300.00	64.58
湖北	293.85	42.11	1632.18	83.91
安徽	28.15	36.33	672.00	91.80
湖南	390.00	53.15	335.00	86.48
江西	379.74	63.10	205.87	86.36

资料来源：各省林业局官方网站。

（二）提倡低碳交通出行

2023 年，河南省新能源公交车保有量为 3 万辆，占比为 85.48%；新能源出租车有 6.5 万辆，占全省出租车数量的 54.0%。全省充电桩有 15.00 万个。省会城市郑州 2023 年共开通 8 条地铁线路，共计 101 个站点，为低碳交通助力。山西省新能源公交车达1.49万辆，占比为94.20%；新能源出租车达2.48万辆，占比为59.8%。全省充电桩总数达13.00万个。截至2023年底太原市共开通2条地铁线路，共计服务47个站点。2003年，湖北省新能源公交车达2万辆，占比为81.13%。全省共有33.80万个充电桩。武汉市开通19条地铁线路，为124个站点提供交通服务。预计到2024年底，湖北省新能源公交车占比达83%；到2027年底，全省新能源公交车占比达85%。2023年，安徽省新增及更换城市公交车全部为新能源车辆；新增及更新出租车（"巡游出租车+网约车"）中新能源车辆占比达到90%以上。其中，新能源公交车有6.03万辆，占比为90.00%。全省共有41.70万个充电桩。合肥市共开通5条地铁线路，服务161个站点。湖南省共有新能源公交车3.29万辆，占比达97.48%，全国领先；长沙市、株洲市新能源公交车占比达100%，在全国同类型城市中居领先地位。预计到2025年，湖南省城市公交新能源汽车占比将达到99%，新能源出租车占比将达到60%以上。截至2023年底，江西省现有新能源城市公交车12580辆，占公交车总数的80.52%，现有新能源出租车21688辆，占出租车总数的51.4%。全省有4.47万个充电桩。南昌市共开通4条地铁线路，共计94个站点，为市民提供低碳出行服务（见表2）。

表2 2023年中部六省绿色出行情况

省份	新能源公交车数量（辆）	新能源公交车占比（%）	新能源出租车数量（辆）	新能源出租车占比（%）	充电桩数量（万个）	省会城市地铁线路（条）	省会城市地铁站数（个）
河南	30000	85.48	65000	54.0	15.00	8	101
山西	14900	94.20	24800	59.8	13.00	2	47
湖北	20000	81.13	—	—	33.80	19	124
安徽	60300	90.00	—	—	41.70	5	161
湖南	32900	97.48	21547	60.0	22.73	6	156
江西	12580	80.52	21688	51.4	4.47	4	94

资料来源：各省交通运输厅和政府官方文件。

（三）推广使用绿色能源

2023年，河南省能源生产总量约1.1亿吨标准煤。绿色低碳转型出新出

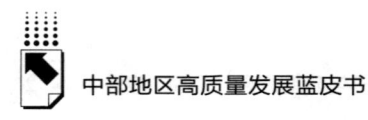

彩。煤电装机占比历史性降至50%以下，新能源装机容量突破6700万千瓦，历史性超越煤电；可再生能源发电量接近1000亿千瓦时，同比增长21%，约占全社会用电量的1/4。截至2024年1月，山西省风电、光伏新能源装机容量突破5000万千瓦。2023年，山西省发电量达4376亿千瓦时，其中新能源和清洁能源发电量占比达25.2%，相当于每4度电就有1度是清洁电力。截至2023年底，湖北省新能源装机容量达到3323.77万千瓦，占总装机容量的比重近三成，其中风电、光伏占比分别为7.52%、22.38%。发电总装机容量达11114.65万千瓦（含三峡电站），全省发电总装机容量增加1677.68万千瓦，同比增长17.78%。其中，风、光新能源装机容量新增1229.91万千瓦，是水电、火电新增装机容量的2.75倍。风、光新能源装机占比从2022年底的22.19%提升至30.00%，能源结构调整和降碳效果逐步显现。截至2023年底，安徽省新能源装机容量达3945万千瓦，新能源装机占比达36.50%，居长三角地区首位，其中分布式光伏装机容量为1937万千瓦，居全国第6位。截至2011年11月，安徽新能源装机数量超过48万座，每年可节约标准煤超过1000万吨，减少各类气体排放近3500万吨。截至2024年6月，湖南电网电源装机容量突破7000万千瓦，达7124万千瓦。其中，可再生能源装机规模达4432万千瓦，占总装机容量的62.21%，较2020年底增加1577万千瓦，占比提高4.93个百分点。风电、光伏发电装机容量分别达1006万千瓦、1519万千瓦，分别比2020年底增加337万千瓦、1128万千瓦，分别增长50.37%、288.49%。截至2023年12月，江西省新能源装机容量达3250.10万千瓦，新能源装机占比达53.00%（见表3），另有抽水蓄能120万千瓦，新型储能45.7万千瓦。其中，新能源发电新增装机812.7万千瓦，总装机达2690.8万千瓦，占可再生能源发电装机的比重超八成，同比增长43.3%，在中部地区名列前茅。

表3　2023年中部地区新能源装机情况

单位：万千瓦，%

省份	新能源装机容量	新能源装机占比
河南	6700.00	44.00
山西	5000.00	45.80
湖北	3323.77	30.00

续表

省份	新能源装机容量	新能源装机占比
安徽	3945.00	36.50
湖南	4432.00	62.21
江西	3250.10	53.00

资料来源：依据网络资料整理。

（四）研发应用节能降碳技术

河南省研发经费支出连续7年增速超10%，2023年研发投入强度突破2%。获批国家重点科研项目33项，中央财政支持经费4.07亿元，创历年新高。争取国家自然科学基金项目1110项，经费5.52亿元，立项数连续4年破千项，经费连续3年超5亿元，48项绿色低碳先进技术得到推广应用。2022年，山西省全社会投入研究与试验发展（R&D）经费273.7亿元，增长8.7%；研究与试验发展（R&D）经费投入强度达1.07%；2023年，技术合同成交额达593.86亿元，同比增长5.7%；国家高新技术企业保有量为4155家；争取国家自然科学基金项目483项，直接资助金额达2.65亿元；争取国家自然科学基金联合基金项目32项，资助金额达1.05亿元；争取国家级重点研发项目及课题47项，国拨资金3.31亿元，全省产业创新支撑能力显著增强。截至2024年7月，湖北省在节能、循环利用等"双碳"相关领域开展国家和省级标准化试点示范项目20余项，研制地方标准68项。在可再生能源、储能、氢能、碳捕集、生态碳汇等领域取得重大科技成果100项以上；在培育企业创新主体上，积极支持10家产值超10亿元的领军企业提升绿色低碳技术研发水平，培育和支持绿色低碳科技企业不少于100家。安徽省持续提升全省光伏制造业的研发投入强度，由2023年底的2.3%逆势增至2024年1~5月的2.5%。此外，区域创新能力也在不断提升，根据《中国区域创新能力评价报告2023》，安徽省区域创新能力排名全国第九，连续12年稳居全国第一方阵（见表4）。2023年，全省落地新能源和节能环保产业项目1350个，总投资额达1.19万亿元。2023年，湖南省共开发156个省级绿色产业项目，总投资额达5119.11亿元，主要涉及节能降碳、环境保护、生态保护修复等重点领域。

新评定"五首"产品应用186项，实施"产品创新强基"项目106个。突破关键技术109项，节能降碳项目获得中央预算内资金10.4亿元。2022年，江西省支持建设24个科技创新联合体，培育20家绿色技术创新企业。推动碳达峰碳中和领域完成技术合同304项，交易额达11.18亿元。截至2024年2月，全省遴选支持500个技改项目，推动低碳技术装备产业化应用。

表4　2023年中部六省综合科技创新水平指数

省份	综合科技创新水平指数	全国排名	中部排名
河南	58.70	17	5
山西	46.44	26	6
湖北	74.63	7	1
安徽	72.91	9	2
湖南	67.62	13	3
江西	60.27	16	4

资料来源：《中国区域创新能力评价报告2023》。

（五）创新绿色生态农业模式

截至2024年3月，河南省在建成8585万亩高标准农田的基础上，高质高效建设高标准农田示范区378万亩。出台18条措施支持绿色食品产业加快发展，创建7个国家级优势特色产业集群；全省农村集体资产达3934.2亿元，比2019年增长27.4%；有经营收益行政村占比达81.1%，比2019年增长34.1%。截至2023年底，山西省已创建43个有机旱作农业标准化示范区，选育引进抗旱节水品种900多个，建设高标准农田2488.45万亩，实施高效节水灌溉工程448.9万亩，推广水肥一体化50多万亩。拥有绿色、有机认证有效产品2058个，地理标志农产品数量位列全国第四，杂粮种质资源近4万份，居全国首位。2023年，湖北省建成23处全流域农业废弃物处理中心、200多处畜禽粪污处理中心、100多处秸秆综合利用中心，打造了一批绿色产业基地、生态体验馆。先后创建国家级水产养殖和生态养殖示范区16个、国家级畜禽标准化养殖示范场41家、国家级生态农场50个，位居全国前列。2023年，安徽省着力打造5个数字乡村示范县，推进8个行业头部企业产业互联网建设。到2025年，全省绿色食品产业全产业链产值有望由"十三五"期间的1.753万亿元增长到2.568万亿元，年均增长7.9%。截至2023年，湖南省累计建成高标准农田4075万亩（见表5），新建和改造提升高标准农田345万亩。抓好耕地"非粮化"整治，在22个县开展绿色种养循环农业试点，在11个县开展酸性土壤改良试点，在94个县实施机插机抛秧作业补贴。水稻良种覆盖率达99.5%，绿色防控覆盖率达49.55%。实施农技人员"揭榜挂帅"领办48个绿色高产高效示范片，打造5个粮食单产提升整建制推进县。截至2024年8月，江西省创新推行农业产业化联合体和"优质平台+基地+农户"等联农带农模式，发挥龙头企业的牵引作用，让农户、家庭农场和农民合作社分享更多利益。全省共培育农业产业化省级联合体190个，带动农户91.7万户，户均增收2606元。全省种养规模持续扩大的产业有85个，占比为63.4%；种植面积增加25.6万亩，同比增长2.4%，养殖规模同比增长3.7%。

表5 2023年中部六省高标准农田建设情况

单位：万亩，%

省份	高标准农田面积	高标准农田占比
河南	8585.00	76.0
山西	2488.45	52.4
湖北	4600.00	64.8
安徽	6396.00	76.9
湖南	4075.00	34.5
江西	2916.89	71.7

资料来源：依据网络资料整理。

三 生态保护与节能降碳共促中部地区高质量发展

（一）生态保护和高质量发展指标体系构建

根据生态保护的内涵，结合中部地区的发展实际。生态保护的指标体系构

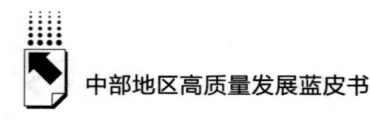

建如表6所示,第一层为功能层,即"生态保护";第二层为维度层,包括"生态资源状况"、"生态承受压力"和"生态治理能力";第三层是指标层,作为衡量维度层的指标,用以体现生态保护状况。

表6 生态保护指标体系构建

功能层	维度层	指标层	属性
生态保护	生态资源状况	人均水资源量	正
		建成区绿化覆盖率	正
		社会用电量	负
		社会用水量	负
	生态承受压力	工业二氧化硫排放量	负
		工业固体废物排放量	负
		工业废水排放量	负
		工业氮氧化物排放量	负
	生态治理能力	工业废水处理能力	正
		工业烟尘去除量	正
		工业固体废弃物综合利用率	正
		生活垃圾无害化处理率	正

所谓"节能降碳",核心在"节能"和"降碳"两大方面。借鉴"十二五"规划和"十三五"规划中能源消耗强度与碳排放约束指标计算公式,构建节能降碳约束强度指数公式:

$$ER_{it} = \frac{1}{2}\left[\frac{Energy_{it}}{GDP_{it}} \div \frac{Energy_{it-1}}{GDP_{it-1}}\right] + \frac{1}{2}\left[\frac{Carbon_{it}}{GDP_{it}} \div \frac{Carbon_{it-1}}{GDP_{it-1}}\right] \tag{1}$$

其中,i代表城市,t代表年份,$t-1$代表其变量滞后一期;$Energy$表示社会能源消费总量,GDP表示国内生产总值增加值,$Carbon$表示社会二氧化碳排放总量。节能降碳约束强度指数越大,则意味着节能降碳约束越弱。

高质量发展是衡量经济、人文和生态等多方面发展情况的概括词,涉及面广,具有深层含义。借鉴新发展理念,从创新发展、协调发展、开放发展和共享发展四个维度综合测度高质量发展情况,共涵盖12个具有可比性和代表性的测度指标(见表7)。

表7 高质量发展指标体系构建

功能层	维度层	指标层	属性
高质量发展	创新发展	科技投入与财政支出之比	正
		教育投入与财政支出之比	正
		专利申请数	正
	协调发展	年末金融机构各项贷款余额与城乡居民储蓄年末余额之比	正
		第三产业产值占全市GDP的比重	正
		规模以上工业总产值	正
	开放发展	实际使用外资金额	正
		外资企业总产值	正
		所有含外资的企业数	正
	共享发展	城市医师数占城市总人口的比重	正
		财政支出占财政收入的比重	正
		社会消费品零售总额占GDP的比重	正

注：由于生态保护属于"绿色发展"的内容，为确保结果的严谨性，高质量发展指标中不再体现。

（二）生态保护与节能降碳的"互促提升"关系

依托中部六省2013~2022年地级市的面板数据①，对生态保护、节能降碳和高质量发展分别进行测度，用以研究三者之间的因果关系。表8的单位根检验和表9的协整检验表明所选的面板数据是平稳的。接着，对生态保护与节能降碳的"互促提升"关系进行了探究，格兰杰因果检验证实了生态保护是节能降碳的格兰杰原因，同时节能降碳也是生态保护的格兰杰原因（见表10）。生态保护与节能降碳相互影响、相互制约，成功建立"互促提升"关系。图2中（6）和（8）的VAR脉冲响应图进一步证实了生态保护与节能降碳相辅相成的协同关系。

---

① 历年《中国城市统计年鉴》。

表8　生态保护、节能降碳和高质量发展的单位根检验

变量	Fisher(PP)		Fisher(ADF)		IPS		LLC	
	P统计量	P值	P统计量	P值	Z-t-bar	P值	调整t	P值
高质量发展	204.299	0.000	262.102	0.000	1.312	0.905	-21.211	0.000
生态保护	83.884	1.000	358.137	0.000	-6.188	0.000	-10.579	0.000
节能降碳	623.521	0.000	715.877	0.000	-10.286	0.000	-14.192	0.000

表9　生态保护、节能降碳和高质量发展的协整检验

变量	Pedroni		Kao		Westerlund	
	统计量	P值	统计量	P值	统计量	P值
高质量发展、生态保护	6.065	0.000	3.809	0.000	14.037	0.000
高质量发展、节能降碳	10.293	0.000	6.136	0.000	13.521	0.000
高质量发展、生态保护和节能降碳	8.609	0.000	6.007	0.000	24.638	0.000

表10　生态保护、节能降碳和高质量发展之间的格兰杰因果检验

原假设	生态保护不是节能降碳的格兰杰原因		节能降碳不是生态保护的格兰杰原因	
滞后一期	Chi2	P值	Chi2	P值
	8.661	0.003	15.830	0.000
原假设	生态保护不是高质量发展的格兰杰原因		高质量发展不是生态保护的格兰杰原因	
滞后一期	Chi2	P值	Chi2	P值
	24.135	0.000	2.221	0.136
原假设	节能降碳不是高质量发展的格兰杰原因		高质量发展不是节能降碳的格兰杰原因	
滞后一期	Chi2	P值	Chi2	P值
	6.945	0.008	0.146	0.702

（三）生态保护、节能降碳与高质量发展的深层关系

如表10所示，生态保护与节能降碳之间互为因果，生态保护与节能降碳是影响高质量发展的重要因素，但高质量发展并非生态保护与节能降碳的前提条件，因此政府应统筹经济社会发展全局，通过顶层设计和推动相关政策贯彻落实，以充分发挥"有形之手"和"无形之手"的协同效应。下一步应扬长避短、因地制宜，既遵循普遍规律，又考虑省份差异，通过创新生态保护机制和制定节能降碳措施推动区域高质量发展。

如图2所示，高质量发展对生态保护、节能降碳都是负值，说明通过高质

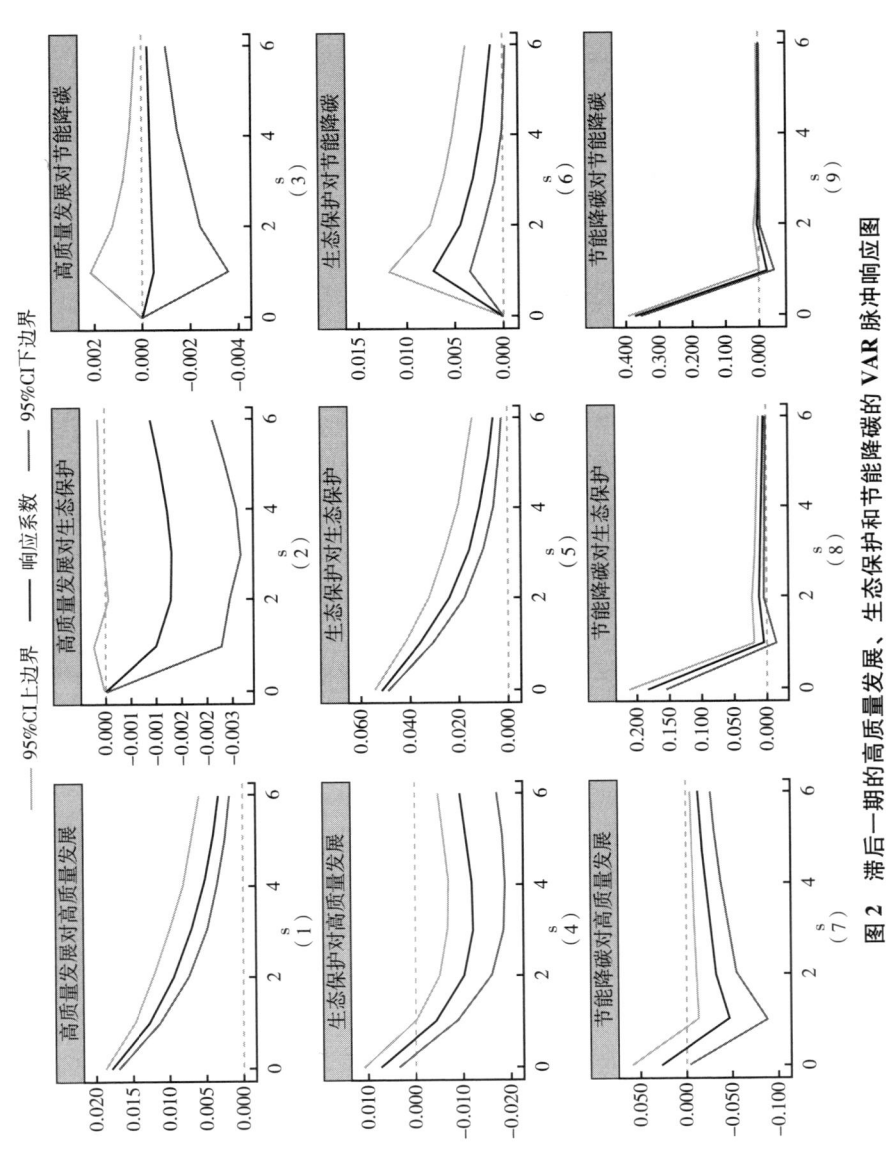

图 2　滞后一期的高质量发展、生态保护和节能降碳的 VAR 脉冲响应图

说明：蒙特卡洛方法在 200 次重复中每侧产生的误差为 5%。

量发展带动生态保护和节能降碳是不现实的。生态保护、节能降碳对高质量发展是先正后负，证实了边际效应递减规律，而且过分地强调生态保护和节能降碳反而会成为高质量发展的障碍，因此要统筹推进三项工作。生态保护和节能降碳之间都是正值，但在递减后趋向平缓，说明他们的"互促提升"关系是成立的，但是也存在边际效应递减现象，因此要正确处理长期规划与短期效果之间的关系。

（四）加强生态保护、提倡节能减排与推动高质量发展

加强生态保护、提倡节能减排与推动高质量发展是当前中部地区经济社会发展的重要策略。中部地区的高质量发展要长期坚持绿水青山就是金山银山的理念，加强生态环境保护和修复，依托区位优势，推动形成绿色发展方式和生活方式。提倡节能减排应对气候变化、保护中部地区生态环境。加快能源结构调整，大力发展清洁能源，推广节能减排技术，降低能源消耗和碳排放强度。同时，要坚持以人民为中心的发展思想，加快构建新发展格局，推动经济结构优化升级，提高经济发展质量和效益。

四 推动中部地区生态保护与节能降碳的政策建议

（一）完善中部地区生态保护政策

自"十四五"规划实施以来，中部地区积极贯彻绿色理念，相继制定了一系列生态环境保护政策，主要涵盖生态保护总体布局、国土空间优化、水土流失治理以及生态保护监督管理等方面，为生态环境保护工作提供了宏观战略指导。然而，生态保护工作的细化和具体方向尚需进一步明确和梳理。《河南省"十四五"生态环境保护和生态经济发展规划》的核心内容聚焦于生态保护的宏观布局与发展方向，但在以经济发展为引领，细化生态保护领域方面尚显不足。《2024年湖北省生态环境工作要点》主要关注环境质量改善目标的实现，而对生态环境不同领域的具体改善措施和方向不够明确。《2024年安徽省生态环境工作要点》对生态保护修复和监管进行了规范化阐述，强调了保持原有生态模式的重要性，明确了修复工作应以保护为主、监管为辅，通过加大

监管力度,及时发现并解决问题,以"管"促"修",实现生态环境的有效保护。江西省在《江西省打造国家生态文明建设高地三年行动计划(2024—2026年)》中特别突出了生态文明建设的战略地位,强调了提升居民环保意识和有效传递生态价值的重要性,以加强生态文明建设(见表11)。

表11 2022~2024年中部地区生态保护相关政策

政策名称	发布时间	重点方向	优化方向
《河南省"十四五"生态环境保护和生态经济发展规划》	2021年	生态保护的布局和发展	以经济发展为导向,细化生态保护领域
《湖南省人民政府办公厅关于深化生态保护补偿制度改革的实施意见》	2023年	"横纵结合"完善生态保护补偿机制	细化环保领域补偿标准
《河南省国土空间规划(2021—2035年)》	2024年	国土空间的系统优化	平衡自然区和生活区,保护生态环境
《河南省加强新时代水土保持工作实施方案》	2024年	水土流失的治理和监管	健全水土流失监管机制,推进防治一体化
《中共山西省委 山西省人民政府关于全面推进美丽山西建设的实施意见》	2024年	绿色转型和环境保护共促美丽山西建设	以环境保护为目的推进产业绿色转型
《山西省黄河流域生态保护和高质量发展条例》	2024年	黄河流域的生态保护和水土治理	保护为主、监管治理为辅
《省自然资源厅 省生态环境厅 省林业局关于加强生态保护红线管理的通知(试行)》	2024年	规范自然资源使用、强化生态保护红线监管	细化评价体系,平衡资源开采与生态保护
《2024年安徽省生态环境工作要点》	2024年	生态保护修复和监管	完善生态环境监管机制
《安徽省自然保护区条例》	2024年	制定和完善自然保护区条例	细化生态保护条例
《江西省生态环境厅关于助力绿色低碳发展的具体举措》	2024年	绿色低碳发展的实现路径和标准	推动高污染产业实现绿色转型
《江西省打造国家生态文明建设高地三年行动计划(2024—2026年)》	2024年	生态价值转化和生态文明建设	强化居民环保意识,有效传递生态价值的重要性

资料来源:根据相关政策整理。

（二）建立中部地区长效生态补偿机制

明确生态补偿的范围和标准，确保生态服务功能得到合理评估和补偿，同时补偿金额能够真正满足生态保护的实际需求。创新生态补偿方式，探索市场化生态补偿机制，通过市场机制，将生态保护与经济发展有机结合，激发各方参与生态保护的积极性。完善生态补偿政策体系，明确生态补偿的责任主体、资金来源、使用管理以及监督机制等，确保生态补偿机制的规范运行。同时，加强跨部门、跨地区的协调合作，形成合力，共同推进生态补偿工作。强化科技支撑和监测评估，通过大数据、遥感等技术手段，实现对生态补偿项目的实时监控和动态管理，确保生态补偿资金的使用效果。通过多种形式，广泛宣传生态补偿的重要性和必要性，增强公众的环保意识。鼓励社会各界积极参与生态保护工作，形成全社会共同关注和参与生态补偿的良好氛围。

（三）构建中部地区节能降碳考核评价体系

明确中部地区节能降碳考核评价体系的目标，包括降低能源消耗总量、提高能源利用效率、减少碳排放量等。根据能源消耗指标、能源利用效率指标、碳排放指标和政策执行指标等制定可行性强的评价指标体系。依托中部地区经济体量较大的优势，建立有效数据采集与监测机制。建立统一的数据采集平台，确保数据的准确性和及时性。在中部地区建立监测网络，实时监控能源消耗和碳排放情况。同时，引入第三方机构进行独立评估，确保评价结果的客观性和公正性。节能降碳考核评价应是一个动态的、不断优化与改进的过程。需要定期对评价体系进行评估和调整，确保其始终符合中部地区的发展需求。

（四）出台中部地区绿色发展金融政策

设立绿色发展专项基金，支持中部地区在清洁能源、节能环保、绿色交通等领域的项目。专项基金的引导，可以有效降低企业投资绿色项目的门槛，激发其市场活力。金融机构应创新绿色金融产品和服务，满足中部地区绿色发展的多样化需求。例如，开发绿色债券、绿色信贷、绿色保险等金融工具，为绿色项目提供资金支持。同时，金融机构可以与地方政府合作，设立绿色金融试验区，探索绿色金融发展的新模式。此外，应加强绿色金融政策的宣传和培训，提高中部地区企业和金融机构的绿色意识。通过举办绿色发展论坛、培训班等活动，普及绿色金融知识，引导企业树立绿色发展理念，推动金融机构创新绿色金融产品。建立绿色金融监管体制，确保绿色金融政策的有效实施。监管部门应加强对绿色金融市场的监管，防范金融风险，确保资金真正用于绿色项目。同时，建立绿色项目评估和认证体系，确保绿色金融支持的项目符合环保标准。

参考文献

边志强、张倩华：《经济增长压力对生态保护与高质量发展耦合协调的影响——基于黄河流域地级市的实证分析》，《工业技术经济》2024年第7期。

毛锦凰、王林涛：《节能降碳约束、研发投入与工业绿色全要素生产率增长——"双碳"背景下对黄河流域城市群的实证分析》，《西北师大学报》（社会科学版）2021年第6期。

黎洁等：《西部重点生态功能区人口资源与环境可持续发展研究》，经济科学出版社，2016。

李升峰等：《城市人居生态环境》，贵州人民出版社，2003。

张才琴：《论森林资源保护的现代法制》，中国言实出版社，2014。

B.20
中部地区联合建设国家战略腹地核心承载区研究

蔡起华　朱银凤*

摘　要： 2019~2024年，中部地区作为"三基地一枢纽"的战略定位，取得了巨大的成就。中部地区的联合发展不仅能够显著提升四大区域之间的联动发展水平，还能推动中国整体经济实力的增强。2023年12月11~12日在北京举行的中央经济工作会议首次提出加强国家战略腹地建设，中部地区联合建设国家战略腹地核心承载区，这不仅为推动中部地区崛起提供了更加清晰的蓝图和明确的方向，而且对推动我国实现高质量发展和中国式现代化具有深远的全局性意义。

关键词： 国家战略腹地核心承载区　产业集聚　中部地区

一　中部地区崛起座谈会召开以来的发展状况分析

（一）经济发展稳中有进，数字经济驱动高质量发展

习近平总书记2019年5月在江西召开"推动中部地区崛起工作座谈会"以来，中部六省的GDP在2019~2023年实现了显著的增长。根据国家统计局的数据，中部地区的GDP从2019年的21.8万亿元稳步攀升至2023年的27万亿元，并且2023年中部地区的GDP占全国GDP的比重超过了1/5，这表明了中部地区在我国经济发展中的重要地位。

通过横向比较可以清晰地看到，中部地区的GDP增速在2019年、2021年和2022年这3年均居四大地区之首；2020年和2023年，中部地区的GDP增

---

* 蔡起华，博士，郑州大学商学院讲师，主要研究方向为区域经济发展；朱银凤，郑州大学商学院硕士研究生，主要研究方向为国民经济学。

速虽然没有位居第1,但是超过了东北地区(见表1)。这些数据证明了中部地区是我国经济发展的重要支撑,也为我国经济的高质量发展注入了强大的动力。

表1 2019~2023年四大地区GDP增速情况

单位:%

地区	2019年	2020年	2021年	2022年	2023年
中部地区	7.3	1.3	8.7	4.0	4.9
东部地区	6.2	2.9	8.1	2.5	5.4
西部地区	6.7	3.3	7.4	3.2	5.5
东北地区	4.5	1.1	6.1	1.3	4.8

资料来源:2019~2023年《中华人民共和国国民经济和社会发展统计公报》。

由图1可知,山西省、安徽省、江西省、河南省、湖南省的GDP在2019~2023年持续增长。相比之下,湖北省的GDP在2020年出现了下降。然而,湖北省的GDP自2021年起恢复了增长态势。根据国家统计局发布的数据,2023年,河南省、湖北省和湖南省的GDP均位列全国前10,安徽省、江西省和山西省的GDP也跻身全国前20。这些分析结果表明,中部六省的经济表现总体上位于全国前列,对我国的经济增长贡献显著。

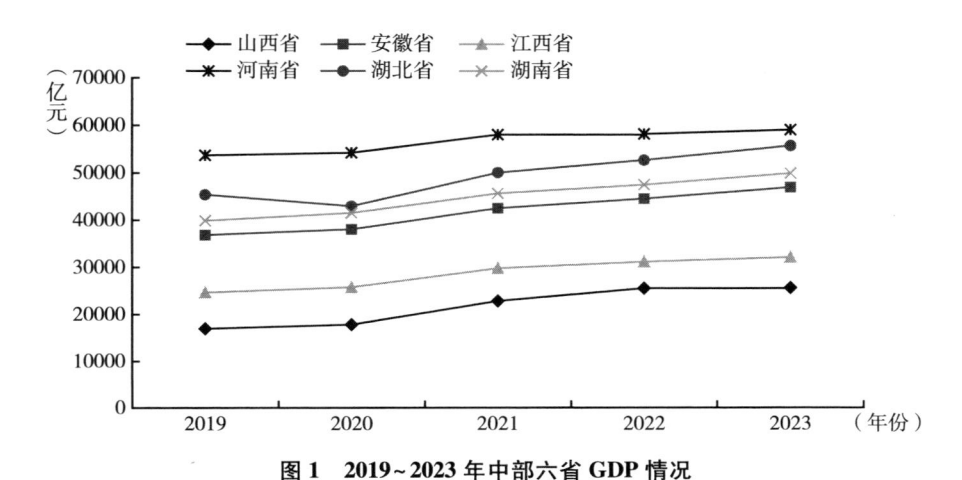

图1 2019~2023年中部六省GDP情况

资料来源:国家统计局。

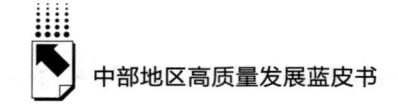

2023年，我国数字经济规模达到53.9万亿元，较上年增加3.7万亿元，增幅扩张进入相对稳定区间。2023年，我国数字经济占GDP的比重达到42.8%，较上年提升1.3个百分点，数字经济同比名义增长7.39%，高于同期GDP名义增速2.76个百分点，对GDP增长的贡献率达到66.45%。① 其中，从规模来看，2023年全国共有18个省份的数字经济规模超过1万亿元，包括中部地区的湖北、河南、湖南、安徽、江西5个省份，这表明中部地区数字经济的发展对我国数字经济有比较大的贡献。

数字经济成为激活中部地区高质量发展的主引擎。随着数字经济向纵深发展，中部地区崛起向"新"的步伐日渐加快，各省在实施数字经济战略上抢占未来竞争新领域、新赛道，多省数字经济规模跨过万亿元大关。中部六省"因地制宜"开辟新赛道，涌现多个全国领先赛道。其中，安徽前瞻布局未来产业，人工智能、新型显示等产业表现突出；湖北光电子信息产业是我国参与全球光电子产业竞争的主力军；河南逐步建成全国重要的智能终端生产基地，并在机构件、外壳、连接器、磁性材料等配套产业方面形成较为完备的配套体系；湖南计算产业走在全国前列。②

（二）农业资源利用充分，农业生产力大幅度提升

我国自然资源部第三次全国国土调查数据显示，我国耕地面积共12786.19万公顷（191792.79万亩，以2019年12月31日为标准时点汇总），黑龙江、内蒙古、河南、吉林、新疆等5个省份耕地面积较大，占全国耕地的40%。③ 中部地区作为我国主要的农业生产基地之一，粮食产量尤为突出，对国家粮食安全做出了巨大贡献。中部地区土地肥沃、气候适宜，而且水资源丰富，为农业生产提供了极为有利的条件。中部地区凭借丰富的农业资源和较强的生产能力，在我国农业发展中发挥着不可替代的作用。

由表2可见，中部六省的粮食总产量和豆类总产量在2021年相较于2020年出现了明显的下降，出现这一现象的主要原因是河南省在2021年遭受了严

---

① 数据来源于中国信息通信研究院发布的《中国数字经济发展研究报告（2024年）》。
② 数据来源于北京大学长沙计算与数字经济研究院编制的《中部地区数字经济发展报告（2024）》。
③ 数据来源于自然资源部《第三次全国国土调查主要数据公报》。

重的洪涝灾害，粮食和豆类的产量大幅减少。到了2022年，两者的产量有所回升，这表明河南省在灾后采取了有效的恢复措施，使得农业生产逐步恢复，农产品产量实现增长。中部六省的油料、水果、肉类和茶叶总产量在2020~2022年呈现逐年上升的趋势，这反映出中部地区在这些农产品的生产方面取得了显著的进步。

表2 2020~2022年中部六省主要农产品产量

单位：万吨，%

	年份	粮食	油料	水果	肉类	豆类	茶叶
山西省	2020	1424.27	14.31	909.77	102.65	30.72	0.09
	2021	1421.25	15.46	974.87	135.38	21.73	0.13
	2022	1464.25	14.95	1002.77	143.20	24.30	0.23
安徽省	2020	4019.22	162.47	741.52	396.03	98.13	12.20
	2021	4087.56	167.14	778.10	456.31	95.88	12.86
	2022	4100.13	173.42	798.35	475.34	99.93	13.73
江西省	2020	2163.88	122.70	712.82	285.18	32.00	7.16
	2021	2192.33	130.91	744.64	344.96	33.14	7.38
	2022	2151.91	137.46	749.38	359.90	32.94	7.72
河南省	2020	6825.80	672.57	2563.43	544.05	97.87	7.10
	2021	6544.20	657.28	2455.34	646.81	78.25	7.50
	2022	6789.37	684.03	2542.03	660.50	88.55	7.52
湖北省	2020	2727.43	344.45	1066.83	307.44	39.73	36.08
	2021	2764.33	354.14	1119.38	425.51	41.88	40.44
	2022	2741.15	374.19	1143.24	441.16	40.24	41.99
湖南省	2020	3015.12	260.67	1150.75	454.95	40.03	25.01
	2021	3074.36	263.00	1193.64	562.05	41.18	25.85
	2022	3018.02	276.96	1208.17	580.86	43.30	26.53
中部六省合计	2020	20175.72	1577.17	7145.12	2090.3	338.48	87.64
	2021	20084.03	1587.93	7265.97	2571.02	312.06	94.16
	2022	20264.83	1661.01	7443.94	2660.96	329.26	97.72
全国	2020	66949.15	3586.40	28692.36	7748.38	2287.46	293.18
	2021	68284.75	3613.17	29970.20	8989.99	1965.52	316.40
	2022	68652.77	3654.21	31296.24	9328.44	2351.03	334.21
占比	2022	29.52	45.45	23.79	28.53	14.00	29.24

资料来源：国家统计局。

中部六省在2022年的粮食总产量占全国粮食总产量的29.52%,几乎接近全国总产量的1/3;油料总产量更是占全国总产量的45.45%,几乎达到了全国总产量的一半;水果总产量占全国总产量的23.97%;肉类总产量的表现同样令人瞩目,占全国总产量的28.53%,进一步巩固了中部六省在肉类生产中的重要地位。此外,中部六省在茶叶生产方面表现同样出色,其总产量占全国总产量的29.24%。然而,在豆类生产方面,中部六省豆类总产量的占比相对较低,仅为14.00%,这一数据表明,中部六省在豆类生产方面仍有较大的提升空间。从这些统计数据可以看出,中部六省在农产品生产方面展现出了强大的实力,具有重要的地位,丰富的农业资源为中部六省在农产品生产方面提供了坚实的基础,同时为未来的发展提供了广阔的空间。

我国的农业机械总动力持续增强,农业机械化、智能化、生产自动化程度不断提高,未来我国农业自动化与数字化程度仍将提升。2018年,我国农业数字经济占农业增加值的比重为7.3%,预期年均增速为10.8%,到2025年,我国农业数字经济占农业增加值的比重将提升至15%。①

自动化生产设备在中部地区农业生产领域广泛应用,农业机械总动力也持续增强,农业生产力大幅度提升。由图2可以看出,河南省的农业机械总动力

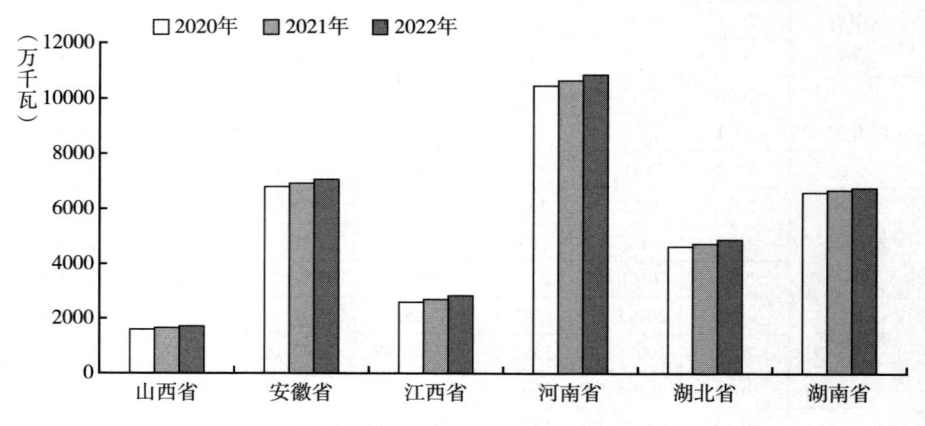

图2 2020~2022年中部六省农业机械总动力

资料来源:国家统计局。

---

① 数据来源于农业农村部发布的《数字农业农村发展规划(2019—2025年)》。

在中部六省中位居第1，山西省的农业机械总动力是最弱的。中部六省的农业机械总动力在2020~2022年逐年增强，这反映出中部地区农业机械化发展取得了一定成就，推动了农业生产率全面提高，使得粮食产量稳步提升，为保障粮食安全、促进农民增收、实现农业强国提供了强有力支撑。

（三）能源产业发展均衡，能源发展迈入新阶段

能源是推动人类社会进步与发展的核心要素，对国家经济的繁荣与稳定具有不可或缺的影响。它构成了国民经济持续健康发展的基础，为各行各业提供了必需的动力与资源。中部六省在能源产业的发展上具有坚实的基础，不仅蕴藏着丰富的自然资源，而且在能源的开发与利用方面取得了显著成就。

从主要能源生产的角度来看，原油生产仅限于河南省与湖北省两个省份，其他四个省份均不生产原油。水资源丰富的中部地区，有规模较大的水电工程，如葛家山、三门峡、小浪底等，还有构成我国重要水电工业基地的"南水北调中线"工程。在这一背景下，中部六省的电力产量对全国电力总产量做出了显著的贡献。

由表3和表4可知，2020年全国焦炭总产量为47116.12万吨，而中部六省的焦炭产量为15663.56万吨，占全国总产量的比重为33.24%，这反映出中部六省在焦炭生产中的重要性。其中，山西省作为焦炭生产的重要基地，在焦炭生产方面具有突出的地位，2020年焦炭产量达到了10493.70万吨，占全国

表3 2019~2020年中部六省主要能源产品产量

		山西省	安徽省	江西省	河南省	湖北省	湖南省	总和
焦炭产量	2019年	9699.53	1167.17	660.78	2029.53	834.12	586.26	14977.39
（万吨）	2020年	10493.70	1228.35	688.50	1847.84	801.18	603.99	15663.56
发电量	2019年	3361.67	2886.67	1375.90	2888.31	2957.50	1559.42	15029.47
（亿千瓦时）	2020年	3503.54	2808.98	1444.71	2906.12	3015.84	1554.43	15233.62
天然气产量	2019年	64.62	2.12	0.03	2.96	4.89	0.03	74.65
（亿立方米）	2020年	85.93	2.24	0.00	2.90	1.01	0.03	92.11
汽油产量	2019年	0.00	249.15	244.35	206.60	402.47	280.30	1382.87
（万吨）	2020年	0.00	256.16	211.62	226.56	344.40	257.47	1296.21

资料来源：国家统计局。

表4 2020年中部六省主要能源产品产量及其占全国的比重

	焦炭产量（万吨）	发电量（亿千瓦时）	天然气产量（亿立方米）	汽油产量（万吨）
中部六省合计	15663.56	15233.62	92.11	1296.21
全国	47116.12	77790.60	1924.95	13171.69
占比(%)	33.24	19.58	4.79	9.84

资料来源：国家统计局。

总产量的比重超过了1/5。中部六省在电力生产方面也具有突出贡献，2020年中部六省的发电量占全国的比重为19.58%，接近全国的1/5。此外，中部六省的汽油产量占全国的比重为9.84%，这一占比虽然不是很高，但反映出中部六省在汽油生产中的作用。然而，在天然气产量方面，中部六省占全国的比重仅有4.79%，这一占比显示出中部六省在天然气生产方面不是很理想，有一定的提升空间。

根据图3与图4可以分析2020年中部六省焦炭产量与发电量的占比状况。数据显示，山西省在焦炭生产方面占主导地位，占比高达67%；河南省与安徽省紧随其后，分别占12%和8%；湖南省与江西省的占比相对较小，均为

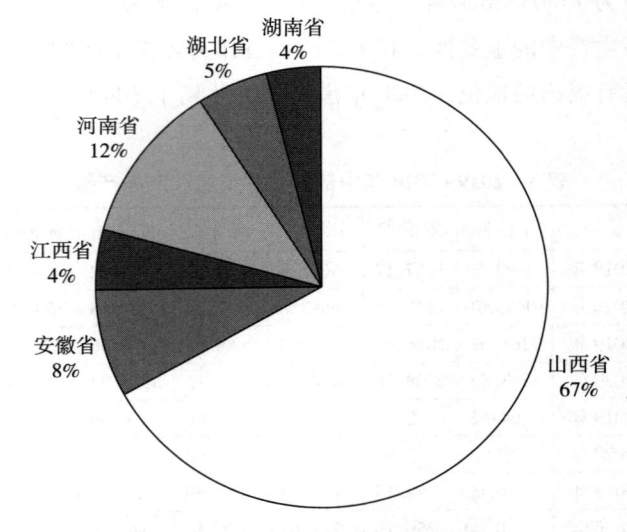

图3 2020年中部六省焦炭产量占比

资料来源：国家统计局。

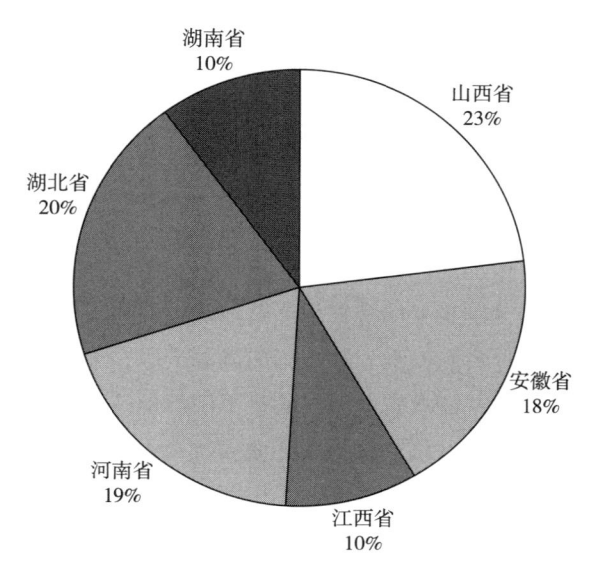

图4 2020年中部六省发电量占比

资料来源：国家统计局。

4%。总体而言，山西省作为焦炭生产大省的地位极为显著，从而导致中部六省在焦炭生产方面出现显著不均衡。但是中部六省在电力生产方面则显得较为均衡。山西省与湖北省分别占23%与20%；河南省与安徽省分别占19%与18%；湖南省与江西省的占比相对较小，均为10%。尽管存在差异，但总体来看，中部六省在电力生产方面相对均衡，未出现像焦炭生产那样显著不均衡的现象。

二 中部地区联合建设国家战略腹地核心承载区具备的关键条件

（一）"三基地一枢纽"战略定位的强力支撑

中部地区，作为我国重要的粮食生产基地、能源原材料基地、现代装备制造和高新技术产业基地，以及综合交通运输枢纽，被称为"三基地一枢纽"。这一战略定位为中部地区联合建设国家战略腹地核心承载区提供了坚实支撑。

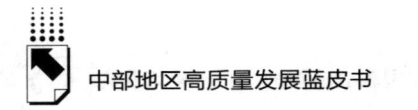

全国一共有 13 个粮食主产区，而中部六省就有 5 个，其中河南和安徽还是粮食净调出省份。2023 年，中部六省粮食总产量占全国粮食总产量的 29.2%，超过东北三省一区 26.6%的比重。① 中部地区耕地质量比较好，具备较强的粮食生产能力和农业可持续发展能力，发挥着现代农业和粮食生产的"稳压器"作用。2024 年第十三届中国中部投资贸易博览会以"开放创新　中部崛起"为主题在湖南举办。中部地区现代农业实现快速发展，涌现一大批绿色化、智能化的农机企业，为全国重要的粮食生产基地建设提供了坚实的物质保障。②

中部地区是能源原材料基地，其丰富的能源资源，为国家的工业发展提供了源源不断的动力。这些能源资源不仅满足了中部地区自身的发展需求，还为全国范围内的工业生产和经济建设提供了重要支持。绿色、"双碳"已经成为中部地区能源原材料基地的"新名片"。山西省能源保供在 2023 年有五项指标都位居我国第 1，并且山西省拥有 3 个煤电基地，占我国九大煤电基地的 1/3。山西省 2013 年外送电量仅有 793 亿千瓦时，2023 年增加到了 1576 亿千瓦时，外送电量占总发电量的比重由 30%增长至 35%。③ 2023 年，湖北省发电装机容量达 1.11 亿千瓦，较 2014 年实现翻番；风光新能源装机容量达 3324 万千瓦、年发电量达 395 亿千瓦时，分别是 2014 年的 39 倍和 29 倍。④ 能源安全新战略提出 10 年来，湖北省能源电力实现了跨越式发展。

中部地区也是现代装备制造和高技术产业基地，中部地区在多个领域都取得了显著成就，对国家的科技进步和经济发展做出了重要贡献。2023 年，安徽省先进光伏领域专利申请量位居全国第 4，光伏设备及元器件制造业营收排名首次跃居全国第 3。技术分支中，单晶硅、光伏组件、电池片、多晶硅的安徽省专利申请量分别位居全国第 4、第 5、第 6、第 18，其中 PERC 电池、HIT 电池、多主栅组件专利申请量均位居全国第 4。⑤ 随着我国数字经济的快速发展，综合算力对我国经济具有重要作用。河南省、湖南省、湖北省和安徽省的算力发展指数达到 20 以上，在全国排前 15 名；山西省、湖北省、河南省、江

---

① 刘慧：《保障粮食安全须更加重视"中部力量"》，《经济日报》2024 年 3 月 28 日。
② 孙超、申智林、付明丽：《如何更好挺起中部"脊梁"》，《人民日报》2024 年 6 月 4 日。
③ 杜鹃、赵亚男：《山西电力：向绿向新加速跑》，《山西日报》2024 年 5 月 30 日。
④ 《湖北"三型三强"新型电力系统蓝皮书》，2024 年 6 月 13 日。
⑤ 《安徽省先进光伏产业专利信息分析报告》，2024 年 9 月 21 日。

西省、湖南省的算力规模指数在全国排前 20 名，安徽省排名上升，算力规模指数快速提升。[①]

中部地区地处我国内陆中部，北连京津冀、南接粤港澳、西靠大西部、东望长三角，可谓承东启西、沟通南北，连接了南北地区，融合了东西部，是我国最重要的综合交通运输枢纽，也是客流和货流的运转中心。全国南北和东西的资源、资金、人才流动起来，中部地区是必经之地。四通八达的铁路、公路、水路和航空交通网络，将中部地区与全国各地紧密相连。这不仅促进了区域间的经济交流和合作，还为中部地区的发展提供了广阔的空间和无限的可能。

"三基地一枢纽"战略定位的强力支撑，使得中部地区具有显著的优势和重要的地位。中部地区有实力联合建设国家战略腹地核心承载区，从而能够为中国式现代化的伟大事业贡献出自己独特而重要的力量。这不仅将推动中部地区自身的发展，还将为全国的现代化进程注入新的活力和动力。

（二）"文旅资源集聚，历史文明传承"的有力支持

中部地区不仅地理位置优越，而且拥有深厚的历史文化底蕴。中部六省自古以来就是中华文明的重要发源地，拥有无数的历史遗迹、文化传统和民俗风情。

中部地区比较重视发展文化和旅游事业。中部地区 2023 年文化和旅游事业费为 324.1 亿元，比 2022 年的 302.6 亿元增加了 21.5 亿元，占全国的比重提升了 0.1 个百分点。[②] 中部地区经费支出增加，不仅有助于提升公共文化服务水平，也可以促进文化产业的繁荣发展。

中部六省对博物馆文物藏品也加大了关注。由表 5 可以看出，中部六省 2020 年博物馆文物藏品合计 6942500 件/套，2021 年博物馆文物藏品合计 7432806 件/套，增加了 490306 件/套；2022 年博物馆文物藏品合计 7731739 件/套，相较于 2021 年增加了 298933 件/套。这些数据反映出中部地区对博物馆文物藏品的足够重视，对文物保护的重视程度逐渐提高，这不仅可以保护历史文化遗产，也可以维护文化多样性，使文化得以传承和延续。

---

① 中国信息通信研究院发布的《中国算力发展指数白皮书（2023 年）》。
② 数据来源于文化和旅游部。

表5　2020~2022年中部六省博物馆文物藏品

单位：件/套

	2020年	2021年	2022年
山西省	1445779	1635012	1617812
安徽省	908842	925034	916154
江西省	601851	725931	714036
河南省	1200736	1257209	1456847
湖北省	2137113	2190909	2221930
湖南省	648179	698711	804960
合计	6942500	7432806	7731739

资料来源：国家统计局。

由表6可以看出，中部六省公共图书馆总藏量在2020~2023年呈逐年递增趋势。2020年中部六省公共图书馆总藏量为20959.87万册，占全国的比重为17.77%，将近1/5；2021年的占比为18.04%，增加了0.27个百分点；2022年的占比为18.51%，增加了0.47个百分点。这显示出中部地区文化发展水平的不断提高，可以提高当地居民的阅读水平，增强图书馆的影响力，涵养文化底蕴。

表6　2020~2022年中部六省公共图书馆总藏量

单位：万册，%

	2020年	2021年	2022年
山西省	2152.88	2296.48	2519.13
安徽省	3545.81	3770.00	4202.59
江西省	2857.01	3110.99	3403.49
河南省	4065.30	4105.89	4576.78
湖北省	4416.10	4650.84	4992.61
湖南省	3922.77	4828.07	5471.61
合计	20959.87	22762.27	25166.21
全国	117930	126178	135959
占比	17.77	18.04	18.51

资料来源：国家统计局。

中部地区拥有深厚的历史文化底蕴和丰富多彩的文化遗产，这些优势不仅在推动和促进各地区之间的文化交流方面发挥着至关重要的作用，还能够极大地促进旅游业的蓬勃发展。这些都显示出中部地区联合建设国家战略腹地核心承载区的足够实力和优势。

（三）"人口分布集中，创新人才集聚"的内源驱动

由表7可知，2023年中部六省常住人口占全国总人口的25.77%，超过了1/4，这显示出中部地区人口比较庞大。河南省、湖南省、安徽省和湖北省的人口数量在2023年全国人口数量中排名前10。

表7 2021~2023年中部六省常住人口

单位：万人，%

	2021年	2022年	2023年
山西省	3480	3481	3466
安徽省	6113	6127	6121
江西省	4517	4528	4515
河南省	9883	9872	9815
湖北省	5830	5844	5838
湖南省	6622	6604	6568
合计	36445	36456	36323
全国	141260	141175	140967
占比	25.80	25.82	25.77

资料来源：国家统计局。

河南省2023年新晋两院院士3人、外籍院士3人；三年来累计引进顶尖人才28人、领军人才369人、博士及博士后1.6万人，全省人才总量超过1410万人。[1] 湖北省大力实施技能强省战略，截至2023年底，全省技能人才总量达993.94万人，占就业人数总数的30.6%，其中高技能人才307.36万人，占技能劳动者的31%。[2] 2023年，安徽省新增各类人才95.5万人，总量

---

[1] 王靖：《让创新源泉充分涌流——深入贯彻落实全省科技大会精神》，《河南日报》2024年7月2日。
[2] 数据来源于《湖北省人民政府办公厅关于加快培育新质生产力推动高质量发展的实施意见》。

达1272万人。① 安徽省计划到2027年，累计培育数字经济专业技术人才30万人以上，数字技能人才20万人以上。② 这些数据都显示出中部地区创新人才不断集聚，从劳动力重要输出地转向人才密集流入地。

三 中部地区联合建设国家战略腹地核心承载区的总体思路与路径

（一）推进"制造业强区"建设，发挥产业集聚效能

要想完成从制造大国向制造强国的转变，需要以突破一批重点领域关键性技术、培育自主品牌、推动生产型制造向服务型制造转变等为主要发展方向。深化信息化与工业化融合发展，促进制造业网络化、数字化、智能化发展。中部地区制造业增加值由2019年的6.1万亿元增加到2023年的6.8万亿元，规模约占全国1/5。

中部地区是我国以装备制造为主的现代制造业重要基地，在推动制造业高质量发展方面表现得比较出色。其中，在现代装备制造和高技术产业发展方面，中部六省各具特色。比如，湖北是光电子信息领域的佼佼者，光电子信息产业规模在全国的占比超过40%，武汉东湖新技术开发区被誉为"中国光谷"。中部六省，堪称一个"谷"到另一个"谷"的故事。湖北武汉"光谷"、湖南株洲"动力谷"、山西"晋创谷"……一个个产业创新、勇争一流的样本，涌动着中部地区制造业发展的澎湃动能。由表8可以看出，2023年，安徽省制造业增加值以8.8%的增长率位居第1，其次是山西省，制造业增加值增长率为8.1%，湖北省制造业增加值增长率为6.4%，河南省和江西省制造业增加值增长率都为6.1%，湖南省制造业增加值增长率为5.3%。

中部六省借助各自禀赋优势，在关键核心领域持续发力，推动制造业高质量发展。中部地区在高端装备制造、新一代信息技术、新材料等战略性新兴产业中形成了一批具有竞争力的产业集群。中部地区国家级战略性新兴产业集群

---

① 班慧：《推进人才兴皖工程 打造人才发展高地》，《安徽日报》2024年2月22日。
② 数据来源于《安徽省数字经济人才培育方案（2024—2027年）》。

和国家先进制造业集群占全国的比重分别达 27.3% 和 17.8%。中部地区重视搭建高能级创新平台和载体，正在推进 12 个国家重大科技基础设施建设，优化重组 40 个全国重点实验室，并在量子通信、自主安全计算机、工业母机等关键核心技术领域取得重大突破。

表 8　2023 年中部六省规模以上工业增加值与制造业增加值增长情况

单位：%

	规模以上工业增加值增长率	制造业增加值增长率
山西省	4.6	8.1
安徽省	7.5	8.8
江西省	5.4	6.1
河南省	5.0	6.1
湖北省	5.6	6.4
湖南省	5.1	5.3

资料来源：各个省份 2023 年国民经济和社会发展统计公报。

中部地区应该依托具有比较优势的先进制造业集群、高等院校、新型研发机构等，积极谋划争取国家战略科技创新资源，在新材料、高端装备制造、新能源、新型储能等优势领域，支持"链主型"企业加大研发投入力度，持续性突破一批领先国内外的关键核心技术，争取全国重点实验室、国家级制造业创新中心落地，带动更多"从 0 到 1"的原创性突破，培育国家实验室后备力量。中部地区要加快构建与国家战略腹地核心承载区相适应的制造业结构，切实承担历史赋予的重大使命。

（二）打造"城市群为依托"的经济圈，实现区域溢出效应

中部地区有武汉和郑州两个国家中心城市，在中部地区崛起战略中发挥了积极作用。武汉是湖北省省会、国家中心城市、长江中游城市群中心城市，在中部地区 17 个中心城市中位列第一等级。武汉作为国家中心城市和中部地区战略中心城市，将借助长江中游城市群强化湖北、湖南、江西、安徽等 4 个省份的分工协作功能，促进中部地区、长江中游城市群经济社会协同发展，加快推动中部地区崛起。郑州是河南省省会、国家中心城市、中原城市群中心城

市，在中部地区17个中心城市中也位列第一等级，是继武汉之后中部地区第二个战略中心城市。在国家中心城市和河南省省会的支持下，以中原城市群中心城市为依托，郑州将加强与中原地区各城市的分工协作，加强与太原的交流合作，促进中部地区北两省的协调发展。

2021年7月发布的《中共中央 国务院关于新时代推动中部地区高质量发展的意见》指出，支持武汉、长株潭、郑州、合肥等都市圈及山西中部城市群建设，培育发展南昌都市圈。武汉都市圈以武汉、鄂州、黄冈、黄石四座城市为核心，是长江经济带发展新质生产力的前沿阵地、中部地区建设金融强国的战略支点。郑州迈入特大城市行列，洛阳、开封、新乡被确定为大城市，洛阳作为中原城市群副中心城市加快建设。长沙、株洲、湘潭三地，立足"圈协同""圈流动""圈共享"，对内互济、对外抱团，不断做大经济规模，增进民生福祉。长株潭地区生产总值连续两年超过2万亿元。①推进公路、铁路、水运、物流通关、航班航线无缝衔接与合作共享，加快推进武汉城市圈、长株潭城市群、环鄱阳湖城市群、合肥都市圈、郑州都市圈与山西中部城市群主要城市之间的高铁互联互通，构建多层次区域综合交通网络体系。

中部六省也应该错位发展产业集群。整合资源、精准发力，构建具有本地比较优势、错位发展的集群体系。长株潭都市圈深入对接粤港澳大湾区，打造工程机械、轨道交通等产业集群；武汉都市圈高效融入国内国际双循环，打造光电子信息、生命健康等产业集群；大南昌都市圈衔接长江中游城市群、长三角，打造中医药大健康、新能源汽车等产业集群；合肥都市圈作为中部地区与长三角联动发展的关键，打造新型显示、智能电动汽车等产业集群；郑州都市圈作为中原城市群的中心地带，打造汽车及装备制造、现代食品制造等产业集群；山西中部城市群紧邻雄安新区和京津冀，打造新材料、节能环保等产业集群。

通过这些产业集群的建设，中部地区的大城市之间得以加强合作与共同建设，从而激发与提高了中小城市的发展活力和经济实力。相关政策的实施不仅有助于中部地区联合建设国家战略腹地核心承载区，还能够使各大城市群充分

---

① 熊争艳等：《十个维度给新一轮中部崛起画像》，《新华每日电讯》2024年9月24日。

发挥各自的地区优势,实现携手共赢的局面。最终,这些努力将有力地增强中部地区经济竞争力,促进中部地区更加繁荣和可持续发展。

(三)探索"新质生产力"的赋能路径,激发创新创业活力

中部地区应当积极地培育新质生产力并推动其发展,以此为契机,努力实现联合建设国家战略腹地核心承载区。中部地区要想进一步发展新质生产力,必须深刻理解国家对于发展新质生产力的战略意图和核心需求,从而有针对性地加快推动中部地区新质生产力的特色化和高水平发展。

中部地区作为联通国内国际双循环的重要枢纽,因地制宜地发展交通运输新质生产力具有良好的基础设施和应用场景优势。同时,要强化交通运输新质生产力与新兴产业的空间关系,在长江经济带、西部陆海新通道、中欧班列通道等我国"四极、六主轴"地带布局新兴产业,实现"通道+产业"的时空压缩效应、规模效应、联动效应,以交通通道—物流—贸易—新兴产业的链式协同推进新质态经济体和经济大通道的互促共生。

中部六省的新质生产力发展情况不同,本质上是劳动者、劳动对象、生产资料、生产关系等要素基础、资源禀赋存在天然差异。因此,中部六省应基于资源要素禀赋和区域特色,把握新一轮科技革命和产业变革的机遇,加强区域比较优势,聚焦优势主导产业,努力构建体现特色和优势的现代化产业体系。在区域布局上,一方面要强化中原城市群、郑州都市圈和国家中心城市等的创新发展动力和引擎带动作用,以各地的新区、高新区、经济技术开发区为引领,重点布局战略性新兴产业和未来产业,形成带动发展新质生产力的重要增长极;另一方面应完善区域间合作与互助机制,加快完善人才引进、技术转移转化等要素流动机制,助推新质生产力的扩散转移和创新应用,实现要素、资源跨地区高效配置,从而构筑各自产业优势。

(四)形成"科技与产业深度融合"的创新生态,释放经济发展潜力

在中部地区,产业发展与科技创新深度融合,一批"创新谷"拔节生长,大力推动科技创新"从0到1"的原创性突破和"从1到N"的产业化应用:合肥"声谷"拥有2000余家企业,拥有各类专利3万多件,成功研

发 2000 余款智能语音及人工智能软件产品；武汉"光谷"集聚 42 所高等院校、30 多万名专业技术人员和 80 多万名在校大学生，高新技术企业超 5200家；株洲"动力谷"拥有产业链企业 400 多家，主持及参与制定国家标准100 多项，具有自主知识产权产品的比重超过 80%。新质生产力发展的核心绕不开科技创新。2024 年，大湾区科技创新武汉中心的建设被列入武汉科创中心建设的重点任务之一，彰显着中部地区和粤港澳大湾区携手并进的合作姿态。大湾区科技创新武汉中心将依托粤港澳大湾区的数字化能力不断增强科创属性、链接科创要素、构建科创生态的成熟做法，与武汉市科技资源现状相结合，以"湾区经验"赋能"鄂式创新"。随着比亚迪、华为、TCL 等龙头企业纷纷在武汉、合肥等地布局产业链，中部地区与粤港澳大湾区两大区域间的产业升级和空间转移正形成新局面。一个又一个案例表明，广东乃至整个粤港澳大湾区与中部地区的携手，是两大区域间的"双向奔赴"，有利于促进全国区域发展更趋协调，助力全国统一大市场建设，更好地融入和支撑新发展格局。

四 中部地区联合建设国家战略腹地核心承载区的政策导向

（一）着重应用技术型人才的培养

党的二十届三中全会指出，要深化人才发展体制机制改革，完善人才自主培养机制。在推动经济高质量发展的新征程上，不仅要大力培养"高精尖缺"技术研发型人才，还要聚力培养高素质的应用技术型人才，有效推动人才要素集聚，夯实新质生产力发展的人才之基。

中部地区应当明确地制定应用技术型人才的培养目标。政府需要积极地引导高等教育机构围绕新的生产力需求，创新人才培养的机制。这包括建立校企协同创新创业的制度，以鼓励高校和企业深化合作，解决当前那些制约发展的"卡脖子"技术难题。为了实现这一目标，可以通过设立专门的产学研融合专项资金，以及牵头建立产学研联盟等措施，逐步完善产学研融合的激励方案，从而提升各方参与融合创新的积极性。此外，坚持企业的主导地位是推动产学研深度融合的关键。通过这种方式，可以确保人才培养与市场需求紧密契合，促进区域经济的快速发展，中部地区才能更好地联合建设国家战略腹地核心承载区。

（二）完善协商共治的机制

健全中部地区省际协调推进机制和主要负责人定期会商机制，研究推动重大事项落实。加强长江中游城市群和中原城市群之间的协调联动，辐射带动周边地区产业协同发展。引导市级层面建立合作协同机制，积极开展干部人才交流挂职任职，在产业协作、招商引资等方面建立协作机制，探索一条共抓机遇、共享资源、共促发展的新路子。

（三）深化区域间的开放合作

中部地区应该建设高标准市场体系，全面打破地区封锁、行政分割，建立区域统一市场，实现产业资源要素的自由流动、自主配置。加快湖北、湖南、安徽、河南自由贸易试验区，江西内陆开放型经济试验区以及跨境电子商务综合试验区高标准建设步伐，打造更多高能级对外开放合作平台。整合中欧班列资源，提高中部地区的中欧班列集结能力和运营质效，强化中国中部投资贸易博览会、中非经贸博览会等枢纽平台作用。畅通区域流通体系。依托京广、京九、沪昆等交通干线、长江黄金水道和航空网络，完善内外联通、多向拓展的物流通道，率先打造"全球123快货物流圈"。加快重点城市国家物流枢纽建设，布局建设省级物流枢纽，创建国家示范物流园区，推动大宗商品和电子商务交易平台建设，加快建立储备充足、反应迅速、抗冲击能力强的应急物流体系。加快铁水联运、水水中转等模式发展，推广"一单制"服务，推动供应链协同整合，持续提高流通效率。

参考文献

伏敏、徐政、葛力铭：《新质生产力助推中部崛起的内在逻辑与实践路径》，《郑州大学学报》（哲学社会科学版）2024年第5期。

程必定等：《新时代站在更高起点推动中部地区崛起》，《区域经济评论》2024年第4期。

杨梦洁：《新时代中部地区现代化产业体系建设：新经验、制约因素、突破路径》，《区域经济评论》2024年第4期。

赵雅曼：《中部地区新质生产力发展的实证测度及路径研究》，《统计与管理》2024年第7期。

B.21
因地制宜发展中部新质生产力的思路与举措*

杨志才　赵秋翔**

摘　要： 随着经济全球化和科技的快速发展，新质生产力成为推动区域经济发展的关键力量。中部地区在我国经济发展中具有重要地位，因地制宜发展中部新质生产力对实现中部崛起、促进全国经济协调发展具有重大意义。基于此，本报告围绕中部崛起目标，探讨了中部地区发展新质生产力的必要性，分析了中部地区新质生产力的发展现状，发现中部地区存在新质生产力发展水平比较低以及各省份新质生产力发展水平不均衡等问题。基于发现的问题，本报告提出了重视地区差异、产业差异和空间布局，坚持"点"与"面"相结合以及坚持先"立"后"破"等因地制宜发展中部新质生产力的具体思路和相关举措。

关键词： 新质生产力　中部崛起　中部地区

引　言

2023年9月，习近平总书记在黑龙江考察调研期间首次提到"新质生产力"的概念，并强调需要整合科技创新资源，引领发展战略性新兴产业和未来产业，加快形成新质生产力。① 2024年国务院《政府工作报告》更是将

---

* 本报告系国家社会科学基金青年项目"数字经济驱动收入分配格局转变的机制、效应与协同路径研究"（项目编号:22CJL018）的阶段性研究成果。
** 杨志才，博士，郑州大学商学院副教授，硕士生导师，主要研究方向为数字经济、城市与区域经济发展；赵秋翔，郑州大学商学院硕士研究生，主要研究方向为数字经济、城市与区域经济发展。
① 《习近平在黑龙江考察时强调：牢牢把握在国家发展大局中的战略定位　奋力开创黑龙江高质量发展新局面》，中国政府网，2023年9月8日，https：//www.gov.cn/yaowen/liebiao/202309/content_ 6903032.htm。

"大力推进现代化产业体系建设,加快发展新质生产力"定为首项任务。新质生产力是指在新技术、新产业、新业态、新模式等方面具有创新性和引领性的生产力,在全球竞争中占据重要地位。因此,在当前全球经济竞争日益激烈的背景下,发展新质生产力是提升国家和地区核心竞争力的必然选择。

中部地区作为我国的重要经济区域,地处中国内陆腹地,具有承东启西、连南接北的区位优势,拥有丰富的自然资源、人力资源和坚实的产业基础,是我国重要的粮食生产基地、能源原材料基地、现代装备制造和高新技术产业基地,以及综合交通运输枢纽,在全国高质量发展中发挥生力军的作用,在全国区域发展格局中具有重要的战略地位。然而,与东部发达地区相比,中部地区在新质生产力发展方面还有一定的差距,存在新质生产力发展水平比较低以及各省份新质生产力发展水平不均衡等问题。因此,因地制宜发展中部新质生产力,解决中部地区新质生产力发展存在的问题,为中部地区高质量发展提供新动能、新优势,对实现中部崛起具有重要的现实意义。

基于此,本报告围绕中部地区崛起战略,探讨中部地区发展新质生产力的必要性,并分析中部地区各省份新质生产力发展现状与存在的问题,最后基于发展现状与存在的问题提出因地制宜发展中部新质生产力的具体思路与相关举措,以期为推动中部地区高质量发展的相关政策提供参考与建议。

一 中部地区发展新质生产力的必要性

新质生产力作为中国经济的高频词汇,学术界对于新质生产力的讨论层出不穷。新质生产力是具有高科技、高效能、高质量特征的先进生产力质态。这种质态的原动力是国际前沿性科技,落脚点在现代化产业体系,路径是创新。新质生产力不仅是一个理论概念,也是对生产力发展规律认识的进一步深化,更是推动经济社会发展的强大动力,不仅丰富和发展了马克思主义生产力理论,使马克思主义生产力理论具备新时代的特征,也是对传统生产力的更新换代。不同于传统生产力,新质生产力是以创新为核心,以先进的新兴产业和未来产业为驱动催生的,具备高质量、高效能等特征的先进生产力。新质生产力理论的提出,为中国经济的高质量发展提供了行动指南,为传统生产力的变革提供了中国方案。

促进中部地区崛起战略实施以来，中部地区的经济社会发展取得重大成就。然而，在创新引领、协调发展、对外开放、绿色低碳、深化改革等方面，中部地区仍存在短板和弱项，急需新的生产方式、新的科学技术和新的产业形态来有效破局。因此，因地制宜培育和发展新质生产力，对促进新时代中部地区在更高起点上加快崛起具有重要意义。

一是有助于中部地区以高质量发展的方式加快崛起。中部地区的加快崛起，必须摆脱传统经济增长方式，遵循高质量发展理念。新质生产力作为生产力能级跃迁，不仅能有效助力中部地区摆脱传统产业结构演变方式和生产力发展路径，还可以在提升中部地区广大劳动者的素质、提高生产工具的科技属性和技术含量，以及拓展劳动对象的种类和形态等方面实现生产力要素的高效协同，从而促进中部地区以高质量发展的方式全方位加快崛起。

二是有助于在新征程上为中部地区加快崛起提供新动能。以创新为第一动力的新质生产力，会通过新产业的培育、新的要素配置和新的产业模式等来形成发展的新动能，并通过在产业领域、企业组织和市场环境的应用扩散，进一步构筑支撑高质量发展的动力源。

三是有助于塑造新时代中部地区产业发展新优势。新质生产力以科技改造中部地区传统产业、以数字赋能中部地区先进制造业，通过培育战略性新兴产业和超前布局未来产业，有力牵引和激发新供给，在实现对新需求的高水平动态平衡的同时，重塑了中部地区产业发展新优势。

未来，以高质量发展的方式促进中部地区加快崛起，必须因地制宜培育和发展新质生产力，谱写中国式现代化建设的中部崛起新篇章。

二 中部地区新质生产力发展现状及存在的问题

（一）中部地区新质生产力发展现状

目前，中部地区新质生产力发展水平的提高较为显著，这主要缘于"中部崛起"系列政策的支持，尤其是2018年长三角一体化发展上升为国家战略以来，提高的势头更为迅猛。中部地区充分发挥了承东启西、连南接北的区位优势，利用了便利的交通网络。一方面，中部地区各省份承接东部地区的优质产业，既促进了新兴产业的发展，也推动了传统产业的改造升级；另一方面，在政府的政策支持下，中部地区各省份的创新能力稳步增强，高水平人才数量也逐步增多。新质生产力的快速发展体现在中部地区的各个方面。

首先，在传统产业方面，河南新乡，中科种质创新团队利用来自西北的冰草与产自中原的小麦远缘杂交创制的小麦新品系"普冰资300"，较普通小麦产量增长15%以上，并且对小麦白粉病等病害免疫，极大地提高了小麦的产量和抗病性。目前，已有12个"普冰"系列小麦品种通过国审。通过科技创新实现粮食增产，是农业领域发展新质生产力的生动写照。位于安徽铜陵的铜陵有色集团，是我国铜工业揭幕者，新中国第一炉铜水、第一块铜锭、第一家铜业上市公司均出自其手。近年来，该企业瞄准高端化、智能化、绿色化发展方向，开发出一批具有高性能、高附加值的优质产品。其研制的5G通信使用反转电解铜箔、高频超低轮廓铜箔，解决了国内5G铜箔材料"卡脖子"难题。湖南娄底在助力涟钢产业升级、发展新质生产力上，一方面引导企业生产高强钢、硅钢，切入汽车板市场；另一方面，打出政策"组合拳"，鼓励企业数智化转型。位于湖南娄底的湖南钢铁集团涟钢热处理板厂，建成了亚洲最大的薄规格超高强钢板热处理生产基地。该集团积极向数字化转型，充分利用智能机器人技术，使搬运机器人、智能天车、全自动正火炉等相互配合，并在数公里外的涟钢云数据中心，实时掌握着这里发生的一切。转型后，企业钢铁生产效率提升39.2%，吨钢费用降低11%。

其次，在新兴产业方面，中部六省各扬所长，产业发展纷纷上新，新兴产业结链成群。汽车产业是安徽的"首位产业"，发展新能源汽车是当地从汽车大省迈向汽车强省的必由之路。在这里，奇瑞、江淮、比亚迪、蔚来、大众等整车企业驰骋"新赛道"，一大批零部件配套企业亦选择在这里落地发展，新能源汽车产业集群初具规模。2023年，安徽汽车产量249.1万辆，增长48.1%，位居全国第二。其中，新能源汽车产量86.8万辆，增长60.5%。河南省君恒实业集团生物科技有限公司制造的可持续航空燃料比传统石油基航空燃料减碳近八成，极大助力了国家实现碳达峰碳中和。位于湖北武汉的"光谷"，高新技术企业总数突破5700家，光电子产业规模占全国的50%，原创性、颠覆性科技创新不断涌现。此外，以东风、上汽通用、吉利路特斯、小鹏、长城等为骨干的新能源与智能网联汽车企业矩阵加速形成。盾构机主轴承曾被列为制约我国工业发展的"卡脖子"关键技术之一，直径 8.61 米的盾构机主轴承在"工程机械之都"长沙下线，为行业技术创新提振了信心。位于山西省阳高县的高速飞车试验基地，涵盖先进制造、先进电力电子、新能源、新材料等众多技术，兼具高技术、大规模双重属性，可以让轨道列车以 1000 公里时速"近地飞行"。此外，晶科能源、中电科碳化硅二期、泰山玻纤等战略性新兴产业项目加快建设。在江西，新兴产业也快速发展，战略性新兴产业、装备制造业增加值分别增长 9.1%、10%。

再次，在未来产业方面，氢能产业是位居时代前沿的战略性新兴产业，在国际竞争中占据重要地位。山西省鹏飞集团与上海企业合作，提高与延长氢燃料电池电堆的转化率和使用寿命，最新研发的电堆使用寿命超过 2 万小时。中部地区不仅在新型储能方面有重大突破，还在量子信息技术产业方面有重大突破。安徽合肥的国盾量子研制出稀释制冷机，作为构建超导量子计算机的关键设备，实现了"中国造"，意义重大。安徽争取到 2027 年在通用智能、量子科技等具有比较优势的领域建设省级未来产业先导区。在湖南，未来产业加速布局，国家人工智能创新应用先导区加快建设。江西努力在元宇宙、人工智能、新型显示、新型储能等领域抢占先机。湖北要实施 6G 创新工程，加快未来能源等领域的产业布局。河南也积极发展氢能储能、量子科技等领域，打造优势产业。

最后，在教育方面，中部地区也成效显著。例如，河南通过"中原英才计划"引进高层次人才和紧缺专业人才，推动产学研结合。中部地区除了拥有区位优势，还拥有科教资源集聚优势，有超过 700 所高校，占全国 30% 的在校生，在推动新质生产力发展上具有良好的产业基础、人才基础。近年来，中部地区站在加快形成新质生产力的新跑道上，以新质生产力为新动力，以科技创新引领产业创新，持续推动中部崛起迭代升级。

（二）中部地区新质生产力发展存在的问题

目前，中部地区各省份新质生产力发展也存在各种问题。中部地区经济增长受外部需求影响下行压力较大，国际经济复苏乏力，通过东部沿海地区传导至中部地区，导致有效需求不足、部分产能过剩、社会预期偏弱等新问题出现。中部地区由于新型基础设施建设相对落后，产业仍然以劳动密集型为主，创新能力不足，导致传统产业转型升级和新兴产业发展较慢，因此新质生产力发展水平比较低。中部地区的产业结构虽然相对稳定，但不像东部地区那样充满活力，因此在财政科技支出相对不足和数字创新水平相对不高的情况下，新质生产力的间接效应可能受到限制，而且相对于东部地区，中部地区的区域间连接性可能较弱，导致新质生产力在一个区域内的发展不容易通过空间传导影响到邻近区域的产业结构。因此，空间溢出效应在中部地区也不显著。

中部地区各省份新质生产力发展水平存在不均衡的问题。目前，中部地区仍采取模仿迁移等方式发展"三新"经济，内在创新驱动力的匮乏导致区域内差距呈现扩大趋势。由于中部地区部分省份承接了东部地区的优质产业，从而与中部地区其他省份拉大了新质生产力发展的差距。目前，山西省和湖北省新质生产力发展水平相较于中部地区其他省份较高，主要得益于科技创新赋能"三新"经济。安徽省和湖南省新质生产力发展水平提高快，这两个省份依靠技术创新驱动新质生产力发展，长期来看其新质生产力具有快速发展的可能。江西省和河南省新质生产力发展较为缓慢，这是因为这两个省份内在科技创新能力不足，在"三新"经济增长中也未显现更大的贡献，严重阻滞了新质生产力发展。

三　因地制宜发展中部新质生产力的思路和举措

（一）因地制宜发展中部新质生产力的思路

因地制宜发展中部新质生产力，要重视地区差异、产业差异和空间布局，根据中部地区各省份的发展状况、区位优势和战略定位，制定相关的发展策略。

重视地区差异，要求处理好地区间共性与个性的关系。从共性来看，一方面，在当前世界百年未有之大变局下，我国正处于推动高质量发展的关键时期。因此，发展新质生产力，为高质量发展提供新动能、新优势，从而提高国际竞争力是中部地区各省份的共同目标和任务。另一方面，不同省份之间也有一定的共性，可以借鉴其他省份的成功案例，来推动本省发展。例如，安徽省的新能源汽车、湖北省的光电子产品已经具备了强劲的市场竞争力，推动了本省经济和新质生产力的快速发展。从个性来看，中部地区各省份的经济状况、区位优势以及在中部地区崛起战略中的定位有所不同，劳动者的素质、自然资源的种类和丰富程度也存在差异，特别是河南、江西等新质生产力发展水平比较低的省份，更要结合自身状况学习其他省份的成功案例，弥补自身的不足，充分发挥地区优势，扬长避短，推动新质生产力不断发展。例如，江西省可以加大科技创新投入，大力发展战略性新兴产业和装备制造业；河南省可以充分发挥农业优势，加大农产品创新投入。

重视产业差异，要在持续改造传统产业的基础上发展新兴产业和未来产业。习近平总书记强调，发展新质生产力不是要忽视、放弃传统产业。① 传统产业、新兴产业和未来产业三者必须共同发展。如果只重视新兴产业和未来产业，忽视传统产业，就会出现产业结构断层的情况，如果注重传统产业而忽视了新兴产业和未来产业，就会阻碍新质生产力的发展。因此，必须统筹好三者的关系，均衡发展。具体来看，不同的产业发展状况以及其对劳动力和劳动对象的需求存在一定的差别，需要根据各产业的情况，实施不同的措施。目前，中部地区各省份传统产业发展较为成熟，难以有较大的发展成果，需要用新的技术和管理方式进行改造升级；新兴产业和未来产业处于萌芽阶段，需要加大投资、重点建设、不断创新，掌握最前沿的核心技术，从而在新领域拥有产业优势。因此，培育和发展新质生产力，要重视产业差异，就是要把握好传统产业、新兴产业和未来产业三者的关系，协调发展，共同进步。

重视空间布局，处理好中部地区各省份之间存在的差异。中部地区各省份在地理环境、历史基础、资源禀赋等方面都存在差异，在国家发展战略中的定位也有所不同。因此，要结合各省份的相对优势以及在国家发展战略中的定位发展新质生产力。河南省是我国重要的粮食生产基地，粮食总产量位于全国前列，对确保国家粮食安全做出了重要贡献。山西省是我国煤炭大省和钢铁大省，其煤炭总产量居全国首位，钢材总产量位于全国前列，具备坚实的工业基

---

① 《习近平：发展新质生产力不是要忽视、放弃传统产业》，人民网，2024年3月8日，http://lianghui.people.com.cn/2024/n1/2024/0308/c458561-40191849.html。

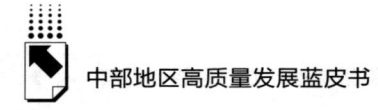

础。安徽省和江西省受东部地区影响，承接东部地区的优质产业，拥有丰富的资源和良好的营商环境。其中，安徽省拥有完善的汽车产业集群，汽车产量位于全国前列，并且在新能源汽车方面具备强劲的竞争力；江西省致力于发展制造业重点产业链，其打造的有色产业集群核心区，推动了铜原材料基地向铜基新材料基地跨越，目的是打造能够辐射全国的国家级铜基新材料先进制造业集群。湖北省是我国重要的能源原材料基地，其电力装机容量以及水泥总产量均位于全国前列，也是我国重要的现代装备制造和高新技术产业基地，工业企业营业总收入位于全国前列，其中光电子产业规模已占全国的50%。湖南省拥有多个国家级跨行业、跨领域"双跨"平台和省级工业互联网平台，其国家新型工业化产业示范基地数量居中部地区首位，全社会研发经费投入持续增长，推动企业向智能化、数字化全面转型。因地制宜发展新质生产力，要统筹好中部地区各省份之间的差异与联系，根据各省份实际情况，实施相应的策略，从而促进中部区域协调发展。

因地制宜发展新质生产力，要坚持"点"与"面"相结合。发展新质生产力不能只搞一种模式，要统筹好各个方面。新质生产力的发展首先就是要搞好制造业，在推动中部地区崛起工作座谈会上，习近平总书记就指出"推动制造业高质量发展"①。在2024年的新时代推动中部地区崛起座谈会上，习近平总书记继续强调，"做大做强先进制造业，积极推进新型工业化"，"加快构建以先进制造业为支撑的现代化产业体系"②。推动制造业高质量发展，就是要发展新质生产力，考虑各个方面，既要加大力度培育、建设大企业，也要以政策激励更多中小企业不断发展，促进大中小企业协调发展。

因地制宜发展新质生产力，要坚持先"立"后"破"。所谓先"立"，就是要加快培育新增长点，推动新动能见实效，使经济系统在新旧动能切换中保持稳定性。所谓后"破"，就是在新的体系初步建立之后，通过市场机制缓慢发挥旧动能的淘汰效应，从而保证整个经济体系不至于发生大的起伏。坚持先

---

① 《习近平在江西考察并主持召开推动中部地区崛起工作座谈会》，中国政府网，2019年5月22日，https：//www.gov.cn/xinwen/2019-05/22/content_5393815.htm。
② 《习近平主持召开新时代推动中部地区崛起座谈会强调：在更高起点上扎实推动中部地区崛起》，中国政府网，2024年3月20日，https：//www.gov.cn/yaowen/liebiao/202403/content_6940500.htm。

"立"后"破"的关键就是创新,其同样是新质生产力发展的核心路径。中部地区各省份要充分发挥各自的产业优势和区位优势,积极承接东部地区的优质产业,发展人工智能、生命科学等新兴产业和未来产业,提高创新能力,掌握一批前沿核心技术,在国家发展战略中发挥更重要的作用。聚焦产业升级,先着重发展优势产业,强化竞争优势,再带动其他产业改造升级,从而打造国家级产业集群。同时要强化企业在科技创新中的主体地位,激励企业加大科技创新投入,支持更多创新能力强、发展速度快的企业不断涌入市场,替代那些创新能力不足、管理方式落后的企业,不断激发市场的新活力。

(二)因地制宜发展中部新质生产力的举措

因地制宜发展中部新质生产力,要求各省份根据自身情况,立足本省优势来制定发展新质生产力的举措。

河南省首先要坚持粮食大省的定位,在此基础上,向高级化、智能化发展。坚持以创新驱动新质生产力发展,聚焦"7+28+N"产业链群培育,加快构建以先进制造业为支撑的现代化产业体系。其次要深化区域协同发展,加强与京津冀、长三角、粤港澳大湾区的深度对接。此外,还要持续推进深层次改革,着力扩大更高水平开放。虽然当前进出口贸易方面面临一些压力,但河南下一步要持续高质量参与共建"一带一路",不断强化"四条丝绸之路",保持好在开放发展方面的优势,打造更具竞争力的内陆开放高地。最后要深化中原文化、黄河文化研究,为新时代推动中部地区崛起提供理论支持。中原地区作为中华民族的发祥地、中华文明起源的核心地区,要从构建中国自主知识体系的高度来定位、发掘、研究、利用中原文化、黄河文化,推进中原学建设。

山西省要立足自身优势,积极承接东部地区的优势产业和国际战略性新兴产业。向东,把山西打造成京津冀重要的保障基地、联动发展的战略腹地。向南,重点加强与长三角、粤港澳大湾区、长江经济带等区域的交流合作,引进更多先进生产要素,实现互利共赢发展。要立足山西能源资源禀赋,围绕能源革命、先进制造、未来产业、绿色低碳发展等积极布局,突破一批最前沿的核心技术,不断加强原创性科技创新,为新质生产力的发展不断注入新动能、新优势。此外,还要在夯实传统煤炭产业的基础上,逐渐向新能源、新材料产业转型,加快构建新型电力系统,推动建设新型能源体

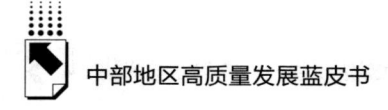

系，全力服务山西转型发展。

安徽省要不断提高创新能力，持续发展新兴产业，打造在全国范围内有重要影响力的科技创新策源地和新兴产业集聚地。坚持经济社会发展全面绿色转型区（"三地一区"）的战略定位，高水平建设创新型省份。加快建设国家实验室、合肥综合性国家科学中心等高能级创新平台，全力打造量子信息、聚变能源、深空探测三大科创引领高地，持续实施重大基础研究项目，筑牢发展新质生产力的基座。此外，还要围绕发展新质生产力布局产业链，构建以先进制造业为支撑的现代化产业体系，推动战略性新兴产业融合集群发展。坚持把汽车产业作为"首位产业"，以建设新能源汽车强省为目标，努力打造具有国际竞争力的新能源汽车产业集群。

江西省要深入实施科技兴赣六大行动，积极对接国家战略科技资源，争创国家实验室研究基地及各领域全国重点实验室，努力在未来产业领域抢占先机。此外，江西省还要为招商引资、招才引智、项目落地、营商环境和园区提质等系统工程提供有力支撑。江西省依托自身的资源优势和区位优势，着重发展有色金属、建材等优势产业，加快构建现代化产业体系。发挥有色金属、建材等优势产业的引领作用，不断推动航空、装备制造、生物医药等产业发展，打造更多优势产业。同时要加快传统产业的改造升级，推动传统产业不断向智能化、信息化发展，激发传统制造业的新活力。

湖北省首先要坚持打好关键核心技术攻坚战，加快建设武汉科创中心，争创东湖综合性国家科学中心。深入实施"尖刀"技术攻关工程，加快突破基础软硬件、关键基础材料等"卡脖子"技术瓶颈，掌握优势领域的核心技术。其次要构建现代化产业体系，加快传统产业改造升级，加快实施"数化湖北"行动，创建国家算力枢纽节点，加快培育壮大新兴产业，加快建设新兴领域重大项目。最后要加快发展方式绿色转型，深入推进流域综合治理，完善流域基础设施布局，推动绿色低碳发展。

湖南省首先要结合粤港澳大湾区是湘商主要集聚地的实际，围绕优势产业、重点领域、前沿方向开展精准招商，积极承接产业转移，大力引进外资研发中心、区域总部，吸引跨国公司、知名企业和行业龙头落户湖南。其次要持续推动"4+4"科创工程等标志性工程建设，持续提高创新能力，全力建设长沙全球研发中心城市。再次要打造未来产业先导区，以湘江科学城为重点，以完善高能级创新平台为主措施，以丰富应用场景建设为抓手，以壮大产业主体为发力点，以强化要素供给保障为支撑，推动具有比较优势与巨大潜力的未来产业跨越式发展，加快形成彰显湖南特色的新质生产力。最后要重点发展人力资源，湖南省有国防科技大学、中南大学等985、211高校，要充分发挥好高校优势，加大人力资本投资力度，鼓励支持大学生创新创业，将高水平人才更多地留在湖南，从而为新质生产力的发展提供持久活力。

总之，中部地区各省份要遵循党的部署，按照中部地区崛起战略的政策，因地制宜发展新质生产力，根据各自的发展状况和区位优势，改造升级传统产业，布局发展新兴产业和未来产业，打造一批优势产业，将各类先进的生产要素向发展新质生产力聚集，以新质生产力推动高质量发展，从而实现中部崛起目标。

参考文献

贾若祥、王继源、窦红涛：《以新质生产力推动区域高质量发展》，《改革》2024年第3期。

洪银兴、王坤沂：《新质生产力视角下产业链供应链韧性和安全性研究》，《经济研究》2024年第6期。

王方方等：《新质生产力发展水平评估与时空格局分析——基于"先进性—发展潜力—实现水平"的三维测算》，《西部论坛》2024年第4期。

蔡继明、高宏：《新质生产力参与价值创造的理论探讨和实践应用》，《经济研究》2024年第6期。

陈梦根、张可：《新质生产力与现代化产业体系建设》，《改革》2024年第6期。

王钢、郭文旌：《中国新质生产力水平测度及其对经济高质量发展的影响效应》，《金融发展研究》2024年第7期。

胡仲军：《中部崛起必须牢牢牵住科技创新"牛鼻子"》，《民主》2024年第7期。

程必定等：《新时代站在更高起点推动中部地区崛起》，《区域经济评论》2024年第4期。

胡欢欢、刘传明：《中国新质生产力发展水平的统计测度及动态演进》，《统计与决策》2024年第14期。

龚宇润、刘宏伟：《新质生产力的理论意蕴、统计测度与时空分异特征》，《湖北民族大学学报》（哲学社会科学版）2024年第4期。

孙亚男等：《中国新质生产力的增长模式、区域差异与协调发展》，《财经研究》2024年第6期。

潘碧灵：《大力发展新质生产力为中部地区高质量发展提供强大动能》，《民主》2024年第6期。

中国社会科学院经济研究所课题组等：《结构变迁、效率变革与发展新质生产力》，《经济研究》2024年第4期。

案例篇

B.22 山西深入开展能源革命综合改革试点的实践及展望

曹海霞 付子昊*

摘　要： 2019年5月，根据中央全面深化改革委员会第八次会议精神，山西全面开展能源革命综合改革试点工作。在过去的五年间，山西省强力推动能源革命，采取了一系列具有变革性、引领性和标志性的改革措施，在确保能源安全供应的基础上，以体制机制改革与技术创新为驱动，全面推动能源转型，主动布局新能源、新业态，加速构建新型能源体系，推动山西从煤炭大省向能源革命排头兵转变。

关键词： 能源革命综合改革　新型能源体系　山西

---

* 曹海霞，经济学博士，山西省社会科学院（山西省人民政府发展研究中心）能源经济研究所所长、研究员，主要研究方向为能源经济与政策；付子昊，经济学博士，山西省社会科学院（山西省人民政府发展研究中心）能源经济研究所，助理研究员，主要研究方向为区域可持续发展。

山西作为我国重要的综合能源基地，依托独特的资源禀赋和坚实的产业基础，长期以来为国家经济社会发展提供了重要的能源保障。党的十八大以来，山西能源产业进入高质量发展新阶段。在习近平总书记提出的"四个革命、一个合作"能源安全新战略指引下，山西走出了一条顺应国内外能源发展大势，适应新时代、新要求的能源转型之路。

一 山西能源革命综合改革试点现状

2019年以来，山西深入开展能源革命综合改革试点工作，加快建设"煤炭绿色开发利用基地、非常规天然气基地、电力外送基地、现代煤化工示范基地、煤基科技创新成果转化基地"五大基地，在保障能源稳定供应上持续发力，不断探索能源结构转型的新路径，加速构建清洁低碳、安全高效的新型能源体系，取得了一系列重大阶段性成果。

（一）由单一煤炭到多元开发，能源供给持续增长

稳妥开发化石能源资源，产能产量持续增长。山西省煤炭资源丰富，探明储量达到483亿吨，占全国总量的23.30%。"十四五"以来，山西肩负能源保供重任，煤炭产量保持持续增长态势，在连续两年每年增产1亿多吨的基础上，再增产5743万吨，2023年煤炭产量达到13.78亿吨，增量和产量均居全国首位。在电煤保供方面，山西省以长协价保供24个省份，2023年电煤外调量达到6.2亿吨。① 截至2024年9月，山西省累计建成智能化煤矿133座，井下在运行智能化采掘工作面756处，煤炭先进产能占比超过80%，预计在2027年，山西全省煤矿基本实现智能化。② 此外，山西还蕴藏着丰富的煤系非常规天然气资源，主要包括煤层气、致密砂岩气以及页岩气。近年来，山西通过加大勘探开发力度，建立矿业权退出机制，试点"三气"共采，非常规天然气产量取得突破，2023年全省非常规天然气产量达145.9亿立方米，较2019年增加1倍多。预计到2025年，全省非常规天然气产量力争达到200亿

---

① 数据来源于《山西统计年鉴》。
② 何勇、付明丽：《山西着力推进能源革命综合改革》，《人民日报》2024年9月9日。

立方米，天然气管网输气能力超过400亿立方米/年，储气调峰能力达到4.81亿立方米。①

因地制宜发展可再生能源和清洁能源，发电装机能力大幅提升。近年来，山西省充分利用自身光照资源、风力资源优势，坚持集中式和分布式并举，统筹风光资源开发和国土空间约束，建设了一批大型风电光伏基地，风光新能源装机容量年均增速达14.98%。②国网山西省电力公司数据显示，从2019年到2024年上半年，山西新能源和清洁能源装机占比由33.9%提升到47.2%，新能源和清洁能源发电量占比由18.1%提升到28.2%。2024年8月底，山西光伏发电出力首次超过2000万千瓦，支撑了全省六成以上的用电需求。在外送电力方面，2023年，山西外送电量再创新高，达1576亿千瓦时，其中新能源外送电量95.86亿千瓦时，同比增长14.95%，送电量占总发电量的比重提高5个百分点，保障了23个省区市电力供应。③因地制宜发展氢能、地热能、生物质能等多种新能源和可再生能源，通过地热发电、垃圾发电、蓄水发电，推动能源供给由单一向多元、由黑色向绿色转变。依托传统的焦化产业，山西形成了以焦炉煤气副产氢提纯为主的氢能供给体系。根据2023年太原能源低碳发展论坛发布的数据，山西氢能产业发展综合指数为285.05，在全国主要氢能发展地区中位列第二。在地热能开发方面，据不完全统计，截至2022年底，全省地热井共457眼，已开发利用276眼，每年实际开采地热水量1823万立方米，地热能供暖（制冷）面积约1650万平方米。④忻州、朔州等地初步形成了温泉康养旅游产业、工业利用等多元产业发展模式。

（二）加快低碳转型和绿色发展，能源消费结构持续优化

"十四五"期间，山西全面落实"双碳"目标，持续优化能源结构和产业结构，大力推进节能降耗，能耗强度降幅居全国前列。2023年，全省单位

---

① 根据山西省发展改革委、省能源局印发的《山西省非常规天然气行业碳达峰实施方案》。
② 何勇、付明丽：《山西着力推进能源革命综合改革》，《人民日报》2024年9月9日。
③ 《2023年全省电力运行稳中向好》，山西省人民政府网站，2024年2月8日，https://www.shanxi.gov.cn/ywdt/sxyw/202402/t20240208_9500451.shtml。
④ 《携手地热产业发展，共筑全球生态文明》，山西省人民政府网站，2024年9月12日，https://www.shanxi.gov.cn/ywdt/zwhd/202409/t20240912_9652877.shtml。

GDP能耗比上年下降2.9%，降幅超过全国3.4个百分点；"十四五"的前三年累计降幅已完成国家总目标的73.7%，能耗强度累计下降10.9%，排名全国前列。近年来，山西着力实施重点领域节能改造，持续推动清洁低碳转型和绿色发展。绿色交通领域，新能源车得到大力推广，在城市公交车中，新能源车占95.65%；在出租车中，新能源车占64.62%。[①] 城市公交车与出租车新能源化比例位居全国前列，太原、临汾荣获"国家公交都市建设示范城市"称号。绿色建筑领域，山西对既有建筑进行节能改造，太原市率先执行节能75%标准，并采用PPP建设模式，为全省做示范，太原、长治被列入国家公共建筑能效提升重点城市，对全国清洁低碳任务的完成做出了山西贡献。

（三）以科技创新驱动能源转型，能源科技创新平台不断涌现

近年来，山西依托怀柔实验室山西研究院、清华大学山西清洁能源研究院等国家级创新平台，联合太原理工大学、中国科学院山西煤化所等省内外科研机构，积极打造国家级能源科技创新高地。通过能源企业与高校、科研院所的广泛合作，以能源产业关键技术为突破口，加快技术攻关和科技成果转化步伐，推动能源领域产学研一体化发展，以科技创新推动能源领域产业创新，如汾西重工19兆瓦半直驱永磁风力发电机刷新全球最大单机容量纪录、天地煤机生产的煤矿快速掘进成套装备填补了国内空白等。目前，山西已在能源领域成功部署6个国家级创新平台、38个省级重点实验室、33个省级技术创新中心及10个新型研发机构，这些不断涌现的科技创新平台极大地促进了山西煤基科技成果的转化及能源产业的转型发展。

（四）加强制度与政策创新，能源领域体制机制改革取得突破

近年来，山西通过省属企业战略性专业化重组、合并及资产划转，形成了晋能控股和山西焦煤"双航母"引领，以及潞安化工、华阳新材料、华新燃气等5家大型企业并存的新格局。围绕电力市场化建设，山西通过实施售电侧改革，理顺电价机制，开放售电业务，构建了"中长期+现货+辅助服务""省

---

① 《交通运输 向"绿"而行》，山西省人民政府网站，2024年6月17日，https://www.shanxi.gov.cn/ywdt/sxyw/202406/t20240617_9589237_slb.shtml。

内+外送"融合发展的电力市场体系。2023年12月,山西电力现货市场正式运行,成为全国首个正式运行的电力现货市场。深化煤层气体制改革,山西率先在全国挂牌出让煤层气探矿权,并陆续出台多项管理办法,规范煤层气勘查开采及监督管理。通过一系列改革举措,山西煤层气行业市场配置资源的作用得到充分发挥,煤层气矿权数及投资主体大幅增加,产业发展环境持续优化,产能产量取得历史性突破。

（五）"引进来"和"走出去"双向发力,能源领域国际合作步伐加快

多年来,山西积极打造高标准、高规格能源领域国内国际合作平台,不断深化在基础地质勘探、能源资源开发、清洁低碳转型和人才交流等领域的务实合作。太原能源低碳发展论坛已成功举办八届,汇集了国内外重点能源项目、关键核心技术、高端人才,切实推进了能源领域的广泛交流和务实合作,成为推动山西融入全球能源合作的中坚力量。中国（太原）国际能源产业博览会,集中展示了全球能源产业的新技术、新理念和新产品,已经成为山西招商引资工作的重要载体。山西高质量开展企业间能源领域的合作,在资金"引进来"和能源装备、技术、服务、基建"走出去"上双向发力,与全球能源领军企业、国外研究机构等加强交流合作,建设了一批高技术、高质量的能源项目,如法国能源企业阿海珐集团与晋煤集团在大功率燃料电池应用、燃气掺氢等方面开展深度合作,阳煤集团与德国布朗公司合资建设,中国能建山西院和泰国B. Grimm公司联合投资大型光伏电站,等等,这些项目都有效促进了能源领域的国际合作,为全球能源转型贡献了"中国力量"。

二 山西面临的挑战与任务

作为煤炭大省和中国重要的能源基地,山西产业结构偏重、能源结构偏煤、能源利用效率偏低等问题长期存在,在保障国家能源安全和"双碳"目标约束的大背景下,能源领域清洁低碳转型势在必行。如何持续推动能源革命,构建新型能源体系,山西还面临一些新的挑战与任务。

（一）能源产业面临保供与转型的双重挑战

当前，全球经济形势、地缘政治形势仍不稳定，国际能源市场持续动荡。我国经济走势缓慢回升，煤炭、电力等能源消费需求不断增长，特别是寒潮、低温、冰冻等灾害性天气频发，导致国家能源安全供给面临巨大挑战，需要确保能源的稳定供应以满足当前经济社会发展需求。此外，为应对全球气候变化，"双碳"已成为国家目标，山西作为能源大省，节能降碳成效直接关系到国家目标的实现，需要大力发展清洁能源和可再生能源，以推动能源转型与清洁低碳发展。为实现能源保供目标，2021~2023 年，山西原煤产量从 11.93 亿吨一路上涨到 13.78 亿吨，煤炭产量持续走高，传统能源供给结构和路径依赖仍然存在，这使得能源产业的全面转型以及能源结构调整面临较大阻力，新能源和可再生能源受限于较高的开发成本，在市场竞争中可能处于劣势。如何平衡国家对煤炭、电力等传统能源的保供需求，以及能源产业自身清洁低碳转型的发展需求是山西能源产业高质量发展的重中之重。在双重挑战下，坚持先"立"后"破"，发挥煤炭资源禀赋优势，大力推动煤炭清洁高效利用以及逐步降低其在能源结构中的占比，同时保障能源供应的稳定性，是山西能源革命的首要任务。

（二）新型电力系统建设面临稳定性、安全性挑战

在"双碳"目标约束下，以煤电为主导的传统电力系统因碳排放量大，难以独立支撑能源转型以及满足清洁低碳发展的需求。以风电、光电为主导的新型电力系统具有清洁低碳、对环境影响小的优势，是构建新型能源体系的核心所在。然而，风光等新能源发电通常具有间歇性、波动性等特征，对电力系统的灵活调节能力提出了更为严苛的要求。如果天气不稳定，可再生能源发电能力可能大幅减弱，如果储能设施不完善、有效的调峰手段缺失，就会引发电力短缺、能源供应的不稳定，影响工业生产和居民生活。当前，山西省新型电力系统建设面临巨大挑战，现有的电力系统难以充分契合新能源大规模接入电网的实际需求。一方面，传统火电机组调峰能力有限，难以满足新能源发电的波动性需求；储能设施建设滞后，无法有效平抑新能源发电的间歇性波动。另一方面，电力系统的不完善也导致了新能源的消纳和利用效率不高，增加了新

能源企业的运营成本。在今后较长一段时期内,逐步建设并完善新型电力系统,推动能源结构转型,保证电力高效稳定供应,减少温室气体排放,是山西电力行业的重要任务。

(三)能源新质生产力面临关键核心技术匮乏的困境

能源领域部分关键核心技术匮乏,技术创新能力与先进国家、先进地区存在较大差距,以及能源技术创新成果转化率低等问题的存在,严重制约了能源行业新质生产力的形成。例如,在新型储能、氢能、地热能等领域的技术水平还需提升,关键装备、工艺、材料仍面临"卡脖子"的问题。煤层气地面开发水平井钻井和大型体积压裂核心装备国产化水平不高,深部煤层气成藏机理、储层评价和改造技术仍需进一步突破。惯性导航、煤岩识别等技术严重影响采掘智能化的实际效果,复杂条件智能采掘和掘进工作面智能化支护等关键技术亟须突破。此外,能源领域的技术创新体系亟待完善,"产学研"散而不强,技术创新涉及政府、高校、企业、科研院所等多部门,但目前能源企业创新主体作用不强,各职能部门在能源技术创新活动中缺乏联动和协调,科研经费多头立项、多头管理,科技资源无法优化配置。因此,要想突破能源技术发展瓶颈,必须摆脱资源依赖的传统增长路径,转入创新驱动发展轨道,通过发展新质生产力提升能源生产力发展水平、拓展能源生产力发展空间、解决能源领域深层次矛盾和问题。

(四)能源市场化改革面临不到位、不彻底的困境

当前,新型能源体系建设要求能源领域不仅有新的产业链、供应链以及创新链体系,还有新的能源治理体系、更加市场化的制度体系,目的是促进资源要素的灵活高效配置以及能源产业的高质量发展。例如,在能源领域,地方保护和市场分割的问题仍然存在,部分市县在资源开发中通过市场准入、招标投标、政府采购、资质标准等环节,保护和扶持本地企业,排除、限制外地企业进入本地市场竞争的情况时有发生,有些地方政府只考虑本区域小市场的利益,画地为牢,热衷于搞自我小循环,违反公平竞争原则。在传统能源领域,煤、电、气等能源产品定价机制不完善,相互间比价关系不合理,尤其是市场煤、计划电的问题尚没有完全得到解决;在新能源领域,随着光伏、风电等国

家补贴政策的退坡，在政策红利逐渐消退后，相关企业面临如何降本增效、在激烈的市场竞争中生存下来的问题。全国统一的煤炭市场、电力大市场、天然气大市场尚在建设中，跨省跨区的交易壁垒仍然存在，能源领域有效竞争的市场结构和市场体系还没有形成，这些均影响了市场对资源配置的决定性作用，成为下一阶段能源领域体制机制改革的重要内容。

三 山西积极探索现代能源治理的新路径

展望未来，山西需从多个维度着手，纵深推进能源革命综合改革试点工作，探索一条符合新时代新要求、具有鲜明地方特色的能源产业高质量发展新路径。

（一）深入实施能源领域供给侧改革

加快推进智慧矿山建设。以智慧化技术带动煤炭安全高效生产，加速推动煤炭矿山的机械化、自动化、信息化及智能化建设进程，深度融合5G通信技术、人工智能算法、大数据分析以及智能装备等前沿科技于智能矿山建设之中。打造集智能开采、智能洗选、智能安控等于一体的智能化煤矿综合管控平台系统，通过实时监测和数据分析，实现开采过程的自动化、精准化、绿色化和安全化。

着力提升煤层气开发效率。针对煤层气独特的储层特性，研发并应用一系列高效开采技术，如水平井钻探、多分支井技术、水力压裂与氮气泡沫压裂等，建立科学的采气与排水协同管理系统，发展适应性、低成本、高效勘探开发技术，提升煤层气单井产量和开发效率。实施"多气合采""煤气共采"，有效增强煤层气开发项目的经济性。

加快大型风光基地建设。以风光资源为依托，统筹优化风电光伏布局，重点推进可再生能源与采煤沉陷区综合治理项目的实施，建设生态友好型、经济优势明显的大型风电和光伏发电基地。采取"公司+村镇+农户"等模式，利用农户闲置土地和农房屋顶建设户用光伏，积极推进乡村分散式风电开发。

完善氢能产业链。加快完善制氢、储（运）氢、加氢、用氢全产业链氢能体系，提升氢能制储运全链条装备制造能力。布局建设氢燃料电池及动力系统规模化生产基地,打造产业发展新载体,积极建设国内先进的燃料电池汽车示范集群,有序推动氢基础设施建设,形成与产业发展相匹配的氢能供给体系,打造"制氢—储运—氢燃料电池—载重氢燃料汽车—示范应用"氢能产业链。

扩大生物质能、地热能开发利用规模。全面推进浅层地热能规模化利用,大力推进中深层地热能供暖制冷,积极开展试点示范,推动中深层地热能供暖示范工程产学研用一体化,争创国家地热能高质量发展示范区,全面推进浅层地热能规模化利用。

(二)推动能源消费方式的系统性变革

持续推进节能降碳工作。要以节能降碳为目标,加快传统产业转型升级、绿色发展,着力培育壮大低能耗、高能效的新兴产业,推动能源结构与产业结构的深度调整。积极开展不同领域、不同行业的节能降碳专项行动,加快煤电、建筑、钢铁、水泥等行业低碳化改造和建设步伐。深入开展能效诊断,加快重点企业的节能降碳改造和用能设备更新。积极推动节能目标责任评价考核。

创新新能源用能场景。大力发展分布式光伏系统,推动"分布式光伏技术+储能技术"的实际场景应用,提高光伏电池的转换效率,降低系统成本,推动锂离子电池、液流电池等多种储能技术的突破与应用。建设大型储能电站和分布式储能系统,实现新能源电力的有效存储和调度,打造"光储充放"一体化示范充电站。积极推动能源互联网建设,构建覆盖广泛、互联互通、智能高效的能源网络。加速新能源汽车和智能网联汽车场景创新应用。

推动低碳交通运输体系建设。推广新能源汽车应用,重点在公务车、出租车、公交车及物流车等领域,推动电动汽车、氢燃料电池汽车等新能源车辆的普及,减少对传统燃油车的依赖。挖掘山西既有干线铁路运能,加快发展以铁路为骨干的多式联运,通过"公转铁"等政策,提升铁路承运比重,减少公路货运的碳排放。强化交通领域的清洁能源供应,加快构建"交通沿线新能源发电+新能源运输装备推广应用+补能基础设施布局建设+智能化管控平台赋能"的交通运输新体系。

推动建筑领域的低碳转型。通过优化建筑设计和采用高效的建筑外壳,如保温材料、隔热窗户等，减少供暖和制冷需求，最大限度降低能源资源消耗。加快低能耗、低碳建筑的推广应用。为新建建筑配备太阳能电池板、风力发电机等可再生能源设备，以尽可能利用可再生能源，满足建筑内部能源需求。建筑设计应充分考虑配备高效的能源储存系统，如电池储能系统、热储能系统等，并采用智能能源管理系统优化能源利用。结合建筑全生命周期，积极研发推广近零碳建筑、零碳建筑。

（三）健全能源领域科技创新体系

完善能源技术创新激励机制。针对能源领域基础技术、关键共性技术研发的薄弱环节、关键环节，开展技术攻关。完善创新扶持政策，支持高校院所、重大创新平台、龙头企业等开展能源领域的技术创新。加大能源技术研发专项资金支持力度，强化财税、金融等政策供给，充分用好各类社会资本，重点支持制约产业技术重大创新的"卡脖子"关键核心技术攻关。

突出能源企业创新主体地位。大力培育能源领域的创新标杆企业，实施瞪羚企业和独角兽企业培育计划；鼓励大中型能源企业建立研发准备金制度，根据税务部门提供的企业研发投入情况，对年度研发费用支出高的企业给予资金奖励。加大能源行业科技招商力度。培育壮大研发设计、软件信息、科技金融等服务机构，加快打造能源领域重点实验室和技术创新中心，吸引领军人才承担重大项目。

加快能源领域创新人才培养。以能源科技创新项目为抓手，创新"人才+重大工程/项目"激励模式，推动相关学科交叉融合，激发创新活力；坚持"一事一议""一人一策"，采取"以才引才""领军人才+团队"等方式，扩展柔性引才渠道；坚持在能源技术研发、能源生产和管理实践中培育和发现人才，完善人才培养、评价、流动、激励、保障政策，加大专业人员技术技能培训力度，构建适应山西能源创新发展的人才支撑体系。

（四）全面深化能源领域市场化改革

持续深化能源领域国企国资改革。深化现代企业制度改革，完善能源国企内部管理体系与治理结构。继续完善企业法人治理结构，推动董事会向科学化、理性化及高效化转型，以增强与提高决策过程的科学性和透明度。对国有资本在不同能源板块的配置进行优化，特别要加大和优化国资对风电、光伏、氢能、生物质能等清洁能源领域的投资力度与战略布局。有序引导省属能源企业开展专业化整合，建立长效机制以有效处置"非主业、非优势业务"及"低效、无效资产"（即"两非两资"），持续削减亏损企业数量，逐步推动国有资本从缺乏竞争优势的领域中有序撤离。

建立健全能源保供补偿机制。近三年，山西省积极响应国家煤炭增产保供号召，以低价长协煤稳定供应全国，有力保障了国家能源安全。然而，随着稳产稳供成为常态，山西不仅付出了十分高昂的经济代价，还在资源接续、生态环保与转型发展方面面临重大挑战，亟须构建长效补偿机制。为此，建议加大中央财政对能源保供省份的转移支付力度，以补偿保供省份的经济损失以及推动资源型经济转型发展。加大对山西重点能源项目的支持力度，推动煤炭清洁高效利用及新能源发展。建立能源供需区省际利益联结机制，从"供需合作"向"供应链合作"转型，通过产业转移、生态补偿、税收返还等方式，实现资源互补和利益共享，推动形成多元化、规模化、现代化的能源产销合作新格局。

积极构建绿电、绿证、碳排放协同发展机制。强化电力零售市场与用户需求对接，提升绿电供给与消费活力，建立绿电消费认证、标识及公示制度，优化绿证核发与交易机制，实现绿证全覆盖。深化碳排放市场化机制，积极参与全国碳市场建设，引导企业参与碳交易，促进碳权资产化，并建立健全用能权交易制度，加强各类交易市场衔接，促进绿电、绿证、碳市场有机衔接。建立统一的碳排放统计核算体系，强化绿证在碳排放核算中的基础作用，利用区块链技术确保数据共享与交易的唯一性，推动绿色能源与碳市场高效协同。

（五）积极拓展国内外能源合作新空间

强化国内能源合作渠道。积极巩固与陕西、内蒙古、新疆等能源大省（区）的合作，建立风险共担与利益共享机制。通过共享市场和销售渠道，在煤炭产业链上下游形成协同发展效应；共享地质勘探数据、资源开发技术和设备，共同投资开发新矿区，降低勘探风险和开采成本；促进与京津冀地区的能源合作，重点开拓清洁能源供应渠道，加强政策协调与项目对接，完善人才培养与交流机制，促进与京津冀地区联动发展；拓展与东南沿海省份的合作，建立长期的能源供应与销售合作关系，支持技术交流与创新合作，加强新能源领域项目的合作，积极引进和培养专业技术人才。

拓展国际能源合作空间。在国际合作中，深化山西与共建"一带一路"国家的合作，明确合作目标与规划，秉持"共商共建共享"的原则，与共建"一带一路"国家建立长效合作机制，积极推动合作项目落地与实施；推动与发达国家合作，积极引进发达国家在新能源与清洁能源领域的先进技术、管理经验，以及先进适用的成套设备，以促进能源产业转型升级。拓宽与国际能源组织合作的渠道，建立合作框架与对话机制，明确双方的合作范围、目标和责任，积极参与国际能源组织的项目与活动，加强能源政策的沟通与协调，注重培养国际化、高端化、复合型的人才，支持和鼓励能源资本和企业走向世界。

参考文献

贺锴：《能源革命：锻造山西发展新优势》，《山西日报》2024年8月2日。

潘家华、张坤、蒋尉：《面向碳中和的农村能源变革：零碳微单元视角》，《经济纵横》2024年第7期。

邹昊飞、张建红、魏亿钢：《"电—碳—证"市场协同联动机制探索》，《环境经济》2023年第19期。

B.23
安徽主动融入长三角发展的思路与实践

叶 雷 刘志迎*

摘 要： 长期以来安徽与苏浙沪保持着紧密的经济社会联系。随着《长江三角洲区域一体化发展规划纲要》将安徽全域纳入长三角，安徽融入长三角发展步伐加快。为了加快构建安徽全域深度融入长三角的新格局，本报告探究安徽融入长三角的历史基础和现实优势，总结安徽主动融入长三角发展的总体思路和战略举措，以此提升安徽的产业实力、科创能力和区域能级以及建成"三地一区""七个强省"，为安徽更高质量发展注入新的活力。

关键词： 区域一体化 长三角 安徽

2018年11月，习近平总书记在首届中国国际进口博览会上宣布支持长江三角洲区域一体化发展上升为国家战略。中共中央、国务院于2019年发布《长江三角洲区域一体化发展规划纲要》，旨在以"一体化"打造高质量发展的标杆。5年来，长三角区域一体化发展成绩亮眼，成效显著。长三角GDP从2018年的22.1万亿元增至2023年的30.5万亿元，世界级城市群地位显著提升。作为长三角落后省份，安徽将长三角区域一体化发展作为发展的最大机遇、最大势能、最大红利，主动融入一体化发展，积极对标高标准，务实开展各项工作，努力争取走在前列，推动全省在高质量发展中取得新的更大进展。

探索安徽主动融入长三角发展的思路和策略有多方面原因。一是安徽既是长三角成员，也属于中部地区，安徽主动融入长三角发展有助于为安徽和中部

---

* 叶雷，博士，安徽师范大学经济管理学院副教授，硕士生导师，主要研究方向为产学研、创新网络与区域高质量发展；刘志迎，中国科学技术大学管理学院/国际金融研究院教授，博士生导师，安徽省发展战略研究会会长，主要研究方向为创新管理与区域经济。

地区协同发展以及中部地区崛起提供参考。二是安徽发展一度滞后,近年来安徽在经济发展、科技创新、环境保护和社会服务等方面成绩突出,为落后地区通过后发优势实现高质量发展提供了有益参考。三是安徽作为长三角落后省份,在产业合作、基础设施、公共服务等领域主动对接先发地区取得丰富经验,为落后和先发地区协同发展提供经验借鉴。四是长三角区域一体化发展5年实践中仍有诸多深层次问题有待进一步破解。因此,以安徽为案例探究区域高质量发展和区域协同发展的思路和举措,具有代表性和参考性。

一 安徽融入长三角发展的基础与优势

(一)安徽融入长三角发展具有良好的基础

1. 经济合作紧密

安徽历史上就与长三角的经济合作频繁,是与长三角联系最为密切的地区之一。早在明清时期,皖南地区的徽商足迹就遍布苏浙,并在上海、南京、扬州、苏州、杭州等地扎根经商。外地徽商与家乡保持紧密联系,成为安徽与苏浙商贸联系的重要纽带。新中国成立初期,为支持安徽工业发展,上海化工、电机、针织等行业的106家私营工业企业内迁安徽,奠定了安徽工业发展的人才、技术和资金基础。当代以来,安徽与长三角经济合作进一步强化。1990年,安徽提出"以芜湖为重点和突破口,开发皖江,呼应浦东",成为第一个响应上海浦东开发的省份;1984年,安徽首次作为经济区成员参与上海经济区省长会议;1988年,安徽提出"远学闽粤、近学江浙";1991年,安徽在沪投资裕安大厦作为安徽经济外向发展的窗口;2003年,安徽将"融入长三角"上升为全省发展战略;2005年,提出"东向战略",安徽融入长三角区域一体化发展战略的进程进一步加快。

2. 人员往来密切

经济合作往往伴随人口的流动。明清时期,越来越多的徽商进入苏浙地区从事盐业、米业等,促进了地区间的经济交流与发展。改革开放后,安徽与苏浙沪人员往来进一步加强。安徽是长三角三省一市中劳务输出最大的省份,苏浙沪是安徽省外流人口的主要目的地。根据《安徽统计年鉴(2014)》数据,

2013年安徽流向省外半年以上的流动人口为1130万人,其中流向苏浙沪的比例合计高达74.7%(见表1)。第七次人口普查数据显示,2020年安徽籍人口占上海外省市人口总数的23.2%,安徽是上海外来人口占比最高的省份。近年来,安徽与苏浙沪之间的人口流动强度进一步提升。2015年宁安高铁开通,沿江城市与南京、苏州、上海等地的交通用时压缩一半以上;处于苏皖交界地带的滁州和马鞍山等地逐渐融入南京都市圈,未来人口流动的自由度和便利性进一步提升。

表1 2013年安徽流向省外半年以上的流动人口构成

单位:%

省市	比例	省市	比例
江苏	25.0	福建	1.8
浙江	26.8	山东	2.0
上海	22.9	天津	1.1
广东	7.2	其他	9.5
北京	3.7		

资料来源:《安徽统计年鉴(2014)》。

3. 文化同根同源

文化是以内聚力增强身份认同和维持社会团结的思想基础。长三角历史演进中形成了诸多地域文化,例如安徽皖南地区的文化、上海的海派文化、苏南等地的吴越文化。由于自然地理、民俗风情和文化主张的不同,不同地域的文化模式和形态存在一定差异。例如,崇尚海派文化的上海强调持续性、开放性和摒弃性;受吴文化影响的江苏注重人文精神和文化关怀;徽州文化追求修身、齐家、治国、平天下的儒家思想和奋进、创新的人文精神。但是,长三角同属江南地区,同受江南文化的浸润。江南文化善于吸收并融合异质文化元素,在历史中不断融合中华文化的体系和风范并逐步发展成为包含徽州文化、吴文化、越文化、海派文化等的文化体系。因此,徽州文化作为江南文化的重要分支,与江南文化同根同源,与吴文化、越文化等相互影响,具有共识性和认同性。

（二）安徽融入长三角发展具有独特的优势

1. 承东启西的区位优势

安徽融入长三角发展得益于独特的区位优势。安徽承东启西、连南接北，既属于长三角，也属于中部地区，是长三角区域一体化发展、长江经济带、中部地区崛起等多个国家战略的交汇点。安徽东部与江苏接壤，东南部与浙江接壤，东北部与山东接壤，西北部与河南接壤，西南部与湖北、江西接壤。安徽高速铁路里程排名全国首位，拥有京沪、商合杭、宁安等高速铁路，以及京台、济广、沪渝等高速公路，内拥长江、淮河水道，能够承东启西、连接南北。此外，安徽是"西电东送""西气东输"的关键枢纽。独特区位和交通优势使安徽成为连接长三角与中部地区的重要桥梁。

2. 充足的劳动力资源

安徽是人口大省，劳动力资源充足。根据《安徽统计年鉴（2020）》数据，2019年安徽户籍人口7119万人，常住人口6092万人。安徽人口迁出率高，排名全国首位，2010年后人口迁出率超过20%，2019年流向省外半年以上人口达1061万人，其中77.5%流向苏浙沪。尽管如此，安徽城镇化率低，农村富余劳动力仍较多、转移潜力仍较大。2019年安徽常住人口城镇化率为55.8%，低于全国4.8个百分点，居全国第22位、中部地区第5位、长三角地区末位。此外，安徽工资水平和居民人均可支配收入均较低（见表2）。2023年安徽城镇私营单位就业人员年平均工资为59498元，低于全国平均工资（68340元），人力成本低于苏浙沪，为安徽建设成为承接苏浙沪产业转移的高地提供了有利条件。

表2 2023年长三角三省一市居民人均可支配收入比较

单位：元

收入	上海	江苏	浙江	安徽	全国平均
居民人均可支配收入	84834	52674	63830	34893	39218
城镇居民人均可支配收入	89477	63211	74997	47446	51821
农村居民人均可支配收入	42988	30488	40311	21144	21691

资料来源：国家统计局。

3. 互需互补的资源优势

安徽在农业资源、矿产资源、创新资源等方面与苏浙沪形成了互需互补格局。安徽是传统农业大省，农业资源优势明显（见表3）。安徽的粮油茶等农产品和畜牧水产品产量均居全国前列，是全国重要的粮油生产基地和畜牧水产养殖基地。安徽紧邻苏浙沪，凭借运输距离短、产品价格低的优势，农产品能够很好满足苏浙沪居民的日常生活需求。安徽矿产资源丰富，硫矿储量排全国第2位，铜矿和铁矿储量排全国第5位，煤炭储量排全国第6位。安徽淮南和淮北煤矿对保证长三角能源安全和经济发展具有重要意义。苏浙沪的丰富创新资源则对安徽创新驱动发展具有显著带动作用。

表3 2022年长三角三省一市主要农业指标比较

农业指标	上海	江苏	浙江	安徽
农林牧渔产值（亿元）	269.60	8935.53	3978.02	6247.89
粮食产量（万吨）	101.86	3797.70	638.79	4150.75
木材产量（万立方米）	—	236	72	551
大牲畜年度头数（万头）	5.80	28.48	15.54	107.19
水产品产量（万吨）	25.47	504.86	621.72	245.50

资料来源：国家统计局。

4. 产业结构契合度较高

目前，长三角处于国际产业向长三角内部发达地区转移和长三角内部发达地区产业向落后地区转移的关键阶段。产业转移并不是向四周随机转移，而是存在转移速度、方向的选择问题。上海是国际经济贸易中心，江苏拥有全国最大规模的制造业集群，浙江是中国互联网经济中心，中部和西部地区都渴望承接来自长三角的产业转移。安徽除了独特区位优势外，在产业结构方面也与苏浙沪的契合度较高。例如，上海发展重心已逐渐转向服务业并将传统制造业向外迁移，而制造业仍是安徽经济增长的核心驱动力，安徽"制造强省"战略为承接苏浙沪产业转移奠定了坚实基础。此外，随着安徽科技创新实力的增强，近年来安徽在新能源汽车、人工智能、集成电路等新兴产业领域发展迅速，为安徽深度融入长三角供应链、产业链和创新链提供了有力支撑。

二 安徽主动融入长三角发展的总体思路

(一)空间战略上,由单点率先对接转向全省整体融入

安徽融入长三角发展并非一蹴而就,而是由皖江地区率先与浦东、南京等地对接,随后从国家层面推动全省整体融入长三角。安徽内部经济发展水平差异较大,其中省会合肥和沿江城市的产业基础较好、水陆交通便捷且靠近苏浙。20世纪80年代开始,马鞍山、滁州、芜湖三市加入"南京区域经济协调会",2002年出台的《南京都市圈规划》将马鞍山、滁州、芜湖纳入南京都市圈。1995年,安徽出台《关于进一步推进皖江开发开放若干问题的意见》,切实推动皖江地区与上海浦东互动。2010年,国务院批复《皖江城市带承接产业转移示范区规划》,率先探索皖江地区与长三角的分工合作和一体化发展,为后来安徽整体融入长三角提供了宝贵经验。2016年《长江三角洲城市群发展规划》发布,将安徽的合肥、芜湖、滁州、宣城、马鞍山、铜陵、安庆、池州8市纳入长三角。2019年发布的《长江三角洲区域一体化发展规划纲要》将长三角扩容并将安徽全境纳入长三角。

(二)设施联通上,由"硬"联通转向"软硬"联通并重

2005年提出"东向战略"后,安徽的高速铁路、高速公路、跨江大桥等交通基础设施建设步伐明显加快。2008年合宁铁路投入运营,2008年京沪高速铁路和马鞍山长江大桥开工建设,2015年宁安高铁建成,这些交通基础设施的建设有效地支撑了安徽东向发展战略,极大地提升了安徽与苏浙沪的交通连通性。"十三五"以来,安徽与苏浙沪的交通连通性进一步提升,省际高速铁路和高速公路基本贯通,滁州轨道交通宁滁线等城际通勤线路陆续建成,安徽滁州、马鞍山等地与江苏南京等实现跨省同城化发展。近年来,长三角一体化交通基础设施网络初步建成,安徽开始探索公共服务领域的一体化进程。2020年,《安徽省实施长江三角洲区域一体化发展规划纲要行动计划》发布,安徽在医疗、资源、政务服务等多个领域采取了多项措施,旨在促进区域内外公共服务资源共享和高效协同。

（三）产业分工上，由承接产业转移转向产业链协同合作

安徽发展整体落后于苏浙沪，其早期发展思路是定位为长三角的劳务供应基地、农产品供应基地、加工制造业基地和煤炭能源供应基地。此外，2010年安徽开始建设皖江城市带承接产业转移示范区，期望紧邻苏浙沪的芜湖、马鞍山、滁州等城市，凭借区位优势积极承接苏浙沪的落后产业，已实现率先发展。2010年，安徽滁州来安县与南京合作共建汊河轨道交通装备产业园，开始承接南京的轨道交通产业。2019年，马鞍山与南京共建宁马产业合作示范园区，以期为南京做好产业配套服务。经过多年一体化发展，安徽的产业基础得到快速增强，为更高水平融入长三角奠定基础。2017年，合肥综合性国家科学中心成立，省会合肥科技创新实力迅速提升。2021年，安徽发布《关于大力发展十大新兴产业打造具有重要影响力新兴产业聚集地的意见》，提出要大力发展智能终端、集成电路、新型显示等十大新兴产业，以实现与长三角的高水平产业链协同合作。

（四）合作领域上，由聚焦产业合作转向全领域一体化

在融入长三角的初期，安徽的主要途径是产业合作。一方面，安徽充分发挥土地、劳动力、农产品、矿产资源等方面的优势，满足苏浙沪的市场需求，促进了产业链上下游互联互通。另一方面，安徽依托皖江城市，积极承接产业转移，并形成了多个产业集群。随着区域一体化发展的深入，安徽的融入方式逐渐由单一的产业合作向全领域一体化转变。这一转变不仅体现在经济合作上，还涉及基础设施、生态环境、公共服务、科技合作、体制机制等多个领域的一体化。安徽省委、省政府和各市均出台了一系列措施全领域融入长三角。例如，2023年安徽与苏浙沪签署《长三角区域污染物总量协同控制实施方案》，组建长三角总量协同控制工作专班，协同推进区域大气污染物、水污染物减排以及排污权交易体系。2023年安徽印发《关于深度融入长三角一体化发展国家战略推动高质量发展的指导意见》，围绕合作创新体系、现代化产业体系、基础设施网络、生态联保联治、公共服务共享、体制机制创新等提出了70条具体措施，以实现全省域、全方位的深度融入。

三 安徽主动融入长三角发展的战略举措

（一）创新体制机制，共建长三角统一开放市场体系

1. 立法协同

安徽与苏浙沪紧密协作，积极推动协同立法，共同制定了一系列地方性法规，以法治力量保障长三角一体化稳步发展。在大气污染联防联控、长江流域禁捕、长江水体污染防治、铁路安全管理、居民服务"一卡通"等领域开展协同立法，确保区域间法律制度的统一性和协调性。此外，安徽还结合本地实际，及时完善长三角区域一体化发展的相关规定，为区域一体化发展中的改革探索提供法治保障，促进区域整体法治水平提升。这些立法协同举措为安徽深度融入长三角区域一体化发展奠定了坚实的法治基础。

2. 政策协同

安徽与长三角其他省市建立了常态化的政策协调机制，共同研究制定和实施跨区域政策，确保政策目标一致、步调协同。重点围绕科技创新、产业发展、土地管理、基础设施建设、生态环境保护、公共服务、人力资源管理等领域建立了政府间协商机制，根据协调意见形成协同政策。此外，为加大政策执行的协同力度，长三角三省一市在知识产权保护、食品安全监管、环境联保联治等领域实行信息共享、联合执法和合作整治，有效地促进了资源要素自由流动和优化配置。

3. 标准协同

清理和废除妨碍市场统一与公平竞争的各种规定及做法，致力于营造一个公平、透明、可预期的市场环境；加强长三角标准领域的合作，建立国际标准化长三角协作平台等区域标准化联合组织，省市标准和检验检测结果互认，推动区域内商品和要素的自由流动；对接教育、医疗、社保等方面的标准，通过"一卡通"等项目实现居民在就业、教育、医疗、社保等方面的待遇均等化；共同研制并执行更为严格、先进的环保标准，突出环境问题有效治理，生态环境协同监管体系和区域生态补偿机制更加完善。

（二）高质量建设合肥都市圈，培育区域竞争新优势

安徽不仅处于长三角经济发展滞后位置，而且省内经济发展差异较大。受发展基础、产业结构、政策导向等的综合影响，南部地区经济发展实力较强，而北部地区相对较弱。皖南地区由于历史、地理和政策等多方面因素，形成了较为完善的工业体系和高新技术产业集群。而皖北地区发展相对滞后，以传统农业和重工业为主，产业结构较为单一。这种产业结构差异进一步加剧了地区之间的经济发展不平衡。近年来，安徽加大对南部地区的投资力度，推动高新技术产业和战略性新兴产业的发展。相比之下，北部地区在政策和投资方面相对不足，难以吸引更多的资金和人才投入，导致经济发展相对滞后。

2011年以后，安徽开始实施强省会战略。经过多年发展，合肥经济总量和增速均居全省前列，在汽车及零部件产业、平板显示及电子信息产业等领域取得了显著成就，形成了从上游到下游的全产业链布局，成为全省经济发展的重要引擎。然而，受地理位置与地形限制、自身经济发展不充分、城市间发展差距过大等影响，合肥对省内其他城市的辐射带动作用有限。以合肥都市圈建设为突破口，一方面能进一步提升省会的城市能级，建设具有国际影响力的都市圈，有效带动全省发展；另一方面能与南京都市圈、上海大都市圈、杭州都市圈对标对接，深化四大都市圈互动互补，助力长三角世界级城市群建设。

合肥都市圈发展规划已于2023年上报国家发展改革委。高质量、高水平建设合肥都市圈，一是通过加快产业、科技和制度领域的高质量发展，进一步提升合肥的城市能级、产业实力和创新能力，强化全省核心增长极；二是进一步提高合肥与周边市县的专业化分工水平，推动合肥产业高端化发展，夯实其他市县制造业基础，形成城市功能互补和产业错位布局的新格局，有效缩小省内发展差距；三是进一步提升都市圈内交通基础设施联通水平、公共服务一体化水平和体制机制协同水平，加快都市圈同城化建设步伐；四是以合肥都市圈为抓手，加强与长三角其他都市圈互动互补和协同发展。

（三）完善区域创新平台，合建长三角科技创新共同体

充分利用区域内外的综合性国家科学中心、国家重点实验室、一流大学、

科研院所、国家自主创新示范区以及科技人才密集的科技创新要素，优化创新要素配置，有助于形成内外联动的区域创新体系，激发安徽高质量发展的内生动力。安徽主动融入长三角发展过程中，完善区域创新平台，合建长三角科技创新共同体。一是充分发挥合肥综合性国家科学中心在创新驱动发展中的创新策源地作用，联合上海张江综合性国家科学中心，构建长三角协同创新网络。二是设立长三角科技创新联合攻关专项，旨在各展所长、协同发力，突破一批关键核心技术，并联合苏浙沪科技管理部门，共同承担国家重点研发计划项目，提升了区域自主创新能力。三是宣城、芜湖、合肥等积极参加G60科创走廊，牵头建设通航产业联盟、智能驾驶产业联盟、机器人产业联盟、新能源和网联汽车产业联盟等，打造产业和城市协同发展、科技创新和制度创新双轮驱动的先行先试走廊。

（四）积极承接产业转移，推动制造业更高质量发展

1. 促进传统产业加快升级步伐，大力发展新兴产业

创新驱动发展战略深入实施背景下，区域难以通过承接外部产业转移成功实现创新驱动转型，探索区域内产业高质量发展路径和培育内生增长驱动力尤为重要。安徽在引进外部优质产能改造传统产业体系的同时，也在积极布局谋划新兴产业。一方面，大力实施制造强省战略。安徽通过大力支持企业增加研发投入以及智能化、数字化改造，积极促进传统产业转型升级。另一方面，创新和绿色发展理念使得传统高能耗、高污染、高排放产业转移已不能满足安徽高质量发展要求。安徽积极引进优质产能，推动化工、有色、钢铁等传统产业向智能化、绿色化、高端化、融合化发展。此外，安徽充分利用苏浙沪的人才、创新和资金资源，抢占未来产业制高点，大力发展新能源、新材料、人工智能等十大新兴产业，携手苏浙沪打造世界级新兴产业集群。

2. 培育皖江城市带承接产业转移示范区内生发展动力

在"共抓大保护、不搞大开发"的精神指引下，绿色发展成为皖江城市带承接产业转移示范区高质量发展的重中之重。绿色转型发展成为皖江城市带承接产业转移示范区培育内生发展动力的重要契机和突破口。一是加大环保执法力度，倒逼企业绿色改造和清洁生产，推动产业迈向中高端、绿色转型。很多传统工业企业因受人才、技术、资金等限制，很难在短期内完成绿色改造，

安徽通过构建生态环境硬约束机制，有序推动沿江污染企业搬迁，从源头上减少污染物排放。二是皖江地区的芜湖、马鞍山等城市积极对接G60科创走廊，发展创新经济，承接浙江和上海高端产业，并提前谋划新兴产业和未来产业，主动培育内生高质量增长动力。

3. 对标皖江，高水平打造皖北承接产业转移集聚区

皖北地区长期面临产业层次低、集聚程度低、承载能力不足等瓶颈制约。目前，皖北正处于工业化、城镇化加速推进阶段，对资金、技术和人才等要素资源的需求旺盛，而长三角区域一体化发展战略为皖北实现跨越式发展提供重要契机。2021年，安徽发布《皖北承接产业转移集聚区建设实施方案》，旨在发挥皖北粮食生产、煤电、消费市场、土地、劳动力、交通、区位等优势，建设承接长三角高质量产业转移的优选地。《皖北承接产业转移集聚区建设实施方案》对皖北发展新兴产业、产业转型升级、体制机制创新、基础设施建设等方面提出明确规划和提供支持。

（五）提升互联互通水平，构建一体化基础设施网络

区域一体化进程的加快必然伴随劳动力、原材料、半成品、资源、信息等生产要素的流动，也必然要求区域基础设施网络布局适度超前、协同推进。早期安徽与苏浙沪经济联系差于苏浙沪之间经济联系的重要原因在于，安徽与苏浙沪之间的基础设施网络联动度较低。2005年提出"东向战略"后，安徽对接苏浙沪的基础设施网络建设步伐加快。一是构建现代轨道交通体系，加快构建高速铁路、城际铁路、市域铁路、城市轨道交通体系，提升区域内部轨道交通网络密度和对外联通度，实现了与苏浙沪的快速连接。二是充分利用省内丰富的内河资源，深化与上海港、宁波港及沿江重要港口的合作，着力提升水运枢纽能级，实现了与苏浙沪水运网络的深度融合。三是积极构建世界级机场群，通过加强与长三角地区其他机场的联动发展，优化航线网络布局，逐步构建辐射全国、通达国际的航空运输体系。四是积极引进工业互联网平台和技术，推动制造业数字化转型和智能化升级，建设工业互联网平台并对接苏浙沪。五是加强与苏浙沪的能源合作，通过深化区域能源水利合作，在煤炭、电力、天然气、新能源等领域实现资源互补和优势互享。

（六）优化区域生态系统，推动生态环境共保联治

长三角地区在经济发展过程中面临诸多生态环境治理难题，如跨界水体污染、大气污染等。这些问题单靠一个地区难以有效解决，需要区域间共同努力、协同作战。安徽为长三角西部重要生态屏障，在积极融入长三角发展大局过程中，不仅在经济发展上寻求合作与共赢，更在生态环境领域展现出高度的责任感与行动力。一方面，通过与苏浙沪签订联防联控协议、建立联合执法机制、强化生态环境保护监管、推动生态补偿机制等措施，安徽与苏浙沪在大气、水、土壤等污染防治领域实现了深度合作和协同，有效提升了区域生态环境质量。另一方面，积极推动绿色产业发展，加快培育新能源汽车、节能环保、新材料等绿色新兴产业，推动传统产业绿色化改造和转型升级，加强绿色技术研发和应用推广，提高资源利用效率，减少污染物排放。

（七）增强民生保障能力，推动公共服务便利共享

公共服务便利共享可以缩小不同区域之间的公共服务差距，能够满足居民在教育、医疗、文化、体育等方面的多样化需求，提高居民的生活品质和幸福感，增强社会凝聚力。安徽在主动融入长三角发展过程中，积极提升公共服务共建共享水平，在政务服务、公共交通、文化旅游等八大领域主动对接苏浙沪公共服务制度。一方面，充分利用现代信息技术手段，探索公共服务均等化机制，实现政务服务事项"一网通办"，建立居民服务"一卡通"，在旅游观光、交通出行、文化体验等方面率先实现"同城待遇"，积极推动在线教育、远程医疗、智慧养老等新型服务模式，增强公共服务的共享性、便捷性和可及性。另一方面，充分发挥皖南国际文化旅游示范区的优势，联手打造一批文旅精品，谋划多条跨省旅游线路，共同推进长三角旅游市场和服务一体化建设。

参考文献

中共中央、国务院：《长江三角洲区域一体化发展规划纲要》，2019年12月。

安徽省委、省政府：《安徽省实施长江三角洲区域一体化发展规划纲要行动计划》，

2020年1月。

高远：《安徽参与长三角区域合作的历史基础和现实条件》，《现代商业》2010年第8期。

郭叶波、黄征学：《安徽融入长三角一体化发展经验及对江西的启示》，《中国经贸导刊》2023年第1期。

洪银兴等：《长三角一体化新趋势》，《上海经济》2018年第3期。

刘士林：《长三角一体化的发展历程与文化选择》，《中国名城》2021年第8期。

王双盈：《安徽省融入"长三角"的思路与对策分析》，《经济论坛》2009年第6期。

B.24
打造美丽中国"江西样板"研究

马 回 吴若凝 李志萌*

摘 要： 全面推进美丽中国建设，加快推进人与自然和谐共生的现代化，是以习近平同志为核心的党中央着眼全面建成社会主义现代化强国做出的重大战略部署。党的二十届三中全会重点"聚焦建设美丽中国"，将"生态文明体制改革"作为系统改革部署之一。江西作为首批国家生态文明试验区，始终牢记习近平总书记打造美丽中国"江西样板"的殷殷嘱托，奋力打造国家生态文明高地。本报告分别从打造"生态文明治理样板""绿色产业发展样板""'双碳'目标落实样板""环境污染防治样板""生态产品价值转化样板""数字生态文明建设样板"等六个方面提出以更高标准打造美丽中国"江西样板"的对策建议。

关键词： 生态文明 美丽中国 江西

生态文明建设是关系中华民族永续发展的根本大计。自2016年6月被列为首批国家生态文明试验区以来，江西始终牢记习近平总书记打造美丽中国"江西样板"的殷殷嘱托，聚焦"走在前、勇争先、善作为"的目标要求，牢固树立和践行"绿水青山就是金山银山"的理念，统筹高质量发展、高水平保护、高品质生活、高效能治理，协同推进降碳、减污、扩绿、增长，全力打造国家生态文明建设高地，生态文明领域治理体系和治理能力现代化水平不断提升，高标准打造美丽中国"江西样板"，为奋力谱写中国式现代化江西篇章奠定坚实基础。

---

* 马回，江西省社会科学院江西发展战略研究所副研究员，主要研究方向为生态经济；吴若凝，南昌理工学院财经学院讲师，主要研究方向为财政管理；李志萌，通讯作者，江西省社会科学院江西发展战略研究所所长、二级研究员，主要研究方向为生态经济。

一 打造美丽中国"江西样板"的现实基础

绿色生态是江西最大财富、最大优势、最大品牌。近年来，在全省上下的共同努力下，江西把良好生态环境作为高质量跨越式发展的支撑点、提升人民生活品质的增长点、展现美丽江西形象的发力点，高标准打造美丽中国"江西样板"。如今，青山常在、绿水长流、空气常新，好生态、高颜值已经成为江西的金色名片。

（一）夯实"绿"基，生态文明制度体系不断完善

一是基本建立高效能生态文明治理体系。在全国首创省人民政府向省人民代表大会报告生态文明建设情况制度；"源头严防、过程严管、后果严惩"的生态文明制度体系基本形成，将生态文明建设融入经济社会发展各领域和全过程。二是不断推动国家生态文明试验区建设向更高水平迈进。先后出台《关于全面推进美丽江西建设的实施意见》《江西省打造国家生态文明建设高地三年行动计划（2024—2026年）》等实施方案，明确提出实施生态文明体制改革深化行动；全面开展美丽中国"江西样板"改革攻坚，深入实施主体功能区战略，划定"三区三线"，确保生态功能的系统性和完整性；深入推进五级河湖林长制，建立自然资源资产离任审计评价指标体系，探索推进环境污染强制保险制度；国家生态文明试验区38项重点改革任务全部完成，35项改革举措和经验成果在全国推广。三是不断完善环境保护制度。实施深入打好长江保护修复攻坚战行动，持续30年开展"环保赣江行"活动，出台适应气候变化行动方案，因地制宜推动"以竹代塑"，制定《江西省塑料污染治理2024年重点工作清单》，推动全链条塑料污染治理；出台深化集体林权制度改革先行区建设方案，高质量推进油茶产业三项行动，2020年以来，江西省连续3年在全国林长制督查考核中被评为优秀，上饶、抚州、九江三市和崇义县林长制工作先后获国务院和国家激励表扬；制定县级地方党政主要领导干部自然资源资产离任审计评价指标体系。四是持续完善绿色低碳发展政策体系。建立健全碳市场监管制度、能效诊断机制、绿色低碳先进技术推广机制；紧盯节能降碳

目标任务，制定节能降碳行动方案，推进能耗在线监测系统建设，2023年节能目标评价考核工作获得国家通报表扬。

（二）厚植"绿"底，生态环境保护修复不断加强

一是有效构筑南方生态屏障。党的十八大以来，江西绿色发展指数连续9年居中部地区第一位。全省森林覆盖率稳定在63.1%以上，保持全国第二位。江西开展"山水林田湖草沙"等全要素综合整治，强化耕地保护和土地节约集约利用，改善农村生态环境和人居环境，在全国率先出台矿山修复与利用条例，探索形成南方丘陵山地山水林田湖草综合治理全国示范样板。二是持续深入开展"蓝天、绿水、净土"行动。全省城乡大气6项主要污染物全部达到二级标准，全省空气优良天数比例连续多年稳居中部地区第一位；全省国考断面水质优良比例提升至97.7%，市县两级饮用水水源地水质达标率均为100%；全面推行垃圾分类，推进九江、赣州、吉安、抚州等地"无废城市"试点，全面全程管控废物排放。三是扎实推进长江大保护。重点保护鄱阳湖的"一湖清水"和长江的生态环境，确保长江中下游的生态屏障更加稳固。全省现有自然保护区190个，江西成为全国唯一拥有部省共建江豚保护基地的省份。

（三）激活"绿"能，全面绿色低碳转型不断推进

一是引领能源绿色低碳转型。碳达峰碳中和"1+N"政策体系基本建成，重点领域规划配套实施，绿色低碳发展法规政策加快完善；大力发展新能源，积极推动屋顶光伏、农光、渔光互补等综合利用模式开发；非化石能源消费占比稳步提升，可再生能源装机容量占总装机容量比重突破50%；全省发电煤耗降至299.3克标准煤/千瓦时，单位GDP能耗降至0.36吨标准煤/万元，均处于全国优秀水平。二是不断优化产业结构。加快升级传统产业，省内全部企业实施超低排放改造。新兴产业倍增发展，2023年7月，《江西省制造业重点产业链现代化建设"1269"行动计划（2023—2026年）》出台，电子信息产业营业收入达1.01万亿元，成为全省首个万亿级产业，产业规模居全国第四位，"新三样"出口额居全国第六位。三是推进交通运输绿色转型。大力优化交通运输结构，建设绿色交通基础设施，推广新能源车船。近年来，江西水路

货运量保持两位数增长，2023年增速位列全国第二、中部第一。新能源公交车、出租车占比分别达81.62%、66.42%，国内首艘商用氢燃料电池动力游览船建成试航。充电站实现"县县全覆盖"，换电站实现"市市全覆盖"。

（四）提升"绿"值，践行"两山"理念促进生态富民

一是生态产品价值实现机制深入完善。江西以抚州打造国家生态产品价值实现机制试点市为抓手，建立了全省统一的生态产品信息共享与GEP核算平台、南方生态产品交易等全国性交易平台、生态资源运营平台；开展林业碳汇开发试点，协同金融机构创新推出林权抵押贷、古屋贷、畜禽洁养贷等信贷产品并在全国推广；全省金融机构累计发放碳减排领域贷款169.5亿元，带动碳减排量约394万吨，绿色金融发展综合指数在首批国家生态文明试验区中排名第一。二是"生态+产业"深度融合。壮大绿色农业，成为全国首个绿色有机农产品基地试点省，推进工业绿色低碳转型，全面开展省级园区绿色循环化改造，国家级绿色园区达15家，数量居全国第三位。三是实现人民共富，有效增进民生福祉。通过促进特色文旅产业发展、全域生态保护补偿、绿色金融扶持政策制度激励等途径，实现生态产品"增值"和"溢价"，有效推进乡村振兴和农民增收致富，城镇新建民用建筑全部执行绿色建筑标准。

二 打造美丽中国"江西样板"的难点堵点

习近平总书记强调："要像保护眼睛一样保护生态环境，像对待生命一样对待生态环境。"① 这一重要阐述为生态文明建设提供了明确的方向。然而，江西在打造美丽中国的"江西样板"过程中，与国家的高标准和严要求还有一定差距，经济绿色转型的压力、产业低碳化发展的重任、"两山"转化通道的进一步探索等，都是当前面临的难题。

（一）经济绿色转型压力较大

一是当前电网消纳能力受限，特别是2023年以来，江西新能源发电装机

---

① 习近平：《推动我国生态文明建设迈上新台阶》，《求是》2019年第3期。

容量快速增长，高比例新能源构成给电力系统的消纳带来巨大压力，节假日以及平时部分时段新能源发电弃风弃光现象普遍存在。二是新质生产力仍待进一步培育，江西的经济增长从资源驱动向创新驱动的转变较慢，战略性新兴产业和高新技术产业的占比较低。2023年，江西战略性新兴产业增加值在规上工业中的占比为28.1%，高新技术产业为39.5%。相比之下，安徽这两项比重分别达到42.9%和49.1%，均比江西高出9个百分点以上，表明江西的传统产业比重仍然偏高。江西作为发展锂电新能源产业的重点省份，在价格战、洗牌战的挑战中，亟须进一步完善产业链、提升价值链。三是支持碳达峰碳中和的标准规范还需完善，一方面，碳排放统计核算方法有待完善，省内各设区市能源平衡表尚在编制，基础数据仍然缺乏；另一方面，随着江西承接沿海省份产业转移的深入推进，经济增长与降碳减污权衡取舍难题日益尖锐，特别是当前经济下行压力较大，发展与保护的矛盾更为突出，如当前浙江、广东等沿海省份向江西转移的化工、电路板等产业已出现高能耗、高污染和高排放问题。

（二）产业低碳化任务仍然艰巨

一是规模以上工业能耗仍在加速提升。2023年，江西规模以上工业综合能源消费量7086.50万吨标准煤，同比增长6.9%。随着全省经济持续回升向好，工业生产恢复加快，新兴动能不断壮大，未来江西规上工业能耗还将呈刚性需求快速增长态势。二是高能耗产业比重依然较大。2023年，江西的六大高耗能产业消耗了5979.1万吨标准煤，综合能源使用量比2022年增长了6.4%。这些行业综合能源消耗占规上工业综合能源消耗的84.4%，较2022年上升0.4个百分点。能源消耗与产值的不平衡问题依然显著，依赖资源拉动的发展模式并未实质性改变。

（三）污染防治形势依然严峻

一是污染物排放量较高。2022年，江西工业产生的二氧化硫和氮氧化物等在国家生态文明试验区中排名靠前，一般工业固体废弃物和危险废弃物产生量排在4个国家生态文明试验区前列（见表1）。同时，废水中多数主要污染物排放量也高于福建、贵州和海南，这对江西打造国家生态文明高地形成了较大挑战。

表 1　2022 年江西与部分省份废气主要污染物和固体废弃物比较

单位：万吨

类别	省份	废气中二氧化硫排放量	废气中氮氧化物排放量	一般工业固体废弃物产生量	危险废弃物产生量
国家生态文明试验区	江西	7.60	27.65	12714	203.78
	福建	6.00	22.12	6618	180.91
	贵州	12.25	20.69	11497	94.66
	海南	0.36	3.49	714	26.79
周边省份	湖北	8.50	30.43	9786	175.63
	湖南	6.96	22.82	4790	254
	安徽	7.11	35.94	15164	239.73
	浙江	4.06	35.71	5503	594.57
	广东	8.82	60.77	8423	546.40

资料来源：《中国统计年鉴（2023）》。

二是农业面源污染形势不容乐观。农业面源污染仍是废水中化学需氧量偏大的重要原因。尽管江西省部分地区已开展生物农药替代化学农药、有机肥替代化肥等试点，但受见效慢、价格高等因素影响，与全面推广仍有较大差距。同时，农村生活污水处理效果不佳，基本上以 MBR 膜处理工艺为主，进水量、进水浓度普遍偏低，已建集中式污水处理设施未能充分发挥作用。

三是生态环境修复治理难度大。江西有色金属矿较多，铜矿、锂矿、稀土矿等开采污染防治任务重，部分地区仍然存在废水直排、水土流失、扬尘污染、噪声污染、矿区未复绿等生态环境问题，第二轮中央生态环境保护督察、长江经济带生态环境警示片均指出江西矿山生态破坏问题。同时，省内部分废弃矿山还存在"弃而不治"等问题，废弃矿山生态修复迫在眉睫。截至 2023 年底，江西仍有生产矿山 600 余座，历史遗留废弃矿山还有 9 万亩左右亟待修复，对生态环境造成了较大破坏，矿山生态环境保护和修复任务依然艰巨。

（四）"两山"转化通道仍待探索

一是生态产品产权不够清晰，森林、河流等生态系统具有跨区域、流动性等特点，受益主体难识别，一定程度上制约了生态产品价值实现。二是生态产品价值评价技术和核算体系不成熟，相关基础数据涉及多个部门甚至是保密数据，如第三次全国国土调查数据、气象数据等，造成生态服务交易市场制度、生态转移支付制度、生态补偿制度等定量化评估依据不足。三是生态立法执法不完善，现行立法缺乏生态环境和自然资源保护方面可操作性强的程序法，对于在排污权交易中不愿申报排污量、不承担社会责任的企业缺乏相应强制措施。

（五）数字生态文明建设滞后

一方面，生态数据共建共享不足。江西省的自然资源、生态环境、农业农村、水利、能源各部门都有系统内生态环境大数据，但部门间数据互联互通仍有诸多障碍，多源异构的"数据孤岛"问题仍然突出。另一方面，数字赋能生态执法监督不够。全省环境执法监管数字化、智能化水平偏低，数字化赋能生态环境保护的应用场景不多，缺乏数字智能监测系统支撑，造成数据展示多、实际应用少、监管效率低、执法效果差等问题。

三 打造美丽中国"江西样板"的对策建议

党的二十届三中全会将"聚焦建设美丽中国"作为"七个聚焦"之一，将"生态文明体制改革"作为14个专门领域的系统改革部署之一，提出"必须完善生态文明制度体系""完善生态文明基础体制""健全生态环境治理体系""健全绿色低碳发展机制"，为江西以更高标准打造美丽中国"江西样板"指明了方向。

（一）打造"生态文明治理样板"：构建集成高效、协同推进的生态环境治理体系

以系统观念推进生态文明的协同机制建设。首先，各级党委和政府应全面落实党政主要负责人的"第一责任人"职责，形成党委领导、政府主导、企业主体、社会组织和公众共同参与的治理体系，实现各主体间的协同、功能互补和资源共享，推动生态环境的有效治理。其次，完善省级总体规划与市县具体落实的工作机制，优化高质量发展考核评价中关于美丽中国"江西样板"建设的指标，明确省级与市县在治理中的职权责任，完善各级政府的财政事

权。再次,落实企业在污染防治中的主体责任,鼓励绿色生产方式,主动承担生态责任。最后,健全社会组织、科研机构和公众参与机制,引入第三方评估生态环境质量,鼓励公众参与管理和监督。加强公众参与的平台建设,整合生态保护社会组织,发挥其在指导和帮助公众参与中的作用,营造全民共治、共建、共享的良好氛围。

(二)打造"绿色产业发展样板":加快形成具有江西特色的绿色低碳产业体系

根据各地实际情况,大力推动绿色生产力的发展,增强科技支撑和政策保障,以促进绿色生产力的培育和壮大。一是聚焦"1269"行动计划,加强重点产业绿色化创新能力建设。依托电子信息、有色金属、装备制造等产业基础和特色优势,积极推行绿色制造,打造高端引领的创新增长极。大力发展光伏新能源、节能环保、清洁生产、环境服务、新型储能等绿色低碳产业。二是积极培育江西新型示范城市、园区。积极推进首批省级碳达峰城市试点、园区试点建设,争创国家级碳达峰试点城市和园区。全面建立健全绿色发展管理制度,实施生态发展"清单"制度,建立完善碳排放总量控制和排放权有偿获取与交易的市场机制。积极创建一批融生态产业链设计、资源循环利用为一体的生态工业园区。三是推动传统工业绿色生产模式创新。加强绿色生产设计,围绕工业生产源头、过程和产品三个重点,把绿色发展的理念和方法落实到企业生产全过程。

(三)打造"'双碳'目标落实样板":积极推动能源利用清洁低碳转型

充分发挥绿色低碳标准在发展绿色生产力中的基础作用。一是着力改善能源结构。逐步实现清洁能源替代,稳步降低非电煤在煤炭消费中的比重。大力发展可再生能源,持续推进开发区屋顶光伏建设三年行动,加快推进建设一批光伏、风电项目,支持风电、光伏发电配套适当比重的储能设施。二是落实能耗"双控"制度。加大重点用能单位能效考核力度,严控能耗强度,积极参与全国碳排放权交易市场建设,探索建立碳排放评估制度,确保实现全省规上单位工业增加值能耗较大幅度下降。三是推进基础设施建设低碳化。鼓励在建筑、交通设施中安装可再生能源利用设施，加强对既有厂房的节能改造，提高厂房运行过程的能源利用效率，降低厂房生命周期碳排放。构建绿色低碳交通运输体系，降低传统燃油车在新车产销和汽车保有量中的占比。四是积极应对欧盟碳边境调节机制影响，推动出口产业升级。加速产业结构优化和技术水平提升，增加R&D投入，提高出口商品的贸易附加值。

（四）打造"环境污染防治样板"：提升生态环境质量深入推进环境污染防治

针对一些具有典型性和分散性的生态环境问题，主动引导生态文明体制改革，精准发力并深入推进。一是持续深入打好污染防治攻坚战。加快实施《鄱阳湖总磷污染控制与削减专项行动工作方案》，推动出台《江西省鄱阳湖流域总磷污染防治条例》。深化企业污染治理和全面达标排放，逐步构建全省新污染物环境风险管理"筛、评、控"体系。扎实推进生态环境污染治理"4+1"工程，深入推进城镇污水垃圾、化工垃圾、农业面源污染、船舶和港口污染、尾矿库污染等治理。二是积极推进生活垃圾分类。贯彻落实《江西省生活垃圾管理条例》，加快实行生活垃圾"减量化、资源化、无害化"处理，加快推进农村人居环境整治提升五年行动。三是培育市场机制，构建市场导向的环境治理体系。创新环境污染防治模式，聚焦环境公用设施和工业园区，完善统一规范、竞争有序、监管有力的第三方治理市场，推动排污者付费与第三方治理机制的建立。

（五）打造"生态产品价值转化样板"："两山"双向转化提升生态系统稳定性持续性

拓宽"绿水青山"转化为"金山银山"的路径，建立利益导向机制，使生态环境保护者受益、使用者付费、破坏者赔偿，实现生态环境高水平保护与经济社会高质量发展的协同推进。首先，持续推进全省生态系统的保护和修复。坚持"山水林田湖草沙"生命共同体理念，探索自然恢复与人工恢复深度融合的新路径。重点关注自然保护地、生态保护红线、重要生态功能区和生物多样性保护，不断提升生态系统的多样性、稳定性和持续性。其次，提升生态系统的碳汇能力。全省的森林、湿地和草地等生态资源的固碳作用应得到充分发挥,以巩固和增强碳汇能力。推动全省林业碳汇可持续发展示范项目的建设,推出一批高质量、可持续的示范项目。最后,创新生态产品价值实现机制。积极培育生态产品市场,提升市场化运作水平,促进生态产品的交易和变现。在森林、湿地等领域进行资源资产化、证券化和资本化改革,建立完善的市场交易新机制。应尽快清查省内生态产品的数量和质量,并编制目录清单。对于难以赋权的生态服务资源,可通过功能区认定,由相关管理部门规划非物质类生态服务与功能区的"责任—收益"关系。通过生态资产交易、生态保护补偿、EOD 模式等,推动实现生态产品的保值增值。

(六)打造"数字生态文明建设样板":打造绿色智慧的数字生态文明

建设绿色智慧的数字生态文明是一场前所未有的深刻变革,要持续提升数字生态文明建设的整体性、系统性、协同性,为最终实现人与自然和谐共生的现代化不断注入数字动能。一是构建智慧高效的生态环境信息化体系。充分利用好"世界 VR 产业大会"等平台,推动数字技术在生态文明建设中的融合运用。推进 5G 基站、大数据中心、人工智能、工业互联网等新型基础设施建设与生态环境治理融合发展。通过遥感技术、地理信息系统等,结合物联网数据传输、生态模型模拟和大数据分析等,强化对全省生态环境变化的实时监测。二是加强一体化生态环境智能感知体系建设。提高对大气、水、土壤、自然生态等数据资源的自动采集能力和综合分析能力。建立动态更新的全省生态环境数据目录,推动生态环境数据资源标准化管理。三是建立全省统一的生态环境"数据链"。畅通跨地区、跨部门、跨层级的生态环境数据传输通道,推动数据交换共享。强化数据全生命周期安全管理,全面提升数据安全防护能力、环境管理效率和管理水平。四是加强自然资源与国土空间智慧化治理。推动数字化绿色化协同发展,提高各行业的绿色全要素生产率,实现经济效益和生态效益有机统一。五是大力普及绿色智慧生产生活方式。在绿色生活中融合数字智能新要素,推动数字生活与绿色生活融合共生,全社会形成践行绿色智慧生产生活新风尚,推进全社会养成绿色智慧的生产生活习惯。

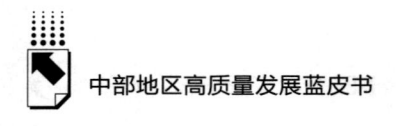

参考文献

习近平:《以美丽中国建设全面推进人与自然和谐共生的现代化》,《求是》2024年第1期。

《江西省第十四届人民代表大会第二次会议关于国家生态文明试验区(江西)建设情况报告的决议》,《江西日报》2024年1月27日。

庄贵阳:《全面推进美丽中国建设与深化生态文明体制改革》,《人民论坛》2024年第15期。

叶建春:《建设人与自然和谐共生的美丽江西 奋力打造国家生态文明建设高地》,《环境与可持续发展》2024年第4期。

朱虹、张艳国:《新时代绿色文化发展的内在逻辑与实践路径——以打造美丽中国"江西样板"为例》,《江西师范大学学报》(哲学社会科学版)2023年第5期。

B.25 河南建设全国重要粮食生产基地的任务与举措

张俊华 陈明星*

摘　要： 面对全球粮食安全的挑战和国家发展战略的需要，河南依托自身基础和优势，在"中部地区崛起"重大战略中占据全国重要粮食生产基地的战略地位，担负保障国家粮食安全的功能与使命。当前，河南建设全国重要粮食生产基地，既有良好基础与优势也存在短板与瓶颈，既面临风险与挑战也有难得的潜力与机遇，需要乘势而上、扬长补短，聚焦"五优联动""五良融合""三链耦合"，持续推进高标准农田建设，始终抓牢良种研育推广，加快推进农机装备的数智化转型，积极构建新型农业经营体系，不断强化农业产业韧性，全方位夯实粮食安全根基。

关键词： 粮食生产基地　粮食安全　河南

粮食安全，关乎国计民生，是国家稳定和安全的基石。河南作为中国粮食安全版图中的关键一环，在保障国家粮食安全中发挥不可替代的作用。作为国家粮食主产区，河南用仅占全国约1/16的耕地面积，贡献了全国1/4的小麦产量，2013~2023年粮食播种面积稳定在1.6亿亩以上，粮食产量连续8年稳定在1300亿斤以上，稳居全国第二位，每年调出原粮及其制成品600亿斤以上，农作物供种能力约占全国的1/10①。截至2023年底，河南累计建成高标准

---

* 张俊华，河南省社会科学院农村发展研究所博士，主要研究方向为农业经济、农村发展；陈明星，河南省社会科学院农村发展研究所所长、研究员，主要研究方向为农业经济、农村发展。

① 《中原粮仓的丰收秘诀》，《农民日报》2024年7月25日；《2024年河南粮食总产量超1343亿斤》，《河南日报》2024年12月16日；《中国这十年·河南｜河南农作物供种能力约占全国1/10》，河南省人民政府网站，2022年8月28日，https://www.henan.gov.cn/2022/08-28/2568971.html。

农田 8585 万亩，占全省耕地总面积的 76%，居全国第二位①。面对新的形势和任务，河南要进一步明晰全国重要粮食生产基地的功能与使命，践行大农业观、大食物观，更好担当保障国家粮食安全的历史责任，在农业强国建设中贡献河南力量。

一 全国重要粮食生产基地的功能与使命

农稳社稷，粮安天下。全国重要粮食生产基地，承载着确保国家粮食安全、稳定粮食安全供给的重要功能，也肩负着实现种粮农民共同富裕的使命。

（一）稳定粮食安全供给

河南作为中部六省中 GDP、人口和粮食产量均排名第一的省份，在发挥自身优势、扛稳粮食安全重任中发挥不可替代的作用。作为全国重要粮食生产基地，河南必须把提升粮食产能作为重要任务和目标，从粮食产量、生产结构和粮食质量等方面全力抓好粮食生产和重要农产品有效供给。

在粮食产量方面，积极对接实施新一轮千亿斤粮食产能提升行动，认真贯彻落实《河南省主要粮油作物大面积单产提升行动方案》，实现粮食综合生产能力稳定在 700 亿公斤以上，严守耕地红线，使粮食播种面积稳定在 1.6 亿亩以上，其中夏粮面积稳定在 8500 万亩以上，秋粮面积稳定在 7600 万亩以上；加强高标准农田建设，提高粮食综合生产能力，到 2025 年建成高标准农田 8759 万亩、示范区 1500 万亩。在高标准农田建成区、示范区，集中打造 1500 万亩小麦高产示范区、2000 万亩玉米高产示范区、100 万亩水稻高产示范区；推广先进适用的农机装备，加大农田水利设施建设投入，提高粮食生产效率和产量。

在粮食生产结构方面，根据市场需求和资源禀赋条件，合理调整粮食作物种植结构和粮食与其他农作物的种植结构布局，兼顾经济效益和生态效益，优化品种布局；依托"十大特色优势产业"基地建设，发展优质、专用、特色粮食产品，提高产品附加值；高质量推进粮食生产功能区、重要农产品生产保

---

① 《增长态势稳定向好　新旧动能加快转换》，《河南日报》2024 年 1 月 25 日。

护区和特色农产品优势产区建设。

在粮食质量方面，选育和推广高产、优质、多抗的粮食作物新品种，实施标准化生产，使粮食生产的单产提升技术模式和良田、良种、良法、良机、良制融合共促机制逐步在高标准农田建成区、示范区全面推行；粮食单产稳步提升，全省小麦单产突破450公斤、玉米单产突破420公斤、水稻单产突破550公斤；资源要素配置更加合理，全要素生产率稳步提高；建立健全粮食质量安全监管和检测体系，推进农业全链条节粮减损行动，不断挖掘粮食机收、运输、储粮和加工全过程减损能力；推动粮食综合生产能力实现显著跃升，形成作物大面积均衡增产的河南模式，确保粮食质量和供给安全。

（二）提升粮食供给韧性

保障耕地和水资源稳定供给，提高土壤和水资源利用效率，继续拓展农业生产空间，全面提升农业生产可持续性，保障粮食潜在产能，是建设全国重要粮食生产基地的重要内容。耕地资源方面，构建一套完备的耕地保护和用途管制机制，以确保耕地数量、质量和生态"三位一体"综合保护制度体系发挥效能；全域土壤修复治理成效显现，稳定且适当地补充耕地有机质，有效改良退化、酸化和盐碱耕地，使耕地质量有序恢复；多途径利用撂荒地，安全利用受污染耕地，有序推进耕地"非粮化"、违法占用农用地和耕地非法取土整改恢复。水资源方面，落实水源保障工程、水环境综合治理工程和高效节水灌溉工程。治理水系、水库和蓄水池，续建改造灌溉供水设施，有效保障农业生产用水，稳步提升农业用水的供给能力；逐步建立水质监测和预警系统，提升水体污染控制、生态修复以及面源污染防治能力，逐步恢复地下水和地表水功能与水质；扩大低压管灌、微灌、喷灌和滴灌等高效节水灌溉技术示范推广范围，提高农业节水力度和能力。综合改善粮食生产的资源条件，保障粮食潜在产能，形成粮食有效供给稳定且可持续的发展格局。

（三）实现种粮农民共同富裕

农民是粮食生产的主体，保障农民种粮收益，充分调动农民种粮积极性，对保障粮食安全意义重大。提升农民种粮积极性的重点在于，确保农民种粮收益稳步提升，以及增进身份认同和夯实粮食生产基础等。

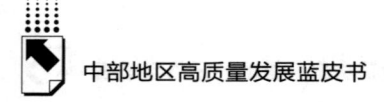

提升农民种粮所得，增加市场收益和种粮补贴。适度提升粮食最低收购价，稳定农民收入预期，建立粮食价格稳定机制，避免价格波动风险损害农民利益，完善农资和良种补贴，提升种粮收益，健全农业生产完全成本保险和种植收入保险，降低自然和市场风险对农民种粮收益的影响，增强农民种粮意愿。

增进农民身份认同，提升农民粮食生产幸福感。改善农村交通、通信、教育、医疗等基础设施条件，缩小城乡差距，提高农民生活质量和社会地位；健全农村养老、医疗、教育等社会保障制度，提高保障标准，减轻农民后顾之忧，增强农民安全感和幸福感。

加强农业生产基础设施建设，夯实粮食生产基础。完成高标准农田新建和改造提升项目，改善农田排灌条件，推进高效节水灌溉，加大农业机械化支持力度，减轻农民劳动强度，提高农业生产效率；确保优质农药、化肥等农资供应，降低生产成本，加强农业技术指导、市场信息、病虫害防治等全方位农业社会化服务，提高农业生产质量，激发农民种粮积极性。

二 河南建设全国重要粮食生产基地的态势与形势

（一）基础与优势

1. 自然资源条件奠定粮食生产基础

河南地处中原，位于温带季风气候区，具有四季分明、雨热同期、复杂多样和气象灾害频繁的特点，自然资源丰富，农耕历史悠久。全省总面积16.7万平方公里，其中平原、盆地占河南省总面积的55.7%[①]，耕地占比高，耕地质量总体优良。根据第三次全国国土调查数据，河南耕地总面积稳定在11271.1万亩以上，永久基本农田保护面积不低于9837.89万亩，截至2023年底，累计建成高标准农田8585万亩；河南地跨长江、淮河、黄河、海河四大流域，流域面积分别为2.72万平方公里、8.83万平方公里、3.62万平方公里、1.53万平方公里，流域面积0.5万~1万平方公里的河流8条，流域面积

---

① 数据来源于《河南省国土空间规划（2021—2035年）》。

1万平方公里以上的河流11条，多年平均本地水资源总量389.2亿立方米①；2023年全省水资源总量472.33亿立方米②，全省供用水量208.78亿立方米，农业用水量118.60亿立方米，农业灌溉用水有效利用系数达0.627③。2023年，河南克服"烂场雨"等气象灾害的影响，粮食总产量仍达到1324.9亿斤，居全国第二位，其中夏粮710.0亿斤、秋粮614.8亿斤。

2. 良种"芯片"助力粮食高产优产

种子是粮食的"芯片"，对于保障粮食安全至关重要。河南作为历史悠久的农业大省，积累了丰富的农业生产经验，也为培育优质作物品种创造了条件。良种是粮食高产的底气，河南小麦品种丰富，在稳产丰产、优质强筋、适应性和抗逆性育种方面处于全国领先地位，形成"郑麦""周麦""百农"等小麦品种群；育成的郑单958玉米品种因具有适应性广、耐密性好等特点而成为河南玉米生产主导品种之一，并在全国大面积推广应用。统计数据显示，河南大力实施种业振兴行动，主要农作物良种覆盖率超过97%，良种对粮食增产的贡献率超过45%，年产小麦种子36亿斤、约占全国的38%，玉米育种水平在全国保持领先优势，2023年有12个品种入选全国主导品种④。

3. 农机装备实现粮食高质高效

农业机械装备是推动农业现代化发展的核心支柱，也是确保粮食供给安全的重要基石。农业机械化的发展为河南粮食增产、农业增效和抵御自然灾害等做出了重要贡献。2023年河南夏收遭遇"烂场雨"期间，现代化的农机装备发挥巨大作用，全省投入大型农机400万台（套），用13天完成了全省8500多万亩小麦抢收作业，圆满完成了夏粮抢收攻坚任务。截至2022年底，河南农机总动力达到1.086亿千瓦，居全国第二位，拥有拖拉机327.5万台，配套农具723.9万部，均居全国第一位；稻麦联合收割机24.8万台，农作物耕、种、收综合机械化率达87.1%，小麦、玉米生产基本实现全程机械化。

---

① 《省情》，河南省人民政府网站，2024年8月8日，https://www.henan.gov.cn/2024/08-08/3033664.html。
② 数据来源于《河南省水资源公报2023》。
③ 《我省2023高标准农田发展报告出炉》，《河南日报》（农村版）2024年3月13日。
④ 《央媒看河南｜中原粮仓的丰收秘诀》，河南省人民政府网站，2024年7月25日，https://www.henan.gov.cn/2024/07-25/3026721.html。

（二）短板与瓶颈

1. 主要粮食作物品种选育、育种技术、推广应用方面仍有不足

品种选育方面，河南作为粮食生产大省，主要粮食作物的良种覆盖率比较高，小麦、玉米等作物常规育种方面全国领先，但在关键性突破品种选育方面存在短板。育种技术方面，仍然以传统选育方式为主，基因编辑和设计育种技术应用与全国相比还有较大差距，数字化、信息化和智能化育种方面差距明显，不利于种业创新发展。品种推广应用方面，种子市场同质化品种多，种业企业核心竞争力不足，科研人才断档，科研与种业需求市场脱节等问题不利于河南种业的可持续发展。

2. 农业机械化发展质量亟待提升

农业机械关键技术研发方面，高效精密播种、低损耗收获以及高效清选等核心共性技术亟须取得突破性进展；数智化农机制造方面，面临大马力、高性能、绿色环保、复式新型农机以及数字化、智能化、高端化农机，新能源驱动农机，无人驾驶农机和农业机器人等高端农机装备生产供给不足的问题；适用性农机推广应用方面，当前适宜丘陵山区机械化作业的农机装备生产不足，拖拉机、谷物联合收割机等传统主流农机装备技术水平有待提高，植保机械、丘陵山区可应用的小型节水灌溉装备、履带式农机等可靠性适用性农机生产和推广应用与农业生产方式和农业生产环境不协调不匹配。

3. 农业生产基础设施利用效能亟待提升

因农业基础设施"公共品"的属性、基层人力薄弱、专业化水平低、管护经费不足和管护主体权责不清等问题，过去长期存在农业基础设施建好后无人管护、管护不专业和管理不到位的问题，常常出现严重老化、堵塞、漏水、断电状况，无法真正发挥应有的作用，不仅遭受群众质疑，还严重影响了农业生产活动，造成资源浪费。

（三）潜力与机遇

1. 创新能级提升，集聚农业科技力量

聚焦现代农业发展需求，乘着"中原农谷"和现代装备制造及高技术

产业基地建设的东风，引进农业科技人才，打造种业科研平台，创新种业和农机装备企业发展模式，集聚农业科技力量，打造农业创新的新增长极。农业科技人才培养方面，依据省内农业科技人才需求，"靶向"引进、发现和培养农业科技人才，形成农业科研战略力量和后备力量；种业科研平台建设方面，高标准建设神农种业实验室，主动对接全球农业科技创新体系，通过引进国内顶尖的农业创新平台及机构，促进省内涉农研究力量的整合与协同，凝聚合力，构建强大的农业科技创新团队，壮大农业科技人才队伍，聚焦基础前沿热点、关键核心技术卡点和产业发展升级痛点，深入开展种质资源技术、农作物高效生产技术以及优势品种培育技术攻关；创新企业发展方面，积极引进种业领域的领军企业，培育和支持本土龙头企业发展，壮大科技创新型企业与现代农机装备产业，加速科技成果的推广应用与转化落地。

2. 政策支持引领，夯实粮食安全根基

粮食产能提升行动、主要粮油作物大面积单产提升行动、十大优势特色农业基地建设以及城乡融合发展、粮食产销区省际横向利益补偿机制等支持政策，将加快推进高标准农田建设，加强高效"良种"研发推广、现代成熟技术集成应用，加快先进适用农机推广应用，强化粮食生产全过程机械化服务和自然灾害防范，助力河南粮食综合生产能力提升，稳定农民收入和预期，夯实粮食安全根基，为农业现代化发展提供坚实基础。

3. 现代农业经营体系重塑，构建粮食增产核心

新型农业经营主体构成了推动乡村振兴和农业农村现代化的核心力量，并指明解决"谁来种地""怎么种好地"等现实问题的发展方向。重塑现代农业经营体系、发展新型农业经营主体、加强社会化服务以及推广农业适度规模经营成为必然选择和必由之路。河南在此方面取得突出成绩，目前已经培育农民合作社 20 万家、家庭农场 27 万家、农业社会化服务组织 12.6 万家，数量均居全国首位；同时，农业社会化服务覆盖面积达到 2.28 亿亩次，位列全国第四；在 2024 年农民丰收节期间，河南发布全省首批 149 家重点农业社会化服务组织，标志着河南农业社会化服务能力持续增强。此外，河南还聚焦粮食与油料作物的稳定供给等关键领域，培训超过 6 万名高素质农民，基本构建以家庭经营为基础、新型农业经营主体为支撑、社会化服务为辅助的现代农业经营

体系,有效促进小农户与现代农业的有效衔接,推动农业生产专业化、标准化、集约化发展,帮助小农户节本增效、提质增效,为河南打造国家重要粮食生产基地创造了稳固的增产核心。

(四)风险与挑战

1. 自然灾害风险频发

自然灾害对粮食生产的打击十分沉重,也是国家重要粮食生产基地建设的主要障碍。近年来,极端天气事件高发频发,2021 年河南"特大暴雨"、2022 年河南"特大干旱"、2023 年麦收期遭遇历史罕见"烂场雨"、2024 年旱涝急转等都对农作物生产造成严重破坏,成为建设全国重要粮食生产基地的重要风险和挑战。

2. 耕地和水资源约束趋紧

虽然河南自然资源丰富,但耕地和水资源紧张的局面长期存在。河南以占全国 1.74% 的土地承载了占全国 7.04% 的人口,土地利用率达 96.52%[①]。在耕地数量方面,第三次全国国土调查数据显示,河南耕地面积 11271 万亩,与第二次全国国土调查相比减少 1017 万亩,并且人均耕地面积仅 1.1 亩,远低于全国平均水平。在耕地质量方面,一方面,受城镇化进程中"占优补劣"问题影响,全省中低产田面积占比上升,约占基本农田面积的 60%;另一方面,长期以来,为了提高粮食产量,不合理施用农药化肥,造成农业面源污染加剧、土壤严重板结、土壤有机质含量下降等问题。河南耕地质量监测数据显示,2020 年全省土壤有机质平均含量仅为 19.2 克/千克,土壤酸化面积 800 多万亩[②]。在水资源供给方面,2023 年,全省人均水资源占有量为 481 立方米,人均用水量为 213 立方米;农田灌溉用水总量为 105.32 亿立方米,占供水总量的 50.45%,亩均灌溉用水量 151 立方米;亩均水资源量不足全国平均水平的 1/4,地下水超采严重,粮食生产用水仍以大水漫灌为主要方式,农业节水灌溉面积仅占耕地面积的 32%,水资源利用率还比较低。在水环境质量方面,生态环境部全国地表水环境质量监测数据显示,2023 年河南 160 个地表水断

---

① 数据来源于《河南省国土空间规划(2021—2035 年)》。
② 《河南省第十四届人民代表大会第二次会议第 1010 号建议及答复》,河南省科学技术厅网站,2024 年 9 月 13 日,https://kjt.henan.gov.cn/2024/09-13/3063124.html。

面优良水体比例为83.0%，与全国排名靠前的省份相比还有较大差距。

3. 农民种粮增产增收难度大影响种粮积极性

一方面，农资价格、土地流转费用、劳动力成本上涨等粮食生产成本刚性增加以及粮食价格"天花板"封顶等因素，严重挤压农民种粮增产增收空间；另一方面，受资源约束的影响，过去依靠增产促进增收的方式已经不可持续，农民种粮积极性下降。未来如何实现农民种粮增产增收，充分调动农民务农种粮积极性，已经成为国家重要粮食生产基地建设需要面临的挑战。

三 河南建设全国重要粮食生产基地的路径与对策

（一）河南建设全国重要粮食生产基地的路径选择

1. "五优联动"：落实粮食安全保障责任

推动实施"五优联动"（优产、优购、优储、优加、优销）策略，旨在提高粮食产品供给质量和流通效率，以满足人民群众对高品质、多样化粮食产品的需求，确保粮食供应的安全与稳定。优粮优产，通过高标准农田建设、优化粮食作物种植结构、推广应用数字智能农业装备以及实施种业振兴行动等方式，提升耕地质量，推动粮食种植优质化发展，提升粮食生产效率和良种覆盖率，综合提高粮食优品率。优粮优购，落实好粮食收购政策，创新粮食收购模式，加强粮食市场监测预警、粮食收购进度和价格动态信息发布与引导，创新粮食产后服务运营模式等，保护农民种粮收益，服务农民增收。优粮优储，加强粮食仓储设施建设和管理，提升原粮运输和中转运营能力，推行分品种分类分仓储存，改善粮食仓储条件，确保粮食储存安全和质量稳定。优粮优加，推动粮食精深加工，培育粮食产业集群，发挥市场配置资源的决定性作用，应用现代智能化粮食加工装备，发展高附加值、高技术含量的深加工产品，提升粮食产品增加值。优粮优销，健全产销对接机制，推动数字化信息平台与粮食产业融合发展，加大粮食产品宣传和推广力度，提升河南粮食品牌影响力和市场竞争力。

2. "五良融合"：打造现代化强农生产引擎

以现代科学技术为支撑，以提高粮食和重要农产品生产效率、满足国家战略需要和居民食物需求、实现农业可持续发展为目标，推动农业生产方式根本性变革。依托"五良融合"，在高标准农田建设、作物育种与推广、农业科技进步、农机装备研发与应用、新型农业经营主体和社会化服务等方面下足功夫，打造国家重要粮食生产基地现代化强农增产引擎。夯实良田稳产"根基"，按照"六化"标准开展高标准农田建设，提高耕地基础地力；配套完善耕地灌排、输配电等基础设施，提供高产农田装备保障；完善农田防护和生态环境保护措施，增强农业生产环境保护能力；装备信息化、智能化农田生产、监测、预警等科技设施设备，强化智能管理；明确管护主体、责任、义务，筑牢粮食安全阵地。抓好良种增产"核心"，建成具有完善政策体系和运作模式的中原农谷，基本形成国家生物育种产业创新中心、神农种业实验室、中国农科院中原研究中心、河南现代农业研究开发基地、现代农业气象科技园等重大科研平台全链条科技创新生态圈，培育并推广高产优质绿色高效的粮食作物突破性新品种，为粮食单产提升行动提供种源支持。用好良法高产"程序"，系统推动农业科技进步，集聚科研院所、涉农高校等技术创新团队，建成产前育种研发、产中高效管理和产后服务配套的科技链条，建成品种筛选、技术配套、模式示范、集成应用的科技成果转化体系，形成促进增产增效科技创新和推广应用服务体系，支持国家重要粮食生产基地建设。选好良机智产"装备"，建设完成国家农机装备创新中心等粮食智能装备制造平台，推动农机装备向全生产过程高质高效数智化转型；因地制宜推广应用农业生产急需的数智化新农机，建设完成"全程机械化+现代农机服务平台"和社会化服务体系，使农业生产智能化、机械化、高效化和高质化能力与农业现代化发展需求相匹配，为高效农业提供新动能。创好良制生产"形态"，加强经营体系建设，推动以农户为基础，以家庭农场、农民合作社和农业企业为基本经营主体，通过分工合作和协同发展，形成全链条经营模式，实现粮食生产高质量、可持续发展；支持农民合作社示范社和示范家庭农场发挥引领作用，因地制宜发展全过程生产服务，有序推进农业生产集中经营和适度规模经营，营造良好发展环境。

3. "三链耦合"：助推粮食产业振兴

紧紧抓住"粮头食尾、农头工尾"，以小麦、玉米、稻谷为重点，着力建成"产业链健全、价值链高效、供应链完善"的现代粮食产业"三链同构"新体系，加速由"中原粮仓"向"国人厨房"和"世界餐桌"转变。在加快延伸产业链方面，通过优化产品结构，鼓励发展高端食品、深加工产品，综合利用副产物，推动产业链延伸和产业升级。在着力提升价值链方面，通过提升绿色化、优质化、特色化和品牌化水平，构建绿色粮食产业体系，引导原粮生产和收储绿色化发展，深入实施优质粮食工程，增加绿色有机粮食产品供给量，加强特色粮油产品开发，满足消费者多元化需求，打造一批"河南粮食"知名品牌，提升全省粮食品牌影响力，综合提升粮食产业的价值链。在积极打造供应链方面，通过打造优质原粮供应体系、现代仓储物流体系、粮油市场供应体系和质量安全保障体系等，完善粮食产业的供应链体系，打造全国口粮生产供应中心、重要粮食储运中心、粮食交易和期货价格中心以及粮食产品质量监督检验中心，综合提高粮食产业的质量效益、竞争力和可持续发展能力。

（二）河南建设全国重要粮食生产基地的对策建议

1. 持续推进高标准农田建设

一是加强耕地质量保护和提升，健全耕地质量监测评价体系，综合运用科学施肥、土壤有机质改良、秸秆还田、深耕深松、合理轮作等多元化治理措施，科学制定土壤改良和地力提升方案，提升耕地地力水平。二是严格把控建设质量，对照建设任务的技术水平和质量要求，紧盯设计、施工、监理和验收等过程，利用现代信息技术，实现对高标准农田建设的精准管理和全程监控。三是加强高标准农田建后管护，健全管护长效机制，明确管护责任主体，多元筹措管护经费，提升管护效果，确保建成一亩、管好一亩。四是以"投融建运管"五位一体的推进机制建设高标准农田，探索形成运营前置的推进模式、可持续的投融资模式、联农带农的利益联结机制、常态化运营管护机制和全方位监管机制。

2. 始终抓牢良种研育推广

一是强化科研力量投入，依托中原农谷建设和神农种业实验室等高端科研平台，吸引、培育国内外顶尖专家团队，增加对农业科研单位、高等院校和种子企业的资金支持，开展育种关键核心技术攻关，全面提升种业创新能力。二是加快生物育种技术应用，支持崖州湾国家实验室河南实验基地建设，提高育种效率和精准度，支持生物育种产业化，促进科技成果快速转化为现实生产力。三是加强育种研发部门、农业推广部门、粮种企业和农户之间的沟通联系，确保新品种选育方向符合实际需求，并有针对性地开展粮食育种工作，培育高产、优质、抗病、抗逆的突破性新品种。四是建立种质资源共享利用机制，依托国家种质资源库平台，推动种质资源开发共享和高效利用，将种质资源转化为核心基因、优良品种。

3. 加快推进农机装备的数智化转型

一是加快农业机械与互联网、大数据等信息技术深度融合，搭建智慧农业数据平台，发展"互联网+农机作业"，为农业生产提供科学决策支持，如于2024年4月正式上线启用的"全国农机作业指挥调度平台"。二是加快人工智能技术在农机领域的应用，大力发展无人驾驶机械、农业机器人和智慧农业装备，提高农业生产自动化和智能化水平。三是开展农机装备数字化改造，推动北斗导航、智能监控等数智系统在农机上装载应用，推进农机装备逐步实现"机器换人"，实时采集和分析作业工况、定位导航、历史轨迹等数据。四是推广精准变量复式作业新型农机具，实现精准播种、施肥、喷药作业，提高资源利用效率。五是完善高标准农田建设和农机服务体系，为数智化农机装备高效应用创造基础条件。

4. 构建新型农业经营体系

一是支持建成一批农民合作社示范社和示范家庭农场，鼓励家庭农场领办合作社，合作社根据发展需要办企业，实现"家庭农场+合作社+农户"、"家庭农场+龙头企业+农户"、"家庭农场+合作社+龙头企业+农户"和"农业社会化服务组织+农户"等多种经营模式的联合与合作，形成"订单收购+分红""农民入股+保底收益+按股分红"等利益联结机制。二是创新服务模式，因地制宜发展形成单环节、多环节、全程生产服务模式，鼓励农民合作社等各类组织为新型农业经营主体发展提供全周期服务，支持有条件的服务主体建成区域性农业社会化综合服务中心，不断提升社会化服务对农业全产业链的支撑作用，提高粮食和重要农产品供给保障能力。三是有序推进农业适度规模经营，开展土地集中连片整治，引导土地向家庭农场、合作社等新型农业经营主体流转，形成农业适度规模经营，破解土地经营细碎化问题，支持国家重要粮食生产基地建设。

5. 不断强化农业产业韧性

一是继续实施耕地地力保护补贴和粮食最低收购价等支持政策。二是形成可行的粮食产销区省际横向利益补偿机制和补偿资金支农惠农支持政策。三是持续发展小麦、玉米、稻谷完全成本保险和农业气象保险，完善"保险+期货"模式和巨灾保险制度等粮食多层次政策性保险产品体系，稳定农民种粮收益预期和种粮积极性。四是发挥好粮食和重要农产品收储调控能力，强化多品种联动调控、储备调节和应急保障。五是继续推行化肥农药减量增效，增强农业废弃物资源化利用能力，综合提升农业生产全要素全链条面源污染综合防治能力。六是形成科学有效的防灾减灾预警体系，及时发布预警信息，有效落实防灾减灾、稳产增产关键措施，科学防范气象灾害，加强病虫害和疫病防控。

参考文献

国务院发展研究中心课题组：《我国粮食生产能力与供求平衡的整体性战略框架》，《改革》2009年第6期。

王颜齐、何洋：《大食物观视域下粮食产业链韧性的时代价值、现实研判与提升路径》，《农村经济》2024年第8期。

孙远太、王剑菊：《数字赋能粮食产业链韧性提升的生成机制与推进路径》，《中州学刊》2024年第8期。

涂圣伟：《我国保障粮食和重要农产品稳定安全供给的路径研究》，《学习与探索》2024年第7期。

陈莉莉、彭继权：《中国高标准农田建设政策对粮食生产能力的影响及其机制》，《资源科学》2024年第1期。

毛世平、张琛：《以发展农业新质生产力推进农业强国建设》，《农业经济问题》2024年第4期。

李书奎、张鲁彬、毛世平：《农机装备现代化发展：演进特征、现实阻滞与创新路径》，《农村经济》2024年第6期。

穆娜娜、孔祥智：《中国式现代农业经营体系的构建逻辑、政策创新与重大意义》，《教学与研究》2024年第6期。

高鸣、江帆：《回答"谁来种地"之问：系统推进现代农业经营体系建设》，《中州学刊》2023年第12期。

B.26
湖北打造"世界光谷"的创新飞跃

秦尊文 张 宁*

摘 要： 湖北省委、省政府决定以武汉东湖新技术开发区为依托，以科技创新引领产业创新，全力推动从"中国光谷"向"世界光谷"的创新飞跃。为实现这一目标，必须解决创新动能不强、产业基础不厚、科技金融发展不快等突出问题，拓展未来发展空间，强化创新策源功能，塑造产业领先优势，加快科技金融创新，促进国家自主创新示范区和湖北自贸区联动发展。

关键词： "世界光谷" 光电子信息产业 科技创新

2023年9月5日，湖北省政府发布《加快"世界光谷"建设行动计划》。武汉市委、市政府从服务国家高水平科技自立自强的高度，加快推进武汉具有全国影响力的科技创新中心建设，支持东湖新技术开发区建设武鄂黄黄核心区，坚持以科技创新引领产业创新，进一步明确发展目标和实现路径，全力推动从"中国光谷"向"世界光谷"的创新飞跃。

一 打造"世界光谷"的基础良好

武汉东湖新技术开发区起步于20世纪80年代后期，是全国唯一冠以"新技术"的国家级开发区，2001年开始称为"中国光谷"（以下简称"光谷"），2023年由湖北省政府赋予建设"世界光谷"的重任。

---

* 秦尊文，中国区域经济学会副会长，湖北省社会科学院研究员，主要研究方向为区域经济、城市经济；张宁，湖北省社会科学院长江流域经济研究所助理研究员，主要研究方向为区域经济、产业经济。

（一）城市建设取得不俗成绩

一是城区骨架基本形成。以高新大道、光谷生态大走廊为"黄金十字轴"的城区主框架逐步形成，"马蹄莲"等城市新地标拔地而起，"光谷量子号"有轨电车、国内首条空轨等未来科技感十足的交通工具往来穿梭，"十四横十四纵两环"骨架路网体系加快构建，武汉东站等交通枢纽建成，花山港等陆续投用，初步形成空、水、铁、公多式联运体系。

二是山水格局初步显现。充分发挥"一半山水一半城"的资源优势，建设黄龙山公园、二妃山公园、新月溪公园等一批口袋公园，打造光谷花海等一批网红景点，龙泉山明楚王墓入选国家考古遗址公园。2022年光谷绿地率达到了42.39%，人均享有公园绿地面积9.01平方米，公园景观星罗棋布、绿道绿楔穿城环绕的生态城区格局初步形成。

三是公共服务逐渐完善。光谷国际网球中心、湖北省科技馆、光谷书屋等一批文体设施投入使用；三甲医院从无到有，2023年增至4家，在建和规划建设5家；10年新建28所中小学，改扩建学校31所，共计新增6万多个学位；光谷马拉松、音乐节等文体活动人气旺盛，常住人口从10年前的不到40万人增加到120万人，占全市比例从不足4%攀升至9%，其中外籍人口约3000人。

（二）自主创新走向全国第一方阵

光谷在历年的中国高新区排行榜TOP50中稳居前列。从首批国家级高新区、第二个国家自主创新示范区、第三批自贸区到全国第五个科创中心核心承载区，光谷始终把创新摆在事关发展全局的核心位置，牢牢把握全球科技变革先机，在自主创新中主动求变、不断聚变，诞生了全国第一家科技企业孵化器、第一家专业化科技园区、第一个工业化试验基地、第一根实用光纤、第一个光传输系统、第一批A股上市企业、第一支产业发展引导基金等一系列第一，创新发展的动能不断集聚。

一是创新投入持续加大。2014~2023年区级财政科研经费从4.4亿元增长到近80亿元，企业研究开发费用从48.8亿元增长到317亿元，基础研究经费达到4.8亿元，科学研究与试验发展经费投入强度跃升至9.5%，在全社会形成了高度重视科技创新的浓厚氛围。此外，辖区内有高校42所，还有56个部属、省属科研院所，每年科研经费达数百亿元，创新投入逐年增长。

二是创新要素不断集聚。2014~2023年光谷的国家级孵化器从9个增至28个，以企业为主体的国家级创新平台从17家增至76家，新型研发机构从1家增至17家，高企数量从672家增至5249家，省级以上高层次人才从96人增至452人。目前在职硕博士毕业生达到8.3万人，大学毕业生达51万人，五大湖北实验室启动运行，获批科技保险创新示范区，集聚科技金融机构1500多家。

三是创新成果亮点纷呈。依托国内最大的光电子信息产业集群，2017年10月国家信息光电子创新中心组建，使命是突破光电子信息关键核心技术。该创新中心由武汉光迅科技股份有限公司牵头，联合11家光电子器件企业和科研单位共同组建，整合产、学、研、用资源。其研发的量子密钥分发QKD，是利用量子力学特性保证通信安全性，有着非常广阔的发展前景。这样的创新成果有很多。2014~2023年光谷专利授权量增长5.5倍，其中发明专利授权量增长6.5倍，相继取得232层三维闪存芯片、全国产EDA软件、国内首款百万像素级双色双波段红外探测器、国内首台新型显示喷印装备、全球首台全身5.0T磁共振系统等一批"光谷原创"重大技术成果，高新技术产业增加值占比达到54%，创新能力稳居全国高新区前四。

（三）高新技术产业实力不断壮大

以光、芯、屏、端、网、药六大产业为支撑，光谷高新技术产业迅速崛起，综合竞争力不断增强。

"光"产业全球领先。建成全球最大的光纤光缆制造基地，光纤光缆国际市占率超过25%，国内市占率超过60%，连续多年销量居世界第一位；建成全球最大的光模块研发生产基地，光器件国内市占率超过40%，国际市占率超过12%。建成全国三大激光设备生产基地之一，激光上市企业营收占全国激光上市企业营收的约30%。

"芯"产业突破美西方封锁。聚焦我国"缺芯"难题，聚力建设国家存储器基地，打造总投资超2000亿元的长江存储，推动新思科技、华为海思等一批芯片产业链巨头落户，高德红外、聚芯微电子等本土芯片企业加快成长，以存储芯片为核心的芯片产业链加速崛起，2023年芯片产业产值突破400亿元，集成电路圆片产量达到156万片，实现了数量级的跃升，一举成为国家集成电路产业第四极。

"屏"产业发展具有全球影响。联合华星光电、深天马等龙头企业，累计筹集各类投资超过1000亿元，建成6条中小尺寸显示面板生产线，低温多晶硅平板面板出货量位居全球第一，低温多晶硅笔记本面板出货量位居全球第二。

"端"产业形成较大规模。从台式电脑、数码相机、自动贩卖机、投影仪拓展到智能手机、平板电脑、智能监控、智能穿戴、智能医疗设备、智能汽车等多元化、多品牌产业布局，每12秒就有一部手机或平板电脑下线，每天10万部手机从光谷下线，销往全球160多个国家和地区。2022年光谷电子计算机整机产量达到1339万台，智能终端产业年产量达5000万台，成为光谷首个超过千亿规模的制造业领域。

"网"产业代表国家水平。光谷集聚80多家知名互联网头部企业第二总部，建成国内首个人工智能计算中心、国内五大工业互联网标识解析国家顶级节点之一。2022年数字经济核心产业增加值超过900亿元，占比达到33.8%。

"药"产业实力强劲。光谷抢抓生物产业加快兴起机遇，谋划建设光谷生物城，推动生物产业从无到有、从小到大。截至2023年底，200多个1类新药在研、50多种新药进入临床，规上工业产值超300亿元，光谷生物城成为中部地区影响力最大、创新能力最强、产业体系门类最齐全、人才集聚效应最显著的生命健康产业集聚区，综合竞争力升至全国第四位。

二 迈向"世界光谷"面临的问题

尽管光谷已经奠定坚实的发展基础，具备了迈向"世界光谷"的基本条件，但对标中国式现代化的内在要求，对标领先科技园区的发展态势，还存在短板弱项，潜存不少问题。

（一）创新动能不强是亟待突破的发展瓶颈

当前，各地创新发展竞争日趋白热化。北上广深等先发地区集聚优势、形成胜势、强者恒强，合肥、成都、西安、南京等后发地区集结重兵、投入重金、卡位抢道，光谷面临不进则退、慢进亦退的局面。

一是重大创新平台建设有待提速。5家湖北实验室尚未形成稳定的投入机制，主要依赖政府投入，比如东湖实验室和九峰山实验室，目前投入已超50亿元，后续还需投入约70亿元；科研人员以双聘方式为主，部分高校以二级机构管理实验室，导致资源整合能力不够，且人数偏少，最多的不过300人，而深圳鹏城实验室、杭州之江实验室均已超过3000人。目前大科学装置仅建成2个、在建3个，神农、光源、中子源等项目均未正式立项批复，而合肥滨湖科学城已建成4个、在建2个，上海张江科学城已建成6个、在建8个。

二是新型研发机构孵化能力有待提高。多数新型研发机构是高校院所以无形资产入股，国有平台以土地、楼宇作价合作组建，资产规模较大，运营管理团队主要来自高校院所，成果转移转化依赖高校院所存量成果，面向市场、以需求为牵引对接产业不够。部分机构仅注重孵化空间和项目招引，在共性技术研发、小试中试平台建设等方面存在不足。目前，光谷17家新型研发机构中，有经营利润的只有4家，占比23.5%，其中2家主要收入来源还是房租收入。光电工研院创建11年累计培育企业只有200家，而晚一年成立的江苏产研院累计孵化科技型企业1200多家。

三是科技成果转化效率有待提高。目前，光谷科技成果转化激励的竞争力不够强。2023年在全市备案的94家科技成果转化中试平台（基地）中，光谷只有26家，能够提供中试熟化、概念验证、测试检验等专业化服务的平台偏少。2023年获得境外注册商标或境外发明专利授权的内资控股企业仅有92家，在10家一流园区中排名第六，企业数量仅为北京中关村的1/9、深圳高新区的1/2。

（二）产业基础不厚是亟待破解的深层问题

近年来，在美西方科技封锁、全球经济下行、消费电子周期性下滑等超常规压力下，光电子信息、生命健康等主导产业短板进一步凸显，产业培育过程中一些深层次的问题集中暴露。

一是龙头企业引领不强。光谷缺乏千亿级以上的"链主"企业，其他一流高科技园区均有1家或多家千亿级产值或市值企业，比如西安高新区有2

家,成都高新区也有 2 家。光谷百亿级企业只有 10 家,联想、深天马等重点企业产能已达上限,主导产品市场总量和市场份额趋于稳定,增长空间有限。

二是本土企业占比不高。本土中小企业培育扶持的力度不够,百亿级企业 50% 是引进的外来企业;30 家重点工业企业中,招引企业的产值占比超过 50%;30 家重点服务业企业中,招引企业的营收占比近 65%。

三是产业链群配套不全。光谷成规模的终端产品制造企业偏少,部分产业链关键环节亟待完善,本地配套率总体不高,产业链各环节之间没有形成协同配套、抱团发展的良性生态,集成电路、激光及光通信都不同程度存在"有产无链"问题。最具实力的激光及光通信产业,本土配套率也不足 50%,而粤港澳、长三角区域最高可达 90%。

四是抢占新赛道力度不大。电动载人汽车、锂电池、太阳能电池等"新三样"布局滞后,近年来引进的长飞半导体、奕斯伟大硅片等重点工业项目建设进度有待加快,化合物半导体、人工智能产业刚刚起步。

五是园区进位压力不小。光谷入统企业总体利润率为 5.5%,居全国十大一流高科技园区之末;光电子信息和生命健康两大主导产业税收占比都只有 10%。产业数字化率较低,数字产业相关企业营收合计占比为 26.4%,在全国十大一流高科技园区中居第九位。企业年度营业收入中高新技术企业的出口总额占比仅为 5.6%,在全国十大一流高科技园区中排名第七。

(三)科技金融发展不快是亟待弥补的短板

2009 年底,光谷获批建设国家自主创新示范区,获得在开展股权激励、深化科技金融改革创新等多方面先行先试的政策支持。2010 年 12 月 1 日,全国首个一站式科技金融服务平台——汉口银行科技金融服务中心在光谷成立。2015 年 7 月,经国务院批准同意,中国人民银行等九部委联合印发《武汉城市圈科技金融改革创新专项方案》,武汉城市圈成为全国唯一科技金融改革创新试验区。

可以说,武汉及光谷科技金融在全国范围内起步较早,也有国家级的金字招牌,但发展不快,科技金融催化作用有待释放。光谷金融法人机构数量仅有 5 家,金融行业增加值占比仅为 3.4%,而成都高新区金融行业增加值占比达到了 11%。光谷本地创投机构实力较弱,国有投资机构活力不足,企业股权融资多由外地机构领投,部分企业被投后出现外迁问题。而合肥市政府引导母基金成立仅1年,已累计对接招引项目105个、投资规模达813亿元,其中签约落地项目16个、投资规模达252亿元。武汉不仅与北京、上海、深圳、杭州等城市有较大差距,与同处于中西部地区的成都、合肥相比,科技金融发展也有比较明显的短板。

三 挺进"世界光谷"的思路举措

面对前所未有的创新发展压力,光谷必须坚持问题导向,大力抢抓发展机遇,奋力把"世界光谷"建设推向新阶段、推上新高度。

(一)拓展"世界光谷"未来发展空间

2023年,湖北省委、省政府决定依托武汉新城,打造"世界光谷"。这至少为光谷拓展了20年发展空间。武汉新城打破了传统的行政区划,横跨武汉、鄂州两市。武汉新城规划范围东至鄂咸高速,南至梁子湖,西至京广铁路,北至长江南岸,规划面积约719平方公里。武汉新城分为8个片区。一是新城中心片区,打造中央商务区和科技服务中心,全面提升高端要素、核心功能、规模人口的集聚能力,重点发展现代金融、高端商务、数字经济、科技服务等功能。二是光谷片区,三是葛华片区,两者共同打造高端制造业及科技创新的综合性片区,建设高精尖产业承载地和技术创新策源地、新兴产业集聚区和未来产业先导区。四是龙泉山片区,打造科学研究承载区和文化旅游休闲区。五是滨湖半岛片区,打造国际会客厅和生态绿心。六是红莲湖片区,打造数字创意宜居区。七是花山片区,打造健康智慧宜居区。八是梧桐湖片区,打造科教文化宜居区。其中,葛华片区、红莲湖片区、梧桐湖片区为鄂州市所辖地域,另外鄂州市庙岭镇部分区域纳入新城中心片区。

武汉新城要持续强化"世界光谷"的中心枢纽功能。当前,城市发展模式从工业逻辑回归人本逻辑,从生产导向转向生活导向,人民对美好生活的向往成为经济社会高质量发展的重要牵引,传统工业园区、产业园区"产人城"的发展思路亟待更新迭代。武汉新城不仅进一步拓展了光谷的发展空间,也有利于强化国际交往、科技金融和公共服务等功能,"治山、理水、营城"的发展理念更有利于光谷加快探索"人城产"可持续的创新发展路径，全面推动光谷从单纯的高科技园区向多功能科技新城转变，从独立的创新支点向区域性创新枢纽转变，从以产塑城向以城促产的新阶段转变。

（二）强化"世界光谷"创新策源功能

以推进东湖科学城为核心区域的"光谷科创大走廊"建设为抓手，攀登世界领先科技园区新高峰，着力激活科技创新关键变量，强化经济发展动力源。

一是着力推进重大创新平台建设。认真配合落实"一个湖北实验室、一个业务主管部门、一个综合管理部门"管理模式，加强服务、精心保障，大力推进5家湖北实验室建设。加强各项服务保障，配合做好选址等有关工作，推动汉江实验室顺利落户东湖科学城。支持华中科技大学、光谷实验室牵头，充分发挥高水平研究型大学、国家科研机构和科技领军企业等创新资源优势，尽快创建并获批光电子信息领域的国家实验室，打造两大国家实验室支撑的国家战略科技力量主力军。

二是专班推进大科学装置建设。完善专班推进机制，全力保障10个重大科技基础设施建设。高效运营一批：主要是精密重力测量、脉冲强磁场2个大科学装置。加快建成一批：深部岩土项目、高端生物医学成像。尽快启动一批：脉冲强磁场优化提升、神农项目审批。提前规划一批：武汉先进光源等项目，华中农业大学的农业微生物、华中科技大学的碳捕集以及中子源等大科学装置。研究储备一批：激光多束流等大科学装置。

三是探索推进以用为导向的创新平台建设。充分发挥武汉科教人才、应用场景与深圳数字技术、创新资源的比较优势，探索建立场景开放、以用为导向的长效运营机制，高标准建设"双向飞地"。逐步开放光谷低速无人驾驶、智慧管理平台等城市场景，深挖本地创新资源供给能力，全面系统梳理双方相关政策措施，出台对深圳项目落地有竞争力、人才引进有吸引力的相关支持政策，推动双方创新资源深度融合，逐步形成深圳等创新高地"带土移植"模式。

（三）塑造"世界光谷"产业领先优势

光谷因光而兴、追光前行。光电子信息产业始终是光谷产业发展的立身之

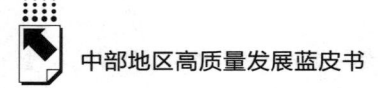

本。光谷要认真落实"投早投小投未来",实施以链补链计划,按照龙头企业牵引、上中下游企业协同发展的理念,坚持自主培育和招大引强双向发力,源头孵化与链群集聚相向而行,深入开展产业链招商、应用场景招商和招投联动,形成全员招商、全面招商的浓厚氛围,切实以强链思路继续巩固光电子信息产业基础优势,以延链、补链思路发展生命健康产业,以建链、筑链思路突破性发展智能网联大终端产业,在若干细分领域加快布局,实现未来产业新突破,努力打造搬不走、拆不散、压不垮的产业集群。

重点推动"光""车"联动发展。当前,随着汽车电动化、智能化、网联化、共享化,汽车电子成本占整车成本的34.2%,其中单辆车的平均芯片价值为350美元,而纯电动车的芯片价值可达770美元,高档电动车的芯片价值则可以超过1500美元,预计到2030年,汽车电子成本占整车成本比例将达到50%,汽车含"硅"量大幅提升。光谷在软件算法、汽车芯片、高精度地图、智能座舱等方面积累了较为厚实的基础,拥有全国唯一的测绘遥感信息工程国家重点实验室,集聚了蔚来电池总部、亿纬锂能储能总部、高德红外、海微科技、光庭信息等三电及智能座舱重点企业。充分发挥光电子信息产业融合优势,加快建设智能网联大终端产业园,以龙头整车项目为牵引,着力布局车规级芯片、汽车软件、车联网等领域,引导高德红外、光庭信息、极目智能等光电子信息企业跨界发展,提升孵化"雁雏"企业配套服务能力,建立车路协同监管和数字孪生仿真平台。

(四)加快"世界光谷"科技金融创新

着眼补齐武汉科技金融短板,加强科技金融核心技术攻关,培育科技领军企业和高新技术企业,形成万亿级产业集群。引领支撑武汉打造全国科创金融改革试验区,科技创新和风险投资活跃度居全球前列,形成支持颠覆性创新的长效投入机制和有利于科技产业蓬勃发展的低成本、全周期资本集聚效应。

大力集聚金融服务机构。加快在武汉新城中轴线上建设首个大型公共建筑——科创金融总部,引导银行、证券、保险等机构集聚,着力打造中国科创金融中心的标杆。加快培育法人持牌金融机构,支持设立专注服务科技创新企业的科技银行、保险公司。支持各类金融机构在光谷设立总部直属科创金融专营机构。做大做强本地金融控股集团。支持各金融机构在光谷设立理财子公司。打造中部地区风投创投中心，加大政府引导基金投入，引进集聚一批全国知名创投机构，培育一批实力较强的本土创投机构。引导产业资本与大型金融机构设立战略合作基金，形成战略合作关系。

高质量建设东湖科技保险示范区。做强东湖科技保险发展促进中心，鼓励保险机构研发符合科创企业特点的专项保险产品。大力发展贷款保证保险、首台（套）重大技术装备保险、新材料首批次应用保险、产品研发责任保险、知识产权保险和出口信用保证保险产品。加强与保险总部机构战略合作，引导保险资金投向重大基础设施和重大产业项目。

推动金融业服务标准化。通过发布银行业和保险业科创金融业务及服务标准指引，鼓励金融机构专营化发展，为科创企业提供专业化、定制化金融服务。这些措施包括提高对企业信贷业务的占比要求，对小微企业的不良贷款容忍度，以及适当下放授信审批和产品创新权限，建立创新容错免责机制等，以进一步提升金融机构服务科技创新企业的意愿和能力。

（五）促进"世界光谷"双自联动发展

"世界光谷"必须有国际视野、全球格局。光谷既是国家自主创新示范区，又是湖北自贸试验区的核心，要推进"双自"联动发展。

要加快融入全球创新网络。推动人才引进来、资本引进来、经验引进来，大力引进全球知名企业和机构设立研发中心，争取国际科技组织在光谷设立分部，引进国际民商事仲裁、会计、审计、管理咨询等机构，引进研发设计、检验检测、知识产权等科技服务机构，设立一批海外人才驿站和离岸创新创业基地，着力打造中部地区具有标识度的外资外企外籍人士首选地。要加快走向国际市场。聚焦高新技术产业发展，重点围绕共建"一带一路"国家和地区，推动企业"走出去"、产品"走出去"、品牌"走出去"，做好湖北国际贸易数字化平台光谷专区，提升龙头企业整合利用全球资源能力，带领产业链上下游企业"抱团出海"，鼓励企业积极主导和参与国际行业标准制定、国际专利申请，提高国际影响力。

要着力提升服务贸易比重。深化服务贸易创新发展试点，依托国家文化出口基地，大力发展数字文化贸易，加快游戏、动漫、演艺、网络视听、数字阅读等特色产业发展，加快构建服务贸易新优势。探索货物贸易新业态，发挥综保区"保税+"政策优势，围绕集成电路、面板显示、医疗器械等高端制造，大力开展"保税研发""保税仓储"等新业态，建设特色大宗商品进口集散基地，培育进口汽车、奢侈品、化妆品等高端消费品展示、分拨主体，全面提高货物贸易质量。

联动武汉天河、鄂州花湖两个国际机场，链接中欧班列，拓展光谷货站"口岸功能"，加快花山港一类口岸验收，加大花山港集装箱、航线政策支持力度，着力打通多式联运出海通道。对标高标准国际经贸规则，适时加快压力测试，推动国际贸易"单一窗口"服务功能由口岸通关向口岸物流、贸易服务等全链条拓展，提升跨境结算效率，完善移民事务服务中心功能，着力构建更加便利的国际交往环境。

参考文献

《"一束光"让世界看到"中国光谷"：12秒诞生一部手机或电脑》，中国青年网，2023年8月1日，https://t.m.youth.cn/transfer/baobao/YOolwJCy.html。

秦尊文：《新时代中部地区以科技创新引领产业创新提升我国安全发展能力》，《区域经济评论》2024年第4期。

秦尊文：《推动中部地区在全国大局中发挥更大作用》，《光明日报》2024年4月18日。

秦尊文、赵宁：《向"新"而行 谱写武汉高质量发展新篇章——新时代推动中部地区崛起座谈会精神学习体会》，《武汉宣传》2024年第7期。

何辉、胡馨月：《产城融合：武汉新城与光谷携手并进向世界》，《支点》2024年第7期。

B.27
湖南开创中国对非合作的先行试点

唐红涛　丁阳　熊悦*

摘　要： 基于历史悠久的文化交流与经济往来，湖南与非洲的经贸合作日益紧密。为响应"一带一路"倡议，湖南不断借助自由贸易试验区、中非经贸博览会以及中非经贸深度合作先行区等国家级平台，积极推动双方的合作发展，以创新外贸模式和示范区建设作为突破口，力求在新时代中非合作中发挥试点和引领作用。经不懈努力，湖南已形成一套对非合作的创新发展新模式与新路径，开启了中非跨境电商往来的新篇章、释放了中非传统外贸交易的新动力、实现了区域示范标杆建设的新高度、构建了组织架构引领发展的新格局。面向未来，湖南将继续深化对非合作，为中非关系发展注入新动力，助力全球化背景下的经济共荣。

关键词： 中非经贸合作　湖南试点　自由贸易试验区　跨境电商

一　湖南对非合作的整体框架

（一）历史背景与目标设定

湖南对非合作的历史渊源可追溯至1200年前，唐代的长沙窑瓷器远销北非，"黑石号"商船标志着湖南与非洲的早期贸易联系。新中国成立后，湖南与非洲的合作不断深化，尤其在农业、制造业和基础设施建设等领域。袁隆平院士的杂交水稻技术在非洲多国推广，有效提升了当地的粮食生产能力，成为

---

* 唐红涛，湖南工商大学经济与贸易学院教授，博士生导师，主要研究方向为数字经济与商贸流通；丁阳，湖南省现代流通理论研究基地助理研究员，主要研究方向为跨境电商；熊悦，湖南省现代流通理论研究基地助理研究员，主要研究方向为商贸流通。

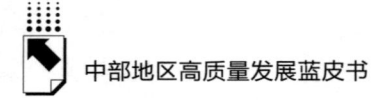

湖南对非合作的亮丽名片。此外，湖南积极参与非洲基础设施建设，"基建湘军"在多个项目中展示了湖南的设计和施工能力。近年来，湖南积极响应"一带一路"倡议，推动与非洲的经贸合作，成为全国对非经贸合作最活跃的省份之一。通过建设中非经贸博览会和中非经贸深度合作先行区等国家级平台，湖南实现了湘非经贸合作的深入发展。2023年，湖南对非进出口总额达到556.7亿元，居全国第八位、中西部第一位，近三年年均增长23.1%[①]。湖南的对非合作不仅包括贸易和投资，还涉及人文交流和技术合作等多个层面。湖南与非洲的友好城市交往已有42年，共缔结正式友城12对，签署意向友城12对。

总体而言，湖南省作为中国对非合作的先行试点，其对外经济合作战略紧密结合国家方针，并在此基础上进行创新实践。湖南对非合作模式展现了其在中非合作中的战略定位和地方特色，通过构建全方位、宽领域、多层次的合作体系，湖南正努力成为中非合作的重要窗口和示范高地，为构建更紧密的中非命运共同体做出贡献。

（二）政策支持与机遇挑战

在国家政策的大力支持下，湖南正积极探索并实施一系列对非洲国家的合作政策，以加强与非洲的联系并推动双方的共同发展。2024年1月，《中非经贸深度合作先行区建设总体方案》获国务院批示，明确支持湖南建设中非经贸深度合作先行区。这一举措是继中非经贸博览会长期落户湖南之后，湖南省承担的又一重要国家级对非合作平台，标志着中国在内陆地区打造对非合作标杆的战略意图。《中非经贸深度合作先行区建设总体方案》作为首个专项对非经贸合作政策，明确提出了先行区的战略定位，即围绕"三区一厅"布局建设"六个中心"，以推动中非合作的纵深发展。这一方案旨在深化新时代中非经贸合作，并将先行区打造成具有国际竞争力的对非合作平台。为实现这一目标，湖南省正在加紧制定实施方案和配套政策，形成对非经贸合作的路线图、时间表和任务书，完善对非经贸合作的长效机制，并力求形成一批可复制、可

---

① 《中非合作论坛｜奋力打造对非经贸合作新高地——湖南省介绍对非合作情况》，新华网，2024年9月4日，http://www.news.cn/20240904/9a29bd79d24c4b32a961a3f09675b691/c.html。

推广的合作新经验、新做法。

湖南在推进与非洲国家的合作过程中，面临一系列机遇与挑战。得益于中央和地方政府的政策支持，湖南有望在贸易、投资、基础设施、农业技术、数字经济和文化交流等关键领域与非洲国家深化合作。这不仅将促进湖南企业对非投资和贸易的扩张，还将加强双方在产业链和供应链上的协同，加速技术转移，培养专业人才，并借助文化交流与旅游合作，加深两地人民的友谊。然而，挑战亦不可忽视。非洲市场的不稳定性，包括政治动荡和经济波动，可能对投资回报产生不利影响。文化差异和商业习惯的多样性可能引发沟通难题，而法律法规的复杂性及基础设施的不足则可能成为项目实施的障碍。此外，某些地区的安全问题也可能对企业运营构成威胁。为应对这些挑战，湖南省正通过促进跨境电商发展、创新传统外贸模式、打造示范标杆区域以及调整组织架构等措施，努力推进与非洲国家的深度合作，力求在新时代中非合作中发挥试点、引领和先导作用。

二 主要试点项目

（一）跨境电商新篇章：电商组织与平台共创中非经贸新桥梁

中国与非洲国家共同推进的"九项工程"之一，即数字创新工程，明确了双方将合作拓展"丝路电商"战略。湖南作为中国对非经贸合作的关键省份，近年来积极探索与非洲国家的多层次合作模式，在跨境电商领域取得了显著成果。这些成果不仅深化了湖南省与非洲国家的经济联系，还为中国企业开辟了新的国际市场机会，展示了湖南在推动中非经济互动和提升中国企业国际竞争力方面的积极作用。

完善中非跨境电商合作机制。2023年10月20日，湖南省商务厅、长沙市政府、国际贸易中心与阿里巴巴国际数字商业集团的代表共同为中非跨境电商服务中心揭牌，标志着中非跨境电商合作迈入了新发展阶段。中非跨境电商服务中心的成立旨在进一步加强中非电商合作，推动非洲产品通过电商平台进入中国市场，同时为中国企业开辟进入非洲市场的新渠道。该中心推进跨境电商规则制定，如线上支付、数字签名、电子通信、报关通关、跨境物流及消费者权益保护等，为中非跨境电商交易提供高效、便捷且风险可控的"一站式"金融服务。同时为非洲跨境电商中小企业提供培训和辅导，提升电商门店运营能力，有效推动非洲电商企业进入中国市场。中非跨境电商服务中心还计划完善数字化海外仓等基础设施，鼓励跨境电商企业在非洲设立进口集货仓、保税仓和出口海外仓，提升仓储设施的数字化与智能化水平。通过这一平台，中非间经贸往来将更加紧密，推动中非经贸合作向更深层次和更广领域发展。

创新中非跨境电商业务模式。湖南跨境电商公司正迅速创新，以应对日益增长的中非贸易需求。由湖南企业家杨涛创立的Kilimall自2014年进入非洲市场以来，扮演着促进中非贸易的关键角色，Kilimall不仅是首个进入非洲电商领域的中国平台，也是本土化运营的成功典范。Kilimall通过构建涵盖电子交易、移动支付和跨境物流三大领域的服务体系，全面服务于非洲消费者。该平台在非洲建立了FBK海外仓库和末端配送体系，在肯尼亚开设了当地最大、最先进的电商仓库，成功解决了电商物流"最后1.5公里"的问题。该电商平台还通过整合内外部资源，推动非洲优质产品入驻，利用数字营销、品牌合作以及跨境直播等多元化业务模式，提升非洲产品在国际市场上的竞争力。Kilimall坚持本土化运营，大量招聘和培养当地人才，为东非国家创造了近万个就业机会，有效促进了当地社会和经济发展。随着中非经贸合作的深化，Kilimall等在非企业的发展前景将更加广阔，中非跨境电商业务模式将不断创新，实现互利共赢。

加强中非跨境电商品牌建设。湖南省人民政府在《关于促进跨境电商高质量发展的若干措施》中提出，要培育跨境电商自主品牌，鼓励企业开展自主品牌境外商标注册和国际认证，并给予专项资金支持。这些举措不仅推动了埃塞俄比亚咖啡豆、马达加斯加海鲜、卢旺达辣椒、肯尼亚玫瑰等非洲特色产品进入中国市场，也显著提升了非洲产品知名度。湖南省长期承办的中非经贸博览会已成为非洲品牌建设的核心平台。通过博览会和跨境电商平台，非洲产品迅速进入中国市场，实现"展品一键变商品"，极大地满足了中国消费者对优质非洲产品的购买需求。湖南还通过举办"非洲好物网购节"等活动，为非洲特色产品提供更多市场机会，进一步扩大非洲特色产品市场覆盖面。此外，湖南的跨境电商产品在非洲市场上取得了显著销售成绩。如邵阳发制品在非洲市场的份额已超过30%[①],湖南邵阳已经成为全球最大的发制品原材料集散地之一,满足了非洲消费者对美容产品的广泛需求。

(二)传统外贸新动力:长沙高桥大市场助力中非贸易新发展

中非经贸合作中,湖南在传统外贸领域进行了一系列尝试和创新,为中非经贸关系的深化提供了新动力。作为中国内陆省份,湖南通过探索多样化的外贸合作模式,成功开辟了与非洲国家贸易往来的新局面。利用中国(湖南)自由贸易试验区、市场采购贸易方式试点及中非经贸深度合作先行区核心区的多重优势,位于自贸区长沙片区雨花区块的高桥大市场深化与中非经贸博览会的联动,高质量推进中非经贸合作促进创新示范园的建设,逐渐成为湖南对非贸易的重要枢纽。

拓展非洲优质产品市场渠道。高桥大市场在推动中非经贸合作方面发挥了核心作用,尤其在拓展非洲优质产品市场渠道上作用突出。在非洲产品推广方面,高桥大市场通过实施"非洲产品品牌仓"工程,显著加快了非洲产品地理标志认定进程,有效提升了非洲品牌在中国市场的形象与认知度。高桥大市场内设中非经贸博览会常设展馆,总面积达1万平方米,涵盖两个展厅及近40个国家馆,成为非洲国情文化、优势产业、特色产品的展示贸易中心。在产业链建设方面,高桥大市场积极推进非洲非资源性产品产业链建设,支持和引导园区企业建立非洲直采、仓储物流、营销推广、交易销售的全产业链体系。特别是对于非洲坚果产品,市场成立了专门的交易中心,并与加纳、肯尼亚、科特迪瓦等非洲坚果产地建立了直采合作关系,共同打造包括种植、采购、加工、贸易等环节的完整产业链,极大缩短非洲坚果订货周期。目前,高桥大市场已成功打造包括非洲咖啡、坚果及农产品在内的三大交易中心,并初步形成了咖啡、腰果、可可、夏威夷果、干辣椒及芝麻6条产业链。总之,高桥大市场在帮助非洲优质产品拓展中国市场中发挥了重要作用,为中非经贸合作的深入发展提供了有力支撑。

支持开展对非特色产业项目。在湖南对非特色产业项目的大力支持下,长

---

① 《邵阳假发漂洋过海,承包非洲三成市场》,"湖南日报"百家号,2022年10月8日,https://baijiahao.baidu.com/s?id=1746120183843822098&wfr=spider&for=pc。

沙对非经贸合作逐步深化,催生多个新兴业态,以非洲咖啡为特色的连锁品牌"小咖主"便是代表。该品牌在高桥大市场的助力下,凭借中非经贸合作先行区的政策优势,建立了涵盖非洲咖啡采购、研发生产、品牌孵化和销售展示的全产业链。这种模式不仅改善了非洲咖啡农的生计,也为全球消费者提供了了解和体验非洲咖啡文化的机会。目前,"小咖主"已在全国开设超过 50 家门店,成为中非经贸合作的标志性项目。此外,长沙作为湖南对非合作的前沿阵地,通过建立二手车出口基地,为相关企业提供一站式服务,包括车辆采购、供应链金融、上牌检测、报关清关等,构建了内外贸一体化的汽车及零部件出口产业集群。同时,湖南首个整车(零部件)数字化出海孵化中心成立,标志着湖南在汽车及零部件产业数字化转型方面取得重要进展。这一举措不仅为湖南汽车产业提供了新的增长点,也为非洲市场带来了高质量的汽车产品和服务,进一步深化了中非经贸关系。

加快对非易货贸易试点建设。针对非洲国家外汇短缺、中国企业收汇难问题,湖南自贸试验区长沙片区雨花区块积极推进对非本币结算贸易试点,提升企业对非进出口积极性,推动中非经贸往来发展。在此背景下,高桥大市场积极开展市场采购贸易方式试点,成为全国首批实施融资风险补偿机制、通关一体化、预包装食品出口及"飞地模式"等创新试点的市场之一。该市场建立出口产品集聚区、采购商联络站和一站式服务中心等平台,构建支持全省中小企业市场采购出口的综合服务体系。截至 2023 年 9 月,位于高桥大市场内的湖南省对非易货贸易有限公司成功开展了 12 单针对非洲 4 个国家的易货贸易试单,并探索建立了中国首个跨境易货贸易 B2B 服务平台[①]。目前,易货贸易主要有两种模式:一是"点对点"易货贸易模式,如通过出口建材和小商品换取南非红西柚;二是对冲抵应收外汇的易货贸易模式,如湖南袁氏种业高科技有限公司出口种子至马达加斯加,其子公司使用当地货币购买云母矿,并将云母矿出口至湖南对非易货贸易有限公司,后者再以人民币支付给袁氏种业。这一新模式的实施不仅有效解决了我国企业面临的收汇难题,也为中非贸易繁荣发展提供了新的推动力。

---

① 《合作共赢"非长"精彩 长沙对非贸易迎"井喷"》,澎湃新闻,2022 年 11 月 9 日,https://www.thepaper.cn/newsDetail_forward_20648912。

（三）示范标杆新高度：长沙自贸临空区引领中非合作新方向

2021年8月19日，长沙自贸临空区正式挂牌成立，作为湖南省对外开放的先行者，汇聚"自贸试验区""加工贸易产业园""综合保税区""临空经济示范区""跨境电商综试区"五大国家级贸易平台，在黄花机场之上，激起奔腾不息的新发展浪潮。通过设立国家级平台，长沙自贸临空区不仅优化了对外经贸环境，也为湖南的对非合作提供了强有力的支撑。

园区招商引资项目持续推进。2022年以来，长沙自贸临空区先后对接了青岛纳森腰果加工、对非工程机械再制造及零部件出口等项目。其中，爱非利加非洲腰果精深加工项目将建设年产万吨级腰果仁及相关产品配套加工基地，后期还将在园区购地，建设总部大楼、生产基地等，利用区内"自贸试验区+综合保税区"叠加优势，降本提效、提升贸易便利度；中国对非贸易全球总部已正式落户，目前已签订招商引资合同；红麟非洲海外仓项目、万秦对非贸易总部项目和对非工程机械再制造及零部件出口项目也将落地长沙自贸临空区，打造整合产业链上下游——选矿、加工、物流、贸易、金融的供应链综合服务端口，突出湖南总部功能。

国际货运物流航线持续畅通。2022年，首条长沙黄花机场至埃塞俄比亚首都机场的货运航线开通，非洲的特色产品只需11个小时即能到达湖南，湘非之间建起高速往来的"空中桥梁"。此航线将长沙机场作为"中转枢纽"，通过中、埃、比三国机场航线辐射功能，进一步织密联结三大洲的航空物流网络，推动湖南生产制造的电商产品、医药制品、高新技术等高附加值产品加速出口至非洲全境。而后，湖南首票通过SPA运输的出口非洲货物，从长沙运至肯尼亚后，再由肯尼亚航空转运至尼日利亚。"湘品入非"由此打破了直飞航线的限制，长沙与非洲各国20多个城市之间的货物贸易实现"一票到底"。据海关统计数据，2022年长沙自贸临空区对非经贸额达33亿元，同比增长66%[①]。这一数据反映了长沙自贸临空区在推动对非经贸合作方面的显著成效。

营商环境政策布局持续优化。为进一步优化营商环境，长沙自贸临空区印

---

① 《签约项目120个，总金额103亿美元！第三届中非经贸博览会闭幕》，长沙自贸临空区网站，2023年7月4日，http：//www.cszmlkq.cn/content-20-2057-1.html。

发《自贸临空区优化营商环境 20 条》，提出"持续推动对外贸易便利化"细则，推进黄花综保区通关便利化改革，在免费查验、免费称重、免费停车等基础上，持续探索为企业降本增效措施；打造"区港联动"快速通道，加快推进"安检前置、理货后置"业务模式落地；与海关、外汇、税务、缉私、公安、商务、财政等单位协同发力，规范业务流程，构建公平诚信、和谐有序的外贸发展环境。此举将充分激发涉外企业内生动力和创新活力，汇聚对外开放的强大动力。

长沙自贸临空区作为湖南对非合作的战略试点，肩负"为国家试制度、为地方谋发展"的使命，积极探索中非经贸合作新路径新模式，以深化"放管服"改革为核心，充分发挥"自贸+保税"叠加优势，通过政策优势和项目引入，已经在中非经贸合作中取得了显著成效，园区内已有超 100 家企业参与对非经贸合作，"保税加工+对非贸易"取得了显著突破。

下一步，园区将进一步扩大与长沙经开区、湖南高桥大市场等地的联动，大力发展二手工程器械出口、汽车保税维修再出口、零配件保税仓储等新业态业务，打通"保税加工+跨境电商"等对非特色产业。未来，长沙自贸临空区将继续深化政策支持，优化供应链服务，加强国际化发展，加大对非贸易企业的招商力度，不断完善政企沟通交流平台，协调解决企业发展难题，全力推进中非贸易高质量发展。进一步巩固长沙自贸临空区对非合作重要平台的地位，打造中非经贸深度合作的先行示范标杆。通过持续的努力，长沙自贸临空区将有望在推动湖南及中国对非经贸合作的过程中发挥更大作用。

（四）组织架构新格局：中非经贸合促会拓展经贸交流新实践

2019 年 6 月，首届中非经贸博览会在长沙举办，并长期落户湖南。2020 年 9 月，湖南成功获批自贸试验区，对非经贸合作成为其三大重点任务之一，不断推进中非经贸合作先行区建设。在此背景下，湖南省中非经贸合作研究会于 2020 年 12 月应运而生，后更名为湖南省中非经贸合作促进研究会（以下简称"中非经贸合促会"）。

中非经贸合促会是由省内从事中非经贸往来的企业、事业单位、社会组织及领域内相关专家与学者自愿、自发组成的，核心任务是为中非经贸深度合作提供专业服务与业务促进支持，探索并打造对非经贸合作新模式。中非经贸合促会将遵循"政府引导，市场运作"的原则，依托中非经贸深度合作先行区和中非经贸博览会两大平台，立足湖南、带动周边、辐射全国、惠及全球，建设中国领先的中非经贸促进性综合服务平台。通过开展智库研究及建设，向政府和企业提供咨政建言，为涉非企业提供全方位、全流程专业服务，探索对非经贸合作的新通道、新模式，形成示范项目及案例，为推动中非经贸合作高质量发展贡献力量。具体而言，中非经贸合促会的主要功能如下。

加强课题研究，提供咨政建言。贯彻中非经贸合作的各项方针政策，探索推进中非经贸合作的机制建设，组织开展中非经贸合作领域的理论与实践研究，及时发现中非经贸合作过程中出现的新情况、新问题，为政府部门提供促进中非经贸合作的政策建议和决策依据。

发挥撮合功能，搭建合作平台。发挥中非经贸合促会在中非经贸合作中的中介服务功能，做好政府相关部门的助手与中非经贸合作的桥梁，承担政府职能转移交办的工作和任务。组织企业对接活动，帮助湖南企业与非洲企业建立联系。

举办各类活动，组织专题研讨。举办推动中非经贸合作的各类工作会议、论坛会展，邀请国内外对非研究机构、智库、相关政府主管机构及对非合作优秀企业代表，依照国别、行业类别、需求属性等专题开展研讨。

收集市场信息，提供专业服务。多渠道调研中非经贸合作的现状与发展趋势，及时向从事中非经贸合作的企业及机构提供法规、政策、市场动向、投资合作等方面的最新信息及全过程咨询，提供战略决策、市场开发、法律服务、创业孵化等全方位专业服务。

组织对接考察，实现交流互访。组织会员对有合作意向的对象国开展经贸合作交流考察活动，实地对接相关政府主管部门、学术机构、智库及重点企业，深入考察当地市场环境与行业现状；组织、安排对方来湖南交流互访，考察会员企业，对接洽谈合作。

开展专题培训，培育经贸人才。组织开展能力建设活动，为会员和有对非合作意向的企业就国家战略与发展规划、境外市场与行业分析、属地化运营（如法律、财税、安保等）组织开展各类专题培训，培育中非经贸合作的专门人才。

拓展会员范围，做好宣传推介。支持从事中非经贸合作企业之间的文化交流与价值观趋同建设，向社会宣传、介绍中非经贸合作的创新成果及有突出贡献的企业与个人，提高企业和企业家的海内外知名度。

成立以来，中非经贸合促会已分区域开展对非项目共20个，如东非内罗毕国际会展中心建设项目、西非尼日尔矿业合作项目等；成立对非服务中心共12个，涵盖咨询服务、财税评议、外贸服务、展览展示、创新促进、人才培训等多项内容，已成为中非经贸合作的研究智库中心、信息资源整合中心和市场运营促进中心。未来，中非经贸合促会将以服务中非经贸合作高质量发展为宗旨，深化中非经贸领域关键难点、堵点问题的研究，着力探索解决问题的举措，通过建立中非双边紧密合作新机制，形成中非智库研究的合力；加强中非经贸合作数据科学的研究，构建实现中非经贸长效交流的智力源泉平台，为建设中非经贸合作新高地提供智力支持。

三 经验总结与未来展望

（一）经验总结

在中非经贸合作的历程中，湖南表现出了卓越的创新精神和战略眼光，取得了一系列显著成果，为未来深化合作奠定了坚实基础，也为其他地区开展中非合作提供了宝贵经验。

第一，跨境电商平台是推动非洲市场拓展的关键引擎。跨境电商平台帮助涉外企业绕过传统的市场进入障碍，降低市场进入成本的同时极大拓展全球市场覆盖面。通过数字营销、品牌合作等多元化业务模式，有效提升我国产品在非洲市场的竞争力，实现非洲特色产品的品牌建设与市场推广。进一步开展本地化经营，实行高效的物流服务体系与解决方案，推动全球供应链优化与物流服务创新。

第二，综合贸易中心是深化中非经济合作的重要支柱。例如，高桥大市场结合自由贸易试验区区位优势与市场采购贸易方式试点的模式优势，已成为集产品贸易中心、交流展示中心、创新示范中心、市场采购中心、企业孵化中心、金融服务中心等多样化功能于一体的中非进出口双向贸易及消费平台，成为湖南地区开展中非合作的紧密纽带。

第三，临空经济是联结中非经济人文交流的新兴载体。以长沙自贸临空区为例，临空经济充分利用了黄花机场的优越地理区位，综合自贸试验区的政策优势，积极招商引资、提升国际货运物流效率、优化区域营商环境，为中非经济人文交流提供了一个高效、便捷的新兴载体。

第四，研究智库机构是深化中非经贸合作的智力源泉。智库机构将通过深入的市场分析、政策研究与战略规划，为政府和企业开展国际经贸交流合作提供决策支持与战略建议。这类机构不仅能帮助相关方更好地追踪国际市场动态，还致力于发掘潜在机会、解决实际问题，在中非经贸合作中发挥重要的智力引领作用。

（二）未来展望

展望未来，湖南在中非经贸合作领域的创新和成就将为区域经济发展提供坚实的基础和广阔的前景。凭借战略性地理位置和经济政策，湖南将持续利用跨境电商发展与自由贸易试验区的优势，推动双边贸易互利共赢，拓宽湖南企业市场渠道的同时，为非洲产品进入中国乃至世界市场提供机会。通过国际物流网络的整合和优化，为中非贸易往来提供更高效便利的通道，实现中非经济更为深入的融合。此外，持续加强全球化经贸合作平台建设，推动技术、资本、人才的畅通流动，强化区域经济协同效应，为企业全球化运营提供智力支持和战略指导，提升中非经贸合作的整体效益。

在此基础上，湖南省未来可以积极引导并拓展高科技和绿色产业的发展，推进可再生能源、环保技术和绿色建筑等领域的中非合作，加强技术转移和合作研发，提升中非经济合作的技术含量与附加值。深入探索金融服务合作，包括金融科技、投资基金和保险服务，提供定制化融资和风险管理解决方案。开展中非农业合作项目，提供先进的农业科技解决方案，在非洲推广智能灌溉系统、精准农业设备等现代农业技术与经验，帮助非洲国家提高农业生产力。支持我国涉非小微企业发展，适当降低市场准入门槛，提供技术与金融服务支持，加强商业经营培训，壮大中非经贸合作团体。综合已有优势与经验，湖南有望在全球经济体系中扮演更为重要的角色，通过平台搭建、渠道拓展、资源集聚，投身共建"一带一路"，探索中非深度合作的新通道与新模式，努力建设成为中非经贸合作的先行者与推动者，为内陆地区改革开放高质量发展贡献力量。

参考文献

刘馨蔚：《中非合作"深度"与"先行"并驾齐驱》，《中国对外贸易》2024 年第 4 期。

罗玉环：《为当好实施"三高四新"战略领头雁奋力建设现代化新湖南示范区贡献力量》，《中国机构改革与管理》2021 年第 5 期。

唐红涛、刘文双、张俊英：《资源—能力框架下朴素式创新演变机制——以 Kilimall 为研究案例》，《商业经济与管理》2020 年第 11 期。

肖皓、唐斌、许和连：《中非经贸博览会的建设成效与展望》，《西亚非洲》2023 年第 3 期。

张小虎：《中国对非洲投资的环境法律争端：预防与化解》，《湘潭大学学报》（哲学社会科学版）2023 年第 2 期。

文春晖、郭骞谦、徐海涛：《中国对非投资促进非洲经济增长与减贫效应实证分析》，《经济地理》2022 年第 11 期。

程必定等：《新时代站在更高起点推动中部地区崛起》，《区域经济评论》2024 年第 4 期。

颜琳：《地方政府外事施政空间与实践——以湖南地方外事为例》，《国际关系研究》2022 年第 3 期。

王上铭：《新时期中非经贸合作的战略构想》，《企业改革与管理》2022 年第 3 期。

社会科学文献出版社

皮 书
智库成果出版与传播平台

❖ 皮书定义 ❖

皮书是对中国与世界发展状况和热点问题进行年度监测,以专业的角度、专家的视野和实证研究方法,针对某一领域或区域现状与发展态势展开分析和预测,具备前沿性、原创性、实证性、连续性、时效性等特点的公开出版物,由一系列权威研究报告组成。

❖ 皮书作者 ❖

皮书系列报告作者以国内外一流研究机构、知名高校等重点智库的研究人员为主,多为相关领域一流专家学者,他们的观点代表了当下学界对中国与世界的现实和未来最高水平的解读与分析。

❖ 皮书荣誉 ❖

皮书作为中国社会科学院基础理论研究与应用对策研究融合发展的代表性成果,不仅是哲学社会科学工作者服务中国特色社会主义现代化建设的重要成果,更是助力中国特色新型智库建设、构建中国特色哲学社会科学"三大体系"的重要平台。皮书系列先后被列入"十二五""十三五""十四五"时期国家重点出版物出版专项规划项目;自2013年起,重点皮书被列入中国社会科学院国家哲学社会科学创新工程项目。

皮书网

（网址：www.pishu.cn）

发布皮书研创资讯，传播皮书精彩内容
引领皮书出版潮流，打造皮书服务平台

栏目设置

◆ **关于皮书**
何谓皮书、皮书分类、皮书大事记、
皮书荣誉、皮书出版第一人、皮书编辑部

◆ **最新资讯**
通知公告、新闻动态、媒体聚焦、
网站专题、视频直播、下载专区

◆ **皮书研创**
皮书规范、皮书出版、
皮书研究、研创团队

◆ **皮书评奖评价**
指标体系、皮书评价、皮书评奖

所获荣誉

◆ 2008年、2011年、2014年，皮书网均在全国新闻出版业网站荣誉评选中获得"最具商业价值网站"称号；

◆ 2012年，获得"出版业网站百强"称号。

网库合一

2014年，皮书网与皮书数据库端口合一，实现资源共享，搭建智库成果融合创新平台。

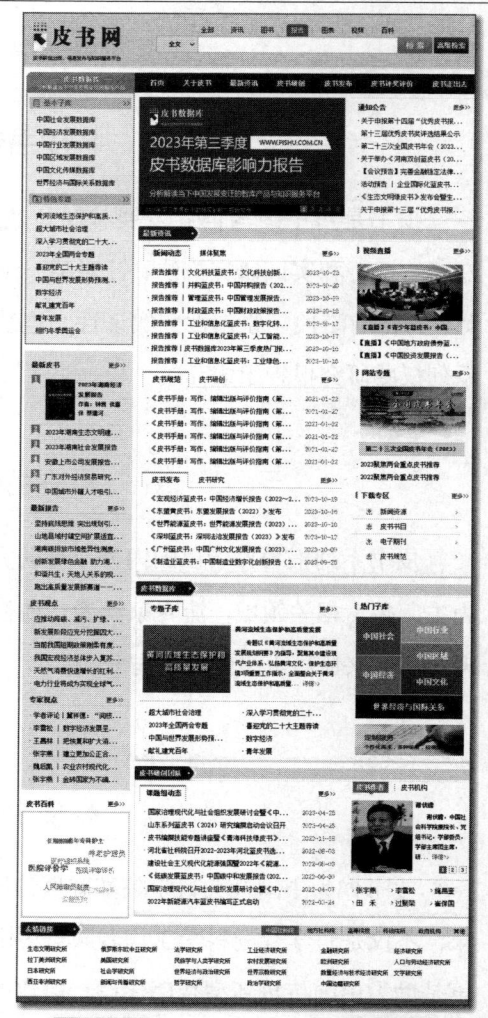

皮书网

"皮书说"
微信公众号

权威报告·连续出版·独家资源

皮书数据库
ANNUAL REPORT(YEARBOOK) DATABASE

分析解读当下中国发展变迁的高端智库平台

所获荣誉
- 2022年，入选技术赋能"新闻+"推荐案例
- 2020年，入选全国新闻出版深度融合发展创新案例
- 2019年，入选国家新闻出版署数字出版精品遴选推荐计划
- 2016年，入选"十三五"国家重点电子出版物出版规划骨干工程
- 2013年，荣获"中国出版政府奖·网络出版物奖"提名奖

皮书数据库　　"社科数托邦"微信公众号

成为用户

登录网址www.pishu.com.cn访问皮书数据库网站或下载皮书数据库APP，通过手机号码验证或邮箱验证即可成为皮书数据库用户。

用户福利
- 已注册用户购书后可免费获赠100元皮书数据库充值卡。刮开充值卡涂层获取充值密码，登录并进入"会员中心"—"在线充值"—"充值卡充值"，充值成功即可购买和查看数据库内容。
- 用户福利最终解释权归社会科学文献出版社所有。

数据库服务热线：010-59367265
数据库服务QQ：2475522410
数据库服务邮箱：database@ssap.cn
图书销售热线：010-59367070/7028
图书服务QQ：1265056568
图书服务邮箱：duzhe@ssap.cn

社会科学文献出版社　皮书系列
卡号：249161773459
密码：

S 基本子库
SUB DATABASE

中国社会发展数据库（下设 12 个专题子库）

紧扣人口、政治、外交、法律、教育、医疗卫生、资源环境等 12 个社会发展领域的前沿和热点，全面整合专业著作、智库报告、学术资讯、调研数据等类型资源，帮助用户追踪中国社会发展动态、研究社会发展战略与政策、了解社会热点问题、分析社会发展趋势。

中国经济发展数据库（下设 12 专题子库）

内容涵盖宏观经济、产业经济、工业经济、农业经济、财政金融、房地产经济、城市经济、商业贸易等 12 个重点经济领域，为把握经济运行态势、洞察经济发展规律、研判经济发展趋势、进行经济调控决策提供参考和依据。

中国行业发展数据库（下设 17 个专题子库）

以中国国民经济行业分类为依据，覆盖金融业、旅游业、交通运输业、能源矿产业、制造业等 100 多个行业，跟踪分析国民经济相关行业市场运行状况和政策导向，汇集行业发展前沿资讯，为投资、从业及各种经济决策提供理论支撑和实践指导。

中国区域发展数据库（下设 4 个专题子库）

对中国特定区域内的经济、社会、文化等领域现状与发展情况进行深度分析和预测，涉及省级行政区、城市群、城市、农村等不同维度，研究层级至县及县以下行政区，为学者研究地方经济社会宏观态势、经验模式、发展案例提供支撑，为地方政府决策提供参考。

中国文化传媒数据库（下设 18 个专题子库）

内容覆盖文化产业、新闻传播、电影娱乐、文学艺术、群众文化、图书情报等 18 个重点研究领域，聚焦文化传媒领域发展前沿、热点话题、行业实践，服务用户的教学科研、文化投资、企业规划等需要。

世界经济与国际关系数据库（下设 6 个专题子库）

整合世界经济、国际政治、世界文化与科技、全球性问题、国际组织与国际法、区域研究 6 大领域研究成果，对世界经济形势、国际形势进行连续性深度分析，对年度热点问题进行专题解读，为研判全球发展趋势提供事实和数据支持。

法律声明

"皮书系列"（含蓝皮书、绿皮书、黄皮书）之品牌由社会科学文献出版社最早使用并持续至今，现已被中国图书行业所熟知。"皮书系列"的相关商标已在国家商标管理部门商标局注册，包括但不限于LOGO（ ）、皮书、Pishu、经济蓝皮书、社会蓝皮书等。"皮书系列"图书的注册商标专用权及封面设计、版式设计的著作权均为社会科学文献出版社所有。未经社会科学文献出版社书面授权许可，任何使用与"皮书系列"图书注册商标、封面设计、版式设计相同或者近似的文字、图形或其组合的行为均系侵权行为。

经作者授权，本书的专有出版权及信息网络传播权等为社会科学文献出版社享有。未经社会科学文献出版社书面授权许可，任何就本书内容的复制、发行或以数字形式进行网络传播的行为均系侵权行为。

社会科学文献出版社将通过法律途径追究上述侵权行为的法律责任，维护自身合法权益。

欢迎社会各界人士对侵犯社会科学文献出版社上述权利的侵权行为进行举报。电话：010-59367121，电子邮箱：fawubu@ssap.cn。

社会科学文献出版社